AF368624

DE

L'ORIGINE

DES LOIX, DES ARTS,

ET DES SCIENCES.

TOME TROISIEME.

(par Goguet.)

DE L'ORIGINE

DES LOIX, DES ARTS,

ET DES SCIENCES;

ET DE

LEURS PROGRÈS

CHEZ LES ANCIENS PEUPLES.

TOME TROISIEME.

Depuis l'établissement de la Royauté chez les Hébreux,
jusqu'à leur retour de la captivité.

A PARIS,

Chez Desaint & Saillant, rue S. Jean de Beauvais,
vis-à-vis le Collége.

M. DCC. LVIII.

AVEC APPROBATION ET PRIVILEGE DU ROI.

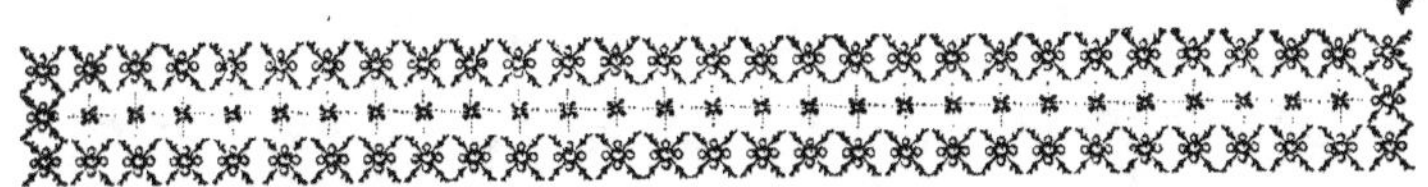

TABLE
DES LIVRES,
CHAPITRES, ARTICLES ET PARAGRAPHES,

Contenus dans la Troisieme Partie.

LIVRE II.

LIVRE III.

LIVRE IV.

LIVRE V.

LIVRE VI.

DISSERTATIONS.

Fin de la Table de la troisieme Partie.

D E

L'ORIGINE DES LOIX,

DES ARTS ET DES SCIENCES,

E T

DE LEURS PROGRÈS

CHEZ LES ANCIENS PEUPLES.

INTRODUCTION.

LUS ON AVANCE vers les tems qui se rapprochent de la naiffance de Jefus-Chrift, plus l'Hiftoire ancienne fe développe & s'éclaircit. L'Afie, dans les fiécles où nous entrons, offre les fpectacles les plus frappans. On y voit s'anéantir les quatre puiffans Empires des Affyriens, des Babyloniens, des Médes & des Lydiens.

L'Egypte, cette monarchie fi ancienne & fi célebre, va commencer à pencher vers fon déclin. Nous ne verrons pas fa ruine totale. Le moment où en proie aux ravages de Cambyfes

Tome II.   A

fils de Cyrus, l'Egypte vit renverſer ſon trône, & ne forma plus qu'une province de l'empire Perſan, appartient à des ſiécles qui ne font point l'objet de mes recherches. Je ne dois donc pas en parler. J'ai cru ſeulement pouvoir l'annoncer.

Sur les débris de tous ces différens royaumes, s'éleva la monarchie des Perſes, nation dont juſqu'à ce moment il n'eſt point queſtion dans l'antiquité. La naiſſance de ce nouvel Empire, plus étendu & plus formidable qu'aucun de ceux dont nous avons eu occaſion de parler, ſera le terme où nous nous arrêterons.

L'Europe ne préſente pas, dans ces mêmes ſiécles, des tableaux auſſi frappans. Mais l'abolition du gouvernement Monarchique dans pluſieurs villes de la Grece, qui s'érigerent alors en républiques, Lycurgue & Solon donnant des loix, l'un à Lacédémone, & l'autre à Athenes, font des objets d'autant plus intéreſſans, que cette époque eſt celle de la grandeur & de la célébrité que les Grecs ſe font acquiſes dans l'Hiſtoire ancienne.

On doit ranger encore au nombre des événemens fameux, qui appartiennent aux ſiécles que nous allons parcourir, la fondation de Rome, ville dont la deſtinée ſemble avoir été d'engloutir & d'abſorber tous les royaumes de l'univers. Ses foibles commencemens n'annonçoient pas ce dégré de puiſſance où depuis elle eſt parvenue. Rome en fut redevable à ſa politique & à ſon courage, qui la firent triompher de tous les obſtacles qui paroiſſoient s'oppoſer à ſon agrandiſſement. C'eſt un objet, au ſurplus, que nous ne faiſons qu'indiquer. Les Romains n'entrent point dans le plan que nous avons entrepris.

TROISIEME PARTIE.

Depuis l'établissement de la Royauté chez les Hébreux, jusqu'à leur retour de la captivité : espace d'environ 560 ans.

LIVRE PREMIER.

Du Gouvernement.

'AI RÉSERVÉ, pour cette troisiéme & derniere partie de mon ouvrage, les réflexions, & même les critiques qu'on peut faire sur le gouvernement, & les loix des différens peuples qui se sont distingués dans les anciens tems. Ainsi, après avoir rapporté tout ce que les Ecrivains de l'antiquité ont pû nous transmettre sur cet objet, je proposerai quelques réflexions, tant sur les loix particulieres, que sur les principes fondamentaux de toutes les différentes formes de gouvernement dont j'aurai eu occasion de parler.

Je pense, au surplus, qu'il ne sera pas inutile, avant que d'entrer en matière, de dire un mot sur l'état des Hébreux dans es siécles que nous parcourons présentement. Quoique mon ntention n'ait jamais été de traiter en particulier l'histoire de ce peuple, je ne crois pas pouvoir me dispenser d'indiquer au

A ij

IIIe. PARTIE. Dep. l'établ. de la Royauté chez les Hébreux, jusqu'à leur retour de la captivité.

moins la révolution qui se fit alors dans la forme de son gouvernement, & de faire connoître en peu de mots le caractère de la plûpart de ses Souverains.

Les Juifs, peuple inquiet & volage, se lasserent enfin d'avoir Dieu pour chef & pour monarque immédiat. Ils demanderent à être gouvernés extérieurement par un Roi, & à former une monarchie sensible de même que les autres nations [a]. L'Etre suprême voulut bien y consentir. Il est à remarquer que cette innovation arriva dans le même tems à peu près que la plupart des villes de la Grece, on ne voit point trop par quels motifs, s'érigerent en républiques. Saül fut sacré roi d'Israël la même année que Médon fut élu Archonte d'Athenes [b].

Les Juifs eurent lieu de se repentir de la nouveauté qu'ils avoient introduite dans la forme de leur gouvernement. La mauvaise conduite de leurs Rois, le schisme des dix Tribus qui formerent le royaume de Samarie, & enfin la ruine totale de la nation, furent les justes châtimens de son inconstance. Si les noms de David, de Salomon, de Josaphat & d'Ezéchias, se trouvent dans la liste des plus grands Rois, on n'y lit qu'avec horreur ceux de Roboam, d'Athalie, de Joram & de Manassès. L'histoire des Juifs, dans tout le cours de l'époque qui nous occupe maintenant, ne présente presque jamais que des spectacles effroyables, des tragédies sanglantes & les forfaits les plus inouis. L'impiété & l'idolatrie triompherent presque toujours à Samarie, souvent même à Jérusalem. La ruine totale du royaume de Samarie fut le premier échec que ce peuple souffrit. Ses iniquités attirerent enfin les vengeances du Très-Haut sur Jérusalem. Nabuchodonosor fut l'instrument dont le Tout-Puissant se servit pour châtier une nation indocile, qui retomboit dans les mêmes fautes à chaque moment.

Il est à propos encore d'observer que l'espace de tems dont nous allons rendre compte, a vû commencer & finir le gouvernement des Rois chez le Peuple de Dieu. La captivité rappella les Hébreux à la Théocratie. A leur retour de Babylone, ils formerent, du consentement & par la protection des rois de Perse, une espece de république, dont le Grand-Prêtre étoit le chef & le principal administrateur [c].

[a] 1. Reg. c. 8. ℣. 5.
[b] Marsham. sæcul. 15. p. 326 & 340.
[c] Voyez le P. Calmet, Dissert. sur la police des Hébreux, t. III. p. 10, &c.

CHAPITRE PREMIER.

Des Assyriens.

LES Assyriens, que nous avons perdus si long-tems de vûe, vont enfin sortir de l'obscurité ; mais ils ne feront que paroître, & rentreront bien tôt dans l'oubli, pour n'en sortir jamais. Cet empire est encore plus célebre par sa chûte que par sa fondation. Les événemens qui ont occasionné la ruine de cette vaste monarchie, ne sont guere mieux connus que ceux qui lui ont donné naissance. J'observerai, dans ce que je vais en dire, la même méthode que j'ai suivie dans les livres précédens : je ne rapporterai que ce qui m'aura paru de plus vraisemblable.

Les Assyriens, après avoir tenu durant plusieurs siécles l'empire de l'Asie, commencerent à s'affoiblir par la révolte de divers peuples. Les Médes, que Ninus avoit autrefois asservis [a], furent les premiers qui secouerent le joug [b]. Je ne dirai rien des circonstances ni des suites particulieres de cette révolution, vû le peu d'accord qu'il y a entre les anciens sur tous ces faits. Du démembrement de la monarchie Assyrienne, il se forma deux empires célebres, celuy des Babyloniens & celui des Médes. Malgré cet échec, le trône de Ninive subsista encore quelque tems avec un grand éclat [c]. Les noms & les actions des Souverains qui l'ont occupé jusqu'à son entiere destruction, sont parvenus à la postérité. On connoît leurs ravages dans la Judée. Les livres saints ne sont pas les seuls qui en fassent mention. On voit, par les Historiens profanes, que même depuis la révolte des Médes, les monarques d'Assyrie furent encore très-puissans.

Hérodote nous apprend que Phraortes, roi des Médes, ayant déclaré la guerre aux Assyriens, périt dans cette entreprise avec la plus grande partie de ses troupes [d]. Le même Auteur, parlant de Sennachérib, qu'il qualifie roi des Arabes & des Assy-

[a] Diod. l. 2. p. 114.
[b] Hérod. l. 1. n. 95. = Diod. l. 2. pag. 137. = Justin, l. 1. c. 3.
[c] Hérod. l. 1. n. 102.
[d] Ibid.

riens, dit qu'il vint attaquer l'Egypte avec une armée formidable [a]. Il paroît même qu'Affaradon, fils & fucceffeur de Sennachérib, profita d'un interregne de huit ans qu'il y eut à Babylone, pour réunir ce royaume au trône d'Affyrie [b]. Ce nouvel empire fubfifta ainfi pendant 54 ans. Il fuccomba enfin pour ne fe relever jamais.

Cyaxare, roi des Médes, ayant attiré dans fon parti Nabopolaffar, gouverneur de Babylone, mit le fiége devant Ninive, la prit & la rafa entiérement [c]. La deftruction de Ninive mit fin au royaume d'Affyrie. Il fut anéanti pour toujours. Le titre même en fut éteint. Depuis ce moment, l'hiftoire ne fait plus mention des Affyriens. Leur monarchie fut partagée entre les Babyloniens & les Médes. Cet événement arriva l'an 626 avant l'Ere chrétienne [d].

[a] L. 2. n. 141.

[b] En voici la preuve. Il eft certain, par l'Ecriture, qu'Affaradon avoit fuccédé à Sennachérib fon pere, roi d'Affyrie. 4. Reg. c. 19. ℣. 37.

D'un autre côté, on trouve un Affaradin dans le canon de Babylone, compofé par Ptolémée. On voit de plus, que le régne de cet Affaradin avoit été précédé par une anarchie de huit années. Cela me fait foupçonner que l'Affaradin du canon de Ptolémée, eft l'Affaradon de l'Ecriture; & qu'il n'étoit monté fur le trône de Babylone que par droit de conquête, ayant profité fans doute des troubles qu'une anarchie de huit ans avoit occafionnés dans cet empire.

[c] Tobie, c. 14. ℣. 14. Edit. des 70. = Nahum, c. 2. ℣. 8. 10. 13. c. 3. ℣. 7. = Sophon. c. 2. ℣. 13. 15. = Ezechiel. c. 31. ℣. 3. & fuiv. = Herod. l. 1. n. 106. = Strabo, l. 16. p. 1071. = Alex. Poly-hift. apud Syncell. p. 210.

[d] Voyez l'hiftoire de Judith, par le P. Montfaucon, p. 245.

CHAPITRE II.

Des Babyloniens.

L'HISTOIRE des Souverains de Babylone ne nous eft guere plus connue que celle des monarques d'Affyrie. L'exemple des Médes, qui fecouerent le joug des Affyriens, fut imité par plufieurs autres peuples dépendans de cette couronne [a]. Les Babyloniens ne furent pas des derniers à profiter de l'atteinte que la révolte des Médes avoit donnée à la puiffance des Affy-riens. On voit que peu de tems après celui où l'on conjecture qu'arriva cette révolution, les Babyloniens formoient une monarchie féparée de celle des Affyriens. La tige de ces nouveaux Souverains a été un Prince nommé Nabonaffar [b] ; c'eft lui qui a donné lieu à cette époque fameufe, connue dans l'antiquité fous le nom d'Ere de Nabonaffar. Elle répond à l'an 747 avant Jefus-Chrift.

Depuis ce tems, Babylone eut toujours fes Rois particuliers, indépendans de ceux d'Affyrie. La diftinction des deux monarchies eft marquée très-expreffément dans les livres faints. On voit un Mérodach - Baladan, que l'Ecriture qualifie roi de Babylone, envoyer, du tems de Sennachérib roi d'Affyrie, des ambaffadeurs à Ezéchias [c]. Nous venons de dire comment Affaradon, fouverain de Ninive, avoit profité d'une anarchie de huit années qu'éprouva Babylone, pour rentrer dans l'ancien domaine des monarques d'Affyrie [d], & comment quelque tems après, Nabopolaffar, fatrape ou vice-roi de Babylone, ligué avec le roi des Médes, avoit détruit Ninive, & renverfé l'empire Affyrien [e]. Depuis cet événement, les Babyloniens s'éleverent au plus haut dégré de puiffance. Mais ce ne fut qu'un éclat paffager. Leur empire, après avoir brillé pendant 88 ans, fut détruit par Cyrus. Babylone ne fit plus qu'une

[a] Herod. l. I. n. 95.
[b] Canon Ptolem. aftronom.
[c] 4. Reg. c. 20, ỹ. 12. = 2. Paralip. c. 32. ỹ. 31.
[d] *Supra.* p. 6.
[e] *Supra.* Ibid.

portion de la vafte monarchie des Perfes à laquelle Cyrus donna naiffance.

Je l'ai déja dit & je le répete, l'hiftoire d'Affyrie & de Babylone ne nous eft prefque point connue. Originairement féparés, réunis enfuite, puis alternativement féparés & réunis, ces deux empires marchent fur la même ligne. Les mêmes événemens, la même obfcurité, tout eft à peu près commun aux deux peuples. Nous ignorons la plus grande partie de leurs loix & de leurs coutumes [a]. Nous manquons de ces faits, de ces détails, qui feuls peuvent fervir à caractérifer un peuple, & faire connoître fa politique, l'efprit & les principes de fon gouvernement. Nous fommes donc obligés de nous en tenir à des notions, trop générales à la vérité pour fatisfaire pleinement la curiofité, mais qui fuffifent néanmoins pour donner une très-grande idée des empires d'Affyrie & de Babylone.

Il eft certain, en effet, que les Affyriens & les Babyloniens ont formé dans l'Afie deux des plus vaftes monarchies de l'antiquité. L'Ecriture fainte & l'Hiftoire profane en parlent toujours comme de deux puiffances formidables. D'ailleurs, ce qu'on lit fur la grandeur & l'opulence de Ninive & de Babylone, attefte bien folemnellement le dégré de gloire & d'élévation où ces deux empires étoient parvenus. On voit enfin que chez l'un & l'autre peuple les arts ont été floriffans & les fciences très-cultivées. C'en eft affez pour affurer que les Babyloniens & les Affyriens avoient fait de grands progrès dans la politique & dans l'art du gouvernement.

[a] Voyez la premiere Part. L. I. c. 1. art. III.

CHAPITRE

CHAPITRE III.

Des Médes.

Nous avons des lumieres affez juftes fur la maniere dont le gouvernement politique s'eft établi chez les Médes. Ces peuples, immédiatement après leur révolte contre les Rois d'Affyrie, ne fe formerent pas en corps de monarchie. Ils refterent quelques années dans un état d'*autonomie*, comme l'appelle Hérodote [a]. Les diffenfions & les malheurs domeftiques, dont ils furent accablés pendant tout ce tems, les forcerent bien-tôt à tenir confeil pour délibérer fur les moyens de mettre de l'ordre & de la police dans leur Etat. Ils n'imaginerent point de meilleure voie que celle d'élire un Roi. Le choix tomba fur Déjocès, perfonnage très-diftingué par fa prudence, fon équité & l'intégrité de fes mœurs [b].

La conduite que tint ce nouveau Souverain, juftifia le choix des Médes. Son premier foin fut de joindre à fa qualité de Roi toutes les marques extérieures qui pouvoient en relever l'éclat, & mettre fa perfonne à l'abri de toute infulte & de tout attentat. Il commença par ordonner qu'on lui bâtît une maifon digne d'un Souverain. Il en défigna lui-même l'emplacement, & la fit revêtir de bonnes fortifications. Il demanda enfuite des gardes pour la fûreté de fa perfonne. Les Médes lui obéirent. Le palais fut élevé dans l'endroit & de la maniere que Déjocès l'avoit ordonné, & il choifit lui-même fes gardes [c].

Après que Déjocès eut pris toutes les mefures convenables pour la fûreté de fa perfonne, & le maintien de fa dignité, il fongea au moyen de policer fes peuples. Jufqu'à fon avénement à la couronne, les Médes avoient vécu difperfés dans des bourgs & des villages, éloignés & féparés les uns des autres [d]. Déjocès leur ordonna de bâtir une ville qui fût affez grande pour y raffembler un nombre confidérable de familles. Afin de les y engager, il leur fit fentir l'avantage qu'ils trouveroient à

[a] L. 1. n. 96.
[b] Ibid. & fuiv.
[c] Hérod. l. 1. n. 98.
[d] Hérod. Ibid. n. 96.

demeurer dans une place fortifiée, qui les mettroit à couvert des infultes de l'ennemi. On choifit une fituation où l'art n'eut qu'à aider la nature. La ville fut bâtie en peu de tems. C'eft celle que les anciens ont connue fous le nom d'Ecbatane. Elle étoit environnée de fept enceintes de murailles. La derniere renfermoit le palais du Roi, où fes tréfors étoient dépofés [a].

Dès que la ville fut en état d'être habitée, Déjocès obligea une partie des Médes à venir s'y établir. Toute fon application fut alors de dreffer des loix pour maintenir l'ordre & la police dans fes Etats. Comme il avoit affaire à des peuples féroces, & dont il y avoit tout à redouter, il crut ne pouvoir prendre trop de précautions pour leur infpirer la crainte & le refpect dûs à la majefté du trône. Perfuadé que plus on envifage la perfonne du Souverain dans l'éloignement, & plus on la refpecte [b]; il éleva, pour ainfi dire, un mur de féparation entre le peuple & lui. Il ordonna qu'on ne fe préfenteroit point devant le Roi, fans y être conduit par des introducteurs, & il ne fut permis à perfonne de le regarder en face. Ceux mêmes qui avoient le privilège de l'approcher, ne pouvoient ni rire ni cracher en fa préfence [c]. Toutes les affaires fe traitoient par des perfonnes interpofées. Du fond de fon palais, Déjocès voyoit tout ce qui fe paffoit dans fes Etats. On ne difcutoit devant lui les procès que par écrit, & quand il avoit rendu fon jugement, c'étoit auffi par cette voie qu'il le notifioit aux parties. Il s'attacha fur-tout à l'obfervation exacte de la juftice. Il foutint l'autorité des loix par les châtimens les plus févères & les plus rigoureux, ne jugeant rien de plus effentiel au maintien d'un Etat naiffant. Dès qu'il avoit ouï dire que quelqu'un avoit fait tort à un autre, il le faifoit venir, & lui impofoit une peine proportionnée à fa faute. Il avoit à cet effet, dans tous les pays de fa domination, des perfonnes affidées qui obfervoient fi les plus puiffans ne faifoient point de tort aux plus foibles, & qui lui en faifoient rapport [d].

Il paroît, par tout ce que nous venons de dire, que le gou-

---

[a] Hérod. l. 1. n. 98.
[b] *Major è longinquo venit reverentia.* Tacit.
[c] Herod. l. 1. n. 99.
Aux Indes, il n'eft pas permis de cracher dans le palais du Roi. Voyage de V. le Blanc, p. 182.
[d] Hérod. l. 1. n. 100.

vernement des Médes étoit purement Monarchique. La conduite de Déjocès donne l'idée d'un grand politique. Je ne sçais cependant si elle mérite d'être approuvée dans toutes ses parties. On ne peut que louer les mesures qu'il avoit prises pour en imposer par un extérieur capable de frapper l'imagination, & propre à inspirer à ses nouveaux sujets, l'idée que leur Souverain étoit un être différent des autres hommes. Il avoit à craindre qu'une trop grande familiarité ne vînt à lui attirer le mépris, & ne donnât lieu à des complots contre une autorité naissante. Mais peut-on approuver également l'affectation de se tenir toujours enfermé dans son palais, & de se rendre comme invisible? Conduite qui n'a été que trop imitée par les Rois d'Orient. C'étoit, comme le dit un génie sublime de notre tems, le plus mauvais parti que ces Monarques pûssent prendre. Ils vouloient se rendre plus respectables, mais ils faisoient respecter la royauté & non pas le Roi. Ils attachoient l'esprit de leurs sujets à un certain trône, & non pas à une certaine personne. Cette puissance invisible qui gouverne, est toujours la même pour le peuple. Que dix Rois se soient égorgés & détrônés, l'un après l'autre, il ne sent aucune différence. Il ne les connoît que de nom. C'est comme s'il avoit été gouverné successivement par des esprits [a].

J'ignore si c'est à Déjocès qu'on doit attribuer un des plus grands vices qu'on puisse reprocher aux principes du gouvernement établi chez les Médes. Le pouvoir du Législateur est imparfait lorsqu'il n'est pas le maître d'abroger la loi qu'il a pû établir. Telles étoient cependant les bornes de l'autorité souveraine chez les Médes. Il n'étoit pas permis au Roi de changer ni de révoquer un édit qu'il avoit publié [b]. Je blâmerai également l'usage où étoient ces peuples, de ne confier l'éducation de leurs Monarques qu'à des femmes & à des eunuques [c]; usage qui a toujours été pratiqué, & qui se pratique encore dans l'Orient.

Le trône des Médes, après avoir subsisté avec assez d'éclat pendant environ deux cents ans, fut réuni par Cyrus à celui des Perses, & s'absorba dans cette vaste Monarchie.

[a] Lettr. Persan. lettr. 100. = [b] Dan. c. 6. ℣. 15. = [c] Plato, de leg. l. 3. p. 815.

CHAPITRE IV.

Des Egyptiens.

DEPUIS SESOSTRIS jusqu'à Bocchoris, c'est-à-dire, pendant près de neuf cents ans, l'Egypte ne fournit rien sur l'objet présent de nos recherches. Ce n'est pas que cette monarchie ait souffert alors quelque échec ou quelque diminution. On voit par Homere & par Hérodote, qu'au tems de la guerre de Troie, l'Egypte étoit très-florissante [a]. L'Ecriture sainte nous en donne la même idée du tems de Salomon & de ses successeurs [b]. Mais il ne nous est resté aucune particularité, tant sur les événemens arrivés durant ces neuf siécles en Egypte, que sur les actions des Souverains qui en ont occupé le trône pendant ce long intervalle [c].

Cette obscurité cesse au regne de Bocchoris. Ce Prince a mérité une place honorable dans l'histoire, par la sagesse de ses ordonnances. Les Egyptiens le mettoient au nombre de leurs Légiflateurs [d]. C'est en faire un grand éloge; car dans cette longue suite de Rois qui ont occupé le trône depuis le déluge jusqu'à ce que l'Egypte ait passé sous la domination des Perses, il n'y en a que cinq que les Egyptiens ayent honorés du titre de Légiflateurs, Mnévès, Sazichès, Séfostris, Bocchoris & Amafis [e]. L'histoire ne nous a rien conservé sur les loix de ces deux premiers Monarques [f]. A l'égard de Séfostris, j'ai rendu ailleurs un compte très-détaillé des institutions politiques attribuées à ce Prince [g]. Il ne me reste donc plus qu'à expofer ce que j'ai pû recueillir sur les loix dont Bocchoris & Amafis ont été regardés comme les auteurs. Je parlerai auffi de quelques

[a] Odyff. l. 4. = Herod. l. 2. n. 112, &c.
[b] 2. Reg. c. 9. ẏ. 16.
[c] On fçait feulement que, fous Roboam, Séfach pilla le temple de Jérufalem.
[d] Diod. l. 1. p. 106.
[e] Diod. Ibid.
[f] Voyez ce que nous avons dit fur Mnévès, Prem. Partie, L. I. art. IV. p. 45.

A l'égard de Sazichès, tout ce qu'on en fçait, c'eft qu'il ajouta quelques particularités aux loix déja établies, & qu'il s'appliqua à perfectionner le culte des Dieux. Diod. l. 1. p. 106. On ignore au furplus dans quel fiécle ce Prince peut avoir vécu.
[g] Voyez la Seconde Part. L. I. chap. 2.

autres Souverains dont les réglemens font parvenus jufqu'à nous, quoique ces Princes n'aient point été mis au nombre de ceux que l'Egypte regardoit fpécialement comme fes Légiflateurs.

Bocchoris, prince fage & habile [a], mais d'un caractere dur & févere [b], monta fur le trône 762 ans environ avant J. C. Ce fut lui qui, dit-on, régla les droits des Souverains, & tout ce qui regarde la forme des contrats & des conventions [c]. On lui attribue auffi les premieres loix fur le commerce [d]. Elles ordonnoient que celui qui nioit devoir une fomme qu'il avoit empruntée fans billet, feroit déchargé de fa dette fur fon ferment. A l'égard de ceux qui ne prêtoient leur argent que par billet, il ne leur étoit point permis de faire monter les intérêts plus haut que le capital.

Jufqu'à Bocchoris les loix d'Egypte permettoient au créancier de faire emprifonner fon débiteur [e]. On fait que Séfoftris, en montant fur le trône, paya les dettes d'un grand nombre de gens détenus dans les prifons à la pourfuite de leurs créanciers [f]. Bocchoris abrogea cet ufage : il permit feulement au créancier de faire faifir les biens de fon débiteur pour en avoir le payement ; mais il défendit de faire arrêter & prendre au corps le débiteur lui-même [g]. Solon avoit eu cette loi en vue quand il établit à Athenes ce qu'on appelloit la *Scifachtie* ; loi qui ôtoit au créancier le pouvoir de contraindre par corps fon débiteur à le payer [h] ; Diodore de Sicile ajoute qu'on blâmoit les autres Légiflateurs Grecs qui, ayant défendu de faifir les armes ou la charrue de quelqu'un à qui l'on avoit prêté de l'argent, avoient permis de faire faifir l'homme même pour le payement de fa dette [i].

Bocchoris avoit tellement excellé dans cette partie du gouvernement qui a l'adminiftration de la juftice pour objet, que plufieurs de fes ordonnances & de fes décifions fubfiftoient & s'obfervoient encore, du tems même que les Romains étoient maîtres de l'Egypte [k].

---

[a] Diod. l. 1. p. 75.
[b] Plut. t. 2. p. 529. E.
[c] Diod. l. 1. p. 106.
[d] Diod. l. 1. p. 90.
[e] Diod. l. 1. p. 90.
[f] Diod. l. 1. p. 63.

[g] Diod. Ibid. p. 90.
[h] Diod. Ibid. = Plut. in Solon. p. 86. D.
[i] Diod. Ibid.
[k] Diod. p. 106.

Je placerai après Bocchoris, Afychis, dont Hérodote rapporte une loi aſſez finguliere fur les emprunts. Nous avons parlé ailleurs du foin qu'avoient les Egyptiens de faire embaumer les morts, & de l'uſage où ils étoient pour la plûpart de les conferver dans des appartemens deſtinés à cet effet [a]. Pour favoriſer le commerce en facilitant le crédit , Afychis fit une loi qui permettoit de prêter de l'argent à quiconque donneroit en gage le corps de fon pere [b]. Mais la même loi ajoutoit que tout débiteur qui viendroit à mourir fans avoir retiré un gage fi précieux, feroit privé des honneurs de la fépulture [c]. On fentira l'efficacité de cette peine, fi l'on veut fe rappeller ce que j'ai dit ailleurs de la façon de penfer des Egyptiens fur les devoirs funebres [d].

Peu de tems après les monarques dont nous venons de parler, l'Egypte éprouva une de ces cataſtrophes auxquelles tous les Etats font expoſés. Sabacos, roi d'Ethiopie, s'en empara, & y régna pendant cinquante ans [e]. Cette révolution ne fut que paſſagere. Ce Prince renonçant de lui-même à fa conquête, abdiqua la couronne, & s'en retourna en Ethiopie. On peut mettre à juſte titre Sàbacos au nombre des Légiſlateurs de l'Egypte. Ce Prince né doux & humain, abolit la peine de mort, & ordonna qu'on employeroit les criminels, qu'on en jugeroit dignes, aux travaux publics. Il penfoit que l'Egypte retireroit plus de profit & d'avantage de ce genre de fupplice qui, impoſé pour la vie, lui paroiſſoit également propre à punir & à réprimer·les crimes [f].

Quelque tems après Sabacos , Pfammitique monta fur le

[a] Diod. l. 1. p. 102. ═ Lucian. *de luctu* n. 21. t. 2. ═ Joan. Damafcen. Orat. 1. p. 932. de imag. p. 714.
[b] Hérod. l. 2. n. 136.
[c] Hérod. *loco citato*.
[d] Prem. Part. l. 1.
[e] Hérod. art. 4. p. 55. n. 137. ═ Diod. l. 1. p. 75.
Si l'on s'en rapporte à Jules Afriquain, Sabacos aura fuccédé immédiatement à Bocchoris, qu'il prit & fit même bruler vif. *apud Syncell*. p. 74.
Diodore ne fait régner Sabacos que long-tems après Bocchoris, l. 1. p. 75.

Hérodote , dont le fuffrage eſt d'un fi grand poids dans tout ce qui concerne l'Egypte , ne fait nulle mention de Bocchoris, & fait régner Sabacos immédiatement après Anyfis , fucceſſeur d'Afychis. l. 2. n. 137.
Quelques Chronologiſtes modernes croient que l'Afychis d'Hérodote , & le Bocchoris de Diodore ne font qu'un feul & même perfonnage , défigné fous deux noms différens. C'eſt ici un de ces points de critique que je n'entreprendrai point d'éclaircir, & moins encore de décider.
[f] Hérod. Diod. *locis cit.*

trône. Ce Prince fit un changement confidérable dans les anciennes maximes du gouvernement. Jufqu'alors l'Egypte avoit été fermée aux autres nations [a]. Il n'y avoit que la ville de Naucrate où il leur fût permis d'aborder & de faire le commerce [b]. Les Egyptiens mêmes, fi l'on en croit les Ecrivains de l'antiquité, étoient dans l'ufage de tuer ou de faire efclaves tous les étrangers qu'on furprenoit ailleurs le long des côtes [c]. Pfammitique changea entiérement de maximes. Il ouvrit fes ports au commerce de toutes les nations, favorifa la navigation dans fes mers, & accorda toutes fortes de privileges à quiconque vouloit venir s'établir en Egypte [d]. Ce Prince aima & protégea particuliérement les Grecs. Il devoit fon falut & fon rétabliffement aux Ioniens & aux Cariens [e]. Non content de les récompenfer libéralement, il voulut les fixer dans fes Etats; & pour les y engager, il leur diftribua des fonds de terre confidérables [f]. Il leur donna même de jeunes enfans Egyptiens à élever, avec ordre de leur apprendre la langue grecque [g]. Pfammitique fit plus ; il voulut que les princes fes enfans, reçuffent une éducation femblable à celle des Grecs [h]. Il s'allia même par des traités avec les Athéniens & les autres peuples de la Grece [i].

Amafis, un des fucceffeurs de Pfammitique, fe conduifit par le même efprit. Il fit beaucoup de bien aux Grecs, & leur permit de s'établir dans la ville de Naucrate. Il donna même la permiffion à ceux qui ne venoient en Egypte que pour y trafiquer, de bâtir dans certains lieux des autels & des temples [k].

Amafis, par la fageffe de fon gouvernement, a mérité d'être mis au nombre des Légiflateurs de l'Egypte [l]. On attribue à ce Prince quelques nouvelles ordonnances fur le département des provinces. Il paffoit même pour avoir mis la derniere main à la forme du gouvernement [m]. L'Egypte fut parfaitement heu-

---

[a] Hérod. l. 2. n. 154. = Diod. l. 1. p. 78. = Strabo l. 17. p. 1142.
[b] Hérod. l. 2. n. 179.
[c] Diod. p. 78 & 80.
[d] Diod. Ibid.
[e] Hérod. l. 2. n. 152, 153. = Diod. l. 1. p. 77.
[f] Hérod. n. 158. = Diod. p. 78.
[g] Diod. Ibid.
[h] Diod. Ibid.
[i] Hérod. l. 2. n. 154. Diod. l. 1. p. 78.
[k] Hérod. l. 2. n. 178.
[l] Diod. l. 1. p. 106.
[m] Diod. Ibid.

reufe fous fon regne. On y comptoit alors jufqu'à vingt mille villes toutes bien peuplées [a]. Afin de maintenir l'ordre parmi une fi prodigieufe multitude d'habitans, Amafis fit une loi dont on ne peut trop admirer la fageffe. Cette loi obligeoit chaque particulier de venir déclarer tous les ans au Gouverneur de la province fon nom, fa profeffion, & les moyens dont il fubfiftoit. Celui qui ne fatisfaifoit pas à la loi, ou qui faifoit une fauffe déclaration, & ne pouvoit montrer qu'il vivoit par des moyens honnêtes, étoit puni de mort [b]. Hérodote & Diodore difent que Solon emprunta cette loi des Egyptiens, & l'établit à Athenes [c], où elle fubfiftoit encore, du tems d'Hérodote, dans toute fa force. Mais d'autres Auteurs attribuent avec plus de juftice & de fondement, l'établiffement de cette loi à Dracon [d], antérieur à Solon de quelques années. Cette même loi au refte, avoit lieu chez plufieurs peuples [e].

Amafis doit être regardé comme le dernier fouverain de l'ancienne monarchie Égyptienne. Il fut même affujetti par Cyrus, fi nous en croyons Xénophon [f]. Mais ce ne fut que fous Pfamménite, fon fils, que Cambyfe renverfa le trône des Rois d'Egypte, & que ce pays floriffant & fi renommé ne fit plus qu'une province du vafte empire des Perfes. L'Egypte ne fe releva point de ce coup mortel. Ce royaume paffa fucceffivement fous la domination des Grecs & des Romains. Je ne fais qu'indiquer ces événemens, dont le récit appartient à des fiécles qui paffent les bornes que je me fuis prefcrites.

En parlant des inftitutions civiles & politiques des Egyptiens, je me fuis contenté jufqu'à préfent d'expofer les faits tels que je les ai trouvés dans les anciens Hiftoriens. Maintenant que je crois avoir rapporté tout ce qui peut appartenir à cet objet, propofons quelques réflexions fur la conftitution politique, & les loix de cette monarchie.

Toute l'antiquité s'eft accordée à combler d'éloges les Egyptiens fur la fageffe de leur gouvernement. Les plus fameux perfonnages de la Grece, ceux dont on a le plus vanté les lumieres

---

[a] Hérod. l. 2. n. 177.
Ce fait me paroît de beaucoup exagéré. Voyez les Mémoires deTrév. Janv. 1752, p. 30. & 31.
[b] Hérod. l. 2. n. 177. = Diod. l. 1. p. 88.

[c] Loco cit.
[d] Voy. Marfh. p. 594. 595.
[e] Voy. Perizon. ad Ælian. var. hift. l. 4. c. 1. p. 328.
[f] Marfh. p. 588.

&

& la prudence, s'étoient tranfportés en Egypte pour s'inftruire des loix & des coutumes de cette nation [a]. C'eft dans cette fource que les légiflateurs Grecs avoient été puifer les regles & les principes du gouvernement [b]. Les écrivains modernes non-feulement ont adopté le fuffrage des anciens, ils ont encore enchéri fur la matiere. Rien n'égale l'idée qu'ils nous donnent de l'Egypte. A les entendre, ce pays fembleroit n'avoir été autrefois habité que par des fages : une république de philofophes ne préfenteroit pas un tableau plus fatisfaifant. Mais le portrait n'eft-il point embelli ? & ne doit-on pas un peu rabatre de la haute opinion qu'on a communément de la politique des Egyptiens, & de la fageffe de leurs loix ? C'eft ce qu'il faut examiner fans partialité ni prévention.

Je ne mettrai certainement pas au nombre des loix qui ont dû mériter tant d'éloges aux Egyptiens, celle qui concernoit les voleurs. Il leur étoit ordonné de fe faire infcrire chez leur chef, & d'y porter fur le champ tout ce qui feroit dérobé. On étoit fûr de retrouver les effets volés, pourvû qu'on en défignât le nombre, la qualité, & qu'on marquât le tems & le lieu où le vol s'étoit fait. Il en coûtoit le quart du prix pour fe les faire rendre [c]. On a voulu excufer les Egyptiens fur ce réglement qui ne fait pas honneur à leur fageffe. Le légiflateur, dit-on, fentant qu'il ne pouvoit empêcher le vol, avoit donné aux citoyens un expédient facile pour recouvrer ce qui leur étoit dérobé [d]. Mais fi l'on ne peut pas détruire ce malheureux penchant qui porte les hommes à s'approprier le bien d'autrui, du moins ne faut-il pas l'autorifer. Rien n'y étoit plus propre que cette loi. Les voleurs étoient non-feulement affurés de l'impunité, mais même d'une récompenfe.

On peut faire aux Egyptiens un reproche encore mieux fondé fur le pouvoir exceffif qu'ils avoient laiffé prendre à leurs prêtres. Arbitres de la nation, & maîtres de toutes les affaires [e], ils réuniffoient l'autorité temporelle à celle qu'ils tenoient de la religion. Le Souverain même leur étoit en quelque forte

[a] Diod. l. 1. p. 79. 80. 107.
[b] Ibid. & p. 100. === Ifocrat. in Bufirid. p. 329. === Strabo l. 10. p. 738. D. === Plut. t. 1. p. 41. F.
[c] Diod. l. 1. p. 90. === A. Gellius. l. 11. c. 18. p. 540. 541.
[d] Diod. l. 1. p. 91.
[e] Voy. pr. Part. L. I, art. IV. p. 47 & 48.

fubordonné. Ils avoient le droit de cenfurer journellement fa conduite, de lui donner des avertiffemens [a], & de diriger toutes fes actions. Il y a plus : par la conftitution primitive de la monarchie, le trône en Egypte étoit héréditaire ; mais il arrivoit quelquefois que la famille régnante venoit à s'éteindre : alors on mettoit la couronne fur la tête de celui que la nation jugeoit le plus digne de la porter. Ce nouveau monarque ne pouvoit être pris que dans le corps des prêtres, ou dans l'état militaire : fi le choix tomboit fur un militaire, il falloit auffitôt qu'il fe fît recevoir dans l'ordre facerdotal [b]. Mais on n'exigeoit pas d'un prêtre, dans pareille circonftance, qu'il fe fît admettre dans l'ordre militaire, tant les Egyptiens avoient de vénération pour leurs prêtres, feuls dépofitaires des loix & des fciences de la nation.

Il faudroit ne point connoître les hommes pour ne pas fentir les inconvénients d'une pareille maxime. Tant de pouvoir, & des diftinctions fi flateufes ne pouvoient que partager l'autorité fouveraine, & infpirer aux prêtres du mépris pour tout le refte de la nation ; mépris qui devoit néceffairement tourner au détriment de l'Etat. Hérodote en rapporte un exemple bien marqué dans ce qui fe paffa fous le regne de Séthon, prêtre de Vulcain, qui fut élu Roi quelque tems après Sabacos [c].

A peine Séthon fe vit-il affermi fur le trône, qu'il maltraita les gens de guerre, comme s'il ne devoit jamais avoir befoin de leur fecours. Il alla même jufqu'à les dépouiller des fonds de terre que les Rois fes prédéceffeurs leur avoient accordés [d]. Séthon ne tarda pas à fe repentir d'une conduite fi indifcrete. Sennachérib, roi d'Affyrie, étant venu fondre fur l'Egypte, il ne fe trouva perfonne dans la nobleffe & dans l'état militaire qui voulût prendre les armes. Séthon fe vit réduit à faire tête à l'ennemi avec une armée levée à la hâte, & compofée d'artifans, d'ouvriers, & d'autres gens de la plus baffe profeffion [e]. Il ne dut fon falut qu'à la nouvelle que reçut Sennachérib de l'approche de Tharaca, roi d'Ethiopie, qui venoit au fecours de l'Egypte à la tête d'une puiffante armée [f]. Les prêtres in-

---

[a] Diod. l. 1. p. 81. 84.
[b] Plato in Polit. p. 550, B. = Plut. t. 2. p. 354.
[c] L. 2. n. 14.

[d] L. 2. n. 14.
[e] Id. Ibid.
[f] Jof. Antiq. l. 10. c. 1. = 4 Reg. c. 19. ℣. 9.

téreffés à faire valoir cet événement, qui fembloit juftifier la conduite de Séthon, ne manquerent pas de publier que Sennachérib avoit été repouffé par une voie miraculeufe. Ils inventerent même une fable qui en attribuoit toute la gloire à Séthon [a]. C'eft ce qu'il importe peu d'examiner. Cet exemple fuffit pour montrer les mauvais effets du trop de privileges & de diftinctions dont les prêtres jouiffoient en Egypte.

Je paffe à l'article le plus important de la politique des Egyptiens. Tout le peuple étoit partagé en un certain nombre de claffes [b]. Les profeffions étoient héréditaires dans chaque famille : le fils étoit obligé d'embraffer celle de fon pere [c]. Les deux principaux corps de l'Etat, l'ordre militaire & le facerdoce, étoient tellement féparés & divifés, qu'une perfonne de race facerdotale ne pouvoit entrer dans l'état militaire, & réciproquement une perfonne de famille militaire ne pouvoit être reçue dans l'ordre des prêtres [d]. On a beaucoup loué cette inftitution. Je fuis bien éloigné d'en porter un pareil jugement. Je la crois au contraire des plus blâmables & des plus pernicieufes. Comme il s'agit ici d'un point effentiel, & d'un principe qui intéreffe particuliérement le bonheur & le maintien des Etats, il fera bon d'examiner & de difcuter avec attention les avantages & les inconvéniens qui peuvent réfulter de l'établiffement des profeffions héréditaires dans les familles.

On peut dire, en faveur des profeffions héréditaires, qu'on fait mieux ce qu'on a toujours vû faire, & ce à quoi on s'eft uniquement exercé dès l'enfance. On acquiert conféquemment bien plus de facilité à exceller dans un art. Chacun ajoute fa propre expérience à celle de fes ancêtres. Par ce moyen chaque art & chaque fcience doivent être portés au plus haut dégré de perfection. Cette coutume d'ailleurs éteint toute ambition mal entendue; chacun demeure content dans fon état, & n'afpire point à en fortir pour monter à un rang plus élevé. Voilà quels peuvent être à-peu-près les avantages des profeffions héréditaires. Le premier coup d'œil eft en leur faveur. Je crois néanmoins ces raifonnemens plus fpécieux que folides. Difons mieux : une pareille inftitution eft entiérement contraire aux

---

[a] Hérod. l. 2. n. 141.
[b] Voyez la feconde Part. L. I. c. II.
[c] Ibid.
[d] Diod. l. 1. p. 84. 85.

IIIᵉ. Partie.
Dep. l'établ. de la
Royauté chez les
Hébreux, jufqu'à
leur retour de
la captivité.

maximes fondamentales de la fociété & de la faine politique.

Cette noble ambition qui fait l'ame & le foutien des Etats,
ne peut jamais fe trouver dans les pays où les profeffions font
héréditaires. On détruit par ce moyen toute émulation. Qu'on
ne dife pas que chacun fera mieux fa profeffion, lorfqu'il lui
fera défendu de la quitter pour en embraffer une autre. Je dirai
toujours qu'on fera mieux fa profeffion, lorfqu'en y excellant
on pourra fe flater de parvenir à une autre plus relevée. D'ailleurs, qui ne voit que par cette maxime on gêne l'efprit &
les talens? Tel qui n'a point reçu de la nature d'aptitude à la
profeffion pour laquelle il eft deftiné, auroit peut-être excellé
dans une autre, fi le choix en avoit été remis à fa difpofition.
On pourroit étendre bien davantage ces réflexions; mais comme dans ces fortes de queftions, l'expérience prouve plus que
les raifonnemens, jettons un coup d'œil fur les nations qui fe
font le plus diftinguées par les lumieres de leur efprit, & par
l'étendue de leurs connoiffances. Nous verrons que ce n'eft
point chez les peuples où les profeffions étoient héréditaires,
que les arts & les fciences ont fait les plus grands progrès.

Les profeffions n'étoient point héréditaires chez les Grecs;
cependant quelle différence entre les productions des Grecs &
celles des Egyptiens! On admirera tant qu'on voudra ces maffes
énormes qui rendent encore aujourd'hui l'Egypte fi fameufe.
Je rendrai juftice à la grandeur de ces entreprifes & à la folidité qu'on a fu leur donner; mais je ferai plus frappé de la dépenfe, de la patience, & du travail infatigable qu'ont coûté
les pyramides & les obélifques, que je ne ferai touché du goût
& du génie des artiftes qui ont élevé ces monumens. J'en dirai autant des fciences dont les Grecs peuvent avoir reçu les premieres
teintures des Egyptiens, mais qu'ils ont portées à un point où
jamais elles ne font parvenues en Egypte. Mettons les Romains
à côté des Egyptiens, le parallele ne fera pas moins défavorable
à ces derniers, quoique les arts & les fciences ne foient pas la
partie où les Romains fe font le plus diftingués.

Paffons aux nations qui fubfiftent encore aujourd'hui, &
faifons entre elles la même comparaifon. Deux peuples fameux
fe préfentent dans l'Afie, les Indiens & les Chinois. Aux Indes

le fils eſt obligé de ſuivre la profeſſion de ſon pere [a]. Il n’en eſt pas de même à la Chine [b]. Je ne ſuis pas plus partiſan qu’un autre des Chinois, & je ſuis bien éloigné de regarder cette nation avec les mêmes yeux que quelques auteurs voudroient nous la faire enviſager. Néanmoins il faut convenir qu’il n’y en a point dans l’Aſie qu’on puiſſe lui comparer ; & il s’en faut bien que les arts & les ſciences ſoient auſſi floriſſans aux Indes qu’à la Chine. Je pourrois encore parler des Arabes, ſi je voulois m’étendre ſur cette queſtion que je terminerai en diſant qu’on ne peut citer aucun peuple, où les profeſſions fuſſent héréditaires, qui ſe ſoit diſtingué par ſes talens & ſes connoiſſances. Je dis au contraire que cette inſtitution n’eſt propre qu’à rétrécir l’eſprit, & à l’arrêter dans les progrès qu’il pourroit faire. C’eſt, au reſte, le moindre des abus qui réſultent des profeſſions héréditaires. Faiſons voir qu’une pareille maxime doit infailliblement entraîner la ruine de l’Etat où elle a lieu.

L’expérience journaliere prouve que dans tous les pays les familles ſe multiplient inégalement. Il peut arriver qu’une tribu ſe multiplie à l’infini. Alors ceux qui la compoſent, n’ayant que le même métier pour ſubſiſter, tomberont néceſſairement dans la miſere, & deviendront inutiles & même à charge à l’Etat. Par une raiſon contraire on eſt en danger de perdre pluſieurs arts utiles & eſſentiels par le dépériſſement des tribus qui en ſont dépoſitaires. D’ailleurs il naît tous les jours de nouveaux arts enfantés par de nouveaux beſoins & par de nouvelles découvertes. Comment cultiver ces arts dans les Etats où chaque famille eſt attachée à une certaine profeſſion ? Il faut donc créer à chaque fois de nouvelles tribus, & aſſigner de nouveaux rangs. Enfin il y a des arts qui s’aboliſſent par l’expérience & la conviction qu’on acquiert de leur peu d’utilité. Que deviendront alors les familles qui en étoient dépoſitaires ? & comment pourront-elles ſe ſoutenir & ſubſiſter ?

Quelque grands que ſoient ces inconvéniens, il en eſt cependant encore d’une bien plus dangereuſe conſéquence.

Quel eſt le but principal de la ſociété ? C’eſt l’union & la concorde entre les citoyens. Ces avantages ineſtimables ne peuvent jamais ſe trouver dans les Etats où les profeſſions ſont

---

[a] Lettr. édif. t. 5. p. 18. 19. ═ [b] Lettr. édif. t. 24. p. 40.

héréditaires & attachées à certaines familles. Ces fortes de diftinctions entraînent une averfion invincible, bien différente des
fentimens qui naiffent de la feule différence des rangs, différence
qui n'exclut point un attachement réciproque entre les inférieurs
& les fupérieurs. Les hommes liés & attachés dès l'enfance à une
certaine profeffion, ne connoiffent, n'eftiment que cette profeffion, & méprifent fouverainement toutes les autres. De-là
s'enfuit une haine innée, une jaloufie indélébile, un mépris
mutuel entre tous les membres de l'Etat. Par cette mauvaife
politique on détruit les motifs d'égards, d'intérêts & de confidération, qui font la bafe & le foutien de toute efpece de
gouvernement; on rend la plus grande partie des citoyens inutiles les uns aux autres; on va directement contre le vœu de
la fociété, dont le but eft de rapprocher les efprits, & de porter les perfonnes qui compofent un Etat, à fe regarder comme
freres & comme membres d'un feul & même corps. On arrête
les effets les plus falutaires que les hommes doivent tirer de
l'habitude & de la néceffité de vivre enfemble. Dans ces Etats
chacun regarde comme étranger, comme une efpece d'ennemi,
un homme qui eft d'une autre tribu que la fienne. Prenons encore un exemple, & jugeons du paffé par le préfent.

De tous les tems, le peuple aux grandes Indes a été partagé
en différentes *Caftes* ou tribus. De tous les tems les profeffions
y ont été héréditaires dans les familles, & il n'a jamais été
permis aux tribus de s'allier les unes aux autres [a]. Quel eft l'effet
de cette funefte politique? Chaque tribu a fon langage, fa religion, fes ufages, fes coutumes & fes loix particulieres [b]. Il y
a autant de temples ou Pagodes que de tribus; point de communication, nulle relation, tout eft féparé. Chaque pagode eft
deffervie par les miniftres de fa tribu [c]. Chaque métier eft ren-
fermé dans fa cafte, & ne peut être exercé que par ceux dont
les parens en faifoient profeffion [d]. Un homme d'une cafte inférieure, quelque mérite qu'il ait, ne peut jamais s'élever à une

[a] Diod. l. 2. p. 153. 154. ⟹ Strabo l. 15. p. 1029. 1033. ⟹ Arrian. de Ind. p. 530. 533.
[b] Voyage de la Boulaye le Gouz. p. 159. 160. 122. ⟹ Voyage d'Ovington, t. 1. p. 292. ⟹ Lettr. édif. t. 12. p. 67.
[c] La Boulaye. p. 159. ⟹ Voyage de Pyrard. p. 277.
[d] Lettr. édif. t. 5. p. 18.

cafte fupérieure [a]. Les fciences font inacceffibles à toutes autres tribus qu'à celle des Bramines & des Rajas [b]. Deux hommes de différentes caftes ne peuvent point manger enfemble, s'approcher, ni converfer familiérement [c]. On en vient fouvent aux mains au fujet de la préféance [d]. On ne fauroit concevoir à quels excès cet entêtement & cette prévention font capables de porter les efprits [e]. Il y a telle cafte fi baffe & fi méprifable, que ceux qui en font, n'oferoient regarder en face un homme d'une cafte fupérieure. S'ils prenoient cette liberté, il auroit droit de les tuer fur le champ [f]. Je n'oferois affurer que le partage du peuple en différentes claffes, & les profeffions héréditaires produififfent d'auffi mauvais effets chez les Egyptiens; mais s'il en étoit de même, comme il y a bien de l'apparence [g], que penfer des vûes & de la fageffe de leurs premiers légiflateurs?

Il y avoit un défaut encore plus effentiel dans la conftitution du gouvernement Egyptien. Il étoit permis aux freres & aux fœurs de s'époufer [h]. Cet ufage eft entiérement contraire aux regles & aux principes de la bonne politique. Il n'a pû avoir lieu que dans les tems où il falloit peupler la terre vuide d'habitans. Il a dû ceffer dès que le genre humain a commencé à fe multiplier, & que les fociétés politiques fe font formées. Les feules lumieres de la raifon ont éclairé la plupart des légiflateurs fur les inconvéniens qui réfultent des mariages entre freres & fœurs. Ils ont fenti que fi les familles ne fe mêloient point les unes avec les autres, chacune formeroit dans l'Etat un corps ifolé & féparé; motif qui doit néceffairement aliéner les efprits. Les Chinois fuivent des maximes bien plus fages que n'étoient celles des Egyptiens. Les loix de la Chine défendent non feulement les mariages entre freres & fœurs, elles ne permettent pas même de s'allier dans la même famille, quelque éloignée que foit la parenté [i]. Cette loi eft très-prudente, & part d'une po-

---

[a] Lettr. édif. t. 24. p. 204.
[b] Ibid. t. 26. p. 221. ⹀ Mém. de Trev. Mars. 1701. p. 17.
[c] Lettr. édif. t. 12. p. 67. ⹀ Voyage de Pyrard, p. 273, &c. ⹀ Anc. Relat. des Indes & de la Chine. p. 123. 124.
[d] Lettr. édif. t. 12. p. 68.
[e] Ibid. p. 96, &c.
[f] Ibid. p. 68.
[g] Voyez Hérod. l. 2. n. 47. 167.
[h] Voyez la premiere Partie. Liv. I. art. IV. p. 49.
[i] Martini. l. 1. p. 31.

IIIᵉ. Partie.
Dep. l'établ. de la
Royauté chez les
Hébreux, jusqu'à
leur retour de la
captivité.

litique très-profonde. Elle a été établie, non-feulement pour engager les citoyens à s'unir d'intérêt & de fortune, mais auffi pour prévenir les confédérations & les unions entre certaines familles, unions toujours pernicieufes à un Etat.

Ce qu'on a trouvé de plus eftimable dans le caractere d'efprit des Egyptiens, eft l'attachement & le refpect qu'ils avoient pour leurs loix & leurs coutumes. On leur a donné les plus grands éloges fur leur conftance à les obferver, & à ne rien changer dans les ufages primitifs de la monarchie. Une coutume nouvelle étoit, dit-on, un prodige en Egypte. Tout s'y faifoit toujours de la même maniere [a]. Les Egyptiens ne vouloient rien emprunter des autres peuples [b].

Je dirai d'abord qu'à cet égard les Egyptiens ne méritent aucun éloge particulier. Cette façon de penfer leur eft commune avec tous les peuples de l'Orient. On fait que les Orientaux ont un grand attachement pour leurs ufages. Ils n'en changent point. Leurs façons de penfer & d'agir font les mêmes qu'elles ont été de tous les tems. Il eft certain d'ailleurs que la température de l'air & la pofition des climats influent confidérablement fur le génie & le caractere des peuples. La température de l'Egypte toujours uniforme, rendoit les Egyptiens folides & conftans. Refte à favoir fi cette vertu n'eft pas un vice, lorfqu'elle eft portée à l'excès.

On ne peut faire trop de réflexions, & prendre trop de précautions quand il s'agit de toucher aux anciennes conftitutions d'un Etat, & d'y faire quelques changemens; mais ce fcrupule doit cependant avoir des bornes. Il eft certain, par l'expérience, que telle loi qui étoit bonne dans un tems, ceffe fouvent de l'être dans un autre, & peut même entraîner de grands inconvéniens. Il eft également vrai qu'il y a certaines loix dont le tems feul a pû faire reconnoître l'abus & les mauvais effets. Les circonftances changent, & alors il faut néceffairement changer le fyftême politique, abolir les anciennes loix, & en fubftituer de nouvelles. Il eft impoffible que le premier légiflateur ait pû tout prévoir. Pourquoi enfin ne vouloir pas profiter des découvertes utiles faites dans les différens climats? Un régle-

[a] Plato de Leg. l. 2. p. 789. l. 7. p. 886. ═ Diod. l. 1. p. 74. ═ Porphyr. de abftin. l. 4. p. 370. 371.
[b] Hérod. l. 2. n. 91.

ment

ment en eſt-il moins bon, parce qu'il n'eſt pas notre ouvrage ?
Eſt-ce un motif pour ne pas ſe l'approprier, quand on voit les
avantages qui peuvent en réſulter ? Enfin l'attention à maintenir les anciennes loix & le reſpect pour les anciens uſages, ne
doit pas s'étendre juſqu'aux objets qui ſont purement du reſſort
de l'eſprit & de l'imagination. Les ſciences & les arts ne ſe
perfectionnent que par le tems. Chaque jour on acquiert de
nouvelles lumieres, chaque jour les vues s'étendent & ſe rec-
tifient. L'expérience fait reconnoître l'abus & l'erreur des anciennes pratiques. Il eſt alors de la bonne politique de réformer
les uſages vicieux, de chercher de meilleures méthodes , & de
les ſubſtituer aux anciennes. C'eſt néanmoins ce qu'on ne pouvoit faire en Egypte. Il falloit conſtamment s'en tenir aux
uſages primitifs. Il n'étoit permis en aucune occaſion de s'en
écarter : les loix le défendoient expreſſément [a].

C'eſt par l'effet de cette façon de penſer vicieuſe que, généralement parlant, les peuples de l'Orient n'ont fait aucun
progrès dans quelque genre que ce ſoit. Ils n'ont tiré aucun
parti, aucun avantage de leur commerce fréquent avec les nations de l'Europe. Conſtamment bornés & attachés à leurs anciens uſages, ils ſont aujourd'hui les mêmes qu'ils étoient il y
a 3000 ans. Je crois en trouver la raiſon dans ce que j'ai dit précédemment ſur l'établiſſement des profeſſions héréditaires dans
les familles. Il faudroit , ſi on laiſſoit introduire de nouveaux
arts, créer de nouvelles caſtes, & voir périr de miſere celles
qui étoient dépoſitaires des anciennes connoiſſances.

Malgré les défauts que nous venons de relever dans la politique des Egyptiens, il faut cependant rendre juſtice à ces
peuples, & convenir que ces imperfections ſont rachetées par
quantité de maximes excellentes & de principes admirables,
dignes, en un mot, de nous faire concevoir à bien des égards,
une idée avantageuſe de leurs légiſlateurs.

Les Egyptiens ont certainement connu pluſieurs des véri-
tables maximes du gouvernement. Cette nation grave & ſérieuſe
comprit d'abord que le vrai but de la politique doit être de
rendre les peuples heureux , & qu'ils ne peuvent l'être qu'autant qu'on leur inſpire des ſentimens de vertu & de reconnoiſ-

---

[a] Plato. Diod. Porphyr. *locis ſuprà cit.*

Tome II.   D

fance. C'eft dans cette vûe que le légiflateur voulut que les citoyens fe refpectaffent beaucoup, que chacun fentît à chaque inftant ce qu'il devoit aux autres. De-là ces loix féveres contre le meurtre, l'adultere, le viol, & tous ces réglemens inventés & établis pour mettre les citoyens à la garde les uns des autres [a]. De-là ce refpect infini qu'on avoit pour les vieillards. Les jeunes gens étoient obligés de fe lever devant eux, & de leur céder par-tout la premiere place [b]. Le légiflateur avoit donné enfin aux regles de la civilité la plus grande extenfion [c]. C'étoient autant de liens civils & politiques, imaginés pour contenir le peuple, & maintenir la paix & le bon ordre entre les citoyens; c'étoient autant de moyens propres à infpirer la douceur, & capables d'entretenir l'union, en baniffant tous les vices qui partent d'un caractere dur & groffier.

De ce même principe font émanées les loix fur la fépulture des morts, l'ufage de les embaumer, de les dépofer dans des fépulchres magnifiques, & de regarder le cadavre d'un pere comme le gage le plus fûr qu'un débiteur pût donner à fon créancier [d]. Toutes ces inftitutions entretenoient l'amour & la vénération pour les parens. Il étoit impoffible qu'on eût tant de refpect pour les peres après leur mort, fans être porté à avoir pour eux les plus grands égards pendant qu'ils vivoient. La gloire qu'on a donnée aux Egyptiens d'être les plus reconnoiffans de tous les hommes [e], montre la juftteffe des mefures que le légiflateur avoit employées pour graver cette vertu dans le cœur de fes peuples.

Quelles louanges enfin ne méritent pas les Egyptiens fur ce jugement rigoureux qu'on faifoit fubir à la mémoire des morts, & fur l'examen qu'on faifoit de leur vie, pour décider s'ils méritoient les honneurs de la fépulture! L'audience fe tenoit en public. C'étoit le peuple qui décidoit, & prononçoit la fentence [f]. Il n'eft point dans ces occafions de juge plus compétent. Ce moyen étoit excellent pour contenir tout le monde dans le devoir, les Rois même ne pouvant s'y fouftraire. L'Hiftoire ne préfente point de coutume plus fage & plus politique:

---

[a] Voyez la prem. Part. L. I. art. 2. p. 53.
[b] Hérod. l. 2. n. 80.
[c] Ibid.

[d] *Suprà.* p. 14.
[e] Diod. l. 1. p. 101.
[f] Ibid. p. 84. 103.

coutume qui devoit infpirer aux citoyens les plus grands fenti-mens d'honneur & de vertu. De pareilles maximes ont toujours été le fondement des Empires que nous favons avoir fubfifté le plus long-tems & le plus glorieufement.

CHAPITRE V.

La Grece.

J'AI DÉJA indiqué dans le volume précédent une partie des révolutions que la Grece a éprouvées au commencement des fiecles qui nous occupent préfentement. On y a vu que le retour des Héraclides dans le Péloponnefe avoit fait entiérement changer de face aux différentes principautés de cette partie de l'Europe [a]. On fe fouvient auffi que vers le même tems Thébes & Athénes changerent la forme de leur gouvernement, qui devint Républicain, de Monarchique qu'il avoit été jufqu'alors [b]. Il y eut encore d'autres mouvemens dans la Grece. Quelques-uns des royaumes qui s'étoient formés originairement s'éteignirent. Il s'en éleva de nouveaux. Plufieurs villes, à l'exemple de Thébes & d'Athénes, s'érigerent auffi en républiques [c]. L'hiftoire de tous ces différens Etats n'eft pas également intéreffante.

On peut affurer qu'il n'y a que celle d'Athénes & de Lacédémone qu'il foit important de connoître. Ces deux villes, par l'afcendant & la fupériorité qu'elles acquirent dans la Grece, donnerent le mouvement, & fi l'on peut le dire, le ton à toute la nation : Athénes & Lacédémone ont préfidé à tous les événemens auxquels les Grecs ont eu part : ainfi en étudiant avec foin l'hiftoire de ces deux villes, on peut connoître parfaitement le caractere, le génie & la politique des Grecs. Je ne m'attacherai donc qu'à expofer les principes du gouvernement d'Athénes & de Lacédémone, à en examiner la forme, & à faire fentir les différences qu'il y avoit entre les maximes qui guidoient ces deux républiques.

[a] Voyez la 2e. Partie. L. I. c. 3. art. 6. == [b] Ibid. == [c] Paufan. l. 1. c. 43. p. 103.

D ij

ARTICLE PREMIER.

Athénes.

QUOIQUE les Athéniens aient été, comme tous les autres Etats de la Grece, originairement gouvernés par des Rois, jamais peuple n'a eu plus de penchant pour la Démocratie. Le pouvoir de leurs Rois, reftraint prefque au commandement des armées, difparoiffoit pendant la paix [a]. Plutarque obferve que dans le dénombrement qu'Homere fait des forces de la Grece au fiege de Troie, les Athéniens font les feuls auxquels ce Poëte donne le nom de Peuple [b]. Cependant ils étoient encore foumis à des Rois (1). Homere a voulu fans doute par cette diftinction, faire connoître le penchant que les Athéniens avoient pour la Démocratie, & donner à entendre que la principale autorité réfidoit dans le peuple. Le différend qui, à la mort de Codrus, s'éleva entre fes enfans, fournit aux Athéniens, ennuyés du gouvernement Monarchique, un prétexte pour l'abolir.

Codrus, ce prince qui fe facrifia fi généreufement pour fon peuple, avoit laiffé deux enfans, Médon & Nilée [c]. Médon étoit l'aîné, & devoit en cette qualité fuccéder à la couronne; mais Nilée s'y oppofa, fous prétexte que Médon étant boiteux, une pareille difformité dégradoit la majefté du trône [d]. Les Athéniens remirent la décifion de ce différend à l'oracle de Delphes. La Pythie prononça en faveur de Médon, & lui adjugea la couronne [e].

Cette décifion qui confirmoit le droit de Médon, auroit dû lever tous les obftacles; mais ou le peuple n'y eut point d'égard, ou, ce qui eft plus vraifemblable, la réponfe de l'oracle renfermoit quelque fens ambigu que les Athéniens interprétetent felon la difpofition où ils étoient d'abolir la royauté [f]. Quoi

---

[a] Voyez la feconde Part. L. I. art. 7.
[b] Iliad. l. 2. v. 54. === Plut. in Thef. p. 11. D.
(1) Ils avoient alors pour Roi Mnefthée qui avoit enlevé la couronne à Théfée.

[c] Pauf. l. 7. c. 2. init.
[d] Ibid.
[e] Ibid.
[f] Voyez Marsh. p. 340.

qu’il en foit, ils prirent de-là occafion de changer la forme
de leur gouvernement, & de fupprimer l’autorité royale. Jupiter
fut déclaré feul monarque d’Athénes [a]. On choifit pour gouverner l’Etat, des Magiftrats auxquels on donna le nom d’Archontes. Médon n’eut d’autre avantage que d’être honoré de
cette dignité. Les premiers Archontes furent perpétuels. Celui
qui étoit revêtu de cette charge, la gardoit pendant toute fa
vie [b].

Cette nouvelle forme de gouvernement fubfifta pendant 331
ans. Mais l’archontat perpétuel parut au peuple d’Athénes,
amateur exceffif d’une liberté fans bornes, une image trop vive
de la royauté. Réfolus d’en abolir jufqu’à l’ombre même, les
Athéniens réduifirent l’exercice de l’archontat à dix années [c].

Ce retranchement ne les tranquillifa pas encore. La jaloufie
& l’inquiétude naturelle des Athéniens leur fit trouver trop long
& trop dangereux cet efpace de dix années. Dans la vûe de
reffaifir plus fouvent l’autorité qu’il ne confioit qu’à regret à
fes Magiftrats, ce peuple ombrageux jugea à propos d’abréger
le tems de leurs fonctions, & il réduifit enfin l’archontat à une
année feulement d’exercice [d].

Ces révolutions expoferent Athénes aux plus grands malheurs.
Une puiffance auffi limitée que celle des Archontes, n’étoit
pas capable de contenir des efprits remuans, devenus jaloux
à l’excès de la liberté & de l’indépendance. Les factions & les
querelles renaiffoient chaque jour : on ne s’accordoit fur rien [e].
Il feroit bien difficile de marquer exactement quelle a été jufqu’à Solon la forme du gouvernement d’Athénes. Les Auteurs
anciens ne fe font point expliqués précifément fur ce fujet. On
ne trouve rien dans leurs écrits qui puiffe nous en éclaircir. Il
y a bien de l’apparence que pour la police & la manutention
de l’Etat, on fuivit la plupart des loix par lefquelles Athénes
étoit gouvernée dans le tems qu’elle étoit foumife à fes Rois [f].

La fituation où fe trouvoit Athénes, auroit à la fin entraîné
fa ruine totale. Les malheurs inftruifent. Les Athéniens fentirent
que l’Etat ne pouvoit plus fubfifter au milieu des troubles &

---

[a] Marsh. p. 340.
[b] Ibid.
[c] Ibid.

[d] Ibid.
[e] Plut. in Sol. p. 84. 85.
[f] Voyez Pauf, l. 4. c. 5. fub fin.

des diffenfions qui le déchiroient. On fongea donc à mettre un frein à cet efprit d'indépendance qui régnoit parmi tous les citoyens. On jetta pour cet important ouvrage les yeux fur Dracon, perfonnage illuftre, d'une fageffe & d'une probité reconnues, & très-inftruit des loix divines & humaines [a]. On lui confia l'autorité néceffaire pour réformer l'Etat, & publier des loix qui remédiaffent aux abus dont il étoit tems d'arrêter le cours. Comme le nom de Dracon fe lit dans la lifte des Archontes, on peut croire que ce fut durant fa magiftrature, qu'il entreprit de réformer la République.

On ne voit point qu'avant Dracon Athénes ait eu un corps de loix rédigées par écrit [b]. Il pouvoit à la vérité y avoir quelques loix écrites [c], mais on n'avoit point encore recueilli ces loix, & formé de leur compilation une efpece de code. La jurifprudence étoit fi incertaine, que prefque tous les jugemens étoient arbitraires. On n'avoit pas même fpécifié quelles actions étoient criminelles, & quels châtimens devoient être infligés à ceux qui les commettoient [d]. Dracon peut donc être regardé comme le premier légiflateur d'Athénes [e].

Il étoit d'un caractere dur & auftere. Il outra la févérité, & ne mettant point de diftinction entre les délits, il punit de mort la plus légere faute comme le plus énorme forfait [f]. Dracon renouvella auffi la loi qui ordonnoit de faire le procès aux chofes inanimées, quand elles avoient occafionné la mort de quelqu'un [g]. Interrogé pourquoi il avoit décerné la peine capitale pour toutes fortes de fautes; c'eft, répondit-il, que les plus petites me paroiffent dignes de mort, & que je n'ai pu trouver d'autre punition pour les plus grandes [h]. Herodicus difoit des loix de Dracon, qu'elles paroiffoient être moins l'ouvrage d'un homme que d'un dragon, par allufion au nom de ce légiflateur [i]. Démade, fameux orateur, les avoit bien caractérifées, en difant qu'elles n'avoient pas été écrites avec de l'encre, mais avec du fang [k]. Ariftote ne paroît pas en avoir fait grand cas,

[a] A. Gellius. l. 1. c. 18.
[b] Jofeph adverf. Appion. l. 2. c. 6.
[c] Démofthene parle d'une loi de Théfée écrite fur une colomne de pierre. *In Neæram*, p. 673. c.
[d] Voyez la feconde Part. L. I. art. 8.

[e] A. Gell. l. 1. c. 18.
[f] Plut. in Sol. p. 87. E.
[g] Ibid.
[h] Ibid.
[i] Arift. Rhet. l. 2. c. 23. p. 579. B.
[k] Plut. loço fuprà çit.

puifqu'il dit qu'elles n'avoient rien de remarquable que leur cruauté [a].

Il ne refte plus des loix de Dracon que quelques fragmens épars dans différens auteurs [b]. On ne voit pas que ce légiflateur ait rien changé à la forme du gouvernement [c]. Il forma feulement une nouvelle compagnie appellée les Ephêtes [d]. Ce tribunal compofé de cinquante-un Juges choifis parmi tout ce qu'il y avoit de plus diftingué dans l'Etat, devint le premier tribunal d'Athénes. On y appelloit des décifions de toutes les autres juridictions. Lui feul jugeoit en dernier reffort. Ce grand éclat des Ephêtes ne fut pas de longue durée. L'Aréopage humilié par Dracon, reprit fous Solon fon ancienne fplendeur.

Les loix de Dracon étoient trop violentes, pour qu'elles puffent fubfifter long-tems. Si on eut tenu exactement la main à leur exécution, la loi auroit bientôt détruit plus de citoyens que n'auroient pû faire les fléaux du Ciel, ou l'épée de l'ennemi. On fut donc obligé d'en adoucir la rigueur; & l'extrême févérité de ces loix conduifit à un excès contraire, la licence & l'impunité. Les factions & les divifions recommencerent plus fortement que jamais. On retomba dans les premiers troubles. La République fe divifa en autant de partis qu'il y avoit de différentes fortes d'habitans dans l'Attique [e]. On étoit prêt à en venir aux plus fâcheufes extrêmités. Dans ce péril, on eut recours à Solon, à qui fes rares qualités, & particuliérement fa grande douceur, avoient acquis l'affection & la vénération de toute la ville [f]. On le preffa de travailler à faire ceffer les différends, en prenant connoiffance des affaires publiques.

Solon balança long-tems à fe charger d'une commiffion fi difficile [g]. Enfin il fut élu Archonte, fans qu'on eût recours au fort comme dans les autres élections [h]; & d'un confentement unanime on le nomma arbitre fouverain, & légiflateur d'Athénes [i].

Dépofitaire de l'autorité abfolue, & maître du cœur de fes concitoyens, Solon s'appliqua fortement à réformer le gouver-

[a] Polit. l. 2. c. 12. p. 317. C.
[b] Thyfius en a fait le recueil apud Gronov. Thef. Gr. antiq. t. 5.
[c] Arift. loco cit.
[d] Pollux l. 8. c. 10. Segm. 124. 125.
[e] Plut. in Sol. p. 85.
[f] Plut. Ibid.
[g] Plut. in Sol. p. 85.
[h] Ælian. var. hift. l. 8. c. 10.
[i] Hérod. l. 1. n. 29, == Plut. p. 87. E.

IIIe. Partie.
Dep. l'établ. de la Rovauté chez les Hébreux, jusqu'à leur retour de la captivité.

nement d'Athénes. Il se conduisît avec toute la fermeté & la prudence qu'on peut désirer dans un homme d'Etat. Quoiqu'il connût parfaitement toute la grandeur du mal, il ne jugea cependant pas à propos de corriger certains abus qui lui parurent plus forts que les remedes. Il n'entreprit de changemens que ceux qu'il crut pouvoir faire goûter aux Athéniens par la voie de la raison, ou les forcer d'accepter par le poids de l'autorité, mêlant sagement, comme il le disoit lui-même, la force avec la douceur. Aussi quelqu'un lui ayant demandé si les loix qu'il avoit données aux Athéniens étoient les meilleures qu'on pût leur prescrire: Oui, dit-il, les meilleures qu'ils fussent capables de recevoir[a].

Solon commença par casser toutes les loix de Dracon, excepté celles qui concernoient les meurtriers [b]. Il procéda ensuite à la police de l'Etat, c'est-à-dire à la distribution des charges, des dignités & des magistratures. Il les laissa toutes entre les mains des riches, qu'il distribua en trois différentes classes, relativement à la différence de leurs facultés. Ceux dont le revenu montoit annuellement à cinq cents mesures, tant en grains qu'en fruits secs & en boissons, composoient la premiere classe. On plaça dans la seconde les citoyens qui en avoient trois cents, & pouvoient entretenir un cheval en tems de guerre. On mit dans la troisieme ceux qui n'en avoient que deux cents [c]. La quatrieme & derniere classe comprenoit tous les mercenaires, & gens vivans de leur travail [d].

Les citoyens de cette classe n'étoient jamais admis aux charges. Solon leur donna seulement le droit d'opiner dans les assemblées publiques. Ce privilege, qui au commencement parut peu de chose, devint par la suite très-considérable, & rendit le peuple maître absolu des affaires, attendu que la plupart des procès & des différends retournoient toujours au peuple, devant lequel on pouvoit appeller de tous les jugemens des Magistrats. D'ailleurs, comme les loix de Solon avoient le défaut d'être écrites avec beaucoup d'obscurité, il falloit à chaque instant les interpréter; & il n'y avoit que les assemblées publiques qui pussent décider du sens qu'on devoit leur donner [e]. C'étoit aussi

---

a Plut. in Sol. p. 84. C.
b Ælian. Var. hist. l. 8. c. 10. === Plut. p. 87. E.

c Arist. Polit. l. 2. c. 12.
d Plut. p. 87. E.
e Arist. Plut. locis cit.

dans

dans ces affemblées que fe décidoient les plus grandes affaires de l'Etat, telles que la paix, la guerre, les traités, l'arrangement des finances, &c.

La conftitution du gouvernement d'Athénes étoit donc purement Démocratique ; c'eft-à-dire que toute l'autorité étoit entre les mains du peuple [a]. Il paroît que Solon fentit les inconvéniens du pouvoir exceffif qu'il avoit confié à la multitude. Il fongea donc à lui donner un frein, & dans cette vûe il choifit dans chaque tribu cent perfonnes de mérite, dont il compofa un nouveau confeil appellé le Sénat. Comme il n'y avoit encore du tems de ce légiflateur que quatre Tribus, le nombre des fénateurs fut de 400. Le peuple ne pouvoit ftatuer que fur ce qui avoit été vû & propofé par le Sénat [b]. Les fénateurs ne s'affembloient point, qu'on n'eût auparavant affiché le fujet fur lequel ils avoient à délibérer [c]. Après que l'affaire avoit été examinée, on lifoit au peuple l'avis qui avoit été formé dans le fénat. Ceux qui vouloient parler, montoient alors fur la tribune aux harangues. Quand il s'agiffoit enfuite d'opiner, le crieur public commençoit par appeller à haute voix les citoyens qui avoient paffé l'âge de cinquante ans [d], & en continuant jufqu'à ceux qui en avoient trente ; car il falloit être parvenu à cet âge pour avoir droit de fuffrage dans les affemblées publiques. On décidoit préalablement fi l'affaire feroit mife en délibération. Le peuple en effet étoit le maître de rejetter purement & fimplement le décret du fénat, ou d'en ordonner l'exécution après l'avoir examiné [e]. C'eft à ce fujet qu'Anacharfis difoit un jour à Solon : » J'admire que chez vous les fages n'aïent que le droit de déli- » bérer, & que celui de décider foit réfervé aux fous [f] «.

Un des premiers foins de Solon avoit été de rétablir l'autorité de l'Aréopage abaiffé par Dracon. Il déféra à cette augufte compagnie l'infpection générale fur tout l'Etat, & le foin de faire obferver les loix dont il la rendit dépofitaire [g]. Je n'entrerai au furplus dans aucun détail fur les réglemens civils faits par ce légiflateur. Ils font affez connus. On fait l'hommage que

---

[a] Plato in Menex. p. 519. == Demofth. in Neæram. p. 875. c.
[b] Plut. p. 88. D.
[c] Potteri Archeol. l. 1. c. 26. p. 122.
[d] Plut. t. 2. p. 784. c.

[e] Voyez Sigon. de Rep. Athen. l. 2. c. 34.
[f] Plut. in Solone. p. 81. B.
[g] Plut. p. 88. F. Athen. l. 4. c. 19. p. 168.

les Romains ont rendu aux loix de Solon, dont quelques-unes subfistent encore aujourd'hui, puisqu'elles ont été le fondement de la jurisprudence Romaine adoptée par presque toute l'Europe. Il paroît que Solon en avoit emprunté plusieurs des Egyptiens [a]. On les fit graver sur des rouleaux de bois enchâssés dans des cadres, de maniere qu'ils puffent tourner à volonté [b]. Ces monumens furent d'abord dépofés dans la citadelle, & enfuite dans le Prytanée, afin que tout le monde fût à portée de les confulter [c]. Quelques-uns de ces cadres & de ces rouleaux subfiftoient encore du tems de Plutarque [d].

Expofer la conftitution du gouvernement d'Athénes, c'eft en faire connoître les défauts. Tout Etat où le peuple juge & décide, eft effentiellement vicieux. Comment, en effet, pouvoir difcuter les affaires devant des affemblées fi nombreufes? comment même s'y faire entendre? On peut juger de la multitude d'auditeurs qui compofoient les affemblées à Athénes, par la quantité de fuffrages que la loi exigeoit, lorfqu'il étoit queftion de bannir quelqu'un par l'Oftracifme, ou d'adopter un étranger. Il falloit dans l'un & l'autre cas au moins fix mille voix [e]. Quels troubles d'ailleurs ne devoient pas occafionner le partage & la diverfité de fentimens, d'intérêts & de vûes particulieres?

Solon, pour me fervir de l'expreffion de Plutarque, avoit crû que le gouvernement d'Athénes, affermi & arrêté par l'aréopage & par le fénat des quatre cents, comme par deux ancres fermes & inébranlables, cefferoit de s'agiter & de fe tourmenter [f]. Le fuccès ne répondit point à fon attente. Jamais Etat ne fut plus agité & livré à de plus cruelles diffenfions. On n'en doit attribuer la caufe qu'à la trop grande autorité dont le

---

[a] *Solon fententiis adjutus Ægypti facerdotum, latis jufto moderamine legibus, Romano quoque juri maximum addidit firmamentum.* Amm. Marcell. l. 22. c. 16. p. 346.

Il eft vrai que, fuivant Hérodote, l. 1. n. 29. & Plut. p. 92, Solon ne fut en Egypte qu'après avoir publié fes loix; mais, ou ce légiflateur avoit eû connoiffance des loix d'Egypte avant fon voyage, ou il ajouta à ces loix, & les corrigea d'après les lumieres qu'il avoit acquifes en Egypte : car il eft certain, d'après le témoignage même d'Hérodote, de Diodore & d'Ammien Marcellin, que Solon avoit emprunté plusieurs loix des Egyptiens. Voyez Hérod. l. 2. n. 177. Diod. l. 1. p. 88. 90. Amm. Marcell. l. 22. c. 16. p. 346.

[b] Plut. t. 1. p. 92. B. t. 2. p. 79. A. Gellius l. 2. c. 12. Suid. in Ἄξονες, t. 1. p. 240. in Κυρβεις. t. 2. p. 400.

[c] Poll. l. 8. c. 10. Segm. 128.

[d] Plut. fuprà.

[e] Demofth. *in Næeram.* p. 875. E. ═ Pollux l. 8. c. 5. Segm. 20, ═ Plut. in Ariftide p. 322. F.

[f] In Sol. p. 88. E.

peuple jouiſſoit. » La témérité & la licence des aſſemblées popu-
» laires ont perdu les républiques de la Grece, dit Cicéron ᵃ. »
J'ajoute, & particuliérement celle d'Athénes.

Solon avoit bien prévu l'abus que le peuple feroit du pouvoir
qu'il lui avoit confié : auſſi avoit - il imaginé un frein pour le
contenir ; mais ce frein n'étoit pas ſuffiſant. L'aréopage n'avoit
aucune part au gouvernement, & le ſénat dépendant lui-
même du peuple, ne pouvoit réparer une conſtitution d'E-
tat eſſentiellement mauvaiſe & défectueuſe. Il y avoit même
un vice radical dans la conſtitution de ce ſénat formé pour contenir le peuple. Il étoit trop nombreux. Compoſé dans ſon origine de quatre cents perſonnes, il le fut enſuite de ſix cents. L'expérience a toujours fait connoître que les têtes des plus grands
hommes ſe rétréciſſent lorſqu'elles ſont aſſemblées, & que là où
il y a le plus de ſages, il y a auſſi moins de ſageſſe ᵇ.

On n'enviſage communément les Athéniens que du côté qui
leur eſt favorable & avantageux. L'hiſtoire d'Athénes frappe & en
impoſe par ſon éclat & par ſon brillant. Nous ſommes éblouis
par les batailles de Marathon & de Salamine, par la pompe
des ſpectacles, par la magnificence & le goût des monumens
publics, par cette foule d'hommes ſupérieurs en touś genres,
qui rendront à jamais le nom d'Athénes précieux & mémorable.
Cependant ſi nous voulions examiner l'intérieur de cette république, quels tableaux affreux ne préſenteroit-elle pas ᶜ ? Nous
verrions un Etat ſans ceſſe en combuſtion, des aſſemblées toujours tumultueuſes, un peuple agité perpétuellement par les
brigues & les factions, & livré à la fougue du plus vil haran-
gueur, les citoyens les plus illuſtres perſécutés, bannis, & continuellement expoſés à la violence & à l'injuſtice ᵈ. La vertu
étoit proſcrite à Athénes, & les ſervices qu'on rendoit à la
patrie oubliés, & ſouvent même punis par la voie de l'Oſtra-
ciſme. Quel gouvernement que celui où la vûe des citoyens qui
avoient le mieux ſervi l'Etat, étoit odieuſe & inſupportable !
Valere Maxime eſt bien fondé à s'écrier : » Heureuſe Athénes,
» d'avoir encore trouvé, après des traitemens ſi injuſtes, des ci-

IIIᵉ. PARTIE.
Dep. l'établ. de la
Royauté chez les
Hébreux, juſqu'à
leur retour de
la captivité.

ᵃ Pro Flacco n. 7. t. 5. p. 244.
ᵇ Lettres Perſanes, Lettr. 106.

ᶜ Voyez Plato in Alcib. 1º. p. 448. B.
ᵈ Id. in 2º. p. 454. 456.

» toyens qui aimaffent leur patrie [a] » ! L'hiftoire de tous les autres peuples de la Grece ne fourniroit pas, à beaucoup près, autant d'exemples d'injuftice & d'ingratitude envers les bienfaiteurs de l'Etat, qu'en préfente la feule ville d'Athénes.

On ne peut nier cependant que la douceur, la générofité & même la grandeur d'ame ne fuffent le caractere général & dominant des Athéniens. On en pourroit citer mille exemples. Je n'en rapporterai point d'autre que la loi qui ordonnoit de remettre dans fon chemin quiconque s'en étoit égaré [b]. Mais le peuple eft toujours peuple. Par-tout il eft léger, capricieux, injufte, cruel, & prêt à fuivre les premieres impreffions qu'on lui donne. Chaque Athénien en particulier étoit naturellement doux, affable, bienfaifant; mais dans les affemblées ce n'étoit plus le même homme [c]. Ariftophane repréfente le peuple d'Athénes fous l'emblême d'un vieillard très-fenfé dans fa maifon, mais qui dans les affemblées publiques tombe en enfance [d]. La conduite inégale des Athéniens déplaifoit à leurs alliés, & à la fin les éloigna totalement. Elle étoit encore plus infupportable aux Villes qui étoient dans leur dépendance. Ils les traitoient avec la derniere dureté [e]. Il falloit effuyer les bifarreries d'un peuple flaté & féduit fans ceffe par fes orateurs; c'eft-à-dire, felon Platon, quelque chofe de plus dangereux & de plus terrible que les caprices d'un Prince gâté par la flaterie & les vils hommages de foibles courtifans.

[a] L. 5. c. 3.
[b] Cicero de Offic. l. 3. n. 13.
[c] Voyez Plat. de Leg. l. 3. == Xenophon de Rep. Athen. == Polyb. l. 6. c. 8.
== Ælian. var. hift. l. 2. c. 19. l. 3. c. 18. l. 5. c. 13.
[d] In Equit. act. 2. fcen. 2.
[e] Voy. Cafaubon in Athen. p. 114. 175.

ARTICLE II.

Lacédémone.

ON A VU dans la seconde Partie de cet ouvrage que 80 ans
après la prise de Troye, les descendans d'Hercule s'étoient
remis en possession du Péloponése. Ils marchoient alors sous
la conduite de trois principaux chefs, Aristodème, Téménès &
Cresphonte. Ces conquérans partagerent entre eux les contrées
dont ils venoient de se rendre maîtres. Téménès eut l'Argolide ;
la Messénie échut à Cresphonte. Aristodême étant mort durant
le cours de cette expédition, ses deux fils Euristhêne & Proclès
prirent sa place, & eurent en partage la Laconie [a].

Ces deux Princes ne jugerent point à propos de diviser le
domaine qui leur étoit adjugé. Ils ne régnerent point non plus
alternativement, comme autrefois Etéocle & Polinice étoient
convenus de le faire à Thébes ; mais soit en vertu des ordres
de leur pere, soit par quelque autre motif que nous ignorons,
ils gouvernerent conjointement & avec une égale autorité, l'un
& l'autre portant le titre de roi de Lacédémone , & étant
reconnu en cette qualité. Ce qu'il y a de plus étonnant, c'est
que ces deux freres avoient l'un pour l'autre l'antipathie la plus
forte. Ils ne s'accorderent jamais; & toute leur vie se passa dans
des discordes continuelles : leurs descendans même hériterent
de cette funeste mésintelligence [b] : car cette forme de gouvernement ne finit point en leur personne. Le sceptre demeura
conjointement dans ces deux branches qui subsisterent environ
900 ans , pendant lesquels elles ont donné sans interruption
des rois à Sparte de pere en fils. On en compte trente dans
la ligne d'Euristhêne , & vingt-sept dans celle de Proclès. Ces
deux familles s'éteignirent à-peu-près dans le même tems : sin-
gularités remarquables, & dont je ne crois point qu'on trouve
d'exemple chez aucune autre nation.

La révolution qui enleva le sceptre aux descendans de Pé-

[a] *Suprà* 2e. Part. L. I. c. 3. art. 6.═ [b] Hérod. l. 6. n. 52.═Pauf. l. 3. c. 1. p. 205. 206.

lops, pour le remettre entre les mains des Héraclides, avoit fait éprouver au Péloponéfe toutes les horreurs de la guerre. Les habitans chaffés de leurs héritages, avoient été contraints de fuir, & de chercher un afile dans les Provinces voifines [a]. Le pays étoit refté défert. Le premier foin d'Eurifthêne & de Proclès fut de fonger aux moyens de repeupler la Laconie. Pour y parvenir plus promptement, ils fe déterminerent à recevoir tous les étrangers qui viendroient s'y retirer pour quelque raifon que ce pût être ; & afin de les fixer, ils leur accorderent les droits & les privileges de naturels & de citoyens [b].

Les deux Rois diviferent enfuite toute la Laconie en fix parties. Ils choifirent Sparte pour leur capitale, & y établirent leur féjour. C'eft de-là qu'ils envoyoient dans les villes de leur dépendance, des gouverneurs pour faire connoître aux peuples leurs intentions [c]. Nous ignorons au furplus quelles étoient alors les loix & les maximes du gouvernement. Depuis cette époque, jufqu'à la réforme de Lycurgue, l'hiftoire de Sparte eft fort obfcure. Nous pafferons ces tems de ténebres, pour venir au fiécle de ce fameux légiflateur.

Quoique la puiffance royale fût établie & fubfiftât conftamment dans les deux branches de la famille régnante, l'Etat fe reffentit à la fin des difcordes que ce partage d'autorité ne pouvoit manquer d'occafionner. Les deux Rois formerent deux partis auxquels chacun s'attacha felon fon inclination particuliere, ou fes intérêts. Ces divifions inteftines forcerent les fouverains de Sparte de chercher à l'envi l'un de l'autre, les moyens de gagner l'affeƈtion de leurs fujets. Ils eurent recours à des complaifances qui infenfiblement devinrent très - préjudiciables au maintien & à la tranquillité de l'Etat.

Eurypont ou Eurithion, petit fils de Proclès, fut le premier qui, pour plaire au peuple, relâcha un peu de l'autorité abfolue dont les rois de Sparte avoient toujours joui : condefcendance qui produifit une horrible confufion & une licence effrénée ; fource d'une infinité de maux dont l'Etat fe trouva long-tems affligé. Le peuple, au lieu de fe rendre plus traitable, n'en devint que plus infolent. La liberté dégénéra en indépendance,

[a] Suprà 2e. Part. L· I. c. 3. art. 6.
[b] Strabo, l. 8. p. 560. 561. 562.

[c] Arift. Polit. l. 2. c. 9. p. 329. E.
Strabo, p. 560.

Les Rois n'eurent plus d'autorité. On ofa même attenter à leur perfonne facrée. Eunome, pere de Lycurgue, perdit la vie dans une fédition [a]. Au milieu de ces troubles & de l'anarchie, parut Lycurgue, dont la prudence & la fermeté firent totalement changer de face au gouvernement de Lacédémone.

Ce fameux légiflateur auroit pû facilement monter fur le trône après la mort de fon frere aîné, qui n'avoit point laiffé d'enfant mâle : il régna même pendant quelques mois. Mais ayant appris que la Reine fa belle-fœur étoit enceinte, il déclara que la couronne appartenoit à l'enfant qui naîtroit, fi c'étoit un fils. Il tint parole, & la Reine ayant accouché d'un prince, Lycurgue le déclara Roi, & dès ce moment fe démit du pouvoir uverain [b].

Une conduite fi généreufe n'appaifa pas les foupçons, que quelques ennemis de Lycurgue avoient voulu répandre fur la droiture de fes intentions. Pour les calmer & les diffiper entiérement, ce grand homme fe condamna à un exil volontaire. Il entreprit plufieurs voyages, dans la vûe de confulter les perfonnes les plus habiles & les plus expérimentées dans l'art de gouverner. Il alla d'abord en Crete ; il paffa enfuite dans l'Afie, & fe rendit enfin en Egypte, le féjour alors des fciences & de la politique [c].

Lycurgue n'avoit gouverné l'Etat que trois mois ; mais c'en avoit été affez pour faire connoître tout ce dont il étoit capable. Ses vertus lui avoient attiré l'eftime & la vénération de tous fes concitoyens [d]. Son abfence en fit encore mieux fentir le prix. Les défordres s'étoient tellement augmentés à Sparte, que tout l'Etat députa vers lui plufieurs fois, pour le preffer de revenir [e]. Cette difpofition des efprits détermina Lycurgue à rentrer dans fa patrie. Il réfolut auffi-tôt de changer la forme du Gouvernement, perfuadé que l'établiffement de quelques loix particulieres n'apporteroit aucun foulagement aux maux qu'on vouloit guérir [f].

Avant que d'exécuter fon deffein, il alla confulter à Delphes Apollon fur l'entreprife qu'il méditoit. Le Dieu l'approuva, il

<hr>

[a] Plut. in Lycurg. p. 40.
[b] Plut. p. 40. 41.
[c] Plut. p. 41. 42.
[d] Plut. p. 41. A.
[e] Plut. p. 42.
[f] Ibid.

IIIᵉ. Partie.
Dep. l'établ. de la
Royauté chez les
Hébreux, jufqu'à
leur retour de
la captivité.

en reçut la réponfe la plus favorable. La prêtreffe l'appella l'ami des Dieux, s'écriant qu'elle ne favoit pas même fi elle ne devoit pas le regarder comme une divinité, plutôt que comme un fimple mortel. Elle affura enfuite Lycurgue qu'Apollon avoit exaucé fa priere, & qu'il formeroit l'Etat le plus excellent qui eût jamais été [a].

On conçoit aifément quelle autorité & quel crédit une pareille réponfe acquit à Lycurgue, & combien elle applanit de difficultés. De retour à Lacédémone, il commença par gagner les principaux de la ville, en leur faifant part de fes vûes. S'étant affuré de leur confentement, il les engagea à fe rendre en armes dans la place publique, pour étonner & intimider ceux qui voudroient s'oppofer à fes projets [b]. Il ne trouva point d'obftacles, & fit ce qu'il voulut.

Je pafferai fous filence le détail des établiffemens & des ordonnances de Lycurgue. Je remarquerai feulement que ce légiflateur ne jugea pas à propos de coucher fes loix par écrit: il le défendit même très-expreffément. Il vouloit les imprimer dans l'efprit & dans le cœur de fes concitoyens par la pratique & par l'ufage [c]; & il y réuffit. Obfervons encore que ce légiflateur ne voulut faire aucune loi civile [d].

Il feroit difficile au furplus de donner une idée jufte & précife du gouvernement politique de Lacédémone. Platon lui-même convenoit qu'il n'étoit pas poffible de le définir [e]. En effet, le gouvernement de Sparte n'étoit, à proprement parler, ni Monarchique, ni Ariftocratique, ni Démocratique. Il étoit mixte, & participoit de toutes ces différentes efpeces de conftitutions politiques.

Il y avoit deux Rois à Sparte, mais leur pouvoir étoit très-foible & très-borné. Il ne paroît pas que leur volonté influât beaucoup fur les affaires de l'Etat, ni qu'ils euffent un grand crédit dans les délibérations publiques [f]. Ils n'étoient, à proprement parler, que les premiers citoyens de l'Etat [g]; reconnoiffant dans les Éphores & dans le peuple une autorité fupé-

[a] Plut. in Lycurg. p. 42.
[b] Id. Ibid.
[c] Ibid. p. 47.
[d] Id. Ibid.
[e] De Leg. l. 4. p. 829. D. = Voyez auffi Arift. Polit. l. 4. c. 9.
[f] Voyez Thucyd. l. 1. n. 79. 85. 87. = Arift. Polit. l. 3. c. 14.
[g] Voyez Herod. l. 6. n. 56.

rieure;

rieure, à laquelle ils étoient obligés de rendre compte de leur conduite [a]. Ils jouiſſoient cependant de grands privileges qui les diſtinguoient honorablement. On avoit auſſi pour leur perſonne le plus grand reſpect & la plus grande conſidération [b].

Le ſénat, compoſé de vingt-huit membres électifs, jouiſſoit originairement d'une autorité fort étendue. Ce corps avoit été inſtitué par Lycurgue, pour maintenir l'équilibre entre les rois & le peuple ; le ſénat ſe rangeant du parti des rois quand le peuple vouloit ſe rendre trop puiſſant, & prenant au contraire les intérêts du peuple lorſque les rois paroiſſoient vouloir trop entreprendre [c]. Les rois aſſiſtoient au ſénat lorſqu'ils le jugeoient à propos. Ils y avoient le privilege du double ſuffrage [d]. Le ſénat avoit ſeul le droit d'examiner les affaires, & de les propoſer dans l'aſſemblée publique ; mais quand il avoit donné ſon avis, le peuple étoit le maître de le rejetter ou de l'approuver [e]. Les ſénateurs, comme je l'ai déja dit, étoient électifs. C'étoit par voie de ſuffrages, & dans l'aſſemblée du peuple qu'on procédoit à ce choix important [f].

Bientôt la puiſſance du ſénat ſembla trop forte & trop abſolue. On réſolut de lui donner un frein, en lui oppoſant l'autorité des Ephores. Ce fut environ 130 ans après Lycurgue, que cet établiſſement eut lieu (1). Les éphores étoient au nombre de cinq [g], & ne demeuroient qu'une année en charge [h]. C'étoit le peuple qui les choiſiſſoit, & ſouvent ils étoient tirés parmi les gens de la plus baſſe condition [i]. Etablis pour défendre les droits de la nation contre les entrepriſes des rois & du ſénat, ils avoient beaucoup de reſſemblance avec les Tribuns de Rome. Quoique leur magiſtrature ne paſſât pas les bornes d'une année, ils devinrent ſi puiſſans que toute l'autorité réſida dans

---

[a] Hérod. l. 6. n. 82. 85. ═ Thucyd. l. 5. n. 60. 63. ═ Diod. l. 12. p. 533. ═ Plut. t. 1. p. 806. F.

[b] Hérod. l. 6. n. 56. ═ Plut. t. 1. p. 804.

[c] Plut. t. 1. p. 42. E.

[d] Hérod. l. 6. n. 57. ═ Thucydide prétend que chaque Roi n'avoit qu'une voix. l. 1. n. 20.

[e] Plut. in Lycurg. p. 43. B.

[f] Ariſt. Polit. l. 2. c. 9. p. 330. 331. Juſtin. l. 3. c. 3.

(1) Les Anciens ne ſont point d'accord ſur le tems de l'inſtitution des Ephores. Le plus grand nombre néanmoins en rapporte l'origine à Théopompe, qui régna 130 ans après Lycurgue.

[g] Pauſ. l. 3. c. 11.

[h] Cragius apud Gronov. Theſ. Gr. antiq. t. 5. p. 2570.

[i] Ariſt. Polit. l. 2. c. 9. p. 330. A.

IIIᵉ. Partie.
Dep. l'établ. de la
Royauté chez les
Hébreux, jufqu'à
leur retour de la
captivité.

la fuite entre leurs mains. Les éphores pouvoient caffer les fénateurs, les faire mettre en prifon, & même les punir de mort [a]. Les rois étoient obligés de leur obéir à la troifieme fommation [b]. Ils avoient droit de les condamner à l'amende & de les faire arrêter [c]. Lorfque les rois entroient au fénat, les éphores étoient difpenfés de fe lever pour eux [d]. Les rois, au contraire, étoient obligés de leur rendre cette marque de refpect [e]. Tous les mois on renouvelloit le ferment de l'Etat, les éphores au nom de la république, & les Rois en leur nom. Les rois s'obligeoient & promettoient de fe conduire felon les loix & coutumes. Le ferment que les éphores prêtoient au nom de la république, étoit qu'elle maintiendroit les rois tant qu'ils obferveroient exactement leurs promeffes [f]. Ces magiftrats avoient même imaginé, pour contenir les rois, un moyen bien fingulier fondé fur l'ignorance & la fuperftition des peuples.

Tous les neuf ans les éphores choififfoient une nuit où le ciel fût très-clair & très-férein. Ils s'affeyoient en rafe campagne, gardant un profond filence, & les yeux attachés au ciel. S'ils voyoient une étoile tomber, c'eft-à-dire, s'ils appercevoient une de ces exhalaifons lumineufes, qu'on voit fouvent traverfer le ciel, ils accufoient auffi-tôt les rois de s'être attiré le couroux des Dieux. Ils les fufpendoient de leurs fonctions jufqu'à ce qu'il vînt quelque ordre de l'oracle, qui ordonnât leur rétabliffement [g].

Les éphores étoient encore chargés de veiller à la conduite des reines [h]. Ils avoient enfin la garde du tréfor public [i], & l'infpection générale fur tout l'Etat [k]. Ariftote blâme avec raifon l'établiffement de ces magiftrats [l]. Ils cauferent les mêmes défordres dans Sparte, que les tribuns du peuple à Rome.

Le peuple avoit auffi beaucoup d'autorité à Sparte, & beaucoup de part au gouvernement [m]. C'étoient les affemblées publiques qui décidoient feules des affaires de l'Etat [n]. C'étoit

[a] Xenoph. de Rep. Lac.
[b] Plut. in Agid. & Cleom. p. 800. E. = Corn. Nepos in Agefil. n. 4.
[c] Corn. Nepos in Pauf. n. 3. & 5.
[d] Xenoph. de Rep. Laced. *fub fin.*
[e] Plut. t. 2. p. 817. A.
[f] Xenoph. *loco cit.*
[g] Plut. in Agid. & Cleom. p. 800. B.
[h] Plato in Alcib. 1º. p. 441. A.
[i] Xenoph. de Rep. Laced. *fub fin.*
[k] Ælian. var. hift. l. 2. c. 5.
[l] Polit. l. 2. c. 9. p. 330.
[m] Plato de Leg. l. 4. p. 829. D.
[n] Thucyd. l. 1. n. 79. 85. 87.

encore dans ces affemblées que fe faifoit l'élection des magiſ-
trats [a].

Le gouvernement de Lacédémone, où l'autorité étoit partagée en cinq corps différens, deux rois, un fénat, cinq éphores
& l'affemblée du peuple, eſt une efpece de paradoxe politique.
Il fembleroit que l'oppofition de toutes ces différentes puiffances, qui fe traverfoient réciproquement, auroit dû être une
fource perpétuelle de troubles & de diffenfions inteſtines. Cependant on ne trouve dans l'hiſtoire aucun Etat qui ait été moins
agité que Sparte; & Polybe dit que de tous les peuples connus, il n'y en avoit point qui eût confervé plus long-tems fa
liberté [b]. Ce ne fut certainement pas l'effet d'un gouvernement
auffi défectueux dans fa conſtitution que l'étoit celui de Lacédémone. On n'en peut donc attribuer la caufe qu'aux loix de
Lycurgue. Tant qu'elles furent exactement obfervées, l'intérêt
de l'Etat prévalut fur des confidérations particulieres, & Sparte
fit trembler tous fes voifins. Elle périt dès qu'elle s'en écarta.

On ne peut en effet difconvenir qu'il n'y eût un grand fond
de fageffe & de prudence dans les loix de Lycurgue. Elles ont
fait l'admiration des plus fameux politiques de l'antiquité, &
avec raifon, quand on n'en jugeroit même que par l'événement.
Mais on ne doit jamais perdre de vûe que ces réglemens ne
pouvoient être bons que pour un Etat peu étendu, & n'étoient
réellement praticables que chez des peuples peu nombreux,
tels que ceux dont la Grece étoit compofée. Du tems de Lycurgue, on ne comptoit dans Sparte que neuf mille habitans [c],
& trente mille dans la campagne [d]. Dans un auffi petit Etat
on peut élever & gouverner tout un peuple comme une feule
famille. C'eſt d'après ce principe que je dirai avec Polybe, que
la forme du gouvernement de Sparte fuffit, tant que les Lacédémoniens ne fongerent point à étendre les bornes de leur domination. Mais ce même gouvernement devint imparfait & défectueux, dès le moment que Sparte fe laiffa emporter à des
vûes d'ambition, & conçut des projets d'agrandiffement [e].

---

[a] Plut. in Lycurg. p. 43. B.
[b] L. 6. C. 6. p. 491.
[c] Hérod. l. 7. n. 234.

[d] Plut. in Lycurg. p. 44. B.
[e] Polyb. l. 6. c. 6. p. 491. = Voyez
auffi l'Efprit des Loix. l. 4. c. 7.

ARTICLE III.

Des Colonies Grecques.

L'ATTENTION que j'ai donnée à l'histoire d'Athénes & de Lacédémone, a été cause que je n'ai rien dit d'un événement qui ne doit cependant pas être oublié. Je parle de cette quantité de colonies qui, vers le commencement des siécles que nous parcourons, fortirent du fein de la Grece, & allerent former des établiffemens dans plufieurs parties de l'Afie & de l'Europe. J'ai indiqué dans le volume précédent la caufe de toutes ces migrations. On y a vû quels avoient été l'effet & la fuite de la révolution que la Grece éprouva, lorfque 80 ans environ après la prife de Troie, les Héraclides vinrent arracher le fceptre aux defcendans de Pélops. Les plus renommées & les plus célebres de ces colonies ont été celles que les Ioniens, les Eoliens & les Doriens formerent dans l'Afie.

La guerre de Troie avoit donné occafion aux Grecs de prendre une connoiffance affez exacte de l'Afie mineure. Les Ioniens établis anciennement dans l'Attique, étoient paffés enfuite dans le Péloponéfe. Ils y refterent tranquilles jufqu'au tems où les Héraclides vinrent s'en remettre en poffeffion. Les Achéens, chaffés alors de la Laconie, fe jetterent fur les Ioniens, & les contraignirent de fortir du Péloponéfe. Les Ioniens fe refugierent dans l'Attique [a]; mais s'étant multipliés au point que le pays ne pouvoit plus nourrir un fi grand nombre d'habitans, Nilée, celui des enfans de Codrus que les Athéniens avoient rejetté [b], fe mit à leur tête, & les conduifit en Afie. Ils s'emparerent d'une contrée qui étoit alors bornée par la Carie & par la Lydie. C'eft celle qui de leur nom fut depuis appellée Ionie. Ils y bâtirent douze villes, Ephefe, Colophon, Clazomene, &c [c].

Cette colonie avoit été précédée d'une autre migration qui n'eft pas moins fameufe dans l'hiftoire. Ceux des Achéens qui defcendoient d'Eolus, ayant été chaffés de la Laconie par les

---

[a] Voyez la feconde Part. L. I. c. 3. art. 6.   [c] Marm. Arund. Ep. 26. === Pauf. l. 7.
[b] *Suprà.* p. 28. & 29.   c. 2. *Init.* === Ælian var. hift. l. 8. c. 5.

Doriens rentrés dans le Péloponnefe avec les Héraclides, fe virent contraints de chercher de nouvelles terres [a]. Ils fe mirent fous la conduite de Penthile, ce fils d'Orefte qui avoit été détrôné par les Héraclides. Après quelques courfes, ils fe fixerent dans l'Afie mineure entre l'Ionie & la Myfie, & donnerent à cette contrée le nom d'Eolide. Smyrne & plufieurs autres villes doivent leur fondation à cette colonie [b].

La troifieme peuplade, qui vers le même tems paffa de la Grece dans l'Afie, étoit compofée de Doriens. Ils avoient accompagné les Héraclides dans leur expédition contre les Athéniens, fous le regne de Codrus. Les Héraclides y furent battus. Leur défaite néanmoins ne les empêcha pas de s'emparer de la Mégaride, & de la donner aux Doriens. Une partie de ce peuple demeura dans ce pays. Quelques-uns pafferent en Crête. Mais le plus grand nombre s'établit dans cette partie de l'Afie mineure qui, de leur nom, a été appellée Doride. Ils y bâtirent Halicarnaffe, Cnides & d'autres villes. Ils fe répandirent auffi dans les ifles de Rhodes, de Cos, &c [c].

Je ne dirai rien de plufieurs autres colonies qui fortirent de la Grece vers le même tems. Je pafferai donc fous filence ces établiffemens confidérables qu'on fait avoir été formés par les Grecs dans l'Italie [d], dans la Sicile [e], fur les bords du Pont-Euxin [f], & jufques fur les côtes d'Afrique [g]. Ce détail nous conduiroit trop loin. Les colonies de l'Afie mineure font fans contredit les plus célebres de toutes celles que la Grece ait jamais formées. Elles prouvent fuffifamment à quel point cette partie de l'Europe étoit autrefois peuplée. On eft toujours étonné qu'une nation auffi peu confidérable que les Grecs, renfermée dans l'enceinte d'un pays qui n'égaloit pas le quart de la France, ait été en état d'envoyer prefque en même tems un fi grand nombre de colonies.

Ce feroit peut-être ici le lieu de propofer quelques réflexions fur la facilité & fur le goût qu'avoient les peuples de l'antiquité pour former & envoyer tant de colonies dans des pays fouvent

---

[a] Voyez la feconde Part. L. I. c. 3. art. 6.
[b] Strabo, l. 13. p. 872. = Vell. Paterc. l. 1. n. 2. 4.
[c] Strabo, l. 14. p. 965.
[d] Marsham. p. 510.
[e] Id. p. 463.
[f] Id. p. 516.
[g] Id. ibid.

affez éloignés. On pourroit infifter fur cet ufage qui caractérife finguliérement les Grecs dans les fiécles dont je parle maintenant. On pourroit auffi en conclure, avec bien de la vraifemblance, que les familles devoient multiplier alors beaucoup plus qu'elles ne paroiffent multiplier aujourd'hui. Il y auroit lieu enfin de former plufieurs raifonnemens fur la caufe de cette humeur inquiéte qui rendoit les anciens peuples fi fujets aux migrations, & qui les portoit à changer de féjour avec une facilité qui nous étonne toujours à préfent. Il s'eft paffé en effet plufieurs fiécles avant que la plûpart des nations de l'antiquité fe foient bien affermies, & fixées conftamment dans un même canton. Tous les différens objets que je viens d'indiquer, mériteroient fans doute d'être examinés avec grande attention; mais cette difcuffion nous détourneroit trop de l'objet principal qui doit nous occuper dans l'article préfent. Je reviens donc aux colonies Grecques.

Je ne vois rien de particulier à dire fur la forme de gouvernement que fuivoient les différentes colonies dont je viens de parler. Comme la plûpart de ces tranfmigrations ne fe font faites que vers le tems où l'efprit républicain commençoit à dominer dans la Grece, les colonies qui en fortirent fe conformerent à ces idées, & adopterent, en conféquence, le gouvernement Républicain. A l'égard des loix civiles & politiques qu'on y établit originairement, il eft à préfumer que dans les commencemens elles différoient peu de celles dont j'ai déja eû occafion de rendre compte dans la feconde Partie de cet ouvrage, lorfque j'ai expofé l'ancien gouvernement de la Grece [a]. Le tems y apporta feulement par la fuite quelques modifications, relativement à la pofition de chaque colonie.

Je ne porterai pas plus loin mes recherches fur l'hiftoire Grecque. Mon intention n'eft point de me livrer à tout ce que pourroit fournir une nation fi digne de notre étude & de notre attention. Je ne dirai qu'un mot fur la révolution que les fiécles, dont il eft ici queftion, virent s'opérer dans le gouvernement, les mœurs & le génie des différens Etats de la Grece.

La Grece, dans un fens, ne renfermoit qu'un feul & même peuple, & l'on peut dire que jufques vers le milieu des fiécles

[a] Voyez L. I. c. 3. art. 8.

que nous parcourons préfentement, la façon de penfer y étoit
à-peu-près la même. Mais depuis cette époque, on remarque
bien de la variété & de la contrariété entre les mœurs & la
conduite des différens Etats qui compofoient la nation Grecque.
Il eft aifé d'en pénétrer la caufe, pour peu qu'on faffe de réflexion
aux événemens dont cette partie de l'Europe a été le théâtre.

Le gouvernement & les mœurs avoient été originairement
les mêmes, ou du moins fort femblables dans les différens Etats
de la Grece, quoique fondés par diverfes colonies. Qu'on par-
coure les premiers fiécles de l'hiftoire d'Athénes, d'Argos, de
Sicyone, de Thébes, de Sparte, de Corinthe, de Mycénes, on
ne remarquera aucune différence dans l'adminiftration de ces différens Etats. On voit fubfifter cette uniformité pendant bien
des fiécles, & jufqu'après le retour des Héraclides dans le Péloponéfe. Les Grecs étoient encore fort ignorans dans les arts,
les fciences, le commerce, la navigation, l'art militaire & la
politique. J'en ai donné des preuves fuffifantes dans la feconde
Partie de cet ouvrage. Je m'y fuis appliqué à faire fentir quel
étoit alors, par rapport à tous ces différens objets, l'état des
Grecs. Cette nation étoit alors peu éclairée & très-pauvre,
tranquille par conféquent, & fans ambition. Quelque fiécles après
le retour des Héraclides, les chofes changerent de face. Les
Grecs commencerent à s'inftruire ; bien-tôt il s'opéra une révolution générale dans les efprits, un mouvement univerfel fe fit
fentir. C'eft ici que commence l'époque de cette variété & de
cette oppofition qui ont régné enfuite dans les mœurs des différens peuples compris fous le nom de Grecs : oppofitions cependant qui ne devinrent bien fenfibles que quelque tems après
Lycurgue & Solon. Alors toutes les différentes républiques
de la Grece acheverent de fe former & de fe policer, & par une
fuite toujours néceffaire de ces fortes d'événemens, la façon de
penfer primitive changea auffi. Chaque Etat ouvrit les yeux fur
fes intérêts, & fe forma des loix & des maximes relativement
à fa pofition & à fes vûes particulieres. Il fe fit un mouvement
général par rapport aux objets de la politique, des arts & du
commerce. Les factions naquirent avec l'ambition & la cupidité.
La nation chercha même à faire valoir les richeffes du génie
dont elle étoit fi abondamment pourvue. Les orateurs, ainfi que

les philofophes, acquirent depuis ce moment une confidération, un crédit & une autorité dont on ne voit point d'exemple dans aucun autre pays.

Ce changement ne fut pas avantageux à la Grece. L'opulence dans laquelle fe trouverent quelques-unes de fes républiques, leur infpira des penfées d'ambition & de rivalité. Infenfiblement l'efprit d'agrandiffement & de domination s'empara des différens Etats de cette partie de l'Europe. Chacun voulut l'emporter fur fes voifins, & donner le ton à la nation. L'intérêt général difparut & céda aux vûes particulieres. La Grece fe vit alors déchirer par des factions & des divifions inteftines. En vain les bons citoyens voulurent-ils élever la voix & repréfenter les fuites funeftes de cette méfintelligence, ils ne furent point écoutés. Les républiques féduites & guidées par des orateurs paffionnés, s'acharnerent les unes contre les autres, & fe firent prefque continuellement la guerre la plus fanglante & la plus opiniâtre. L'iffue en fut des plus funeftes à la nation. Les avantages que les Grecs remporterent alternativement les uns fur les autres, commencerent par affoiblir mutuellement leurs forces, & finirent par jetter dans tous les cœurs des femences de haine & d'animofité, qui rendirent pour jamais irréconciliables tous les différens peuples compris fous le nom de Grecs. C'eft ainfi qu'ils préparerent eux-mêmes leur ruine par des pertes réciproques, & par une conduite qui les mit hors d'état de fe réunir pour défendre la liberté commune. Cette méfintelligence jointe à la foibleffe occafionnée par une fuite de guerres continuelles, perdit enfin la Grece, & la força de fubir pour jamais un joug étranger.

Fin du premier Livre.

TROISIEME

TROISIEME PARTIE.

Depuis l'établissement de la Royauté chez les Hébreux, jusqu'à leur retour de la captivité : espace d'environ 560 ans.

LIVRE SECOND.

Des Arts & Métiers.

 ES OBJETS dont nous allons nous entretenir dans cette troisiéme Partie, font d'une espece un peu différente de ceux qui nous ont occupés dans le volume précédent. Nous y avons examiné l'origine & le progrès des Arts chez les peuples de l'antiquité. Pour remplir ce deffein, il a fallu entrer dans plufieurs détails qui déformais feroient fuperflus. Les fiécles que nous parcourons préfentement ne nous offrent rien de nouveau dans ce genre. A l'exception des Grecs, les autres nations, dont j'ai déja eû occafion de parler, n'ont rien ajouté aux découvertes dont on a vû qu'elles étoient en poffeffion depuis long-tems. Je ne m'attacherai donc qu'aux traits les plus capables de caractérifer le génie & le goût qui régnoit dans les entreprifes & dans les monumens

Tome II.   G des Affyriens, des Babyloniens & des Egyptiens. Au furplus, l'époque qui fixe préfentement nos regards, eft celle de la gloire & de la fplendeur de ces peuples. Depuis les conquêtes de Cyrus, foumis fucceffivement aux Perfes, aux Grecs & aux Romains, ils font tombés dans une décadence abfolue, & leur génie paroît s'être éteint avec leur liberté.

L'hiftoire des Arts chez les Grecs n'offre point, dans l'efpace de tems que comprend cette troifieme Partie, d'objets dignes d'une grande attention. Les progrès de ces peuples ont été, en tout genre, beaucoup plus lents que ceux des Egyptiens & des nations de l'Afie. Les fiécles que nous parcourons préfentement ne font pas encore ceux qui ont immortalifé la Grece. Mais 200 ans environ après cette époque, les Grecs prirent l'effor le plus fublime. Alors ils enrichirent les Arts de tout ce que l'imagination & le goût peuvent leur prêter. Ils en faifirent les vraies beautés que les Egyptiens, ni les peuples de l'Afie n'ont jamais connues. Nous ne jouirons cependant point de ce magnifique fpectacle; il faudroit pour cet effet defcendre jufques vers les fiécles de Périclès, ou même d'Alexandre. Les bornes que je me fuis prefcrites ne me le permettent pas : contentons-nous de voir naître l'aurore qui annonçoit un fi beau jour.

CHAPITRE PREMIER.

Des Assyriens & des Babyloniens.

ON A VU dans la premiere Partie de cet ouvrage que Ninive devoit fa fondation à Affur, & Babylone à Nembrod [a]. J'y ai dit en même tems que le fentiment de ceux d'entre les écrivains de l'antiquité, qui attribuoient à l'ancien Ninus & à l'ancienne Sémiramis les fuperbes ouvrages qui ont rendu ces deux villes fi célebres, n'étoit pas exact [b]. Il me paroît en effet peu vraifemblable qu'on ait pû exécuter, dès les premiers tems, les travaux également immenfes & magnifiques dont parlent ces auteurs. Je juge qu'ils ne l'ont été que dans les fiécles qui nous occupent préfentement. Ce fentiment, au furplus, eft appuyé du fuffrage de quantité d'hiftoriens qui, à tous égards, méritent infiniment plus de croyance que Ctéfias copié par Diodore & par d'autres écrivains affez modernes [c].

Caftor, dont la chronologie paroît avoir été fort eftimée d'Eufebe & de plufieurs autres écrivains de mérite, comptoit deux Ninus rois d'Affyrie; l'un fondateur de Ninive, & l'autre qui monta fur le trône dans les derniers tems de cet Empire [d]. Tout me porte à croire qu'on doit rapporter à ce fecond Ninus l'agrandiffement & la magnificence de Ninive, attribuée mal-à-propos, par Ctéfias & fes copiftes, au premier Ninus, fondateur de l'Empire Affyrien.

A l'égard de Babylone, on doit inconteftablement placer fous le regne de fes derniers Souverains la conftruction de tous les ouvrages qui ont immortalifé cette capitale. Bérofe [e], Mégafthène [f], Hérodote [g], & Abydêne [h], font honneur à Nabuchodonofor, & à Nitocris fon époufe, de tous les embelliffemens de Babylone. Leur témoigage eft conforme à celui de

---

[a] L. I. c. 1. art. 3. p. 37 & 38.
[b] Ibid. L. II. c. 3.
[c] Voyez Marsh. p. 477.
[d] Apud Syncell. p. 205. 206. A.
[e] Apud Jof. adverf. Appion. l. 1. c. 6.

[f] Apud Eufeb. præp. Evang. l. 9. c. 41. p. 457. B.
[g] L. 1. n. 185.
[h] Apud Eufeb. loco cit. p. 456.

l'Ecriture-Sainte [a]. Je crois donc être suffisamment autorisé à rapporter aux siécles dont il s'agit dans cette troisieme Partie, tout ce que les anciens ont débité sur la grandeur & la magnificence de Ninive & de Babylone.

Ce seroit sans doute ici le lieu de faire une description détaillée de ces deux villes. Mais premiérement il ne nous reste que des notions fort imparfaites sur Ninive. De tous les écrivains de l'antiquité qui sont parvenus jusqu'à nous, aucun n'avoit vû cette capitale. Elle étoit anéantie, & depuis long-tems, lorsqu'Hérodote le plus ancien de ces auteurs écrivoit. Quant à Babylone, ce sujet a déja été traité tant de fois, & dans tant d'ouvrages qui sont entre les mains de tout le monde, qu'il seroit, à ce que je crois, superflu de s'y étendre. Je me contenterai donc de proposer quelques réflexions générales sur ces deux villes.

Si l'on s'en rapporte à l'opinion commune, l'enceinte de Ninive & de Babylone auroit été d'une étendue prodigieuse & incroyable. La premiere de ces deux villes formoit, au rapport des anciens, un quarré long, dont les deux grands côtés avoient chacun 150 stades, & les deux petits 90. Son circuit total étoit par conséquent de 480 stades [b]. On évalue ordinairement ces 480 stades à 25, ou même 30 de nos lieues communes. Mais selon l'opinion de M. de l'Isle, fondée sur de bonnes autorités, les stades de la haute antiquité doivent être évalués beaucoup plus bas [c]. En suivant donc la réduction qu'il propose, l'emplacement de Ninive ne devoit occuper qu'environ six lieues quarrées [d]. Cette ville devoit être conséquemment un peu plus de sept fois plus grande que Paris ([1]).

On lit, il est vrai, dans le Prophéte Jonas, que Ninive étoit une grande ville qui avoit trois journées de chemin [e]. La plupart des commentateurs en concluent qu'on ne pouvoit faire le tour de Ninive qu'en trois jours. Cette expression me paroîtroit plutôt signifier qu'il falloit employer au moins trois jours

---

[a] Daniel, c. 4. ⅴ. 27.
[b] Diod. l. 2. p. 115.
[c] Acad. des Sciences, ann. 1721. M. p. 60. 61.
[d] Ibid. ann. 1725. p. 54. Pour parler plus exactement, 5 $\frac{215895}{1234321}$ lieues quarrées.

([1]) La surface de Paris est de $\frac{11389825}{14470416}$ parties d'une lieue quarrée. Ainsi Ninive avoit plus de sept fois (7 $\frac{3}{10}$) autant de surface que Paris.
[e] C. 3. ⅴ. 3.

nées pour la parcourir. L'explication que je propose, me paroît même exactement conforme à la million du Prophéte. Il avoit en effet été envoyé à Ninive pour prêcher la pénitence, & ce n'étoit qu'en parcourant l'intérieur de la ville, qu'il pouvoit annoncer à ses habitans les menaces du Tout-puissant. Aussi le texte sacré dit-il que Jonas étant entré dans Ninive, y marcha pendant un jour, & fit entendre sa voix [a].

Ninive, au surplus, n'étoit point peuplée à proportion de l'étendue de son enceinte. On lit dans le même Prophéte que je viens de citer, qu'il y avoit alors dans cette ville cent vingt mille ames qui ne savoient pas distinguer leur main droite de leur main gauche [b]; expression qu'on entend, & avec raison, des enfans dans le plus bas âge. Il résulte de ce passage qu'il ne pouvoit y avoir dans Ninive qu'environ sept cents mille ames, les enfans ne faisant pour l'ordinaire que la cinquieme partie des habitans d'une ville. Ninive ne devoit donc pas être beaucoup plus peuplée que Paris, quoique son enceinte fût infiniment plus vaste. Cette ville renfermoit sans doute quantité de jardins très-spacieux ; usage établi de toute antiquité dans les villes de l'Orient, & qui subsiste encore aujourdhui [c].

J'en dirai autant de Babylone, & avec beaucoup plus de fondement ; car les anciens parlent effectivement des jardins & même des terres labourables qu'elle renfermoit dans son enceinte [d]. Mais d'ailleurs, ils ne font nullement d'accord sur l'étendue de cette ville. J'ai crû devoir donner la préférence aux mesures d'Hérodote, dont le témoignage est bien supérieur à celui de tous les autres écrivains. Il avoit été à Babylone dans un tems où cette ville n'étoit pas entièrement déchue de son ancienne splendeur ; avantage que n'ont pas pû avoir Clitarque, Diodore, Strabon, &c. Suivant donc Hérodote, le circuit de Babylone étoit égal à celui de Ninive, c'est-à-dire, qu'il étoit de 480 stades [e]. Mais Babylone formoit un quarré parfait, & par conséquent elle étoit plus grande que Ninive (¹). En suivant la proportion que j'ai déja indiquée, on doit évaluer l'emplacement de Babylone à plus de six lieues quarrées de surface (¹). Cette ville étoit donc près de huit fois aussi grande que Paris (²). Quant au nombre des habitans, qu'elle contenoit, on n'en peut rien dire. Je présume seulement que Babylone devoit être peuplée dans la même proportion que Ninive.

On a beaucoup vanté les travaux & les édifices qui ont rendu autrefois Babylone une des merveillles du monde. On peut réduire tous ces objets à cinq chefs principaux ; 1°. la hauteur de ses murailles, 2°. le temple de Bel, 3°. les jardins suspendus, 4°. le pont bâti sur l'Euphrate, & les quais dont ce fleuve étoit bordé, 5°. le lac & les canaux creusés de main d'homme pour la distribution des eaux de l'Euphrate.

Tous ces ouvrages si merveilleux au jugement de l'antiquité, me paroissent avoir été extrêmement exagérés par les auteurs qui en ont parlé. Comment concevoir, en effet, que les murailles de Babylone aient pû avoir 318 pieds de hauteur, sur 81 pieds d'épaisseur, dans un circuit de près de 10 lieues [a]?

J'en dirai autant de cet édifice quarré, connu sous le nom de temple de Bel. Il étoit composé de huit tours placées les unes au dessus des autres, qui alloient toujours en diminuant. Hérodote ne nous apprend point quelle étoit la hauteur de ce monument [b]. Diodore dit qu'elle surpassoit toute croyance [c]. Strabon la fixe à un stade [d], mesure qui revient à près de six cents de nos pieds (³). Car du tems de ce géographe, les stades étoient beaucoup plus considérables que dans les premiers siécles (⁴). La masse entiere de ce bâtiment devoit répondre à son

---

(¹) A la rigueur 6 $\frac{154074}{123451}$ lieues quarrées.

(²) Environ 7 ⁴⁄₅.
Si l'on jugeoit de la grandeur & de l'étendue de Babylone sur un fait rapporté par Aristote, quelle idée ne devroit-on pas s'en former? Il dit que lors de la prise de cette ville, il y eut tel quartier où, trois jours après, la nouvelle n'en étoit pas encore parvenue. De Rep. l. 3. c. 3. t. 2. p. 340. 341.
Je ne conçois pas comment un auteur tel qu'Aristote a pû rapporter sérieusement une pareille absurdité.
[a] Hérod. l. 1. n. 178.

Hérodote dans cette occasion n'a pû parler que d'après le rapport des habitans. Lorsqu'il fut à Babylone, les murailles en étoient plus d'aux trois quarts détruites, comme il nous l'apprend lui-même. l. 3. n. 159.
[b] Il dit seulement qu'il avoit 4 stades de circuit. l. 1. n. 181.
[c] L. 2. p. 123.
[d] L. 16. p. 1072.
(³) Les tours de Notre-Dame n'ont que 204 pieds de hauteur.
(⁴) On doit les évaluer au moins à 95 toises 2 pieds 11 pouces, mesure de Paris.

exceffive hauteur. C'eft auffi l'idée qu'en ont voulu donner les anciens. On en va juger par le fait fuivant. Xercès avoit démoli entiérement ce temple. Alexandre entreprit de le rebâtir. Il voulut commencer par faire nettoyer la place, & en écarter les ruines. Dix mille ouvriers, qui furent employés pendant deux mois à ce travail, ne purent pas, dit-on, l'achever [a].

Les richeffes que renfermoit le temple de Bel étoient proportionnées à fon immenfité. Sans parler des tables, des encenfoirs, des coupes & autres vafes facrés, d'or maffif, il y avoit une ftatue de 40 pieds de haut, qui feule pefoit mille talens Babyloniens. Enfin, felon le dénombrement que les anciens nous ont donné des richeffes contenues dans ce temple, la fomme totale reviendroit à deux cents vingt millions cinq cents mille livres de notre monnoie. De pareilles exagérations fe détruifent d'elles-mêmes.

A l'égard des jardins fufpendus, felon toutes les apparences ils n'ont jamais exifté. Le filence d'Hérodote fur un ouvrage fi fingulier & fi remarquable, me détermine à mettre au rang des fables tout ce que les autres écrivains ont débité fur cette prétendue merveille. Hérodote avoit vifité foigneufement Babylone. Les détails dans lefquels il eft entré, prouvent qu'il n'a obmis aucune des raretés de cette ville. Préfumera-t-on qu'il eût paffé fous filence un ouvrage tel que les jardins fufpendus? Tous les auteurs qui en ont parlé font bien poftérieurs à ce grand hiftorien. Il n'y en a aucun, excepté Bérofe ('), qui parle d'après fon propre témoignage. C'eft toujours fur le rapport d'autrui. Diodore avoit tiré de Ctéfias ce qu'il dit de ces fameux jardins. Il y a bien de l'apparence auffi que Strabon avoit puifé dans la même fource. Enfin, la maniere dont Quinte-Curce s'exprime, fait affez fentir combien l'exiftence de ces jardins lui paroiffoit fufpecte. Il jugeoit que l'imagination des Grecs y avoit la plus grande part [b].

---

[a] Strabo, l. 16. p. 1072. ═══ Arrian. de Exped. Alex. l. 7. p. 480.

(') On fait que les exagérations ne coûtoient rien à Bérofe, quand il s'agiffoit d'exalter les merveilles de fon pays.

[b] *Super arce vulgatum Græcorum fabulis miraculum penfiles horti funt.* l. 5. c. 1.

p. 314.

Il y avoit vraifemblablement à Babylone quelque colline revêtue de terraffes & ornée d'arbres. Cette efpece de jardin aura fuffi pour donner lieu à une imagination échauffée, d'enfanter les defcriptions que nous lifons aujourd'hui dans certains auteurs.

Parlons maintenant du pont de Babylone, que les anciens ont mis au nombre des plus merveilleux ouvrages de l'Orient. Il avoit près de cent toises de long, sur, à-peu-près, quatre de large [a]. On ne peut nier qu'il n'ait fallu beaucoup d'art & de travail pour en jetter les fondemens Il ne devoit pas être facile de les asseoir dans le lit d'un fleuve extrêmement profond & rapide, qui d'ailleurs charrie une quantité prodigieuse de limon, & dont le fond est entiérement sablonneux. Aussi avoit-on pris beaucoup de précautions pour assurer les piles du pont de Babylone. Elles étoient construites de pierres liées & attachées les unes aux autres par des clefs de fer. Les joints en étoient remplis de plomb fondu [b]. La façade des piles, tournée vers le courant de l'Euphrate, étoit défendue par des éperons extrêmement avancés, qui coupant l'eau de fort loin, en diminuoient le poids & l'action [c]. Tel étoit le pont de Babylone.

En rendant justice à l'habileté des Babyloniens dans la conduite de ces travaux, on ne peut cependant s'empêcher de remarquer le mauvais goût qui, de tout tems, a régné dans les ouvrages des Orientaux. Le pont de Babylone nous en fournit une preuve très-marquée. Cet édifice manquoit absolument de graces & de majesté. Sa largeur n'étoit nullement proportionnée à sa longueur (¹). Les piles n'en étoient point non plus espacées convenablement. Il n'y avoit qu'onze pieds & demi de distance entre chacune [d]. Enfin ce pont n'étoit point vouté [e]. Qu'on juge de l'effet qu'il devoit faire.

Les Babyloniens, au surplus, ne sont par les seuls qui aient ignoré autrefois l'art de construire des voûtes. Ce secret, à ce que je crois, a été inconnu à tous les peuples de la haute

---

[a] Diod. l. 2. p. 121.

Selon cet auteur, le pont de Babylone avoit cinq stades de long sur 30 pieds de large. En réduisant ces dimensions à nos mesures, ce pont auroit eu 477 toises 2 pieds 7 pouces de long.

Cette longueur, comme on voit, n'est nullement proportionnée à sa largeur. D'ailleurs Diodore dit qu'on construisit le pont à l'endroit où l'Euphrate étoit le plus étroit. Nous apprenons de Strabon, l. 16. p. 1073. A. que ce fleuve n'avoit qu'un stade de largeur à Babylone. J'ai cru, en conséquence, devoir abandonner le texte de Diodore, & fixer la longueur du pont à un stade.

[b] Hérod. l. 1. n. 186.

[c] Diod. Ibid.

(¹). En suivant même la réduction que nous avons proposée, ce pont avoit 95 toises 2 pieds 11 pouces de long, sur 4 toises 2 pieds 7 pouces de large. La longueur du pont Royal n'est que de 72 toises. Il a cependant 8 toises 4 pieds de largeur.

[d] Diod. l. 1. p. 121.

[e] Hérod. l. 1. n. 186.═Diod. *loco citato.*

antiquité,

antiquité, qui en général ne paroiſſent pas avoir été bien ſavans dans la coupe des pierres.

Quant aux quais dont l'Euphrate étoit revêtu, on peut croire qu'ils étoient grands & magnifiques. Je doute néanmoins que ces ouvrages ſurpaſſaſſent ceux que nous avons journellement ſous les yeux. Je crois qu'à cet égard Paris peut bien le diſputer pour la magnificence & l'étendue du travail à toutes les villes de l'univers.

Je remets au livre ſuivant à parler plus particuliérement des canaux & de ce lac creuſés de main d'homme, pour la décharge & la conduite des eaux de l'Euphrate. On y verra, s'il n'y a pas beaucoup à rabattre du récit des anciens, lorſqu'ils ſont monter la circonférence du lac de Babylone à 1200 ſtades quarrés [a]; c'eſt-à-dire, à plus de cinquante lieues (¹), ſur une profondeur d'environ 120 pieds [b]; ajoutant que ce lac étoit en entier revêtu de pierres [c].

Je n'ai pas prétendu, au reſte, par ces réflexions anéantir entiérement la grandeur & la magnificence de Ninive & de Babylone. Je penſe ſeulement qu'on doit beaucoup rabattre de tout ce que les anciens en ont débité. Je penſe encore que les Aſſyriens & les Babyloniens n'ont eû aucune idée de ce que nous nommons ordre d'architecture. J'en juge ainſi ſur le peu de goût que, dans tous les tems, les peuples de l'Aſie ont mis dans leurs édifices (²). Je crois donc que les monumens, qui ont rendu autrefois Ninive & Babylone ſi célebres, étoient plus recommandables par leur ſingularité & la profuſion des ornemens, que par l'ordonnance & l'agrément de leur conſtruction. Cette élégance & ces belles proportions qui charment & ſéduiſent dans l'architecture Grecque, ont été, & ſont encore ignorées aux Indes, à la Chine, en Perſe, & généralement parlant, dans tout l'Orient.

---

[a] Megaſthen. apud Euſeb. Præp. Evang. l. 9. c. 41. p. 457. C. === Diod. l. 2. p. 122.

(¹) 50 lieues $\frac{3475}{17118}$

[b] Megaſthen. *loco cit.*

Ces 120 pieds font 114 pieds 7 pouces, meſure de Paris.

Diod. *loco cit.* ne donne au lac de Babylone que 35 pieds de profondeur. C'eſt encore beaucoup.

[c] Hérod. l. 1. n. 185.

Diod. l. 2. p. 122. dit qu'il étoit revêtu d'un mur de briques liées avec du bitume.

(²) Il faut excepter de cette propoſition les Grecs de l'Aſie mineure.

On ne peut parler que très-imparfaitement de la maniere dont les Assyriens & les Babyloniens traitoient la sculpture. On voit seulement que cet art devoit être fort pratiqué chez ces peuples. L'Ecriture parle d'une statue d'or haute de soixante coudées, & de six de large, élevée par les ordres de Nabuchodonosor [a], sans compter plusieurs autres représentations de Divinités & de Princes, dont les temples & les palais de Babylone étoient remplis [b]. Il est donc certain que les Babyloniens travailloient beaucoup en sculpture. Mais l'élégance & la correction présidoient-elles aux ouvrages de leurs artistes? C'est ce dont on peut douter, & avec grande raison. On ne voit point en effet que les Asiatiques aient jamais sû dessiner avec goût & précision. J'en juge ainsi, non-seulement par les productions modernes de ces nations, mais même par ce qui peut être échappé de leurs monumens à l'injure des siécles. Les figures qu'on voit dans tout ce qui existe aujourd'hui de bas-reliefs des anciens peuples de l'Orient, sont lourdes & incorrectes, sans attitude, sans grace & sans variété d'expressions. On concevra encore une plus mauvaise opinion des artistes de Babylone, si l'on admet que les ruines, connues aujourd'hui sous le nom de *ruines de Persépolis*, sont les débris d'un palais construit par les premiers Souverains de la Perse. Les statues & les bas-reliefs qu'on y peut encore appercevoir, sont assurément du plus mauvais goût, & de la plus platte exécution [c]. Tout médiocres cependant que soient ces ouvrages, il paroît que les anciens sculpteurs de Babylone n'auroient pas été en état de les exécuter. Je le dis sur ce que Diodore nous apprend que les palais de Persépolis & de Suse furent bâtis par des artistes que Cambyse transporta de l'Egypte en Perse, après qu'il eut soumis cet empire [d]. Néanmoins, lorsque Cambyse s'empara de l'Egypte, il étoit déja maître de Babylone, & bien en état, par conséquent, d'en tirer tous les ouvriers qu'il auroit crû propres à exécuter les magnifiques ouvrages qu'il avoit résolu de faire élever. Si ce Prince jugea donc nécessaire de transporter dans la Perse des artistes Egyptiens, je pense être en droit d'en conclure qu'il es-

[a] Dan. c. 3. ⅴ. 1.
[b] Dan. c. 5. ⅴ. 4. = Diod. l. 2. p. 122. 123.

[c] Voyez Chardin, t. 2. p. 140, &c. = Le Bruyn t. 2. p. 285.
[d] L. I. p. 55 & 56.

timoit ceux de Babylone incapables de remplir les grands &
magnifiques projets qu'il avoit conçus. Car quel autre motif
auroit pû l'engager à une pareille démarche? A talens égaux,
la proximité feule auroit dû déterminer Cambyfe à préférer les
ouvriers Babyloniens. Au furplus, j'aurai encore occafion dans
l'article fuivant de revenir fur la maniere & le caractere de ces
peuples dans les ouvrages de goût & de génie.

Rendons d'ailleurs juftice aux Babyloniens fur leurs progrès
dans plufieurs parties des arts qu'ils paroiffent avoir fort bien
entendues. Je mettrai, par exemple, dans ce nombre la fonte
des métaux. La grande quantité de ftatues d'or, d'argent & de
bronze, dont les temples de Babylone étoient décorés [a], le
prouve fuffifamment. Je pourrois auffi m'étendre fur l'habileté
des Babyloniens dans les manufactures d'étoffes, & particuliérement dans les ouvrages de broderie; mais je réferve ces détails pour l'article où je traiterai des mœurs & ufages de ces peuples. Ce que j'aurai occafion alors de dire fur leur luxe & leur
magnificence ne permettra pas de douter du point de perfection auquel les Babyloniens avoient porté une grande partie des
arts, dans les fiécles brillans de leur monarchie.

J'aurois pû parler du temple de Salomon & de tous les ouvrages également recherchés & magnifiques, qu'on fait avoir été
exécutés par les ordres de ce Prince. Mais l'hiftoire & les monumens de la nation Juive n'entrent point dans le plan que je
me fuis propofé. Je n'en ai jamais traité qu'incidemment, &
lorfqu'il a fallu y avoir recours pour éclaircir & conftater l'état
où étoient les Arts dans l'Afie & dans l'Egypte, aux fiécles qui
formoient l'objet de la premiere & de la feconde Partie de cet
ouvrage. L'époque que nous parcourons préfentement, nous
difpenfe de rien emprunter de l'hiftoire du peuple de Dieu. On
trouve affez de reffources dans les écrivains profanes pour établir les faits dont j'ai à rendre compte dans cette troifieme Partie.

[a] Dan. c. 5. ℣. 4. ═ Hérod. l. 1. n. 181. ═ Diod. l. 2. p. 122. 123.

CHAPITRE II.

Des Egyptiens.

JE VIENS de dire que fuivant toutes les apparences on devoit beaucoup rabattre de l'idée que les anciens ont voulu nous donner des monumens conftruits par les Affyriens & les Babyloniens. Nous y fommes d'autant plus autorifés, qu'il n'exifte plus rien aujourd'hui capable de juftifier les merveilles que l'antiquité publioit de Ninive & de Babylone. Ainfi nous ne fommes point forcés d'admettre des récits qui répugnent fouvent à la raifon. On ne doit pas porter abfolument le même jugement des faits que les anciens auteurs nous ont tranfmis fur les monumens des Egyptiens. J'obferverai d'abord que les écrivains de l'antiquité ne paroiffent pas s'être livrés aux mêmes exagérations fur les édifices de l'Egypte, que fur ceux de l'Afie. D'ailleurs les obélifques & les pyramides fubfiftent encore aujourd'hui, fans parler d'une infinité d'autres monumens, dont les ruines feules peuvent nous faire juger de la grandeur & de la magnificence qui régnoit dans les entreprifes des Egyptiens. Ce que nous avons fous les yeux confirme donc prefque tout ce que les anciens auteurs ont pû dire fur ce fujet. Ainfi nous fommes à portée d'aprécier leur témoignage, & de juger des faits qu'ils expofent.

J'ai parlé dans la feconde Partie de cet ouvrage de la ville de Thébes, des obélifques & de tous les autres monumens dont j'ai crû pouvoir rapporter la conftruction aux fiécles qui nous occupoient alors. Quant aux pyramides, les écrivains de l'antiquité ne s'accordent, ni fur le tems, ni fur les auteurs de ces ouvrages finguliers. On les met ordinairement au nombre des plus anciens monumens de l'Egypte. Je crois néanmoins pouvoir en douter. Homére qui fait fouvent mention de l'Egypte, qui rapporte plufieurs fingularités de ce pays, qui parle de Thébes & de fes cent portes, ne dit rien des pyramides. Ce filence me porte donc à croire que ces monumens extraordinaires n'exiftoient pas, ou du moins ne venoient que d'être achevés de fon tems. Je préfume en conféquence qu'ils n'auront été érigés que dans les fiécles qui nous occupent préfentement, peut-être une cinquantaine d'années avant, ou après Homere (¹).

Je ne crois point devoir m'arrêter à faire une longue defcription des pyramides. On fait que la plus grande des trois qui font à quelques lieues du Caire, forme un quarré dont chaque côté de la bafe a 660 pieds. Son circuit eft par conféquent de 2640 pieds. Elle en a près de 500 de hauteur perpendiculaire. Son fommet eft terminé par une platte-forme quarrée, dont chaque côté peut avoir 16 à 17 pieds. La folidité totale de la pyramide eft de 313590 toifes cubes [a]. Cette maffe impofante eft compofée de pierres d'une grandeur extraordinaire. Il y en a plufieurs qui portent 30 pieds de long fur 4 de hauteur & 3 de largeur [b].

Au rapport d'Hérodote, cent mille ouvriers furent occupés en même tems à la conftruction de cette pyramide [c]. Ils étoient relevés par un pareil nombre de trois mois en trois mois. Dix années entieres furent employées à tailler & à voiturer les pierres (²). Il fallut vingt ans pour achever cet énorme édifice [d], qui renfermoit dans fon intérieur des galleries, des chambres & un puits. Une infcription apprenoit combien il en avoit coûté pour les porreaux, l'ail, les oignons, & autres pareils légumes fournis aux ouvriers. Cette fomme montoit, dit-on, à feize cents talens d'argent [e], c'eft-à-dire, à près de fept millions de notre monnoie. Cet objet étoit certainement le principal article

---

(¹) Il paroît affez conftant que ce Poëte vivoit un peu plus de 500 ans avant J. C.

La date que j'affigne aux pyramides, revient parfaitement à celle que leur donne Diodore l. 1. p. 71.

[a] Reg. fcient. Acad. hift. autore J. B. Duhamel, p. 428 === Sicard. mém. des miff. du Levant, t. 7. p. 170. 171.

[b] Hérod. l. 2. n. 124. === Pietro d'elia Valle. Let. XI. t. 1. p. 224. 225. === Maillet, defcript. de l'Egypte. p. 224. 210. 231. 253.

[c] L. 1. n. 124. === Diod. l. 1. p. 73. & Pline l. 36. fect. 17. difent trois cents foixante mille.

(²) Hérod. l. 2. n. 124. Diod. l. 1. p. 72. Plin. l. 36. fect. 17. p. 738. difent qu'on avoit tiré de l'Ethiopie & de l'Arabie les pierres qui furent employées à la conftruction de

la pyramide. Ce fait me paroît peu exact. D'abord il n'eft pas vraifemblable que les rois d'Egypte ayant fous la main d'excellens matériaux, aient voulu dépenfer inutilement des fommes immenfes pour en faire venir de fort loin. D'ailleurs les pierres dont font bâties les pyramides, ont trop de rapport avec celles qu'on trouve communément aux environs, pour imaginer qu'elles n'en aient pas été tirées. Thevenot, t. 2. p. 484. Vanfleb, Relat. d'Egypte. p. 138.

Je croirois feulement qu'on auroit pû faire venir du voifinage de la mer rouge & de la haute Egypte, les marbres dont les pyramides étoient autrefois revêtues à l'extérieur.

[d] Hérod. Diod. Plin. *locis cit.*

[e] Hérod. l. 2. n. 125. === Diod. l. 1. p. 73. === Plin. l. 36. fect. 17. p. 738.

de la dépenfe. Je ne penfe pas que le furplus ait dû être bien confidérable, ou pour mieux dire il n'en a coûté que la nourriture des ouvriers pour bâtir les pyramides. Je me crois en effet bien fondé à foutenir que tous les anciens monumens de l'Egypte ont été bâtis par corvées [a]. Il n'en a donc coûté aux monarques qui ont entrepris les pyramides, que la dépenfe de nourrir les ouvriers employés à ces grands travaux.

J'ai dit que la grande pyramide étoit prefque en entier bâtie de pierres d'une grandeur énorme. Nos auteurs modernes ont fait beaucoup de raifonnemens, & formé bien des conjectures pour expliquer par quels moyens les Egyptiens ont pû élever de pareilles maffes à la hauteur à laquelle ils les ont portées. Ces doutes ont été vraifemblablement occafionnés par quelques écrivains de l'antiquité, qui ne parlent de cette opération que d'une maniere affez vague & affez incertaine. Diodore dit qu'on étoit parvenu à bâtir les pyramides par le moyen de terraffes difpofées en plan incliné [b]. Il ajoute à ce récit des circonftances qui ne peuvent manquer de le rendre fort fufpect à quiconque voudra y réfléchir. Difons en autant de ce qu'on lit fur le même fujet dans Pline. Cet auteur femble avoir copié Diodore, en répandant néanmoins fur ce qu'il a emprunté de l'hiftorien Grec, cette obfcurité qui lui eft prefque toujours fi familiere [c]. Il étoit cependant bien facile, en confultant Hérodote, de fe faire une idée très-fimple & très-jufte de la maniere dont les pyramides ont été conftruites.

Selon ce grand hiftorien, les pyramides étoient formées par différentes affifes de pierres qui diminuoient fucceffivement de largeur, fuivant que l'exigeoient les proportions de l'édifice. L'affife inférieure débordoit donc toujours celle qu'on élevoit immédiatement au deffus, & chacune des faces de la pyramide formoit ainfi une efpece d'efcalier. Les relations des voyageurs modernes s'accordent parfaitement avec ce récit. Il eft même facile de compter encore à préfent le nombre des affifes qui forment la grande pyramide [d]. D'après ce fait on voit qu'il ne falloit que du tems & de la patience pour élever les plus fortes

[a] Voyez Arift. de Rep. l. 5. c. 11. t. 2. p. 407. E. ═ Diod. l. 1. p. 73 & 74.
[b] L. I. p. 73.
[c] Voyez l. 36. fect. 17.

[d] Voy. Gréaves Pyramidograph. p. 11. ═ Thevenot, t 2. p. 412. 413. ═ Vanfleb, Relat. de l'Egypte. p. 140. ═ P. Lucas, Voyage du Levant, t. 1. p. 45.

A. Pyramide sans le revêtement .   B. Pyramide avec le revêtement .

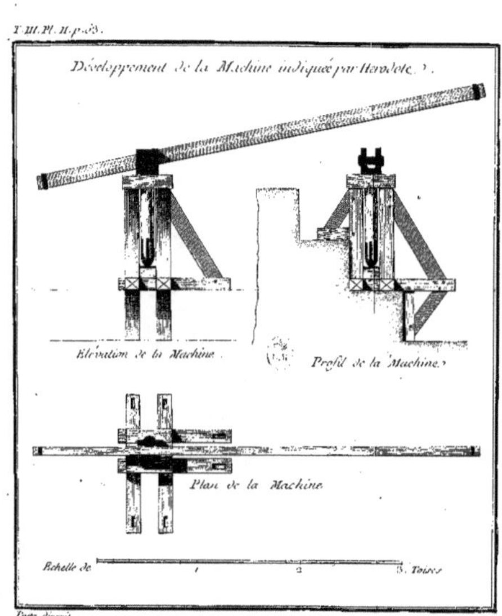

Puits decrois

CONSTRUCTION DES PYRAMIDES D'EGYPTE SELON HÉRODOTE.

pierres à telle hauteur que ce fût. Une machine fort fimple, & felon Hérodote très-facile à manier, pofée fur la premiere affife, fervoit à y élever les pierres deftinées à la conftruction de la feconde. Celle-ci conftruite, on y établiffoit une machine toute femblable à celle dont je viens de parler, & ainfi de fuite [a]. Car il reftoit toujours fur chacune des affifes déja conftruites, une ou plufieurs machines qui fervoient à élever fucceffivement les pierres de dégrés en dégrés [1]. En réïtérant cette manœuvre, autant de fois qu'il étoit néceffaire pour former la hauteur de la pyramide, on parvenoit à conduire facilement les pierres à fon dernier fommet. Telle eft, au rapport d'Hérodote, la maniere dont le corps de ce monftrueux édifice a été conftruit.

Ce même auteur nous enfeigne auffi la façon dont on s'y prit pour en faire le revêtement à l'extérieur; car il eft certain qu'originairement toutes les pyramides avoient été revêtues, foit de carreaux de marbre, foit de briques ou de petites pierres, de forte qu'elles ne préfentoient autrefois à l'œil qu'un talus parfaitement uni, tel qu'on l'apperçoit encore à préfent dans la plupart de ces édifices [b]. La grande pyramide, à la vérité, n'offre aujourd'hui que quatre efpeces d'efcaliers; mais il eft aifé de fe convaincre que cette maffe énorme avoit été originairement revêtue à l'extérieur de marbre, que l'injure des tems, ou plutôt l'avidité des Arabes a fait difparoître [c]. Hérodote nous apprend donc ce que le bon fens feul nous eût dicté; ceft-à-dire, qu'on commença le revêtiffement des pyramides par leur fommet [d].

On avoit pratiqué fous plufieurs de ces édifices des fouterreins, dans lefquels il n'eft pas poffible aujourd'hui de pénétrer. Les anciens ne nous en ont point laiffé de defcription détaillée. Un puits, dont Pline fait mention [e], & que l'on voit encore de nos jours [f] dans l'intérieur de la grande pyramide, fervoit

---

[a] Hérod. l. 2. n. 125.

[1] Hérodote donne également à entendre que c'étoit la même machine qui fervoit pour toute la conftruction, & que la manœuvre confiftoit à tranfporter cette machine fucceffivement fur toutes les affifes de la pyramide Mais j'ai crû devoir préférer l'opération que j'ai indiquée. Elle eft, & plus naturelle, & beaucoup plus expéditive.

[b] Gréaves, pyram. p. 20. 22. = Thévenot, t. 2. p. 411. = P. Lucas, t. 1. p. 46.

[c] Maillet, Defcript. de l'Eg. p. 224. 227. 228. 2 3. = Sicard, Mém. des miffions du Levant. t. 2. p. 282. = Mém. de Trév. Août 1723. p. 1425.

[d] L. 2. n. 125.

[e] L. 36. fect. 17.

[f] Thevenot, p. 420. 421. = Maillet, p. 2 9. = Gréaves, pyram. p. 14. = Vanfleb, p. 142.

Ce puits n'a tout au plus que 40 pieds de profondeur.

probablement d'entrée aux souterreins de cet édifice. Hérodote dit qu'on y avoit conduit les eaux du Nil par un aqueduc creusé sous terre, & dirigé de façon que la pyramide formoit une espece d'isle [a]. Pline donne à entendre la même chose [b]. Ces ouvrages souterreins, supposé qu'il n'y ait point d'exagération dans le récit des auteurs que je viens de citer, étoient au moins aussi considérables que les pyramides elles-mêmes. On sera forcé d'en convenir, si l'on considere que ces édifices sont éloignés du Nil de près de deux lieues, & bâtis sur une coline élevée de plus de cent pieds au dessus du niveau de ce fleuve [c].

On sait qu'à l'exception de la grande pyramide, toutes les autres sont fermées & inaccessibles. L'opinion commune veut aujourd'hui qu'elle n'ait été ouverte que depuis la conquête de l'Egypte par les Mahométans. Il est certain néanmoins qu'elle l'étoit dès le tems de Strabon. Ce qu'il dit de l'intérieur de cet édifice, & du cercueil qu'on y trouve [d], est absolument conforme à ce qu'en rapportent toutes les relations modernes. Plutarque parle aussi des échos que la voix y formoit [e], circonstance rapportée également par nos voyageurs [f]. Il est cependant assez singulier que tous les autres auteurs de l'antiquité aient gardé le silence sur cet article, & qu'en général ils ne nous aient point laissé de description détaillée des différens conduits, des diverses galleries, & des chambres qu'on rencontre dans l'intérieur de la grande pyramide, non plus que du cercueil placé dans l'appartement le plus élevé.

Presque tous ceux qui ont eû de nos jours occasion de parler des pyramides, n'ont pas manqué d'en terminer la description par quelques traits d'une morale commune & triviale sur les motifs & l'objet de ces monumens singuliers. Je ne m'arrêterai point à réfuter ces vaines déclamations répétées de bouche en bouche, & dictées par l'ignorance & le manque de jugement. Un peu plus de connoissance de la façon de penser des anciens Egyptiens, joint à quelque critique, nous auroit épargné toutes ces répétitions serviles de nos écrivains modernes, concentrés

[a] L. 2. n. 124.
[b] L. 36. sect. 17.
[c] Gréaves, pyram. p. 7. == Maillet, p. 220.
[d] L. 17. p. 1161.
[e] T. 2. p. 903. A.
[f] Gréaves, pyramid. p. 15. == P. Lucas, voyage du Levant, t. 1. p. 43.

presque

preſque toujours dans un même cercle d'idées. Tâchons d'en ſortir, & de faire ſentir les raiſons qui ont pû déterminer les Souverains de l'Egypte à conſtruire des édifices auſſi ſinguliers, à tous égards, que le ſont les pyramides.

Les Egyptiens étoient perſuadés que la mort ne ſéparoit point l'ame du corps, & qu'elle y reſtoit attachée auſſi long-tems qu'il pouvoit demeurer en ſon entier [a]. C'eſt d'après cette idée que ces peuples prenoient tant de précautions pour préſerver leurs cadavres de la pourriture, & les garantir de tous les accidens qui auroient pû en occaſionner la deſtruction. De-là ces ſoins qu'on ſe donnoit, & ces dépenſes qu'on faiſoit pour embaumer les morts, & les dépoſer dans des lieux où ils fûſſent à couvert de toute inſulte. C'étoit le principal objet de l'attention des Egyptiens. Auſſi ne regardoient-ils les palais & les maiſons que comme des hôtelleries dans leſquelles on ne fait que paſſer, & les appelloient ainſi, donnant par oppoſition le nom de demeures éternelles aux tombeaux [b].

La ſituation de l'Egypte expoſée tous les ans aux inondations du Nil, avoit obligé les Egyptiens à prendre toutes ſortes de précautions pour empêcher la prompte deſtruction de leurs ſépulchres. C'eſt par cette raiſon qu'ils les plaçoient dans des bancs de rochers aſſez élevés pour être à l'abri des débordemens du fleuve. Ils y creuſoient des eſpeces de caves, dans leſquelles les Momies étoient dépoſées. On employoit enſuite toutes ſortes de moyens pour en dérober la connoiſſance. L'entrée de ces tombeaux, faite en forme de puits quarré, étoit ſi artiſtement recouverte, qu'on ne peut aujourd'hui les reconnoître qu'avec beaucoup de recherches & d'attention [c].

D'après ces faits, qui ſont certains, la conſtruction des pyramides devient très-ſimple & très-naturelle. L'intention des Souverains qui les firent bâtir, avoit été d'employer tous les moyens que l'art humain peut fournir, pour mettre leurs cadavres à l'abri de tous les événemens, & leur aſſurer en quelque ſorte une durée éternelle. Dans cette vûe ils imaginerent de les placer

---

[a] Serv. ad Æneid. l. 3. v. 67.
[b] Diod. l. 1. p. 60. 61.
Nous liſons dans Hérodote que Cambyſe, roi de Perſe, n'ayant pû exercer ſa rage ſur Amaſis, le dernier des ſouverains de l'Egyp-

te, fit exhumer le cadavre de ce Prince, & que, pour comble de mauvais traitement, il le fit brûler. Hérod. l. 3. n. 16.
[c] Pietro della Valle. Lettr. XI. t. 1. p. 231. = Maillet, p. 276. 282.

dans des édifices dont rien ne pût altérer la folidité. Les archítectes Egyptiens choifirent pour cet effet la forme pyramidale, plus propre qu'aucune autre, par fa ftructure, à braver l'injure des tems. Par une fuite du même principe, les fondemens de tous ces édifices ont été affis fur le roc [a]. Peu fatisfaits de toutes ces précautions, les rois d'Egypte épuiferent encore toutes les reffources du génie & de l'induftrie, pour dérober & mafquer l'endroit où leur corps devoit être dépofé (¹). C'eft un projet que la conftruction intérieure de la grande pyramide rend abfolument fenfible [b].

Joignons à ces motifs des raifons d'une politique barbare & inhumaine, qui peuvent avoir encore contribué à la conftruction de ces prodigieux édifices, fi communs dans l'ancienne Egypte. On fait quelle étoit autrefois la fertilité de cette contrée, & le peu de tems & de foins qu'il en coûtoit pour cultiver les terres. Cette multitude innombrable d'habitans, dont l'Egypte étoit alors peuplée, jouiffoit donc d'une grande abondance & d'un grand loifir. On prétend que fous le regne de plufieurs monarques il y avoit eû bien des troubles & des mouvemens occafionnés par l'effet de cette vie oifive & aifée [c]. Afin de prévenir toutes les factions & toutes les cabales, quelques fouverains jugerent à propos de donner, même en tems de paix, beaucoup d'occupation à leurs peuples. Dans cette vûe, ils imaginerent de faire conftruire les pyramides, entreprife qui devoit néceffairement occuper, & pendant long-tems, bien des milliers d'hommes. Cette raifon politique n'a point échappé à Ariftote [d]. Elle a même été fentie par Pline, qui cependant l'a négligée pour fe livrer, comme il fait volontiers, à de vaines & frivoles déclamations [e].

[a] Plin. l. 36. fect. 16. p. 737.＝Maillet, Defcrip. de l'Egypte. p. 219 220. ＝ Gréaves, Pyramidograph. p. 7. 21. 23. *apud* Thevenot, t. 1.

(¹) Voy. Her. l. 2. n. 16.＝Diod. l. 1. p. 57.

[b] Pietro della Valle. Lettr. XI. p. 225. Maillet, p. 217, &c.

[c] Diod. l. 1. p. 100 ＝Plut. t. 2. p. 380. A.

[d] De Rep. l. 5. c. 11. t. 2. p. 407. E.

[e] L. 36. fect. 16. Voici les termes dans lefquels il s'exprime, en parlant des pyramides : *Regum pecuniæ otiofa ac ftulta oftentatio, quippe cùm faciendi eas caufa à plerifque tradatur, ne pecuniam fuccefforibus, aut æmulis infidiantibus præberent, aut ne plebs effet otiofa.*

Ces premiers mots, *Regum pecuniæ otiofa ac ftulta oftentatio*, ont fervi de texte à tous nos écrivains modernes. Cette penfée leur a paru fi belle & fi jufte, qu'ils l'ont à l'envi commentée & paraphrafée, en fe copiant perpétuellement & fervilement les uns les autres, comme c'eft leur ufage dans prefque tout ce qui concerne la haute antiquité.

Je crois donc appercevoir un double motif dans la conſtruction des pyramides : l'un dicté par la prévoyance de l'avenir, & l'autre par la politique. Mais autant le premier de ces motifs peut ſembler excuſable, autant le ſecond doit-il paroître odieux & déteſtable. Auſſi liſons - nous dans l'hiſtoire que la mémoire des ſouverains qui avoient entrepris ces édifices immenſes, étoit demeurée en exécration. Ils devinrent, même de leur vivant, l'objet de la haine & de la déteſtation publique ; & ces Monarques furent tellement effrayés des plaintes & des murmures qu'ils virent s'élever contre eux, qu'ils ne purent jouir du fruit de leurs entrepriſes. Ils n'oſerent ſe faire inhumer dans les pyramides qu'on avoit érigées par leurs ordres ; appréhendant que le peuple irrité n'en tirât leurs cadavres, & ne les privât de la ſépulture, ces malheureux Souverains furent obligés de recommander à leurs amis de dépoſer leurs corps dans des endroits inconnus & ſecrets [a]. Juſte punition des corvées exhorbitantes dont ils avoient accablé leurs ſujets, & des travaux inouis qu'ils en avoient exigés : leur nom même a péri. L'oubli auquel ils furent condamnés [b] eſt la cauſe, ſans doute, de l'incertitude dans laquelle nous ſommes aujourd'hui, ſur le tems & les auteurs de ces fameux monumens.

Après les pyramides, on peut mettre, ſur la foi des auteurs de l'antiquité, le labyrinthe d'Egypte au rang des ouvrages les plus conſidérables & les plus ſinguliers qui ayent jamais été imaginés. Il regne une grande diverſité d'opinions entre les anciens, ſur le tems auquel on doit rapporter la conſtruction de cet édifice ſi vanté. Je ſuivrai le ſentiment d'Hérodote, qui me paroît mériter la préférence, tant par ſon ancienneté que par l'exactitude de ſes recherches pendant ſon ſéjour en Egypte : il place la conſtruction du labyrinthe ſous les douze Rois qui occuperent en même-tems le trône pendant une quinzaine d'années [c]. Cet événement arriva environ l'an 600 avant J. C. Pomp. Mela différe auſſi très-peu du récit d'Hérodote [d]. C'eſt donc d'après ces deux auteurs, que

---

[a] Diod. l. 1. p. 73. 74.
[b] Hérod. l. 2. n. 128.
[c] L. 2. n. 148.
[d] L. 1. c. 9.
Cet auteur attribue la conſtruction du labyrinthe à Pſammétique, le dernier de ces douze Rois. Le ſilence d'Homere ſur le labyrinthe d'Egypte, ſert encore à confirmer l'opinion que je ſuis, & prouve que la conſtruction de ce monument étoit poſtérieure à ce grand poëte.

je vais tracer une idée fuccinte du labyrinthe d'Egypte.

Cet édifice, au rapport d'Hérodote qui l'avoit vifité fort exac-tement, furpaffoit tout ce dont ce grand hiftorien pouvoit avoir jamais eû connoiffance , foit par lui-même , foit par les autres. Sous une feule & même enceinte de murailles , on avoit ren-fermé 3000 falles, dont douze étoient d'une forme & d'une beauté particuliéres [a]. Tous ces appartemens fe communiquoient , mais par tant de tours & de détours que , fans un bon guide , on s'y feroit infailliblement égaré [b]. Les 3000 falles ou chambres étoient, au furplus, diftribuées de maniere qu'il y en avoit autant fous terre qu'au deffus. Hérodote affure avoir vifité tous les apparte-mens d'en haut ; mais à l'égard des fouterreins on ne voulut pas lui en permettre l'entrée, par des motifs de fuperftition [c]. Tout l'édifice du labyrinthe , les murailles & les plat-fonds étoient d'un marbre blanc où la cifelure paroiffoit répandue avec beaucoup de profufion [d]. Chacune des douze falles ou galleries dont j'ai déja parlé , étoit foutenue de colonnes du même marbre [e]. Le laby-rinthe enfin aboutiffoit à une pyramide haute de 40 toifes. On y avoit gravé des figures d'animaux plus grandes que nature [f]. Il n'exifte plus rien aujourd'hui de ce monument fi magnifique & fi fingulier [g].

Je crois avoir , à peu près, rapporté tout ce que les anciens nous ont tranfmis de plus intéreffant fur les monumens Egyp-tiens. Je crois auffi avoir fuffifamment expofé , d'après le recit des voyageurs modernes , ce qui en peut encore exifter aujour-d'hui [h]. Permettons-nous maintenant quelques réflexions fur tous ces ouvrages : examinons le génie & le goût qui caractérifoient les entreprifes des Egyptiens.

On ne peut nier que ces peuples n'ayent mis quelques idées de grandeur dans leurs projets. Ils vifoient à rendre , fi l'on peut dire, leurs ouvrages immortels : c'eft le but certainement qu'ils pa-roiffent s'être propofés. Auffi n'ont-ils rien oublié pour faire en-

---

[a] L. 2. n. 148.
P. Mela dit *douze palais* ; expreffion qui défigne la grandeur & la magnificence des douze falles d'Hérodote.
[b] P. Mela, *loco citat.* ═ Strabo, l. 17. p. 1165. ═ Plin. l. 36. fcct. 18. p. 739.
[c] L. 2. n. 148.

[d] Hérod. Ibid.
[e] Ibid.
[f] Ibid.
[g] Voyez le voyage d'Egypte par Granger, p. 150. 151. 153.
[h] Voyez la feconde Part. L. II. c. 3. art. 1.

forte que leurs monumens puffent braver l'injure des tems. Les Egyptiens ont cherché à donner aux édifices qu'ils ont élevés toute la ftabilité que l'art humain pouvoit leur procurer. Ils font auffi folides qu'immenfes ; & vraifemblablement il n'eft jamais entré de bois dans leur conftruction : on n'en apperçoit point dans tout ce qui exifte encore aujourd'hui de monumens Egyptiens entiers ou ruinés [a]. Ils font même compofés, pour la plûpart, de blocs étonnans de pierre, de marbre ou de granites ; & affurément ces peuples ont dû poffféder l'art de remuer affez facilement les maffes les plus énormes. C'eft une juftice qu'il eft difficile de leur refufer, à la vûe de cette quantité d'obélifques, de coloffes, d'aiguilles & de pierres d'un volume prodigieux qu'ils ont élevés à des hauteurs furprenantes [1].

Tel eft donc en général le caractère & le goût dominant des monumens de l'Egypte. Ce font de grandes maffes qui impofent toujours, & dont l'afpect ne manque jamais de caufer un certain étonnement ; mais d'ailleurs on n'y apperçoit aucune grace, aucune élégance, aucun agrément. Envain les y chercheroit-on. En comparant tout ce qui peut exifter encore aujourd'hui de temples, de palais & d'autres édifices élevés par les anciens Egyptiens, on fent que ces peuples n'avoient nulle regle pour les proportions, nul deffein fixe & arrêté pour l'ordonnance de leurs bâtimens. Ils travailloient, fi l'on peut dire, au hazard & d'une maniere abfolument vague & dénuée de principes. Les Egyptiens occupés uniquement à entaffer maffes fur maffes & à élever pierres fur pierres, n'ont pas connu les reffources que l'art peut fournir du côté de l'agrément. Ils ne cherchoient qu'à étonner l'œil du fpectateur, & n'imaginoient pas de le fatisfaire. C'eft pourquoi les belles proportions, les formes heureufes leur ont toujours été inconnues. L'enfemble de leurs bâtimens eft mauffade & rebutant : les détails en

---

[a] Voyage d'Egypte par Granger, p. 152. 152. = Paul Lucas, troifieme voyage. t. 3. p. 286.

[1] Il faut cependant convenir que les Péruviens, à cet égard, l'ont emporté fur les Egyptiens. Il eft entré dans la conftruction de leurs édifices des pierres d'une grandeur encore plus étonnante que celles qui forment les pyramides & les autres monumens de l'Egypte. Les Péruviens, néanmoins, n'avoient aucune connoiffance de la méchanique proprement dite. Ils faifoient tout à force de monde & de bras, & par le moyen de terraffes difpofées en maniere de plans inclinés. Acofta, hift. nat. des Ind. Occid. l. 6. c. 14. hift. des Incas, t. 1. p. 60. 61. 264. 265. 268. Mém. de Trév. Février 1750. p. 269. Bouguer, voyage au Pérou. p. cv.

font encores pires. Les architectes Egyptiens ont abfolument ignoré l'art de décorer un édifice. Jamais ils n'ont fçû allier convenablement la fculpture avec l'architecture, ni diftribuer & placer à propos les ornemens. Ils en ont mis par-tout à profufion. C'eft un papillotage continuel. Quelle barbarie, de plus, & quelle ignorance ne remarque-t-on pas dans toute l'économie de leurs édifices, même les plus fuperbes? Des colonnes, des chapiteaux du goût le plus fec, le plus mefquin & le plus choquant. Des entablemens d'une lourdeur affommante, des ornemens ridicules, d'une exécution & d'un deffein qui ne font pas fupportables : la vérité eft bleffée à chaque inftant(¹). On voit enfin que ces peuples ignoroient entiérement l'art de varier les formes. Il regne dans toutes leurs compofitions une monotonie & une uniformité auffi ennuyeufes que choquantes. D'ailleurs nulle proportion, nul deffein, nulle penfée dans l'exécution, tout y eft également ment informe & barbare.

Ce que je dis, au refte, de l'architecture Egyptienne, eft parfaitement conforme au jugement qu'en porte Strabon. Ce fameux géographe qui avoit parcouru l'Égypte, affure que les édifices élevés par les anciens habitans de cette contrée ne préfentoient ni deffein, ni génie, ni élégance ᵃ. Auffi voyons nous que leur façon de bâtir n'a point été fuivie par les Grecs ni par les Romains : le goût de l'architecture Egyptienne n'a vifiblement aucun rapport avec celui que la Gréce & l'Italie nous ont tranfmis ᵇ, le feul néanmoins qui mérite d'être fuivi, foit pour l'élégance, foit même pour la folidité (²).

Ajoutons que les Egyptiens paroiffent avoir ignoré entierement l'art de faire des voûtes. On n'en trouve aucune apparence, aucune indication dans ce qui fubfifte encore aujourd'hui de leurs anciens bâtimens. On ne voit pas même qu'ils connuffent l'art de tailler en ceintres les blocs qui forment le deffus de leurs

(¹)Voyez Paul Lucas, troifieme voyage. t. 3. p. 33. ═ Poccoke, Defcript. du Levant. t. 1. ═ Norden, voyage d'Egypte & de Nubie. t. 2.

ᵃ L. 17. p. 1159. B. ═ Voyez auffi la relation du Sayd, dans le rec. de Thevenot, t. 2. p. 4.

ᵇ Athen. l. 5. c. 9. p. 206. ═ P. Lucas, troifieme voyage. t. 3. p. 17. 39. 264. ═ Sicard, Mém. des miff. du Levant. t. 2. p. 209.

(²) On peut juger de la folidité que les Grecs & les Romains favoient donner à leurs bâtimens, en voyant depuis combien de fiécles plufieurs édifices de la Gréce & de Rome bravent l'injure des tems.

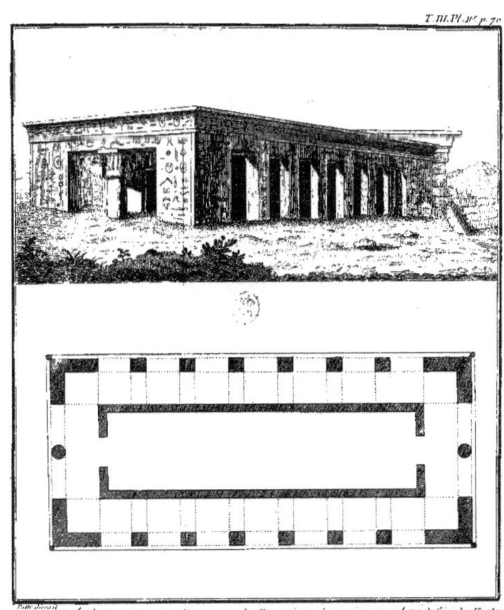

Monument tiré de la Haute Égypte qui prouve que les Égyptiens n'ont point connu l'Art de faire des Voûtes.

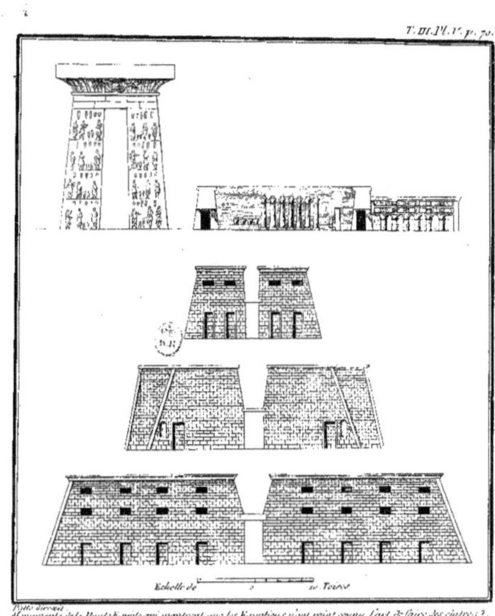

Porte dressée.
Monuments de la Haute-Égypte qui montrent que les Égyptiens n'ont point connu l'art de faire des cintres.

Monuments qui prouvent que les Egyptiens n'ont point connu l'art de faire des Voûtes ni des Cintres.

portes. Elles font toutes terminées uniformément par un linteau abfolument droit & uni [a]. Il en eft de même de leurs plat-fonds. J'ai dit plus haut que , vraifemblablement, les Egyptiens n'avoient point fait entrer de bois dans la conftruction de leurs édifices de conféquence, tels que les temples , les palais, &c. De grandes pierres qui portoient par leurs extrémités fur les murs des falles, tenoient lieu de poûtres & formoient les plat-fonds [b]. Mais attendu que dans une portée un peu confidérable , ces pierres auroient pû rompre , les Egyptiens les foutenoient par des colonnes ; & c'eft ce que nous voyons avoir été pratiqué dans tous les grands édifices décrits par les voyageurs modernes [c]. Souvent même une feule pierre formoit le plat-fond d'une falle [d]. Il ne faut pas croire , au furplus , que le defir de rendre leurs édifices plus durables & plus folides ait été l'unique raifon qui ait porté les Egyptiens à n'y point faire entrer de bois. La nature du climat qu'ils habitoient y aura certainement beaucoup contribué. L'Egypte ne produit point de bois de conftruction. A peine même en trouve-t-on pour le chaufage [e].

On ne prendra pas une meilleure idée du progrès des Egyptiens dans les arts de goût & de pur agrément , fi l'on jette les yeux fur ce qui nous refte encore de leur ancienne fculpture. Leurs ftatues & leurs gravures en creux n'annoncent ni génie , ni talent, ni jufteffe. L'incorrection en eft égale à la mauffaderie. Les figures , généralement parlant, en font féches , droites , d'une feule venue, roides, fans élégance , fans recherches , fans étude dans le choix de la nature , fans action , fans fineffe & fans aucun fentiment. Les Egyptiens ne fçavoient , en un mot, ni deffiner les fimples figures , ni grouper leurs compofitions. Nulle penfée , nulle variété au furplus dans ces affemblages hideux que préfentent leurs gravures en creux [1]. Remarquons encore que les

---

[a] Voyez Poccoke , voyage du Levant t. 1. == Norden , voyage d'Egypte & de Nubie. t. 2. == & les autres auteurs cités ci-deffus.

[b] Voyez Gréaves, pyramid. p. 16. == Thevenot. t. 2. p. 419. == P. Lucas, troifieme voyage. t. 3. p. 38. 2. 4. 265. 275. == Voyage du Levant. t 1. p. 42.

[c] P. Lucas , 3e. voyage. t. 3. p. 38. == Sicard , Mém des miff. du Levant. t. 7. p. 160. == Granger , voyage d'Egypte. p. 38. 47. 68. 69. 73.

[d] Hérod. l. 2. n. 155. == Diod. l. 1. p. 56. == Strabo , l. 17. p. 1165.

[e] Pietro della Valle. Let. 11. p. 210. 218. == Granger , voyage d'Egypte. p. 13. == Paul Lucas , 3e. voyage t. 3. p. 211. 212.

[1] Voyez les figures gravées en creux fur les obélifques , & fur tous les autres monumens vraiment Egyptiens. Je ne parle point

IIIe. Partie.
Dep. l'établ. de la
Royauté chez les
Hébreux, jufqu'à
leur retour de la
captivité.

figures y font toujours traitées de profil , & jamais de face ni de trois quarts. En effet, les corps vus fous ces afpects exigent trop de fineffe & de connoiffance principalement, pour que les Egyptiens puffent réuffir à les rendre. Cependant les têtes , les pieds & les mains, malgré la facilité que donne le profil pour l'exécution de ces fortes de parties, n'ont dans les ouvrages Egyptiens ni mouvement ni expreffion.

On a déja vû qu'il en étoit de même des ornemens de leur architecture. Ils font travaillés pefamment , fans goût & fans précifion. Si les Grecs ont appris des Egyptiens à manier le cifeau , ils ont fçû en faire un bien meilleur ufage. Leurs monumens font auffi précieux par les graces , la variété , le feu, l'efprit & la vérité qui les animent , que ceux des Egyptiens font rebutans par leur difformité , leur pefanteur , leur monotonie & leur incorrection. Ce contrafte n'avoit point échappé au difcernement des anciens. On voit qu'ils faifoient peu de cas de la fculpture des Egyptiens [a].

J'ai déja parlé du goût que ces peuples avoient pour les coloffes. On a même vû , qu'au rapport des voyageurs modernes , il en fubfiftoit encore aujourd'hui plufieurs dans différens endroits de la haute Egypte [b], fans compter le fphinx qu'on trouve à peu de diftance des pyramides. On ne voit gueres à prefent que la tête de cette figure, le refte étant enfeveli dans le fable. Cette tête à 35 pieds de tour, & 26 de hauteur. On compte 15 pieds depuis l'oreille jufqu'au menton [c]. Il eft facile de juger par ces dimenfions de la totalité de cette énorme ftatue. Je crois, à ce fujet , devoir dire un mot de la maniere dont les Egyptiens travailloient leurs coloffes. Un paffage de Diodore peut nous en éclaircir.

Cet auteur dit que les fculpteurs Egyptiens étoient dans l'habitude de travailler une ftatue par piéces féparées. Pour exécuter

ici des bas-reliefs , car je n'en ai jamais vû, & je doute même que les Egyptiens aient jamais fû travailler ces fortes d'ouvrages.
[a] Strabo , l. 17. p. 1139. === Pauf. l. 7. c. 5.
[b] Voyez la 2e. Part. L. II. fect. 1re. c. 5.
[c] Maillet, p. 221.===Theven. t. 2. p. 426. Pline , l. 3 . fect. 17. exagere prodigieufement les proportions du fphinx en queftion: il dit que fi l'on mefure la circonférence de la tête par le front , on trouvera qu'elle a 102 pieds de tour, & 143 de hauteur. === P. Lucas donne à la tête du fphinx 100 pieds de tour, & environ 0 du menton au haut du front. Il a crû, fans doute, devoir copier Pline. Voyage du Levant. t. 1, p. 46.

ces fortes d'ouvrages, ils avoient divifé le corps humain en vingt-une parties & un quart mefurées & proportionnées refpective-ment les unes aux autres. Quand on étoit convenu de la hauteur que devoit avoir la figure qu'il s'agiſſoit d'exécuter, chaque ou-vrier travailloit dans fon attelier la partie dont il s'étoit chargé. Quoique tous ces différens morceaux euſſent été exécutés fé-parément, néanmoins ils s'aſſembloient & fe rapportoient avec la derniere juſteſſe [a]. Tel eſt le récit de Diodore, qui demande quelques réflexions.

Cette pratique des fculpteurs Egyptiens, de travailler une ftatue par parties féparées, que Diodore nous donne comme une pratique générale, ne devoit cependant pas l'être. Je fuis per-fuadé que les ftatues de grandeur naturelle étoient probablement d'un feul morceau, & de la main d'un feul artifte. Il n'en eſt pas de même à l'égard des coloſſes compofés ordinairement de pluſieurs blocs de marbre. Alors la pratique dont parle Diodore, devoit être très-utile & fort en ufage pour les exécuter promptement. Voici la maniere dont j'imagine, à peu près, qu'on s'y prenoit. On commençoit par faire un modéle en plâtre, ou en terre, ainſi que le pratiquent aujourd'hui nos fculpteurs. On coupoit en-fuite ce modéle en pluſieurs morceaux. Chaque ouvrier emportoit la piece qui lui étoit deſtinée, & d'après laquelle il travailloit. On conçoit de cette maniere comment pluſieurs artiftes pou-voient exécuter féparément un même coloſſe.

Je crois avoir fuffifamment prouvé dans les livres précédens, que jufqu'à l'époque dont il s'agit dans cette troiſiéme Partie, la peinture n'a point été connue [b]. On en doit rapporter l'inven-tion aux fiécles que nous parcourons préfentement. Mais il n'eſt pas poſſible d'en fixer la date avec précifion. On voit feulement que cet art devoit être en honneur dès avant le tems de Can-daule, roi de Lydie. Pline dit en effet, que ce Prince, dont le regne tombe environ vers l'an 720 avant J. C. acheta au poids de l'or un tableau repréfentant une bataille [c]. Hérodote nous apprend auſſi qu'Amafis, qui régnoit fur l'Egypte 570 ans avant l'Ere chré-tienne, avoit fait préfent de fon portrait aux habitans de Cyrêne [d]. La peinture étoit donc connue des Egyptiens dans les fiécles

---

a Diod. l. 1, p. 110.　　c L. 35. fect. 34. p. 690.
b Voyez la 2e. Partie. Liv. II. fect. 1, c. 5.　　d L. 2. n. 182.

qui nous occupent préfentement.

Je ne penfe pas, au furplus, que ces peuples ayent mieux réuffi dans cet art que dans la fculpture. Il n'y a même aucun lieu d'en douter, vû le rapport intime qu'il y a entre la peinture & la fculpture. Auffi n'eft-il parlé dans l'antiquité d'aucun peintre ni d'aucun fculpteur Egyptien, célebre par fes ouvrages. Un feul point dans lequel les peintres de cette nation me paroiffent avoir réuf-fi, c'eft dans la préparation qu'ils employoient pour appliquer leurs couleurs fur le marbre & fur les autres corps liffes & com-pactes. Ils devoient fe fervir d'un mordant bien fort & bien puif-fant. On en juge par ce qu'en difent nos voyageurs. Ils affurent que dans plufieurs édifices à moitié ruinés, on apperçoit encore aujourd'hui des peintures dont l'éclat & le coloris eft fi vif, fi frais & fi brillant qu'il femble, difent les habitans du pays, que l'ouvrier n'a pas encore lavé fes mains depuis fon travail [a]. Mais ces mêmes voyageurs s'accordent affez à dire que toutes ces pein-tures font mifes à plat; c'eft-àdire, fans ruption & fans aucune oppofition de couleurs. Ce font, par exemple, des feuilles d'or ou d'argent, mêlées avec des couleurs rouges & bleues. Il ré-fulte que dans toutes ces compofitions les figures en général tran-chent fur les fonds, & s'en détachent; les teintes n'en paroif-fentt ni fondues, ni dégradées.

On peut conclure de tout ce qui vient d'être dit, que les Egyptiens n'avoient fait aucun progrès dans les Arts de goût & d'agrément. Car j'en ai déja prévenu, les fiécles qui terminent cette troifiéme & derniere Partie de notre ouvrage, doivent être regardés comme l'époque qui termine auffi l'ancienne hif-toire de l'Egypte. C'eft dans l'efpace de tems qui s'eft écoulé depuis le déluge jufqu'à Cyrus, qu'on doit renfermer ce gé-nie national qui a caractérifé les Egyptiens proprement dits. Nous avons donc épuifé tous les faits & tous les monumens qui peuvent appartenir réellement à ce peuple. Nous fommes en état, par conféquent, de prononcer fur fon goût & fur fa ma-niere de traiter les Arts.

Ce que je viens de dire de l'Egypte, regarde également les

[a] Relat. du Sayd *apud* Thevenot. t. 2. 160. 163. ══ P. Lucas, voyage du Levant. Part. 3e. p. 4. ══ Sicard, Mém. des miff. t. 1. p. 99. 106. ══ Granger, p. 46. 47. du Levant. t. 2. p. 209. 211. 221. t. 7. p. 37. & 73.

Affyriens & les Chaldéens. Ils ont cessé depuis Cyrus de faire un peuple particulier. Devenus succeffivement la proie des Perfes, des Grecs , & de quantité d'autres conquérans , ils fe font infenfiblement anéantis & confondus avec leurs vainqueurs. L'hiftoire, depuis cette époque, n'en fait plus mention. On ne les retrouve nulle part. Les réflexions que je vais propofer conviennent donc également aux Affyriens , aux Babyloniens & aux Egyptiens. On peut envifager fous un feul & même point de vûe le génie & le caractere de ces différens peuples. Leur hiftoire commence & finit à peu près dans le même tems. Leur gloire & leurs connoiffances ont été à peu près égales , & la puiffance & la durée de leur monarchie peu différentes.

L'hiftoire des Arts préfente chez ces nations un contrafte bien fingulier. On y apperçoit de fort bonne heure d'affez grandes découvertes. On leur voit faire , prefque dès les premiers fiécles, des progrès dont la rapidité étonne & furprend. Mais paffé ces premiers momens, on ne remarque plus aucun avancement. Les chofes reftent chez ces peuples toujours dans le même état. Bornés aux pratiques originaires, les Afiatiques & les Egyptiens ne paroiffent point avoir profité de la durée de leurs empires pour acquérir de nouvelles lumieres ou pour perfectionner leurs premieres découvertes. Les limites de leur efprit femblent avoir été reftraintes & fixées à un certain nombre d'idées & de connoiffances acquifes dès les premiers tems, & au-delà defquels jamais ces nations ne fe font élevées. Bien différens des peuples de l'Europe qu'on voit fans ceffe perfectionner leurs connoiffances , & travailler tous les jours à en acquérir de nouvelles , les Egyptiens & les Afiatiques font reftés prefque au même point d'où ils étoient partis. Par quelle raifon ces peuples n'ont - ils pas continué à étendre & à perfectionner leurs découvertes; & pourquoi n'ont-ils pas plus avancé dans la carriere des Arts , & même dans celle des Sciences? Je crois trouver dans leur façon de penfer & dans le principe de leur gouvernement, les obftacles qui ont retardé leurs progrès.

De tous les tems, les Egyptiens [a] & les Afiatiques ont été peu communicatifs, méprifant fouverainement les nations étrangeres ,

_____

[a] Voyez la premiere Partie , L. IV, chap. fecond. & la feconde Part. L. IV. chap. 1.

K ij

IIIe. PARTIE.
Dep. l'établ de la
Royauté chez les
Hébreux , jufqu'à
leur retour de la
captivité.

IIIᵉ. Partie.
Dep. l'établ. de la
Royauté chez les
Hébreux, jufqu'à
leur retour de
la captivité.

& ne daignant entretenir avec elles aucun commerce ni aucune relation. Ils ne voyageoient point, & reſtoient toujours concentrés dans leur pays. Un des principes de leur gouvernement étoit de n'admettre aucune nouveauté, & de ſuivre ſcrupuleuſement ce qui avoit été pratiqué par leurs ancêtres [a]. Ajoutons à ces maximes, qui ſeules ont dû apporter un obſtacle éternel à l'avancement & à la perfection des connoiſſances humaines, la fauſſe politique d'avoir rendu les profeſſions héréditaires dans les mêmes familles [b]. On a vû dans le livre précédent quel tort un pareil établiſſement avoit dû faire aux Arts, & mêmes aux Sciences [c]. Diſons enfin, que la claſſe des artiſans étoit la derniere de toutes les claſſes, & qu'on avoit un ſouverain mépris pour ceux qui la compoſoient [d] : façon de penſer qui a lieu encore aujourd'hui dans tout l'Orient [e]. D'après ces faits, on ſent aiſément qu'il ne pouvoit régner aucun eſprit d'émulation chez les Aſſyriens, les Babyloniens & les Egyptiens ; tout ſentiment d'induſtrie & de gloire étoit néceſſairement étouffé. On pourroit même aller juſqu'à penſer que la condition des ouvriers n'étoit pas meilleure chez ces peuples, qu'elle l'eſt encore à préſent au Mogol, où on les fait travailler à coups de verges & à force de menaces & de mauvais traitemens [f]. Ne ſoyons donc point étonnés du peu de progrès des Aſiatiques & des Egyptiens dans les Arts. Dès que l'émulation & cette noble ambition, qui ſeules peuvent élever l'ame & animer les talens, ceſſent, tout doit languir & ſe concentrer dans un cercle borné de répétitions monotones & machinales.

Il n'en étoit pas ainſi chez les Grecs. Un peintre, un architecte, un ſculpteur habiles jouiſſoient de la plus haute conſidération & des diſtinctions les plus flatteuſes. Leurs noms étoient conſacrés dans les faſtes de la poſtérité. Une ville s'honoroit autant d'avoir produit un citoyen recommandable par quelque talent, que d'avoir donné le jour à un politique, à un philoſophe, à un capitaine du premier mérite. C'eſt à cette façon de penſer & d'agir que la Grece doit la prééminence & la ſupé-

---

[a] Voyez Plato de Leg. l. 2. p. 789.
[b] Voyez Diod. l. 2. p. 142. & ſuprà l. 1.
c. 4. p. 19.
[e] Chap. 4. p. 20 & ſuiv.
[d] Hérod. l. 2. n. 167. ═ Diod. l. 1. p. 85. 86.
[c] Voyez ſuprà L. I. c. 4. p. 22 & 23.
[f] Voyage de Bernier, t. 1. p. 304. 305. Il en eſt de même à la Chine.

riorité dans plufieurs parties des Arts, dont jamais, peut être, elle ne ceffera de jouir ; & pour s'en convaincre, comparons les productions des Afiatiques & des Egyptiens avec celles des Grecs. L'Afie & l'Egypte nous préfentent des édifices immenfes & prodigieux ; mais c'eft tout leur mérite. Ce ne font, à les bien caractérifer, que des maffes énormes, dénuées d'intelligence & d'efprit ; ouvrages de la patience & du mauvais goût. Dans les monumens de la Grece, au contraire, tout éleve l'ame, tout y vit, tout eft animé, tout y refpire. Les graces, le feu, le génie & le fentiment le plus exquis s'annoncent de toutes parts.

Qu'on me permette encore ici une réflexion fur les monumens de l'ancienne Egypte. On fe plaît beaucoup à les vanter ; on croit même volontiers qu'il n'exifte rien parmi nous qu'on puiffe leur comparer : oui, fi l'on entend parler d'amas de pierres, de maffes énormes fans goût & fans génie, telles que les pyramides, les obélifques, les coloffes, & en général toutes les prétendues merveilles de l'ancienne Egypte ; j'avoue qu'à cet égard la France n'offre rien de femblable. Mais peut-on comparer ces monumens informes, dont l'éloignement où ils font de nous fait fans doute le plus grand mérite, avec cette quantité & cette variété d'édifices de tout genre qui s'offrent dans chaque partie du Royaume? L'habitude où l'on eft de voir journellement ces chefs-d'œuvre, empêche d'y faire l'attention néceffaire pour fentir tout ce qu'ils peuvent valoir. Si l'on vouloit cependant y réfléchir, on jugeroit bien-tôt quelle eft aujourd'hui notre fupériorité fur les Egyptiens, & combien, à tout prendre, nos monumens l'emportent fur ceux de ces anciens peuples (¹.) Je parle des Maifons royales, Verfailles, les Tuileries, le Louvre, l'Hôtel des Invalides, Marly, l'Obfervatoire, &c. Joignons-y certains édifices de Paris, tels que le Pont royal, celui de la Tournelle, & principalement cette fuite étonnante de Quais dont la Seine eft bordée de chaque côté. Si l'on vouloit apprécier le tems, l'argent & le travail qu'ont dû coûter tous ces différens ouvrages également immenfes & magnifiques, on fentiroit bien-tôt à quel point la

---

(¹) Quelque outrées & quelque exceffives qu'aient été la prévention & l'admiration des Grecs pour l'Egypte, il s'eft trouvé cependant chez eux des écrivains qui ont porté le même jugement des monumens Egyptiens, par rapport à ceux de la Grece. Voyez Pauf. l. 9. c. 36. p. 783. L'empereur Julien dans fa lettre 68eme. *apud* Fabric. Biblioth. gr. t. 7. p. 84. === Strabo, l. 17. p. 1159.

France l'emporte fur tout ce que l'Egypte a jamais pû produire. Je pourrois parler encore de ce nombre étonnant de places fortifiées par M. de Vauban, du port de Dunkerque, de celui de Breft, de Rochefort, de Toulon, &c. Je pourrois citer auffi le Canal de Languedoc (¹), & en général les grands chemins du Royaume : ces ouvrages font bien fupérieurs à tous ceux de l'ancienne Egypte. Il en a coûté infiniment plus d'argent, & il a fallu beaucoup plus de génie, de puiffance, de goût & de tems pour faire Verfailles avec tous fes défauts, que pour conftruire une pyramide, ou pour tailler un obélifque. Faifons attention néanmoins que Verfailles, ainfi que tous les ouvrages dont je viens de faire l'énumération, ont été exécutés fous le regne d'un feul Monarque.

(¹) Le canal de Languedoc, depuis fon embouchure dans le port de Cette jufqu'à Touloufe, a plus de 70 lieues de longueur, fur 30 pieds de largeur. Il a fallu fouvent le couder & le courber autour des montagnes, pour conferver le niveau ; l'affermir fur des pilotis dans les terreins mouvans, l'appuyer fur des ponts ou des arches de pierres dans les vallées, efcarper ou abattre certaines montagnes, en percer d'autres enfin, & les voûter pour recevoir ce canal. On a excavé plus de deux millions de toifes cubes de terres, & plus de cinq mille de rochers. On a conftruit cent quatorze éclufes, pour élever ou faire defcendre les barques ; feize énormes chauffées pour repouffer les eaux incommodes ; vingt-quatre épanchoirs pour lâcher les eaux du canal, quand on craint qu'il ne s'empliffe de fable ou de limon. On compte dans cet ouvrage plus de quarante mille toifes cubes de maçonnerie en pierre ; à quoi il faut ajouter les jettées de deux cents toifes, & le môle de cinq cents qui couvrent le port de Cette, & qui en font un afile affuré pour les vaiffeaux.

CHAPITRE III.

Des Grecs.

DEPUIS la guerre de Troye jufqu'à l'an 590 avant J. C. c'eft-à-dire , jufqu'au tems de Solon & de Pififtrate , le détail des événemens arrivés chez les Grecs nous eft affez peu connu. L'hiftoire cependant nous fournit , dans ce même intervalle , beaucoup de reffources & de lumiéres fur l'état où étoient alors les Arts chez ces peuples. Il faut , au refte , faire une obfervation effentielle fur ce fujet , & diftinguer les Grecs de l'Europe , des Grecs établis fur les côtes de l'Afie mineure. Les Arts ne font arrivés qu'affez tard à un certain point de perfection dans la Grece proprement dite. Leurs progrès ont été beaucoup plus prompts & beaucoup plus rapides dans les colonies qu'elle envoya , peu de tems après la guerre de Troye , s'établir dans l'Afie mineure [a]. C'eft en effet dans ces heureufes contrées qu'on voit naître les premieres productions qui ayent rendu les Grecs célébres dans la poftérité. J'ai fait fentir ailleurs par quelle raifon ces premieres lumieres ont dû briller plutôt dans la Gréce Afiatique que dans la Gréce Européenne [b]. Je n'y infifterai donc point quant à ce moment. Je paffe à l'hiftoire des Arts dont les fiécles qui font l'objet de cette troifiéme Partie de notre ouvrage vont nous offrir le développement.

C'eft dans les colonies de l'Afie Mineure que l'architecture a commencé à fe former. L'invention des deux premiers Ordres dont les Grecs ayent fait ufage eft entiérement dûe aux habitans de ces contrées. Leur nom les fait affez connoître. Le Dorique eft né dans la Doride , & l'Ionique dans l'Ionie. Le Corinthien n'a paru que long-tems après ces deux premiers Ordres. Ce dernier femble avoir pris naiffance dans la Gréce proprement dite. C'eft le plus riche , le plus magnifique & le plus élégant de tous les Ordres Grecs , & , l'on peut dire , de tous ceux que l'architecture ait jamais inventés.

---

[a] Voyez *fuprà* L. I. c. 5. art. 3. == [b] Seconde Part. L. III. art. 3. c. 3. S. 3e.

J'ai déja eû occasion de rapporter la maniere dont Vitruve raconte l'origine de ces ordres, & j'ai dit que son récit n'étoit nullement vraisemblable. Il ne satisfait point & instruit encore moins. [a]. Il vaut beaucoup mieux avouer qu'on ignore comment & dans quel tems précisément ces Ordres d'architecture ont été inventés. Ce que je crois pouvoir assurer, c'est qu'ils étoient connus & pratiqués dans les siécles qui nous occupent présentement. Le superbe temple de Jupiter à Olympie existoit dèslors [b]. On avoit aussi commencé celui de Diane à Ephése [c]. Enfin, Pisistrate avoit jetté à Athénes les fondemens du magnifique temple de Jupiter Olympien [d], sans parler de plusieurs autres édifices dont on peut voir l'énumération dans les auteurs qui ont traité particuliérement de l'architecture.

Un fait cependant que je ne crois pas devoir passer sous silence, c'est que la méchanique devoit être encore assez imparfaite chez les Grecs. On voit que, même du tems de Thucydide, ils ne connoissoient pas encore les grues. Leurs ouvriers suppléoient à cette machine si simple, mais si utile, par des poutres quarrées [e], qu'on faisoit jouer & mouvoir problablement comme des bascules. Ce fait ne nous doit pas donner une grande idée des machines dont les Grecs se servoient pour la construction de leurs bâtimens.

Pour entrer maintenant dans quelque détail sur le goût qui régnoit alors dans leur architecture, je remarquerai d'abord qu'on n'avoit employé qu'un seul Ordre dans l'ordonnance de tous les monumens dont je viens de parler. L'usage d'en mêler & d'en unir plusieurs dans un même édifice, n'a eû lieu qu'assez tard chez les Grecs. J'observerai ensuite que pendant fort longtems ces peuples n'ont employé que les ordres Dorique & Ioni-

---

[a] Voyez la seconde Part. Liv. II. sect. 2. chap. 3.

[b] Voyez Paus. l. 5. c. 10.
Ce bâtiment, selon le calcul de Pausanias, doit avoir été construit vers l'an 630. avant J. C.

[c] Tite-Live, l. 1. n. 45. place cet événement sous le regne de Servius Tullius 6e. roi de Rome; c'est-à-dire, vers l'an 560 avant J. C.
C'est aussi à-peu-près le calcul de Diogene-Laerce, l. 2, segm. 103. Cet auteur y dit que Théodore de Samos avoit conseillé d'établir les fondemens du temple d'Ephése sur des couches de charbon. Ce Théodore, au rapport d'Hérodote, l. 3. n. 41. d'Aristote, de Rep. l. 5. c. 11. & de Pausanias, l. 8. c. 14 florissoit du tems de Polycrate, tyran de Samos, qu'on sait avoir été contemporain d'Amasis, qui monta sur le trône d'Egypte l'an 569 avant J. C.

[d] Vitruv. l. 7. Præfat.

[e] L. 4. p. 327.

que. Le temple d'Ephéfe & celui de Jupiter à Olympie, qu'on peut mettre au nombre des plus anciens monumens que la Grece éclairée ait élevés, étoient, l'un d'ordre Ionique [a], & l'autre d'ordre Dorique [b]. Le fameux temple de Minerve à Athénes, bâti fous Periclès, & celui de Thefée font auffi d'ordre Dorique [c]. On voit enfin que des quatre plus fameux temples dont la Gréce, au jugement de Vitruve, pouvoit fe glorifier, les deux plus anciens étoient d'ordre Ionique, le troifiéme d'ordre Dorique, & le quatriéme d'ordre Corinthien. Mais remarquons que ce dernier édifice, au rapport du même auteur, n'avoit été conftruit que du tems des Romains [d]. Il eft très-rare, en effet, de voir l'ordre Corinthien employé dans les édifices fameux de l'antiquité. Le peu d'ufage que les Grecs en ont fait, me portetoit à croire que leurs architectes ne jugeoient pas cet ordre affez grand & affez majeftueux.

Ajoutons que, dans tout ce qui nous refte des plus beaux ouvrages de l'antiquité Grecque & Romaine, conftruits fuivant l'ordre Dorique, les colonnes y font fans bafe (¹). Vitruve s'eft conformé à cette pratique. Cet architecte qui paroît s'être attaché à traiter de cet ordre plus exactement que d'aucun autre, ne parle point des bafes des colonnes, & cependant il entre dans beaucoup de détails fur celles des autres ordres. Difons auffi que les ordres de l'architecture Grecque n'ont point été inventés ni exécutés dans les premiers tems, tels que nous les voyons aujourd'hui dans les ruines de l'ancienne Rome, ni avec les mêmes ornemens que nos architectes y employent. On y a fait fucceffivement beaucoup de changemens & d'augmentations. Chez les Grecs, l'architecture étoit originairement affez peu chargée d'ornemens. Les détails & les parties de leurs ouvrages étoient fondées dans la nature. Ils ne croyoient point en conféquence que

[a] Vitruv. l. 7. Præfat.
[b] Paufanias, l. 5. c. 10.
[c] Voyage de Spon. t. 2. p. 420. 455.
[d] Vitruv. l. 7. Præfat.
(¹) Comme au théâtre de Marcellus à Rome, à celui de Vicence, & dans un arc de triomphe très-magnifique qui eft à Vérone.

On peut voir des profils de colonnes Doriques fans bafe, dans M. de Chambray, p. 15. 19 & 33, particuliérement où il a rapporté le deffein d'un maufolée antique qu'on voit auprès de Terracine. Les colonnes de cet édifice, qui eft d'ordre Dorique, n'ont point de bafe. Il en eft de même d'un temple de Bacchus, bâti à Sardes fous le regne de Créfus. Les colonnes de ce monument, dont on voit encore les ruines, font fans bafe.

Voyez auffi les notes de Perrault fur Vitruve, p. 176. not. [b] à la fin.

dans la repréſentation il fût permis de s'éloigner de la vérité. Ces grands maîtres n'admettoient en un mot, que ce qu'ils pouvoient ſoutenir & expliquer par des raiſons ſolides, ou du moins vraiſemblables. C'étoient ſur ces principes que les anciens avoient réglé dans chaque ordre les proportions qu'ils nous ont laiſſées ᵃ.

On ne doit cependant pas condamner également tous les changemens qu'on a faits à l'ancienne architecture. Il y en a d'avantageux. On a cherché à corriger ce qu'il pouvoit y avoir de défectueux dans les premiers modéles. Les baſes, qu'on appelle Ioniques, les ſeules qui fuſſent en uſage chez les anciens, ont été jugées peu convenables. Le chapiteau du même ordre a été trouvé incommode & déſagréable. On l'a donc changé. L'accord unanime avec lequel tous les architectes ont reçu & adopté ces innovations, ne permet pas de douter qu'elles n'ayent été heureuſes & raiſonnables (¹).

Les Grecs, au ſurplus, réſervoient pour les temples, les théâtres & les autres édifices publics, toutes les beautés & les richeſſes de leur architecture. Ils n'en faiſoient point uſage pour les maiſons des particuliers. Leurs logemens étoient infiniment moins beaux, moins grands & moins magnifiques que les nôtres. Il n'y avoit pas un ſeul palais, c'eſt-à-dire, un édifice particulier qui méritât ce nom dans toute la Grece. On peut en attribuer la cauſe à cet eſprit républicain qui régnoit dans tous les Etats de cette partie de l'Europe. La modeſtie extérieure eſt l'appanage & la vertu favorite des républiques. Quelque riche & quelque puiſſant que pût être un citoyen, il n'auroit pas oſé bleſſer les yeux de ſes compatriotes par des bâtimens dont l'éclat les auroit offenſés, & eût infailliblement expoſé leur auteur à l'envie & à la jalouſie publiques. Diſons maintenant un mot de la Sculpture & de la Peinture.

On voit que la ſculpture & la peinture commençoient auſſi à ſe développer dans la Grece vers la fin des ſiécles que nous parcourons préſentement. Quelques ſculpteurs s'étoient déja fait une réputation brillante vers le tems à-peu-près de la 50e. Olympiade, c'eſt-à-dire, vers l'an 576 avant J. C. Dipœnus & Scyllis ſe ren-

---

ᵃ Vitruv. l. 4. c. 2.

(1) Voyez la préface de Perrault ſur l'ordonnance des cinq eſpeces de colonnes, ſelon la méthode des anciens. p. 24 & ſuiv. & ſeconde Part. c. 3. p. 62.

dirent alors extrêmement célébres par l'invention de fculpter le
marbre & de le polir [a]. Ces deux artiftes formerent un grand
nombre d'éleves dont les ouvrages furent très-eftimés. La fculpture cependant n'atteignit ce caractere de pureté , d'élégance
& ce degré fublime, auquel les Grecs l'ont porté , que du tems
de Periclès, c'eft-à-dire, plus de 150 ans après les artiftes dont
je viens de parler.

A l'égard de la peinture, elle a été encore plus long-tems à fe
perfectionner. Cet art , dont je ferois fort porté à donner l'invention aux Grecs , ne parut dans tout fon luftre que fous Alexandre. Je n'en fuis point étonné. Que de tems , que d'études, de
foins & de réflexions n'a-t-il pas fallu pour amener la peinture à
une forte de perfection! Et cet art , comme je crois l'avoir montré, n'a commencé à exifter que depuis le tems d'Homere [b]. Auffi,
dans les fiécles qui nous occupent maintenant , les peintres
étoient-ils encore fort ignorans. On voit d'abord que pendant
fort long-tems on n'a point connu l'art de mélanger les couleurs.
Les premiers tableaux qu'on vit paroître n'étoient peints qu'avec
une feule couleur, qui devoit être & bien dure & bien féche ,
puifqu'elle n'étoit formée que par une détrempe de morceaux de
vafes de terre broyés & pulvérifés très-fin [c]. On pourroit peut-
être penfer que cette efpéce de peinture reffembloit à celle que
nous connoiffons aujourd'hui fous le nom de *Camayeu*. Mais il n'y
a pas d'apparence. Les Grecs étoient alors trop peu inftruits pour
connoître cette façon de peindre , qui confifte à dégrader les
tons d'une feule & même couleur. Qu'on juge de leur habileté
par un fait qui a pour garants plufieurs écrivains très-célébres de
l'antiquité. Ils nous apprennent qu'originairement on étoit obligé
d'écrire au bas des tableaux les noms des objets qui en faifoient
le fujet , tant ils étoient informes [d]. Ce ne fut que vers le tems

---

[a] Plin. l. 36. fect. 4.

Les plus anciennes infcriptions du Péloponéfe & de l'Attique font gravées fur des marbres abfolument bruts.

[b] Voyez la feconde Part. L. II. fect. 1. c.
5. art. 3.

[c] Plin. l. 35. fect. 5.

[d] Ariftot. Topic. l. 6. c. 2. t. 1. p. 243.
══ Ælian. Var. hift. l. 10. c. 10. ══ Plin. l.
35. fect. 5.

Les paffages d'Ariftote & d'Elien, que je
cite , font très-clairs & très-précis. On n'en
peut pas dire autant de celui de Pline. Sa
phrafe eft louche fuivant l'ordinaire de cet
écrivain bel-efprit. On a même voulu donner à ce paffage un fens totalement contraire
à celui que j'ai crû devoir adopter. On veut
faire dire à Pline que les portraits peints par
les artiftes dont il parle , étoient fi reffem-
blans, que pour faire connoître à la poftérité

de Miltiade, c'eft-à-dire, environ 450 ans avant J. C. que les peintres Grecs commencerent à pouvoir attraper la reffemblance exacte des perfonnes qu'ils vouloient repréfenter [a]. Enfin, Pline remarque qu'avant Apollodore, qui vivoit dans la quatre-vingt-treiziéme Olympiade (410 ans avant J. C.) il n'y avoit point de tableau qui appellât & retînt le fpectateur [b].

On voit au furplus que, dès les fiécles dont il s'agit maintenant, plufieurs ouvriers fe rendirent célébres dans la Gréce par leur habileté à travailler les métaux, & particuliérement le fer [c]. Enfin, fi l'on vouloit entrer dans un plus grand examen & dans des recherches plus circonftanciées, il feroit aifé de montrer que c'eft à l'époque qui fait l'objet de cette troifiéme Partie de notre ouvrage, qu'on doit rapporter le développement de toutes les découvertes fublimes dont, par la fuite, les Grecs ont enrichi les arts. Mais j'abandonne ces détails qui, préfentant fans ceffe des objets à peu près femblables, pourroient à la fin fatiguer les lecteurs.

Remarquons néanmoins que ces mêmes peuples, dont on ne fauroit trop louer le génie en architecture, en fculpture & peut-être auffi en peinture, ont été fort peu induftrieux à fe procurer quantité de commodités dont il ne paroît pas aujourd'hui qu'il foit poffible de fe paffer. Par exemple, les vêtemens des Grecs ont toujours été fort défectueux. J'ai déja dit ailleurs qu'ils ne connoiffoient ni le linge, ni les fouliers, ni les bas, ni les culottes. Leurs habits n'avoient ni boutons ni boutonnieres. On verra auffi que ces mêmes peuples n'ont jamais fçu s'aider de felles pour fe tenir à cheval, ni d'étriers pour y monter [d]. Je dirai

les perfonnages qu'ils repréfentoient, on avoit écrit leurs noms au bas de ces tableaux; de même que nous en ufons aujourd'hui au bas des portraits en taille-douce.

Mais cette explication ne me paroît point être la penfée de Pline. Je pourrois d'abord citer en ma faveur le fuffrage de tous les interprétes & commentateurs de cet ancien écrivain. Ils ont tous entendu le paffage en queftion dans le fens que je lui donne. Cependant, fans avoir recours à des autorités qui peuvent fouvent paroître douteufes, je crois qu'on doit, dans cette occafion, interpréter Pline par Ariftote & par Elien. Ce principe pofé, le paffage de cet Auteur confirme le fait que j'ai avancé fur l'ignorance & l'impéritie des premiers peintres. Je conviendrai en même tems que cette explication paroît en quelque forte mettre Pline en contradiction avec lui-même, mais on peut répondre que ce n'eft pas le feul exemple qu'on en trouve dans fes écrits. C'eft, au furplus, le défaut de tous les auteurs qui ont affecté de ne parler que par énigmes & par fentences.

[a] Plin. l. 35. fect. 34.
[b] Ibid. fect. 36.
[c] Hérod. l. 1. n. 25. ═ Pauf. l. 3. c. 12. p. 160. l. 10. c. 16.
[d] Voy. *infrà*, L. V. c. 2.

encore que leurs maifons manquoient de quantité d'inventions des plus utiles & des plus agréables. Il n'y avoit, ni vitres, ni cheminées. Ces peuples ignoroient auffi l'art de s'éclairer commodément. Ils n'ont jamais connu, ni la bougie, ni la chandelle. Je pourrois, s'il étoit néceffaire, faire une plus longue énumération des Arts qui ont été inconnus aux Grecs. Je parlerois alors de l'Imprimerie, des Armes à feu, de la Bouffole, des Cartes réduites de la Chymie, de la Gravure en taille-douce, des Glaces, des lunettes, de l'Horlogerie, des Moulins à eau & à vent, &c; inventions que ces peuples n'ont jamais connues. Mais ce qu'on vient de lire, fuffit, je crois, pour prouver quelle a été, à quantité d'égards, l'imperfection & l'ignorance des Arts chez les Grecs.

Fin du fecond Livre.

TROISIEME PARTIE.

Depuis l'établissement de la Royauté chez les Hébreux, jusqu'à leur retour de la captivité : espace d'environ 560 ans.

LIVRE TROISIEME.

Des Sciences.

NOUS SOMMES parvenus aux fiécles qui terminent & bornent nos recherches fur l'état des fciences chez les anciens peuples. C'eſt en effet à l'époque de Cyrus qu'on voit s'anéantir les empires d'Aſſyrie, de Babylone, & même la monarchie des premiers Egyptiens. Nous pouvons donc juger de toutes les découvertes qu'on doit proprement attribuer aux Aſſyriens, aux Babyloniens & aux Egyptiens. Celles qui ſe ſont faites chez ces peuples, poſtérieurement aux fiécles qui terminent cette troiſieme Partie de notre ouvrage, ne peuvent leur appartenir qu'aſſez imparfaitement. Ce n'étoient plus alors ces mêmes Aſſyriens, ces mêmes Babyloniens, ni ces mêmes Egyptiens qu'on a vû figurer juſqu'à préfent. Leur Empire étoit détruit, & leur génie primitif altéré par le mélange des nations auxquelles ces peuples ont toujours continué d'être foumis depuis Cyrus.

Il n'en fera pas des Grecs de même que des Afiatiques & des Egyptiens, dans les fiécles qui nous occupent maintenant. Nous ne ferons, au contraire, qu'appercevoir le germe naiffant de toutes les connoiffances qui ont affuré à cette nation le rang diftingué dont elle eft, & fera toujours en poffeffion. L'époque que nous parcourons à préfent, doit cependant être regardée comme une des plus remarquables de l'hiftoire Grecque. Ce fut vers la fin des fiécles qu'elle embraffe, que les Lettres & la Philofophie commencerent à jetter dans la Grece de profondes racines, crûrent avec rapidité, & devenant bientôt fécondes, enfanterent ces productions immortelles dont l'univers entier n'a ceffé, & ne ceffe encore chaque jour de s'enrichir.

CHAPITRE PREMIER.

De la Médecine.

DE L'AVEU de toute l'antiquité, depuis la guerre de Troie jufqu'à celle du Péloponéfe, l'hiftoire de la Médecine eft demeurée couverte des plus épaiffes ténebres [a]. On ne peut cependant pas fuppofer que, pendant un fi long intervalle, on ait abfolument négligé l'étude d'une fcience auffi néceffaire que la Médecine. Les livres faints atteftent le contraire. Salomon devoit poffeder une grande partie des connoiffances qui forment l'art de remédier à nos infirmités. L'Ecriture dit de ce Prince, qu'il avoit compofé des traités fur tous les animaux, les oifeaux & les poiffons, & qu'il avoit écrit fur tous les arbres & fur toutes les plantes, depuis le cédre du Liban, jufqua l'hyfope [b]. Plufieurs autres faits rapportés dans les livres faints atteftent également la connoiffance & l'ufage de la Médecine dans les fiécles qui nous occupent préfentement.

Nous voyons qu'alors il y avoit des médecins de profeffion chez les Hébreux. Afa, roi de Juda, étant attaqué de la goutte, on lui reproche de s'être adreffé aux médecins plutôt qu'au Tout-puiffant [c]. Ezéchias, qu'un abcès menaçoit de la mort, eft guéri par l'application d'un cataplafme de figues [d]. Joram, roi de Juda, bleffé dans une bataille, fe retire à Jéfraël pour fe faire panfer [e]. On recueille auffi de plufieurs expreffions des Prophêtes, qu'on favoit alors guérir les plaies, les fractures & les meurtriffures, par le moyen de certains médicamens, tels que la réfine, le beaume, la graiffe & les huiles [f]. Il paroît même qu'on avoit beaucoup de confidération pour les médecins chez les peuples de l'Afie. » Honorez le médecin, dit

[a] Celfe, l. 1. in Præfat. ═ Plin. l. 29. fect. 2. p. 493. ═ Ifidor. Orig. l. 4. c. 3.

[b] 3 Reg. c. 4. ℣. 33.

Entre autres connoiffances que Salomon s'attribue dans le livre de la fageffe, il met celle de la différence des plantes & des propriétés des racines. c. 7. ℣. 20.

[c] 3. Reg. c. 15. ℣. 23. ═ 2 Paral. c. 16. ℣. 12.

[d] 4. Reg. c. 20. ℣. 7. ═ If. c. 38. ℣. 21.

[e] 4. Reg. c. 8. ℣. 29. c. 9. ℣. 15.

[f] Voyez Ifaïe, c. 1. ℣. 6. ═ Jérém. c. 8. ℣. 22. ═ Ezéch. c. 30. ℣. 21.

» l'Eccléfiaftique;

» l'Eccléfiaſtique , à caufe du befoin que vous en pouvez
» avoir [a]. »

A l'égard des Grecs , quoique nous ignorions l'état & les
progrès de la Médecine chez ces peuples, depuis la guerre de
Troie jufqu'à celle du Péloponéfe, il eſt cependant certain que
les Afclépiades, c'eſt-à-dire les defcendans d'Efculape, con-
ferverent cette fcience dans leur famille fans aucune interruption. On comptoit trois écoles célebres qu'ils avoient établies ,
l'une à Rhodes, l'autre à Cos , & la derniere à Cnide. Hérodote, antérieur à Hippocrate ([1]), parle auſſi de plufieurs autres
écoles de Médecine très-fameufes. Joignons - y celle d'Italie ,
qui dût fa naiſſance à Pythagore, & dont on ne peut guéres reculer l'érection plus tard que l'an 550 avant J. C. [b].

Les poëmes d'Homere fourniſſent des preuves encore plus
marquées de l'état de la Médecine, & des progrès qu'elle devoit avoir faits dans le tems où vivoit ce grand poëte. On trouve
dans fes écrits quantité de détails anatomiques. Homere défigne
par leur nom prefque toutes les parties du corps humain. Il y
a plus ; ce poëte doit avoir eû une grande connoiſſance de leur
ſtructure & de leurs fonctions, à en juger par la defcription qu'il
fait des bleſſures & des accidens qui en réfultent. On pourroit
même lui reprocher d'avoir, à cet égard, affecté de faire montre
de fa fcience. Quoi qu'il en foit, ces faits ne permettent pas
de révoquer en doute les lumieres que, de fon tems, on avoit
acquifes en Médecine. Il fe préfente néanmoins une réflexion
qui fembleroit, au premier coup d'œil, rendre difficiles à concevoir ces connoiſſances anatomiques, fi bien caractérifées dans
les écrits d'Homere.

Si l'on en croit un ancien commentateur de Platon, Alcméon
difciple de Pythagore, paſſoit pour le premier qui eût anatomifé
des animaux [c]. Ariſtote, qui n'a vécu que plus de 80 ans après
Hippocrate, nous apprend d'ailleurs que de fon tems, les Grecs
n'avoient point encore ofé diſſéquer des cadavres humains. Lorfque ce philofophe parle des parties internes de l'homme, il dit

---

[a] Chap. 38. ℣. 1.
([1]) Ce grand Médecin floriſſoit dans le
tems de la guerre du Péloponéfe, vers l'an
430 avant J. C.

[b] Voyez le Clerc, hiſt. de la Médecine,
prem. Part. L. II. c. 1 & 2.
  [c] Chalcid. in Tim. Plat. p. 30.

qu'elles font fort inconnues, qu'on n'a rien de bien certain fur leur ftructure & leur arrangement, & qu'il en faut juger par la reffemblance qu'elles doivent avoir avec les parties des autres animaux qui peuvent avoir quelque rapport avec chacune d'elles [a]. Comment a-t-il donc pû fe faire que dès le fiécle d'Homere l'anatomie fût portée à une forte de jufteffe & d'exactitude ?

Cette objection qu'on jugeroit d'abord très-forte, ceffe néanmoins de le paroître, quand on fait réflexion aux divers moyens que, dans tous les tems, on a eû de s'inftruire de la difpofition du corps humain. Je les ai expofés, ces moyens, dans la premiere Partie de cet ouvrage [b]. On peut auffi confulter ce qu'a dit fur ce fujet Daniel le Clerc dans fon hiftoire de la Médecine. Ce favant homme y fait concevoir très-aifément comment les anciens Médecins auront appris à connoître les parties internes du corps humain, fans avoir été néanmoins dans l'ufage habituel de difféquer des cadavres [c].

Je croirois d'ailleurs que les peuples de l'Afie ne fe faifoient pas le même fcrupule que les Grecs, d'ouvrir les cadavres humains. Homere peut donc avoir puifé chez eux les connoiffances anatomiques qu'il a répandues dans fes ouvrages. Car quoiqu'on ne puiffe pas déterminer précifément quelle a été la patrie de ce prince des poëtes, il me paroît cependant hors de doute qu'il eft né & a paffé la plus grande partie de fa vie dans l'Afie Mineure. C'eft un fentiment que j'ai déja eu foin d'établir. J'ai crû même, en conféquence, devoir rapporter aux peuples de ces contrées certaines connoiffances trop délicates & trop relevées, pour qu'Homere ait pû les puifer dans le fein de la Grece proprement dite. On ne doit point en faire honneur aux habitans de cette partie de l'Europe. Ils étoient encore bien groffiers & bien ignorans au fiécle dans lequel ce poëte a parû.

Je crois en avoir dit affez pour montrer que le vuide, qui regne dans l'hiftoire de la Médecine, depuis les enfans d'Efculape, Podalire & Machaon, jufqu'à Hippocrate, ne vient point de ce que, pendant cet intervalle, on aura négligé l'étude de cette fcience. On ne doit attribuer l'ignorance où nous fom-

[a] Hift. animal. l. 1. c. 16. init.
[b] L. III. chap. 1. art. 2.

[c] Hift. de la Médecine, prem. Part. L. II. p. 74 & 5.

mes, des noms & de la capacité de ceux qui ont cultivé alors la Médecine, qu'aux tems auxquels ils ont vécu. L'hiſtoire de ces ſiécles eſt très - confuſe & très-défectueuſe. Les médecins ne font pas les ſeuls qui aient lieu de s'en plaindre. Il ne ſe préſentera que trop d'occaſions de s'en convaincre par rapport à bien d'autres objets.

CHAPITRE II.

De l'Aſtronomie.

L'HISTOIRE de l'Aſtronomie, dans les ſiécles que nous parcourons préſentement, n'eſt pas tout-à-fait auſſi ingrate que celle de la Médecine. Les écrivains de l'antiquité nous fourniſſent un peu plus de ſecours ſur l'état où pouvoit être alors cette ſcience chez les différens peuples dont nous avons à parler. Les Babyloniens, les Egyptiens, & ſur-tout les Grecs, vont nous donner lieu de préſenter quelques détails curieux & intéreſſans. Examinons d'abord l'état de l'Aſtronomie chez chacun de ces peuples en particulier. Nous préſenterons enſuite quelques idées générales, réſultantes des différens faits que nous allons rapporter.

ARTICLE PREMIER.

Des Babyloniens.

ON SÇAIT à quel point l'hiftoire des Babyloniens & des Affyriens nous eft inconnue. Il paroîtroit donc que nous ne ferions guéres en état de juger des découvertes & des progrès que ces peuples avoient faits en Aftronomie. On va voir néanmoins, qu'en raffemblant & rapprochant les différens traits répandus dans les auteurs de l'antiquité, on peut fe former une idée affez jufte des connoiffances aftronomiques des Babyloniens.

Les aftronomes de Chaldée étoient inftruits que le foleil & les planètes avoient un mouvement propre d'occident en orient ; & que ces révolutions fe faifoient avec de grandes inégalités de tems, & de grandes différences de vîteffe [a]. Ils enfeignoient que la lune eft placée au deffous de toutes les étoiles & de toutes les planètes ; que, comme elle eft la plus petite de toutes celles qu'on apperçoit, elle eft auffi la plus proche de la terre [b] ; que fa révolution fe fait en moins de tems ; non pas qu'elle ait une plus grande vîteffe que les autres planètes, mais à caufe du peu d'étendue de fon orbite. Ils fçavoient de plus que la lune n'a qu'une lumiere empruntée, & que fes éclipfes viennent de ce qu'elle entre dans l'ombre de la terre [c].

Les Chaldéens ne comptoient que 36 conftellations ; 12 dans le zodiaque, & 24 hors de ce cercle. Ils diftinguoient ces dernieres en feptentrionales & en méridionales [d]. Ils avoient divifé chaque figne du zodiaque en 30 dégrés, & chaque dégré en foixante parties, ou minutes [e]. Par cette méthode, les Chaldéens avoient trouvé le mouvement moyen de la lune. Ils étoient

---

[a] Diod. l. 2. p. 144. ═ Simplic. in l. 2. Arift. de cœlo. fol. 117. *verfo.*

[b] Diod. l. 2. p. 144.
Ce paffage de Diodore mérite attention. Comment les Chaldéens avoient-ils pû deviner que la lune eft effectivement la plus petite des planetes ? C'étoit probablement de leur part une conjecture des plus hafardées.

[c] Diod. l. 2. p. 144. 145.

[d] Diod. Ibid.

[e] Gemin. c. 15. p. 62. ═ S. Empiric. adv. aftrolog. l. 5. p. 339.

ainsi parvenus à déterminer le retour périodique de cette planète avec beaucoup de précision [a].

L'avantage qu'ont eû ces astronomes, d'avoir inventé de fort
bonne heure le moyen de mesurer exactement les différentes
parties du jour, doit nous donner une assez bonne idée de leurs
calculs astronomiques. On convient assez généralement qu'ils
ont connu, avant tous les autres peuples, l'usage des cadrans
solaires [b]. Aussi passoient-ils pour les premiers qui eûssent entrepris de mesurer la durée de la révolution annuelle du soleil [c].
Leurs observations, à cet égard, n'avoient point été infruc-
tueuses. Nous voyons que, dès le regne de Nabonassar,
l'année chez ces peuples étoit de 365 jours. Les anciens nous
le font assez connoître, en disant que les années, nommées
autrefois *Années de Nabonassar*, répondoient, mois pour mois
& jour pour jour, à l'année civile des Egyptiens [d].

On pourroit encore, s'il en étoit besoin, appuyer ce sentiment par l'usage des Perses. Depuis le regne de Cyrus, l'année
de ces peuples fut réglée à 365 jours [e]; & on sçait que Cyrus
est le premier qui ait soumis l'Empire de Babylone au trône de
Perse.

Il n'est pas aussi facile de décider dans quel tems les Babyloniens ont connu la nécessité d'ajouter à leurs années ordinaires les cinq heures & quelques minutes, dont la révolution annuelle du soleil surpasse la durée de 365 jours. Il est certain
que cette découverte n'avoit pas échappé aux astronomes Chaldéens. Strabon l'assure très-précisément [f]; mais il n'en fixe point
l'époque. Cependant la maniere dont il s'exprime, donne assez
à entendre que cette connoissance étoit fort anciennement

---

[a] Gemin. c. 15. p. 62. On peut douter néanmoins que toutes ces connoissances fussent
bien anciennes chez les Chaldéens. Voyez
Weidler, Hist. Astron. c. 3. p. 35.

[b] Hérod. l. 2. n. 109.
Hérodote ne fixe point l'époque de cette
découverte. On doit juger cependant qu'elle
devoit être fort ancienne. Nous trouvons,
dès le tems d'Achaz, c'est-à-dire cinq ans
avant l'Ere de Nabonassar, l'usage des cadrans solaires, établi à Jérusalem. 4. Reg.
c. 20. ℣. 11. 2. Paral. c. 32. ℣. 31.
Il est très-vraisemblable qu'Achaz tenoit
des Babyloniens la connoissance de cet instrument mathématique. L'Ecriture, en effet, nous apprend que ce Prince fut en grande liaison avec Theglath-Phalasar, roi d'Assyrie. 4. Reg. c. 16. ℣. 8, &c.

[c] Achill. Tat. ad Arati Phænom. c. 18.

[d] Censorin. de Die nat. c. 21.
Voyez dans le chap. suivant ce que nous
disons sur l'année civile des Egyptiens.

[e] Q. Curt. l. 3. c. 3. p. 154. ═ Voyez
aussi Diod. l. 2. p. 120.

[f] L. 17. p. 1160. A.

répandue dans la Chaldée. Tout nous autorise donc à croire que, dans le cours des siécles qui font présentement notre objet, l'année des Babyloniens étoit de 365 jours & quelques heures (¹). On pourroit même croire, qu'à cet égard, ils avoient porté la précision à un grand dégré de justesse. J'en parlerai ailleurs plus particuliérement [a].

On nous a conservé les noms d'anciennes périodes astronomiques dont l'invéntion étoit dûe aux Chaldéens. Bérose s'en étoit servi pour faire ses calculs chronologiques [b]. Mais ces mesures de tems, dont l'usage étoit alors très-familier, nous sont aujourd'hui assez inconnues. Il regne beaucoup de difficultés sur le nombre d'années dont chacune de ces périodes étoit composée. Les efforts que quelques critiques modernes ont faits pour les éclaircir, ne satisfont pas encore pleinement. Pour ne point trop interrompre l'exposé que je fais des connoissances astronomiques des Babyloniens, je rendrai compte de ces différentes périodes dans une Dissertation particuliere [c].

Le systême que les Chaldéens s'étoient formé sur les Comètes, paroît mériter aussi quelque attention. Apollonius de Minde, célebre astronome, nous apprend que les Chaldéens, chez lesquels il avoit étudié, regardoient les comètes comme des planètes dont la révolution se faisoit dans des orbites très-excentriques à la terre, & que ces astres n'étoient visibles que dans le tems où ils parcouroient la partie inférieure de cette orbite. Les mêmes astronomes prétendoient encore, au rapport d'Apollonius, connoître le cours des comètes & la durée de leurs périodes [d]. Pline, Plutarque & Stobée parlent aussi très-claire-

---

(¹) Ubo Emmius, & après lui Munkerus *de Intercalat.* l. 3. c. 2, donnent à entendre que l'année des Chaldéens n'étoit que de 365 jours seulement. Ils disent que, pour réparer le dérangement que le quart de jour omis causoit à la longue, ces peuples en composoient un mois, qu'ils ajoutoient tous les 120 ans à leurs années ordinaires; que par ce moyen chaque cent vingt-unieme année étoit de 395 jours, c'est-à-dire, de 3 mois. Mais ces écrivains ne citent pour garant de leur sentiment aucun auteur de l'antiquité, & de plus ils font démentis formellement par Strabon, comme on vient de le voir,

On peut donc mettre hardiment cette opinion au nombre de ces systêmes faits à plaisir, qui n'ont d'autre fondement que l'imagination de l'auteur qui les a enfantés.

[a] Dans la dissertation sur les Périodes astronomiques des Chaldéens, à la fin de ce volume.

[b] Voyez Syncell. p. 17. ═ Abyden. *apud eumd.* p. 38. C.

[c] Voyez à la fin de ce volume, la Dissertation sur les Périod. des Chaldéens.

[d] Apud Senec. Quæst. nat. l. 7. c. 3. t. 2. p. 820. & c. 17. p. 831.

ment de ce fyftême des Chaldéens [a]. J'imagine cependant qu'il étoit plutôt dû au hafard & à l'incertitude, qu'à l'étude & à l'expérience [b]. Les anciens n'avoient rien d'affuré fur cet objet, ni en général fur la plupart des phénoménes de l'aftronomie phyfique.

On peut encore mettre au nombre des connoiffances aftro-nomiques des Chaldéens, les idées qu'ils s'étoient formées fur l'étendue de la circonférence du globe terreftre. On prétend qu'ils étoient parvenus à déterminer qu'un homme, marchant d'un bon pas, fuivroit le foleil autour de la terre, & arriveroit en même tems que cet aftre au point équinoxial [c]; c'eft-à-dire, que dans l'efpace d'une année folaire, que les Chaldéens, com-me on vient de le voir, déterminoient à 365 jours & quelques heures, un homme marchant d'un bon pas, pourroit faire le tour de la terre, & le feroit effectivement, s'il pouvoit toujours foutenir fa marche également (').

Voilà tout ce que nous avons pû recueillir de plus précis fur les conoiffances des Chaldéens en aftronomie. Ils avoient fait, comme on voit, quelques progrès dans certaines parties de cette fcience; mais il y en avoit quantité d'autres, & des plus importantes, qui leur étoient abfolument inconnues. Les Chal-déens n'avoient, par exemple, qu'une théorie fort imparfaite

[a] Plin. l. 2. fect. 23. p. 89. === Plut. t. 2. p. 893. === Stob. Eclog. Phyf. l. 1. p. 63. Pline & Plutarque ne difent pas nommé-ment que ce fut le fyftême des Chaldéens, mais on doit préfumer que c'étoit chez ces peuples que les anciens philofophes de la Grece avoient puifé ce qu'ils difoient des co-mètes. Séneque & Stobée autorifent à le croire, puifqu'il paroît par leurs écrits que cette opinion fur les comètes étoit établie très-ancienment dans la Chaldée.

[b] Séneque nous en fournira la preuve dans le même paffage que je viens de citer, p. 820. Il y parle d'un autre aftronome, nommé Epigénes, qui difoit que les Chal-déens n'avoient rien de certain fur les comè-tes, & qu'ils les regardoient comme des mé-téores allumés par l'effort de quelque tour-billon d'air violemment agité.

Ces contradictions ne doivent point nous furprendre. Il y avoit plufieurs écoles chez les Chaldéens. Pline en compte trois, l. 6. c. 26. p. 332. On enfeignoit différens fyftê-mes dans toutes ces écoles, fuivant le té-moignage de Strabon (l. 16. p. 1074.) Ainfi Apollonius a rapporté celui qu'on adoptoit dans l'école où il avoit étudié, & Epigénes ce que l'on débitoit dans celle qu'il avoit fuivie; & il n'y avoit point alors de raifons qui puffent accréditer un fyftême plus que l'autre.

[c] Achill. Tat. ad Arati phænom. c. 18.

(') Un homme fait communément une lieue par heure : par conféquent, s'il pou-voit marcher toujours fans s'arréter, il en feroit 24 par jour, & 8760 en 365 jours. On fait que la circonférence de l'équateur du globe de la terre eft d'environ 9000 lieues. Il réfulte de ce calcul que les aftronomes de Chaldée avoient des notions affez juftes de la grandeur de la terre.

des éclipfes de foleil. Ils n'ofoient les déterminer ni les prédi-re [a]. Une pareille ignorance n'annonce pas dans ces aftronomes des connoiffances bien exactes, ni des lumieres fort étendues fur les phénoménes céleftes. Peut-être même n'ont-ils acquis que dans des tems très-poftérieurs, une partie des découvertes dont j'ai crû pouvoir leur faire honneur dès les fiécles dont je parle dans cette troifieme Partie de mon ouvrage. [b]. En effet, malgré la conquête de l'Empire de Babylone par Cyrus, & fucceffivement par Alexandre, les Chaldéens ont toujours continué à jouir d'une très-grande confidération, par le refpect extrême dont les anciens étoient prévenus pour les connoiffances que ces prêtres avoient, dit-on, acquifes dans l'aftrologie judiciaire. La deftruction de l'Empire de Babylone n'a donc point mis les Chaldéens hors d'état de pouvoir perfectionner leurs découvertes aftronomiques ; & Diodore, de qui j'ai emprunté la plûpart des détails dont je viens de rendre compte, n'a connu ces aftronomes que bien poftérieurement au fiécle d'Alexandre.

Il ne me refte plus qu'à dire un mot de l'Obfervatoire des Babyloniens. Le principal objet des anciens aftronomes étoit d'appercevoir & de faifir le lever & le coucher des aftres. Ils ne trouverent pas d'abord d'endroits plus propices pour cet effet, que les grandes plaines ouvertes de tous côtés, où la vûe découvroit un horifon vafte & étendu. Les plaines furent donc, pendant plufieurs générations, les feuls obfervatoires en ufage. Mais les peuples policés chercherent bientôt à fe procurer les moyens d'obferver le cours des aftres avec plus de facilité & de précifion. Dans cette vûe, ils conftruifirent des édifices dont l'élévation leur donnoit beaucoup plus d'avantage. Les Babyloniens ne furent pas des derniers à mettre cette pratique en ufage. J'ai déja eû occafion de parler du temple de Bel, fi renommé chez ces anciens peuples [c]. Cet édifice renfermoit dans fon centre une tour extrêmement élevée, dont la conftruction paroît avoir été plus ancienne que celle du temple même [d]. C'étoit du fommet de cette tour que les Chaldéens faifoient leurs principales obfervations [e].

<hr>

[a] Diod. l. 2. p. 145.
[b] Voy. Weidler, Hift. Aftron. c. 3. p. 35.
[c] *Suprà.* L. II. chap. 1. p. 54.

[d] Voyez Prideaux, Hift. des Juifs. t. 1. l. 2. p. 218. 221.
[e] Diod. l. 2. p. 123.

ARTICLE

ARTICLE II.

Des Egyptiens.

LES EGYPTIENS font, après les Grecs, le peuple de l'antiquité dont nous pouvons le plus facilement appercevoir & fuivre les progrès dans les fciences. J'ai expofé dans les Livres précédens, les différentes manieres dont les Egyptiens avoient réglé leurs années, d'abord à 360 jours, & enfuite à 365. Examinons fi, dans l'époque que nous parcourons maintenant, ils étoient parvenus à un plus grand dégré de précifion.

Le foleil emploie à fa révolution annuelle 365 jours & environ fix heures. J'ai rendu compte des motifs qui m'ont déterminé à prêter, dans les fiécles préfens, aux Babyloniens la connoiffance de ce quart de jour excédent. Je ne fuis pas également porté à croire que les Egyptiens en euffent auffi fait la découverte. Voici les motifs qui m'en empêchent.

Thalès a été le premier des Grecs qui ait donné 365 jours à l'année. Ce philofophe vivoit vers l'an 600 avant l'Ere chrétienne. L'hiftoire remarque qu'il n'avoit point eû d'autres maîtres que les Egyptiens [a]. Du tems de Thalès, l'année Egyptienne n'étoit donc encore que de 365 jours.

Hérodote écrivoit dans le cinquieme fiécle avant J. C. Ce grand hiftorien, dont le témoignage eft fi refpeƈable pour tout ce qui concerne les anciens Egyptiens, dit, en parlant de l'année de ces peuples, qu'elle étoit de douze mois compofés chacun de 30 jours, auxquels on ajoutoit cinq jours de plus tous les ans. Par ce moyen, continue-t-il, les Egyptiens fe procurent le retour périodique des faifons dans les mêmes mois de l'année. On voit, par ces dernieres paroles, qu'Hérodote n'a pas fenti l'inconvénient du dérangement des faifons attaché à une longue fuite d'années de 365 jours; & c'eft encore une preuve que, de fon tems, l'année Egyptienne étoit bornée à un pareil nombre de jours.

---

[a] Diogen. Laert. l. 1. fegm. 27. ⸻ Clem. Alex. Strom. l. 1. p. 352.

IIIᵉ. Partie.
Dep. l'établ. de la
Royauté chez les
Hébreux, jusqu'à
leur retour de la
captivité.

Enfin il paroît par Strabon que les Egyptiens n'ont connu les fix heures, à-peu-près, qu'il faut ajouter aux 365 jours de l'année commune, que vers le tems où Platon & Eudoxe voyagerent chez ces peuples. Du moins eft-il certain, par le témoignage de ce Géographe, que ces deux philofophes apprirent cette particularité des prêtres Egyptiens, & que, jufqu'à ce moment, les Grecs l'avoient ignorée [a]. Il y a donc bien de l'apparence que les aftronomes Egyptiens firent cette découverte dans l'intervalle de tems qui s'eft écoulé entre le voyage d'Hérodote & celui de Platon en Egypte, intervalle de plus de 80 ans. La maniere dont Strabon raconte que les Prêtres en firent part à Eudoxe & à Platon, acheve, à mon avis, de confirmer ce fentiment. Il nous repréfente cette connoiffance comme une efpece de myftere qu'on ne communiquoit qu'aux perfonnes privilégiées [b]. Les fçavans d'Héliopolis expliquerent, dit-il, en fecret à nos deux philofophes la vérirable durée de l'année folaire [c]. Ce ne fut même que par un féjour de treize années que Platon & Eudoxe pûrent mériter la confiance des prêtres, au point d'en obtenir la communication de cette importante découverte [d]. Nous ne devons pas, au refte, être furpris que les Egyptiens en fiffent alors un myftere. Plus cette découverte étoit récente, & plus ils en devoient être jaloux.

On pourroit dire que fi Hérodote n'a point parlé de ce quart de jour excédent, c'eft que vraifemblablement il aura été trompé par la pratique des Egyptiens. Ces peuples avoient deux formes d'années, l'une civile & l'autre aftronomique [e]. Cette derniere étoit de 365 jours & quelques heures; mais leur année civile n'étoit que de 365 jours [f]. Ce n'étoit pas fans deffein que les Egyptiens l'avoient ainfi réglé. Ils ne vouloient pas que leurs fêtes revinffent toujours dans le même tems. Leur intention, au contraire, étoit qu'elles parcouruffent fucceffivement toutes les faifons de l'année [g]. Les Egyptiens n'admettoient donc point d'intercalation dans leurs années civiles; elles étoient conftamment

---

[a] Strabo, l. 17. p. 1159. 1160.
[b] Ibid. p. 1159.
[c] Strabo. Ibid.
[d] Id. Ibid.
[e] Voyez Diod. l. 1, p. 59. = Strabo, l. 17. p. 1171.
[f] Voyez les Mém. de l'Acad. des Infcript. t. 14. p. 340. 350. 351.
[g] Gémin. p. 33. Cenforin. c. 18. Theo, Alexandrin. fragm. *apud* Petav. Vranolog.

de 365 jours [a] ; ce qui les faifoit anticiper d'un jour, tous les quatre ans, fur la véritable année folaire avec laquelle ces années vagues & rétrogrades ne fe rencontroient que tous les 1460 ans. C'eft de cette année civile de 365 jours feulement, dira-t-on, qu'Hérodote a entendu parler, d'autant mieux qu'elle a fubfifté fous cette forme chez les Egyptiens, bien des fiécles même après celui auquel Hérodote écrivoit. Nous l'apprenons des écrits de Géminus , de Cenforin & de Théon d'Alexandrie [b].

Mais fi , du tems d'Hérodote, ces deux formes d'années euffent été connues en Egypte , eft-il à fuppofer qu'un hiftorien fi exact & fi inftruit eût négligé de nous apprendre une femblable particularité ? d'ailleurs auroit - il dit , auffi nettement qu'il l'avance , que par le moyen d'une pareille année les Egyptiens fe procuroient le retour périodique des mêmes faifons dans les mêmes mois de l'année ? Il eft bien vrai qu'Hérodote , très-verfé d'ailleurs dans toutes les connoiffances des Grecs & des Egyptiens , étoit très-ignorant en Aftronomie. Nous en avons déja produit des preuves. L'exemple préfent en eft une nouvelle conviction. En effet, fi ce grand hiftorien eût été plus éclairé fur le tems que le Soleil emploie à faire fa révolution annuelle , il n'auroit pas dit qu'une fuite d'années de 365 jours procuroit le retour périodique des mêmes faifons dans les mêmes mois de ces années. Mais cette erreur, dans laquelle eft tombé Hérodote , eft une preuve inconteftable qu'il n'en fçavoit pas davantage fur ces matieres, & c'eft la différence fenfible qu'on remarque entre cet hiftorien & les autres écrivains que nous venons de citer. Lorfque ces derniers parlent de l'année civile des Egyptiens, dont ils marquent la durée à 365 jours, il n'y en a pas un qui n'ait parlé en même tems de ce quart de jour dont la véritable année folaire furpaffe celle de 365 jours. D'ailleurs Hérodote avoit féjourné affez long-tems en Egypte. Il s'étoit même, comme on le voit par fes écrits, infinué trop avant dans l'efprit des prêtres de cette nation pour que, s'ils euffent fait dès-lors cette découverte, ils ne la lui euffent pas révélée , comme ils firent par la fuite à Eudoxe & à Platon. On en doit dire autant de Thalès, puifque l'hiftoire remarque expreffément

---

[a] Gem. Cenfor. Theon. Diod. Strabo. *Ubi fuprà.* === [b] Voyez *Loco fuprà cit.*

qu'il avoit gagné entiérement la confiance des prêtres Egyptiens [a]. Il ne nous paroît pas, après ces réflexions, qu'il soit possible d'attribuer aux Egyptiens, dans les siécles dont nous nous occupons présentement, la connoissance des six heures dont la révolution du Soleil surpasse à-peu-près celle de 365 jours.

Il n'est pas à présumer que les astronomes d'Egypte eussent fait d'importantes découvertes sur la grandeur des astres. On en peut juger par celle qu'ils donnoient à la Lune. Ils croyoient cette planète 72 fois plus petite que la terre [b]. Ce que Macrobe rapporte du moyen que les mêmes sçavans employerent pour connoître la proportion du diamètre du Soleil à son orbite, n'est pas fort propre non plus à nous donner une grande idée de leurs découvertes astronomiques [c]. La maniere dont il en parle ne permettant pas, au surplus, de douter que cette pratique n'appartienne aux anciens Egyptiens ; je vais tâcher de l'expliquer ([1]).

Suivant Macrobe, les astronomes d'Egypte placerent sur un plan horisontal un vase hémisphérique, dont la surface intérieure portoit une aiguille qui passoit par son centre, & s'élevoit à angles droits sur le plan du cercle, dont les bords de ce vase faisoient partie. Ces bords étoient partagés en deux demi-couronnes égales, dont l'une étoit subdivisé en douze parties aussi égales ; c'est-à-dire en douze arcs de quinze dégrés chacun. Ils orienterent ce vase de maniere que la position de l'aiguille, qu'on y avoit adaptée, répondît précisément à celle de l'axe du monde, & que les douze divisions, dont on vient de parler, se présentassent à la partie inférieure de telle sorte que le diamètre de l'orifice du vase, qui terminoit ces douze parties, se trouvât exactement paralelle à l'horison. Tout cet appareil n'aboutissoit, comme il est facile de s'en convaincre, qu'à produire l'effet d'un cadran équinoxial, dont la construction est infiniment plus facile & plus simple. Quoi qu'il en soit, ce fut, selon Ma-

---

[a] Diog. Laert. l. 1. segm. 27.
[b] Plut. De facie in orbe lunæ. p. 932. A.
[c] In somn. Scip. l. 1. c. 20. p. 100, &c.
([1]) Rien n'est plus obscur que cette explication donnée par Macrobe, du procédé des astronomes Egyptiens dans l'opération dont il s'agit. Je n'ose me flater d'avoir rendu, avec autant d'exactitude que je l'aurois souhaité, le vrai sens de cet auteur. Mais je puis bien assurer que, de quelque maniere qu'on entende ce passage, on n'y découvrira jamais rien qui puisse donner une grande idée de l'opération astronomique en question.

trobe, à l'aide d'un pareil inftrument, que les aftronomes d'E-
gypte crurent pouvoir déterminer le rapport de la portion de
l'orbite du Soleil qu'occupe le corps de cet aftre à la totalité de
cet orbite. Le jour même de l'un des deux équinoxes, dit cet
auteur, ils obferverent & marquerent fur les bords de l'orifice
de leur vafe hémifphérique le point où portoit l'ombre de l'aiguille qui en traverfoit le centre, à l'inftant où le bord fupérieur du difque du Soleil levant paroiffoit au niveau de l'horifon.
Le foir du même jour ils obferverent & marquerent, de la même maniere, le point de la demi-circonférence oppofée des
bords de leur inftrument, fur lequel tomboit l'ombre du ftyle,
au moment précis où le difque du Soleil commençoit à toucher
l'horifon par fon bord inférieur. La différence de l'intervalle des
deux points d'ombre, à la demi-circonférence entiere, ou à 180
dégrés, fe trouva de la neuvieme partie de l'une des douze divifions horairesou de 1 ⅓ dégrés ; d'où les Egyptiens conclurent que
le diamètre du Soleil étoit précifément la deux cents feizieme partie de fon orbite [a] ; conclufion qu'il n'eft guéres facile de concilier avec les notions les plus fimples de la Géométrie élémen-
taire (¹), mais qu'il feroit fort aifé de rectifier fi l'objet en valoit
la peine, ce que je fuis bien éloigné de penfer. Car, indépendamment du mécompte que devoit produire le peu de précifion de l'inftrument fingulier dont parle Macrobe, les réfrac-
tions, de l'égalité defquelles dépendoit la jufteffe de l'opération dont il s'agit, varient beaucoup du foir au matin ; & la
tranfparence de l'air, dans l'inftant où le Soleil monte fur l'horifon, n'eft pas à beaucoup près la même qu'au moment où il
fe couche. Au refte, à partir du récit de notre auteur, toute
cette opération des aftronomes Egyptiens n'avoit pour objet de
leur part, que de déterminer la grandeur réelle du diamètre du
Soleil. Elle ne pouvoit par conféquent leur être d'aucun ufage,
qu'autant qu'ils auroient connu d'une maniere précife les dimenfions de fon orbite, & c'eft un point fur lequel toutes les con-

---

[a] Macrob. *loco fuprà cit.*

(¹) Il fuffit d'avoir lû les trois premiers livres des élémens d'Euclide, pour être en
état de fentir que le réfultat de l'opération,
dont parle Macrobe, donne le demi-diamè-
tre du Soleil égal à la corde d'un arc de 50
minutes de l'orbite circulaire qu'il décrit ;
au lieu que les aftronomes Egyptiens le faifoient, fuivant cet auteur, égal à l'arc même
de 50 min. puifqu'ils prenoient l'arc de 1ᵈ
40' pour mefure précife du diamètre de cet
aftre.

noiffances que leur fuppofe Macrobe , fe réduifent à des conjectures très-vagues & très incertaines.

D'autres auteurs attribuent aux Egyptiens une méthode encore plus défectueufe, pour déterminer le rapport du diamètre du Soleil à l'orbite qu'il décrit. Au moment où l'on commençoit à découvrir les premiers rayons de cet aftre , on faifoit , dit-on, partir un cavalier qui couroit jufqu'à ce que le difque du Soleil fût entiérement levé. Enfuite on mefuroit l'efpace parcouru par ce cavalier pendant le tems que le Soleil avoit mis à monter fur l'horifon , & comme on fçavoit ce que le courfier, dont s'étoit fervi ce cavalier, pouvoit parcourir dans l'efpace d'une heure , on déterminoit par une regle de Trois le tems que le diamètre de cet aftre avoit employé à monter fur l'horifon [a]. Il eft aifé de fentir combien cette maniere de mefurer le tems , étoit peu capable de fuppléer à l'invention des horloges, & les erreurs qu'elle devoit occafionner.

A l'égard des autres connoiffances aftronomiques , que les anciens ont attribuées aux Egyptiens , nous en voyons peu qu'on puiffe rapporter nommément aux fiécles qui font maintenant notre objet ; mais il n'en eft pas moins conftant que ces peuples avoient fait dès-lors quelques progrès en aftronomie. Ils s'étoient particuliérement appliqués à étudier le mouvement des aftres [b]. Les Egyptiens connoiffoient, dit-on, la caufe des éclipfes de Lune. Ils fçavoient qu'elles étoient occafionnées par l'ombre de la terre, dans laquelle cette planète entre alors [c]. Les aftronomes de la grande Thèbes fur-tout , paffoient pour fort habiles à calculer ces phénomènes, & même les éclipfes de Soleil dont ils donnoient par avance un détail affez jufte & affez exact [d]. L'hiftoire nous en a confervé un exemple célebre au fujet de cette fameufe éclipfe qui fépara les armées des Médes & des Lydiens au moment qu'elles en étoient aux mains. Thalès avoit prédit cette éclipfe [e], & l'on a déja vû que ce philofophe étoit redevable de toutes fes connoiffances aftronomiques aux Egyptiens. Ils avoient encore foupçonné que les comètes étoient des aftres qui avoient

---

[a] Weidler , Hift. Aftron. c. 4. n. 12. p. 58
[b] Diod. l. 1. p. 59. 91. 92. ═ Strabo, l. 17. p. 1171.
[c] Diog. Laert. Prœm. fegm. 11.
[d] Diod. l. 1. p. 59.
[e] Hérod. l. 1. n. 74.

des retours périodiques [a]. Ils étoient auſſi parvenus à conſtruire
des tables aſtronomiques, par le moyen deſquelles ils marquoient
aſſez exaĉtement les révolutions des planètes, leurs mouvemens
direĉts, ſtationnaires & rétrogrades [b]. J'ai déja rendu compte de
pluſieurs de ces connoiſſances aſtronomiques dans la premiere
Partie de cet ouvrage, en traitant de la découverte des planètes.

On dit encore que les Egyptiens s'étoient apperçus que le
Soleil étoit le centre des mouvemens de Mercure & de Vénus, &
que dans certaines poſitions ces deux planètes paſſoient quelquefois au deſſus du Soleil, & quelquefois au deſſous [c]. On doit
regarder cette importante découverte, comme une preuve de
l'ancienneté des obſervations faites ſur les planètes. Mais il me
paroit certain que les Egyptiens n'avoient pas encore acquis cette
connoiſſance des mouvemens de Mercure & de Vénus, dans les
tems que nous parcourons préſentement. Nous n'en trouvons
aucune trace dans les auteurs les plus anciens. Vitruve eſt le
premier qui en ait parlé, & il eſt bien ſingulier que Ptolémée,
poſtérieur à Vitruve, paroiſſe avoir abſolument ignoré cette découverte. Car ſi ce grand aſtronome en eût été inſtruit, il n'eût
pas vraiſemblablement imaginé le ſyſtême qu'il nous a laiſſé.

Il y a bien de l'apparence que le ſyſtême qui fait tourner la ter-
comme une planète autour du Soleil, n'a pas été abſolument inconnu aux Egyptiens, même dès les tems que nous parcourons
dans cette troiſiéme Partie. On ſçait que quelques philoſophes
Grecs, & particuliérement les diſciples de Pythagore, ont entrevu, d'une maniere, à la vérité très-obſcure & très-informe,
que notre terre & les planètes tournoient, & autour d'un centre commun, & ſur elles-mêmes tout-à-la-fois [d]. Difficilement
expliqueroit-on ce qu'ils entendoient par ce double mouvement
qu'ils donnoient aux planètes [e]. Ils n'avoient pas des idées bien
nettes du mouvement de la terre ſur ſon axe, ni du parti
qu'on en pouvoit tirer pour expliquer la révolution diurne [f].

---

[a] Diod. l. 1. p. 92.
Il y a bien de l'apparence que Pythagore
avoit puiſé en Egypte le ſyſtéme que ſes diſ-
ciples débitoient ſur les comètes. Voyez
Ariſt. Métereol. l. 1. c. 6. *init.* Plut. de
Placit. philoſ. l. 3. c. 2. *init.*

[b] Diod. l. 1. p. 59. 91. 92.

[c] Macrob. in ſomn. Scip. l. 1. c. 19. p.
92. 93. ══ Voyez auſſi Vitruv. l. 9. c. 4. ══
Mart. Capella de nupt. Philol. & Merc. l. 8.

[d] Voyez les Mém. de l'Acad. des Inſcript,
t. 9. M. p. 2 & 3.

[e] Ibid. p. 6.

[f] Voyez Plut. de Placit. Philoſ. l. 3. c.
13. Achill. Tat. Iſag. c. 10.

Leur fyftême étoit extrêmement confus, & très-mal développé [a]. La maniere dont ils expliquoient, par le mouvement de
rotation de la terre, les mouvemens apparens des aftres & du
ciel, préfente contradictions fur contradictions [b]. Quoi qu'il en
foit, néanmoins c'eft aux Egyptiens qu'il faut rapporter ces premieres idées ; c'eft en Egypte, comme on fçait, que les plus
grands génies de la Grece avoient été puifer les connoiffances
dont ils ont enrichi leur patrie. Je le répete, on ne conçoit
pas, d'après ce fait, que Ptolémée, qui avoit paffé fes jours en
Egypte, ou l'ait ignoré, ou du moins n'y ait eû aucun égard.
Il eft vrai que le fyftême de ce grand aftronome fuit, en quelque forte de plus près le rapport des fens. Il fuffit à des aftronomes qui n'obfervent que les apparences céleftes. Mais il n'é-
toit pas difficile, en rectifiant les idées des Pythagoriciens, d'é-
tablir des notions bien plus fimples, bien plus conformes aux
loix de la nature, & par cette raifon même, plus convenables
à des philofophes. Copernic a bien fçû montrer le parti qu'on
pouvoit tirer de pareilles découvertes. Mais c'eft que du tems de
Copernic on étoit déja infiniment plus éclairé, que dans le fiécle
où vivoit Ptolémée. D'ailleurs toutes les notions, dont je viens
de rendre compte, étoient plutôt des conjectures & des idées
jettées au hafard, que des découvertes fondées fur le raifonnement & l'expérience [c]. C'eft peut-être même la raifon pour laquelle Ptolémée, quoiqu'en ayant pû être inftruit, n'y aura pas
eû d'égard. Ces réflexions, au furplus, font étrangeres à notre
fujet. Revenons aux Egyptiens ; parlons des idées que ces peuples paroiffent avoir eû fur la matiere dont font compofées les
étoiles fixes & les planètes.

Ils difoient que les étoiles étoient de feu [d], & ils appelloient
la Lune une terre éthérée [e]. Je regarde auffi les Egyptiens comme les premiers auteurs de la pluralité des mondes. Orphée eft
le plus ancien écrivain qui ait débité cette opinion chez les
Grecs [f]. Proclus nous a confervé des vers, dans lefquels on voit

a Voyez les Mém. de l'Acad. des Infcript.
t. 9. M. p. 2, 3 & 6.
  b Ibid. p. 3.
  c Voyez *infrà* ce que nous difons fur ces
prétendues connoiffances des anciens philofophes, art 4.

d Diogen. Laert. prœm. fegm. 11.
e Procl. in Tim. l. 1. p. 45.
f Plut. de Placit. Philof. l. 2. c. 13.
Eufeb. præparat. Evang. l. 15. c. 30.
Stob. l. 1. Eclog. phyfic. p. 54. lin. 24.

que l'auteur des Orphiques mettoit des montagnes, des hommes
& des villes bien bâties dans la lune [a]. Il eſt très-certain auſſi
que les Pythagoriciens enſeignoient, d'après Orphée, que chaque planète étoit un monde qui renfermoit une terre, un air
& un éther [b]. Il y a bien de l'apparence que ces philoſophes
mettoient dans ces mondes tout ce qui peut être dans le nôtre,
puiſqu'ils les croyoient entiérement ſemblables. C'eſt, au ſurplus, des Egyptiens qu'Orphée & les Pythagoriciens tenoient
ces opinions ſingulieres. Car l'on n'ignore pas qu'Orphée & Pythagore étoient redevables à l'Egypte de toutes leurs connoiſſances [c]. Auſſi n'ai-je pas héſité à rapporter ce ſyſtéme aux anciens Egyptiens.

Je finis ce qui concerne l'hiſtoire de l'Aſtronomie chez ces
peuples, par quelques réflexions ſur la poſition des pyramides
du Caire. On voulut s'aſſurer dans le dernier ſiécle de la varia-
tion, ou de l'invariabilité des pôles de la terre & des méridiens. Il étoit néceſſaire, pour cet effet, de comparer avec nos
obſervations celles des anciens aſtronomes, & de connoître exactement la longitude & la latitude des lieux qu'ils avoient habité [d].
D'un côté, M. Picard alla en 1671 vérifier les obſervations faites par Ticho-Brahé dans l'iſle d'Huene [e], & de l'autre M. de
Chazelles fut en 1694, meſurer les pyramides d'Egypte. Je ne
dirai rien à ce moment des opérations de M. Picard, pour porter toute mon attention ſur celles de M. de Chazelles. Ayant
meſuré les pyramides, il trouva que les quatre côtés de la plus
grande répondoient préciſément aux quatre points cardinaux de
l'horiſon. Une pareille poſition, qui ſemble avoir été affectée
& préméditée, ſuppoſe néceſſairement des connoiſſances aſtronomiques. Mais je penſe qu'on a porté trop loin l'idée ſous
laquelle on préſente ordinairement cette opération des Egyp-

---

[a] In Tim. l. 4. p. 283.

On peut douter que les poéſies, citées autrefois ſous le nom d'Orphée, fuſſent réellement de ce fameux philoſophe. Il eſt certain néanmoins que ces poéſies étoient ex-
trèmement anciennes. On les regardoit comme telles dès le tems de Platon. In Cratyl.
p. 276. E. = Voyez auſſi Jamblic. de vita
Pythag. c. 34. p. 196

[b] Flut. Stob. locis cit.

[c] Diod. l. 1. p. 107.

[d] Acad. des Scienc. ann. 1710. Hiſt. p.
149.

[e] Ibid.

L'iſle d'Huene ou de Véen eſt dans le détroit du Sund, à l'entrée de la mer Baltique.
C'eſt là que Ticho fit bâtir en 1576, ce fameux obſervatoire qu'il appella *Uranibourg*,
ou *Ville du ciel.*

tiens. On s'eft efforcé d'en relever le mérite par la comparaifon qu'on en a faite avec la méridienne tracée à Uranibourg par Ticho-Brahé. M. Picard fut fort étonné, lorfqu'il examina cette méridienne, de la trouver différente, en longitude, d'environ 18 minutes de la pofition que Ticho lui avoit affignée [a]. Ticho cependant nous avertit qu'il l'avoit déterminée avec foin (1). Le fait eft d'autant plus croyable, qu'il s'agiffoit d'un terme fixe où fe rapportoient toutes fes obfervations. Plus adroits, ou du moins plus heureux que ce grand aftronome, les Egyptiens, a-t-on dit, ont réuffi à orienter leurs pyramides avec une exactitude qui caufe toujours un nouvel étonnement; étonnement d'autant mieux fondé, que ces peuples étoient, au moins en apparence, dépourvus des lumieres & des fecours néceffaires pour une pareille opération [b]. Quoi qu'il en foit, l'opération des aftronomes Egyptiens ne peut, en aucune maniere, être comparée avec celle de Ticho. Il eft en effet, & fans contredit, infiniment plus aifé d'orienter un édifice tel que les pyramides fur-tout, que de déterminer précifément la longitude d'un lieu quelconque. Pour l'un, il ne faut que fçavoir tracer une méridienne; mais pour l'autre, il faut employer des obfervations réïtérées, & d'une efpece qui demande beaucoup d'étude, de fçavoir, d'expérience & de précifion.

Si je penfe, au furplus, qu'on a trop fait valoir l'orientation des pyramides, je crois cependant qu'il feroit injufte de ne pas accorder aux Egyptiens des connoiffances affez étendues en aftronomie. C'eft néanmoins ce que plufieurs écrivains de mérite ont crû devoir leur refufer [c]. Ils fe fondent fur le peu de progrès que ces peuples, à ce qu'ils prétendent, avoient fait en Géométrie. J'avoue que fi ce fait étoit bien prouvé, nous ne pourrions pas concevoir une grande idée des aftronomes d'Egypte. Mais ce foupçon de leur peu de capacité en Géométrie n'eft fondé que fur des conjectures; & ces conjectures mêmes ne naiffent que d'inductions tirées des découvertes géométriques dont les Grecs fe vantoient d'être les auteurs. Lorfque nous trai-

---

[a] Acadêm. des Scienc. anc. Mém. t. 7. p. 206.

(1) Ticho marque expreffément que c'é-toit pour la feconde fois qu'il avoit pris fes angles d'obfervation avec foin, & après avoir vérifié la ligne méridienne. Ibid. t. 7. p. 202.

[b] Acad. des Sciences. ann. 1710. Hift. p. 149.

[c] Voyez Weidler, Hift. Aftron. p. 64.

terons l'article de la Géométrie chez les Egyptiens, nous efpé-
rons montrer le peu de folidité de cette opinion. Nous y pro-
duirons, en faveur de ces peuples, des témoignages plus certains & plus authentiques que tous les récits des Grecs, contre lefquels il eft à propos fouvent de fe tenir en garde.

ARTICLE III.

Des Grecs.

CE QUE j'ai dit fur l'état des fciences chez les Grecs, dans
les Livres précédens, n'a pas dû nous faire prendre une
haute idée de la capacité de ces peuples. L'époque que nous
parcourons préfentement, ne leur fera guères plus favorable.
Plutarque a remarqué, il eft vrai, que vers le tems d'Héfiode
les fciences commencerent à fe débrouiller dans la Grece [a]. Mais
les progrès qu'elles firent, furent encore bien lents. On peut
affurer que, jufqu'au tems de Thalès, c'eft-à-dire, jufqu'à l'an
600 avant J. C. les Grecs n'avoient que de très-foibles notions
des principes fondamentaux de l'Aftronomie & de la Géométrie [b]. Ils ne profiterent même que très-médiocrement des découvertes dont Thalès & Anaximandre, fon difciple, leur firent part. On en pourra juger par les faits que je vais expofer.

La détermination de la durée de l'année eft le but principal
auquel on a toujours rapporté les obfervations fur le mouvement
des aftres. J'ai rendu compte, dans la feconde Partie de cet
ouvrage, des efforts que les Grecs avoient faits pour y parvenir. On y a vû que ces peuples ne fçûrent, pendant bien des
fiécles, qu'ajouter fix jours aux 354, dont originairement leur
année étoit compfoée [c]. C'eft ainfi qu'elle étoit réglée du tems
de Solon, & long-tems encore après [d]. Ces années étoient
formées de douze mois lunaires qu'on fuppofoit de 30 jours
chacun. Ce qui montre que les Grecs fe régloient plutôt fur la

---

[a] T. 2. p. 744.
[b] Voyez Eudem. *apud* Diog. Laert. l. 1.
fegm. 23. === Apuleius, florid. l. 4. p.

[c] L. III. c. 3. art. 2. §. 2.
[d] Voyez Marsh. p. 610. 611.

cours de la Lune que ſur celui du Soleil. Par ce calcul, la forme qu'ils avoient donnée à leur année n'étoit, ni lunaire, ni ſolaire [a].

On ſent aſſez quels déſordres devoit occaſionner un pareil calendrier. Auſſi les Grecs étoient-ils obligés, à chaque inſtant, d'y faire des corrections, ſoit pour les mois, ſoit pour les années. Tantôt ils retranchoient du mois, un jour, & tantôt deux [b]. Il arrivoit d'ailleurs qu'après un certain tems leurs 12 mois lunaires ne répondoient pas aux quatre ſaiſons de l'année. Alors les Grecs en ajoutoient un treiziéme; mais il ſe trouvoit auſſi des circonſtances où ils étoient forcés d'omettre ce mois intercalaire [(1)]. Il falloit donc imaginer ſans ceſſe de nouveaux expédiens.

C'eſt au peu de progrès, que l'Aſtronomie avoit fait dans la Grece, qu'on doit attribuer cette quantité de Périodes différentes, dont j'ai rendu compte dans la ſeconde Partie de cet ouvrage. La religion leur avoit donné naiſſance en grande partie. La plûpart de ces Cycles n'avoient été inventés que dans la vûe de faire tomber la célébration des fêtes au tems preſcrit par les oracles. Mais on peut dire de ces périodes, qu'elles ne donnent pas une idée plus avantageuſe des peuples qui les avoient imaginées, que les fêtes pour leſquelles elles avoient été inſtituées.

Il eſt bien étonnant que les Grecs aient été tant de ſiécles ſans reconnoître les imperfections de leur calendrier, & les embarras dans leſquels la méthode qu'ils ſuivoient, les jettoit. On convient que Thalès a eû connoiſſance de l'année de 365 jours [c]. Poſtérieurement à ce philoſophe, Platon & Eudoxe apprirent en Egypte que le Soleil emploie à ſa révolution, non-ſeulement 365 jours, mais encore près de 6 heures [d]. Néanmoins, du tems de Démétrius de Phalère, l'année des Grecs

---

[a] Voyez Marsh. p. 611.

[b] Cicero *in* Verrem. act. 2. l. 2. n. 52. t. 4. p. 244.

[(1)] On voit que du tems d'Hérodote les Grecs étoient dans l'uſage d'ajouter, après deux années complettes, c'eſt-à-dire, chaque troiſiéme année commencée, un treiziéme mois. l. 2. n. 4.

Mais comme, par cette méthode, leurs années devenoient trop longues d'un mois au bout de 8 ans, ils omettoient chaque huitiéme année un mois intercalaire. Cenſorin. c. 18.

[c] Diog. Laert. l. 1. ſegm. 27.

[d] Strabo, l. 17. p. 1160. 1161.

n'étoit encore que de 360 jours [a]. Il y avoit cependant déja
bien du tems, comme on vient de le voir, qu'ils avoient été
à portée d'en régler la durée, d'une maniere beaucoup plus ana-
logue à celle de la révolution du Soleil. On ne conçoit point
par quels motifs les Grecs se sont obstinés si long-tems à garder une forme d'année aussi vicieuse que celle dont nous venons
de parler. C'est le jugement qu'en ont porté leurs écrivains les
plus sensés. Hérodote, en parlant de l'année des Egyptiens,
n'a pas pû s'empêcher de remarquer que leur méthode étoit beaucoup plus sage que celle des Grecs [b]. Aussi voyons-nous que
les meilleurs astronomes de la Grece, tels que Cléostrate, Harpalus, Nauteles, Mnésistrate, Dosithée, Eudoxe, Méton,
Callipus, &c. furent obligés de changer plusieurs fois la maniere
d'intercaler, & d'inventer successivement différentes périodes
pour mieux accorder leurs mois avec le cours de la Lune, &
leurs années avec celui du Soleil [c].

La maniere dont les Grecs comptoient & énonçoient les
quantiémes de leurs mois, ne me paroît pas moins singuliere
ni moins bisarre que la forme de leur calendrier.

Les Grecs partageoient le mois en trois parties, chacune de
dix jours. La premiere dixaine s'appelloit la dixaine du *mois commençant* ('). La seconde dixaine, celle du *mois qui est au milieu* (²), & la troisiéme celle du *mois finissant* (³). La premiere
dixaine se comptoit de suite; ainsi on disoit le premier, le second, le troisiéme, &c. du mois commençant. Mais comme
les Grecs ne comptoient jamais le quantiéme au dessus de dix,
quand ils vouloient, par exemple, exprimer le 16, ils disoient
le second sixiéme; c'est-à-dire le sixiéme jour de la seconde dixaine. Il en étoit de même pour la troisiéme dixaine : au lieu
de dire le 24 supposé, ils disoient le troisiéme, quatriéme. Telle
étoit encore la maniere de compter des Grecs du tems d'Hé-
siode [d].

Solon apporta quelque changement dans la maniere d'exprimer les jours de la troisiéme dixaine du mois. Il introduisit l'u-

---

[a] Plin. l. 34. sect. 12. === Varro *apud*
Nonium.
Démétrius de Phalère fleurissoit vers l'an
300 avant J. C.
[b] L. 2, n. 4.

[c] Voyez Marsh. p. 614 & suiv.
(') Μηνὸς ἱσαμένε.
(²) Μηνὸς μεσόντος.
(³) Μηνὸς φθίνοντος.
[d] Dies. v. 814. & suiv.

IIIe. Partie.
Dep. l'établ. de la Royauté chez les Hébreux, jusqu'à leur retour de la captivité.

sage de compter depuis le vingtiéme jour jusqu'au trentiéme ; non par addition, mais par soustraction, en diminuant toujours selon le décours de la Lune. Ainsi, au lieu de dire le troisiéme premier, c'est-à-dire le vingt-uniéme, il voulut qu'on dît le dixiéme du *mois finissant* ; le neuviéme du *mois finissant* pour le 22, & ainsi des autres [a]. Quelquefois même on supprimoit l'expression du *mois finissant*, quand on comptoit plusieurs jours de suite, parce qu'alors il étoit impossible de se méprendre [b]. Il n'est pas facile de concevoir que des peuples, dont nous sommes ordinairement portés à juger d'une façon très-favorable, aient pû suivre une maniere de compter si peu naturelle, ou pour mieux dire, si extravagante. La réforme introduite par Solon, étoit encore plus défectueuse que l'usage auquel on la substituoit.

Il n'y a pas jusqu'au nom que les Grecs donnoient au dernier jour de leur mois qui ne se ressente de cette bisarrerie. Ils régloient leurs mois par le cours de la Lune ; conséquemment ces mois étoient alternativement *pleins* de 30 jours, & *caves* de 29. Le vingt-neuviéme jour du mois cave n'étoit cependant point énoncé sous le nom de vingt-neuviéme jour, il portoit celui de trentiéme, ou de *triacade*, tout de même que le dernier jour des mois pleins [c]. Thalès fut le premier auteur de cet usage [d].

Il doit paroître encore bien singulier que les Grecs, qui tenoient des Orientaux une grande partie des connoissances élémentaires de l'Astronomie, n'aient pas suivi l'usage où étoient ces peuples, de tems immémorial, de partager la semaine en sept jours [e]. On vient de voir que les Grecs divisoient leurs mois en trois décades ou dixaines, auxquelles ils donnoient le nom de mois commençant, de mois du milieu, & de mois finissant. Telle étoit aussi la forme de leurs semaines. Ce n'a été que bien des siécles après ceux dont il s'agit présentement, qu'ils se conformerent à la pratique des peuples de l'Orient, & partagerent la semaine en sept jours [f].

[a] Plut. in Solone. p. 92. C.
[b] Id. Ibid.
[c] Gémin. c. 6. p. 68. = Schol. Hésiod. Dies. p. 166, &c. Edit. Hienf.
[d] Diog. Laert. l. 1. segm. 24.
[e] Voyez la prem. Part. L. III. chap. 2. art. 2.
[f] Dio Cassius, Hist. Rom. l. 37. p. 42.

A parler en général, les Grecs n'avoient encore sur l'Astronomie, dans les siécles que nous parcourons, que des notions extrêmement bornées. Il est constant qu'alors ils ne connoissoient qu'un très-petit nombre de constellations [a]. Il en étoit de même à l'égard des planètes. Leurs connoissances, sur cet article, se réduisoient à *Vénus*. C'est la seule planète dont il soit question dans Homere & dans Héstode. On dira peut-être que le silence de ces deux poëtes sur Mars, Jupiter, &c, ne prouve point que ces planètes fussent inconnues de leur tems dans la Grece. On pourroit admettre cette réponse, si nous n'étions pas instruits d'ailleurs de l'ignorance des Grecs sur ce sujet. Mais c'est un fait dont il n'est pas permis de douter. Démocrite, au rapport de Séneque, soupçonnoit qu'il y avoit plusieurs étoiles errantes, mais il n'avoit pas osé en déterminer le nombre ni les noms; car, ajoute Séneque, les Grecs ne sçavoient point encore qu'il y eût cinq planètes [b]. Ce fut Eudoxe qui, le premier apporta d'Egypte en Gréce la connoissance de ces astres [c]. Il est donc certain que, jusqu'au tems de ce philosophe, c'est-à-dire, jusqu'à l'an 400 environ avant Jesus-Christ, les Grecs resterent dans la plus profonde ignorance sur la nature & le mouvement des corps célestes. On en jugera encore mieux par les idées qu'ils s'étoient formées sur *Vénus*.

L'éclat, dont brille cette planète, avoit frappé les Grecs, mais ses mouvemens avoient jetté ce peuple dans une erreur bien grossiere. On sçait que Vénus se montre alternativement avant le lever du soleil & après le coucher de cet astre, selon qu'elle est plus occidentale ou plus orientale que le Soleil. Les Grecs n'imaginerent pas qu'une même étoile pût se montrer sous deux aspects si opposés. Ils crurent devoir les attribuer à deux astres différens. Conséquemment à cette idée, Vénus reçut chez ces peuples deux noms qui, caractérisant ses deux situations opposées, montrent que réellement les Grecs, d'une seule planète en avoient fait deux. Ainsi, lorsque Vénus paroissoit avant le lever du Soleil, ils la nommoient *Eosphoros*, c'est-à-dire, l'astre précurseur de l'aurore. Ils l'appelloient au contraire *Esperos*, l'astre du soir, lorsqu'elle ne se montroit qu'après le coucher du Soleil. Vénus n'est jamais désignée que sous ces

[a] Voyez la seconde Part. L. III. chap. 3. art. 2. §. 2. === [b] Nat. Quæst. l. 7. chap. 3. === [c] Id. Ibid.

deux noms dans Homere & dans Héſiode ; & c'eſt, pour le dire en paſſant, une preuve aſſez marquée que les Grecs ne ſe ſont aviſés que fort tard de déſigner les planètes par les noms des Divinités qu'ils adoroient.

Appollodore prétend que Pythagore fut le premier qui fit connoître à ces peuples que Vénus du matin & Vénus du ſoir n'étoient qu'une ſeule & même planète [a]. Mais, ſelon quelques autres écrivains, cette connoiſſance ſeroit encore plus récente dans la Gréce. Ils en font honneur à Parménide [b], poſtérieur d'environ une cinquantaine d'années au philoſophe de Samos.

Il regne, au ſurplus, la même incertitude ſur l'hiſtoire de toutes les découvertes aſtronomiques faites dans la Gréce. On n'en peut point marquer les époques avec préciſion. Les anciens, par exemple, ſont partagés ſur le tems auquel les Grecs connurent l'obliquité de l'écliptique. Les uns attribuent cette découverte à Pythagore [c], les autres à Anaximandre ſon diſciple [d]. Il y en a même qui veulent qu'Oenopides de Chio s'en ſoit apperçu le premier [e]. Ce qui me paroît de plus vraiſemblable dans cette queſtion, c'eſt qu'Anaximandre aura montré le premier aux Grecs de combien de dégrés le zodiaque étoit incliné à l'équateur. La maniere dont Pline s'eſt exprimé, en parlant de la découverte attribuée à ce philoſophe, ſemble favoriſer l'explication que je propoſe [f]. Peut-être auſſi qu'avant Anaximandre, les ſçavans faiſoient un myſtère de cette connoiſſance. Ce philoſophe la divulgua, & donna, par ce moyen, à chacun la facilité de s'appliquer avec quelque ſuccès à l'Aſtronomie. C'eſt encore un ſentiment auquel les expreſſions de Pline peuvent donner quelque crédit [g].

Ce n'eſt point, au reſte, la ſeule decouverte aſtronomique dont l'antiquité ait crû devoir faire honneur à Anaximandre. Il trouva, dit-on, le premier l'art d'exprimer les converſions du

---

[a] *apud* Stob. Eclog. Phyſ. l. 1. p. 55. = Plin. l. 2. ſect. 6. p. 75. = Diog. Laert. l. 8. ſegm. 14.

[b] Phavorin. *apud* Diog. Laert. l. 9. ſegm. 23.

[c] Plut. t. 2. p. 888. C. = Autor libri de Hiſt. Philoſ. *apud* Galen. t. 2. c. 12. p. 35.

[d] Plin. l. 2. ſect. 6.

[e] Diod. l. 1. p. 110. = Plut. *loco cit.* = Eudemus apud Fabric. B. Gr. t. 2. p. 278.

On croit Oenopidès poſtérieur de quelques années à Anaxagore, dont le tems eſt aſſez connu par ſon diſciple Périclès.

[f] *Obliquitatem ejus intellexiſſe*, loco cit.

[g] *Rerum fores aperuiſſe*, loco cit.

Soleil,

Soleil, & l'égalité des jours & des nuits ; c'eſt-à-dire, que parmi les Grecs il eut la gloire de connoître le premier les équinoxes & les ſolſtices, & de réduire à des principes fixes, la variété réguliere des ſaiſons [a]. Thalès, ſon maître, avoit déterminé le coucher des Pléïades au 25ᵉᵐᵉ. jour après l'équinoxe d'automne ; Anaximandre le marqua au vingt-neuviéme, ou même au trente-uniéme [b]. De toutes les découvertes dont ce philoſophe enrichit l'Aſtronomie Grecque, celle des cadrans ſolaires eſt ſans doute une des plus belles & des plus importantes. Il en fit l'épreuve à Lacédémone [c]. J'oublios de dire qu'Anaximandre paſſoit, au rapport de Pline, pour le premier des Grecs qui eût entrepris de conſtruire une ſphère artificielle [d].

L'hiſtoire des découvertes attribuées à ce philoſophe nous fournit, au ſurplus, des preuves bien ſenſibles du peu de progrès que l'Aſtronomie phyſique avoit fait dans la Gréce. Que penſer des idées que les aſtronomes de ce pays ſe formoient alors ſur la grandeur des corps céleſtes ? Anaximandre ne croyoit pas que le Soleil fût plus grand que le Péloponéſe [e].

Je n'inſiſterai pas davantage ſur les connoiſſances que les Grecs pouvoient avoir de l'Aſtronomie, aux ſiécles qui terminent cette troiſiéme Partie de notre ouvrage. Je crois en avoir aſſez dit, pour qu'on ſoit en état de les apprécier. Je ne laiſſerai cependant pas d'en toucher encore quelques mots, & même de deſ-

---

[a] Acad. des Inſcript. t. 10. p. 23. 24.
[b] Weidler, Hiſt. Aſtron. p. 76.
[c] Diog. Laert. l. 2. ſegm. 1.
Saumaiſe a prétendu que l'inſtrument dont Diogene-Laerce attribue l'invention à Anaximandre, devoit être fort inférieur à un cadran ſolaire. A l'en croire, cette machine ne ſervoit qu'à marquer exactement les points des ſolſtices & des équinoxes, les méridiens & les ſaiſons. L'uſage de cet inſtrument, ajoute Saumaiſe, ne pouvoit pas s'étendre juſqu'à tracer la route que tient le Soleil, depuis le moment où il ſe leve juſqu'à celui où il ſe couche. Mais Saumaiſe, plus recommandable par l'étendue de ſon érudition, que par la juſteſſe de ſa critique, aſſigne, contre ſa propre intention, à l'inſtrument inventé par Anaximandre, des propriétés infiniment ſupérieures à celles d'un ſimple cadran ſolaire.

Au ſurplus Hérodote dit poſitivement que les Grecs avoient appris des Babyloniens l'uſage des horloges & la diviſion du jour en 12 parties égales. l. 2. n. 109. Hérodote n'écrivoit qu'environ 100 ans après Anaximandre. Il ne parle point de cette connoiſſance comme d'une nouveauté établie depuis peu de tems dans la Gréce. L'autorité de ce grand hiſtorien me porteroit donc à croire qu'Anaximandre ne fût pas, à proprement parler, l'inventeur des cadrans ſolaires chez les Grecs ; c'étoit des Babyloniens qu'ils en avoient appris l'uſage. Mais ce philoſophe aura perfectionné ſans doute la conſtruction des cadrans ſolaires, & mérité par-là d'en être regardé en quelque ſorte comme l'inventeur.

[d] L. 7. ſect. 56. p. 416.
[e] Plut. de Placit. philoſ. l. 2. c. 20. Diog. Laert. l. 2. ſegm. 1.

cendre à des tems affez modernes dans l'article fuivant ; où je vais faire l'examen & la comparaifon des progrès que les anciens peuples avoient fait en Aftronomie.

ARTICLE IV.

Réflexions fur l'Aftronomie des Babyloniens, des Egyptiens & des Grecs.

ON NE COMPTOIT, au rapport de Pline, que trois peuples dans l'antiquité, qui fe fûffent rendus célebres par leurs progrès dans l'Aftronomie. Les Chaldéens, les Egyptiens & les Grecs [a]. Nous avons rendu compte de tout ce que les anciens ont pû nous fournir fur les connoiffances aftronomiques des Babyloniens & des Egyptiens. Ces découvertes appartiennent aux fiécles renfermés dans notre ouvrage. Depuis cette époque, il n'y a rien qu'on puiffe attribuer directement à ces peuples. J'ai déja eû occafion, plus d'une fois, d'en faire fentir les raifons. Nous fommes donc en état de juger des connoiffances & des découvertes des Egyptiens & des Babyloniens en Aftronomie.

Il n'en eft pas tout-à-fait de même des Grecs. Les fciences en général, n'avoient encore fait, dans les fiécles qui terminent cette troifiéme & derniere Partie de notre ouvrage, que des progrès très-médiocres chez ces peuples. On ne peut donc point juger de l'étendue de leurs connoiffances en Aftronomie par tout ce que j'ai eû occafion d'en dire jufqu'à préfent. Mais pour faciliter la comparaifon des divers progrès de cette fcience chez les différens peuples de l'antiquité, j'ai crû devoir anticiper les tems; j'indiquerai donc en peu de mots l'époque à laquelle l'Aftronomie a pû commencer à mériter le nòm de fcience dans la Gréce. Parlons d'abord des Chaldéens.

Quoique les Grecs aient été peu foigneux d'approfondir l'hiftoire des peuples de l'Orient, ils n'ont cependant pas négligé de s'inftruire des découvertes faites autrefois dans ces contrées,

[a] L. 18. fect. 57. p. 129.

Leurs écrivains en difent affez pour nous mettre en état de prononcer fur le rang que les Chaldéens doivent tenir parmi les
aftronomes. On a vû, par les détails dans lefquels je fuis entré
à l'article de ces peuples, qu'ils devoient avoir des connoiffances
affez étendues des mouvemens céleftes. Leurs obfervations aftronomiques étoient les plus anciennes qu'on connût dans l'antiquité [a]. Quand Hipparque & Ptolémée, qui vivoient en Egypte , entreprirent de réformer l'Aftronomie , ils ne trouverent
point dans les mémoires des Egyptiens, d'obfervations compa-
rables pour l'ancienneté à celle des Babyloniens [b]. Difons enfin
que les meilleurs écrivains de la Gréce font convenus que leur
nation avoit beaucoup emprunté des Chaldéens. Ces peuples
partagent avec les Egyptiens l'honneur d'avoir enfeigné aux Grecs
les premiers principes de l'Aftronomie [c].

Il eft vrai que les Egyptiens paroiffent avoir eû la préférence
pour l'exactitude, & pour ce qu'on peut appeller réellement la
fcience aftronomique. On eft même porté, affez communément,
à regarder les Chaldéens, plutôt comme des aftrologues, que
comme des aftronomes. Nous ne prétendons pas diffimuler qu'à
bien des égards ils méritent effectivement ce reproche. Mais il
faut en même tems faire attention que les Chaldéens n'ont pas
été les feuls entêtés des chimeres de l'Aftrologie. Il n'eft aucun
peuple de l'antiquité qui n'y ait donné. Les Egyptiens n'en ont
pas été plus exempts que les autres [d]. D'ailleurs nous avons déja
obfervé que l'Aftrologie avoit dû rendre de très-grands fervices
à l'Aftronomie [e]. L'étude de cette fcience frivole & ridicule ne
feroit donc pas, à cet égard, un reproche à faire aux Chaldéens.

Ne doit-on pas attribuer plutôt à la partialité & aux préjugés
des Grecs, la prééminence dont les Egyptiens font en poffeffion fur toutes les nations de l'antiquité ? Nous tenons des Grecs
tout ce que nous pouvons fçavoir de l'état des fciences chez

---

[a] Symplic. in l. 1. Ariftot. de cœlo. fol.
27. In l. 2. fol. 117. *verfo*. ═ Syncell. p.
207. C. ═ Marsh. p. 474.

[b] Marsham, *loco cit*.

[c] Voyez Herod. l. 2. n. 109. ═ Strab.
l. 17. p. 1161. ═ Theon, *ad Arati prognoft*.
p. 80. ═ Syncell. p. 207. C.

[d] Hérod. l. 2. n. 81. ═ Diod. l. 1. p.
91. 92. ═ Cicero de Divin. l. 1. n. 1. t. 3.
p. 4. ═ Plut. Conviv. fap. p. 149. A.

[e] Prem. Part. L. III. c. 11. art. 2. p. 215.
Je me repens amérement, difoit Kepler,
d'avoir tant décrié l'Aftrologie. Je remarque
qu'on a beaucoup négligé l'étude de l'Aftronomie du moment qu'on a ceffé de s'appliquer à l'Aftrologie.

les anciens peuples. La plûpart des grands établiffemens de la Gréce avoient été formés par des colonies forties d'Egypte. Les Grecs, inftruits d'abord à l'école des Egyptiens, les ont regardés par un effet naturel, comme les inventeurs de toutes les fciences. Ils ont cherché enfuite à faire valoir cette opinion; & c'eft fur ce ton qu'en ont parlé prefque tous leurs écrivains. Mais cette préférence n'a eû d'autre caufe, ni d'autre fondement, que la haute eftime dont les Grecs étoient pénétrés pour une nation de qui ils tenoient prefque toutes leurs connoiffances. Ces mêmes Grecs, au contraire, n'ont connu que très-tard les peuples de la haute Afie. Riches alors de leurs propres fonds, ils n'avoient prefque plus rien à emprunter des étrangers. Ils n'eft donc pas furprenant que leurs hiftoriens aient négligé de faire valoir les découvertes des Chaldéens. Ils n'y prenoient pas le même intérêt qu'à celles des Egyptiens.

Ce que nous venons de dire, n'eft pas pour contefter aux Egyptiens le mérite d'avoir fait plufieurs découvertes en Aftronomie. Bien éloignés d'une pareille façon de penfer, nous n'avons rien oublié pour rendre à ces peuples toute la juftice qui leur eft dûe. Mais il ne faut pas que le mauvais exemple des Grecs nous entraîne & nous en impofe. Prenons garde de trop élever les Egyptiens aux dépens des Chaldéens. Je ne penfe pas que les uns fûffent beaucoup plus fçavans que les autres (¹).

A l'égard des Grecs, on ne peut nier qu'ils n'aient fait de grands progrès en Aftronomie, mais ces progrès ont été bien lents. Je doute même que, fans les fecours réitérés des Egyptiens & des Babyloniens, cette fcience fe fût jamais élevée dans la Gréce au deffus des pratiques les plus ordinaires & les plus bornées ᵃ. Ceux des philofophes Grecs qui ont commencé à faire connoître à leur nation les principes & les regles de l'Aftronomie, les avoient été puifer dans l'Egypte & dans la Chaldée. Si Thalès a prédit une éclipfe, ce n'a point été le fruit de fes propres découvertes, ni celui des travaux des aftronomes Grecs qui l'avoient précédé. Il n'avoit nul fecours à en efpérer. Thalès n'aura certainement prédit cette éclipfe que par le moyen

(¹) Autant que j'en puis juger, les Chaldéens & les Egyptiens n'étoient guéres plus inftruits en Aftronomie que les Péruviens, les Méxicains & les Chinois.

ᵃ Voyez Strab. l. 17. p. 1161.

de quelque méthode, de quelque formule qu'il avoit apprife des Egyptiens [a].

Hérodote eſt le plus ancien auteur qui ait parlé de cette éclipſe prédite par Thalès. On peut conjecturer que c'eſt d'une éclipſe de ſoleil arrivée dans le tems que les Médes & les Lydiens en étoient aux mains, qu'il a entendu parler. Je dis conjecturer, car la maniere dont Hérodote parle de ce phénomène, eſt aſſurément des plus ſingulieres. Il dit que, dans le tems où les deux armées en étoient aux mains, la nuit prit ſubitement la place du jour [b]. Thalès, ajoute-t il, avoit prédit cet événement aux Ioniens, & leur avoit marqué à peu près l'année dans laquelle devoit *s'opérer ce changement de jour en nuit :* ce ſont ſes termes [c]. On peut en inférer que, du tems d'Hérodote, les Grecs ne comprenoient & n'entendoient encore rien aux éclipſes. On voit même qu'il n'y avoit pas alors dans la langue Grecque de terme pour déſigner ces phénomènes. Hérodote s'en ſeroit certainement ſervi, & n'auroit pas eû recours à une périphraſe pour déſigner l'éclipſe qui ſépara les Médes & les Lydiens.

Il paroît conſtant, par l'aveu de toute l'antiquité, qu'avant le voyage de Platon & d'Eudoxe en Egypte, les Grecs n'avoient nulle idée de ce qu'on peut appeller la ſcience aſtronomique. Ils ignoroient la véritable durée de l'année ſolaire [d], ne connoiſſoient point les planètes [e], n'avoient aucune idée des éclipſes, & ne concevoient, en un mot, que d'une maniere fort confuſe, les révolutions & les mouvemens des corps céleſtes. Juſqu'au tems d'Alexandre, ces peuples n'avoient fait aucune découverte comparable à celle des Egyptiens & des Babyloniens. Les Grecs excelloient alors dans les beaux Arts, leurs loix étoient aſſez ſages ; mais ils ne s'étoient guéres appliqués

[a] Voyez Weidler, Hiſt. Aſtron. p. 71. On peut très-bien comparer les connoiſſances que Thalès, & les autres philoſophes Grecs de ſon tems, avoient de l'Aſtronomie, à celles qu'en ont encore aujourd'hui les Brames Indiens. Les Brames ont les tables des anciens aſtronomes pour calculer les éclipſes, & ils ſçavent s'en ſervir. Mais quoiqu'ils connoiſſent l'uſage de ces tables, & que, par ce moyen, ils prédiſent des éclipſes, on n'en doit pas conclure qu'ils ſoient fort habiles en Aſtronomie. Toute leur ſcience conſiſte dans une pure méchanique & dans quelques opérations d'Arithmétique. Ils ignorent abſolument la théorie de l'Aſtronomie, & n'ont nulle connoiſſance des rapports & de la liaiſon que les différentes parties de cette ſcience ont entre elles. Lettr. édif. t. 10. p. 36 & 37.

[b] L. 1. n. 74.

[c] Id. Ibid.

[d] Strabo, l. 17. p. 1161.

[e] Voyez *ſuprà.* p. 111.

aux fciences fpéculatives, telles que l'Aftronomie, la Géométrie, la Phyfique, &c.

L'événement qui, après la mort d'Alexandre, plaça les Ptolomées fur le trône d'Egypte, fit faire, en moins d'un fiécle,
plus de progrès aux Grecs dans l'Aftronomie, qu'ils n'en avoient
fait jufqu'alors, en près de deux mille ans. A portée plus que
jamais de profiter des lumieres & des découvertes des Egyptiens, ils ne tarderent pas à en tirer le parti le plus avantageux.
La Gréce victorieufe, enrichie des dépouilles de l'Egypte vain-
cue, effaça bientôt fes maîtres. Mais ne fommes-nous pas autorifés à rapporter en quelque forte aux Egyptiens la plûpart
des découvertes dont les Grecs ont fait honneur à leurs philofophes? Il eft certain, en effet, que les plus fameux aftronomes
dont la Gréce fe glorifie, Ariftille, Thimocharès, Hipparque,
Ptolémée, &c, font fortis de l'école d'Alexandrie. Ce font eux
qui ont commencé à donner aux Grecs quelques connoiffances
du mouvement propre des étoiles fixes [a]. Hipparque fut le premier qui entreprit de dreffer un catalogue de ces aftres [b]. On
peut juger, d'après ces faits, de l'état où étoit encore l'aftronomie dans la Gréce avant les Ptolomées; c'eft-à-dire, deux
cents ans environ avant J. C. Donnera-t-on le nom de fcience
aux foibles notions que les Grecs avoient eues jufqu'alors des
phénomènes céleftes?

Nous finirons ce qui concerne l'état de l'Aftronomie chez les
anciens peuples, par quelques réflexions fur les difficultés dont
l'étude de cette fcience étoit accompagnée dans les tems reculés. Les inftrumens dont on fe fervoit, ne pouvoient qu'être
extrêmement défectueux & imparfaits. Les anciens aftronomes
n'avoient point l'ufage des pendules, fi commodes, ou pour
mieux dire, fi néceffaires pour les obfervations. Ils ne connoiffoient pas non plus les lunettes. Les logarithmes, qui nous
épargnent aujourd'hui tant de multiplications & de divifions,

---

[a] Voyez Weidler, Hift. Aftron. p. 124.
[b] Plin. l. 2. fect. 24.
Le jugement que Pline porte de cette entreprife d'Hipparque, m'a toujours parû fingulier. Voici les termes dont il fe fert pour
la caractérifer: *Idemque (Hipparchus) aufus
rem, etiam Deo improbam, annumerare pof-
teris, ftellas, & fidera ad nomen expun-
gere.*

Cependant, fans un pareil catalogue, on
ne conçoit pas comment il peut exifter une
fcience qui mérite véritablement le nom
d'Aftronomie.

leur étoient également inconnus. Dans quels travaux & dans quels énormes calculs les problêmes d'Astronomie ne devoient-ils pas engager autrefois les observateurs? Les caracteres arithmétiques étoient encore un surcroît de peines & d'embarras. On n'avoit pas l'usage des chiffres arabes, si commodes pour toutes les opérations qui se font sur les nombres. Autrefois les opérations arithmétiques ne s'exécutoient que par le moyen de petites pierres qu'on arrangeoit sur une table faite exprès (¹); & pour écrire les résultats de ces calculs, les anciens n'avoient d'autres signes numériques, que les lettres de leur alphabet. Pour déterminer les éclipses avec de pareils moyens, le procédé étoit plus long & plus difficile, que si l'on entreprenoit aujourd'hui de les calculer avec des jettons, & d'en écrire le résultat en chiffres romains.

J'avois presque oublié de faire une observation, que je crois cependant essentielle dans l'examen des connoissances astronomiques des anciens peuples. Quelques philosophes de l'antiquité paroissent, au premier coup d'œil, avoir entrevu quelques-unes des vérités brillantes, dont les siécles modernes se glorifient. Certains auteurs ont crû en conséquence pouvoir avancer que les anciens en sçavoient beaucoup plus qu'on ne seroit naturellement porté à le croire. Mais quand on réfléchit attentivement à ces prétendues découvertes, on sent bientôt que tout ce qu'on lit sur ce sujet dans les écrits des anciens, doit être regardé comme de pures idées avancées au hazard, sans connoissance, sans principes, & sans aucune espece de fondement. Si quelques anciens, par exemple, ont dit que la terre étoit un sphéroïde applati par les pôles, qu'elle tournoit autour du Soleil; que les comètes étoient des planètes dont la révolution périodique s'achevoit dans un certain nombre de siécles; que la Lune pouvoit être habitable; que cette planète étoit la cause occasionnelle du flux & du reflux de la mer ª, &c : on ne doit pas regarder ces propositions, dans leur bouche, comme l'effet & le résultat des connoissances que ces philosophes avoient acquises. Il faut au contraire les mettre au rang de ces hypothèses qu'une imagination incertaine & peu réglée enfante journelle-

---

(¹) Voyez l'épigramme du second Livre de l'Anthologie qui commence par ces mots: Καλλιγενης αγροικος.

ª Voyez *suprà.* art. 1 & 2. p. 94 & 95.

ment. Je le dis, fur ce qu'aucun des philofophes anciens ne pouvoit rendre raifon de ce qu'il débitoit. Il eft aifé de s'en convaincre, en lifant la maniere dont les écrivains de l'antiquité rapportent les opinions de leurs fçavans. On y voit que les anciens n'avoient aucune raifon prépondérante pour adopter un fyftême plutôt qu'un autre. Ils n'ont jamais été en état d'en donner la plus légere démonftration ᵃ. Je ne prétends pas, au refte, en faire un reproche aux anciens. Ils manquoient de tous les fecours propres à fe procurer de pareilles connoiffances. Si néanmoins ils ont quelquefois rencontré la vérité, on doit l'attribuer au pur hafard, & fentir, que dans l'incertitude où ils flottoient, ayant parcouru toutes les combinaifons poffibles, il n'eft pas étonnant qu'ils aient pû rencontrer la véritable, parce que le nombre de ces fortes de combinaifons n'eft pas infini. C'eft à cet égard que confifte la différence caractériftique entre les connoiffances aftronomiques des anciens, & celles des modernes. Ce que nous difons aujourd'hui fur la figure de la terre, fur le fyftême célefte, fur la caufe du flux & du reflux de la mer, &c, n'eft point l'effet du hafard & de l'imagination, c'eft le réfultat de quantité d'obfervations, d'expériences, de réflexions, & chaque aftronome eft en état de rendre raifon du fyftême qu'il a crû devoir embraffer.

ᵃ Voyez fuprà Art. 2, p. 94 & 95.

CHAPITRE

CHAPITRE III.

Géométrie & Méchanique.

J'AI RÉSERVÉ pour cette derniere Partie le peu de détails dans lefquels je compte entrer fur l'état de la Géométrie & de la Méchanique chez les Babyloniens & chez les Egyptiens. On ne doit pas s'attendre à trouver ici de grands éclairciffemens fur les découvertes de ces peuples, dans les différentes Parties qui compofent ces deux fciences. Tous les monumens littéraires des anciennes nations de l'Orient font abolis (¹). Aucun de leurs écrivains n'a échappé à l'injure des tems. Ceux mêmes de la Gréce, les feuls qui pourroient nous inftruire aujourd'hui des fciences cultivées par les Babyloniens & par les Egyptiens, ne fourniffent que très-peu de lumieres fur cet objet. Je ne crois pas, néanmoins, que nous foyons abfolument hors d'état d'apprécier en général les connoiffances que les Babyloniens & les Egyptiens pouvoient avoir des fciences mathématiques. On peut, par des conjectures & des inductions tirées de ce que l'hiftoire nous a tranfmis fur les monumens de la Chaldée & de l'Egypte, fe former une idée fort approchante, des progrès que les Mathématiques avoient faits dans ces contrées.

(¹) A l'exception de ceux des Chinois, qui font extrêmement confus, fabriqués dans des fiécles affez modernes, & qui ne fourniffent aucun détail certain fur les premiers tems. Voyez à la fin de ce volume notre Differtation fur les antiquités des Egyptiens, des Babyloniens, des Chinois, &c.

IIIᵉ. Partie.
Dep. l'établ. de la
Royauté chez les
Hébreux, jufqu'à
leur retour de la
captivité.

ARTICLE PREMIER.

Des Babyloniens.

IL EST certain que les Babyloniens ont cultivé des premiers la Géométrie. Je crois en avoir rapporté des témoignages fuffifans dans la premiere Partie de cet ouvrage [a]. Ce qu'on lit dans les auteurs anciens fur les travaux immenfes qui avoient rendu Babylone une des merveilles du monde, doit nous donner de grandes idées du progrès de fes habitans dans la Méchanique; & il n'eft pas poffible de porter la Méchanique à un certain dégré de perfection fans le fecours de la Géométrie. Cette fcience doit donc avoir été familiere aux Babyloniens. Pour s'en convaincre, je vais rapeller quelques-uns des ouvrages exécutés par ces peuples. J'en ai déja parlé dans le Livre précédent. Mais il en eft, fur lefquels j'avois paffé légérement, à deffein d'en traiter ici avec plus de détail, ces ouvrages ayant un rapport direct avec les Mathématiques.

La Babylonie, dans les fiécles dont je parle préfentement, jouiffoit d'une très-grande fertilité. C'étoit à l'art néanmoins, plutôt qu'à la nature, qu'elle étoit redevable de cet avantage. Il ne pleut que très-rarement dans ces contrées, & les terres n'y font arrofées que par l'Euphrate [b]. Ce fleuve faifoit autrefois payer bien chérement fes faveurs. Les neiges des montagnes d'Arménie, qui fondent toujours aux approches de l'été, ne manquent jamais de faire fortir l'Euphrate de fon lit. Ces crûes violentes mettoient, dans les premiers tems, tout le terrein de Babylone fous l'eau pendant les mois de Juin, Juillet & Août [c]. Pour remédier à ces inondations, on tira, au deffus de cette ville, deux canaux qui conduifoient dans le Tigre les eaux débordées, avant qu'elles fûffent parvenues à Babylone [d]. Afin de

---

[a] L. III. Chap. 2. p. 246.
[b] Arrian. de Expedit. Alex. l. 7. p. 454.
[c] Strabo, l. 16. p. 1075. ═══ Plin. l. 5. fect. 21. p. 269.
[d] Id. Ibid. ═══ Hérod. l. 1. n. 185. ═══ Megafthen. ex Abyden, *apud* Eufeb. præp.

Evang. l. 9. c. 41. p. 457.
Le principal de ces canaux femble avoir été le *Naharmalcha*, nommé par les Grecs Βασιλέως Ποταμός, le *Fleuve Royal*. Voyez Strab. l. 16. p. 1084. not. (2).
Ce canal, dont les anciens parlent com-

mettre le pays encore plus en sûreté, on songea aux moyens de contenir l'Euphrate dans son lit. Pour cet effet on construisit, des deux côtés de ce fleuve, des levées très-hautes & très-étendues. Elles étoient revêtues de briques cimentées avec du bitume [a]. On porta même la précaution encore plus loin. L'Euphrate pouvoit venir à s'enfler si considérablement, qu'il surmontât ses digues. Dans la vûe de prévenir ce désordre, on avoit ménagé, le long des levées, des ouvertures capables de donner à l'eau un écoulement libre & nécessaire [b].

L'Euphrate traversoit Babylone du Nord au Midi. On avoit construit sur ce fleuve un pont dont j'ai donné la description dans le livre précédent. On avoit fait plus, si on en croit Diodore. Cet historien prétend qu'on avoit conduit sous le lit de l'Euphrate une gallerie secrette, haute de plus de 20 pieds, & large de 15. Elle servoit de communication aux deux palais bâtis, vis-à-vis l'un de l'autre, sur les rives opposées de l'Euphrate [c].

Ces ouvrages n'avoient pû s'exécuter qu'en détournant préalablement le cours de l'Euphrate. On y étoit parvenu en faisant à ce fleuve, non-seulement plusieurs saignées, mais aussi en creusant au dessus de Babylone un bassin immense pour recevoir une partie de ses eaux. Lorsque tous les travaux qu'on avoit entrepris furent achevés, on fit rentrer l'Euphrate dans son lit ordinaire; mais on laissa subsister le bassin dont je viens de parler. Il étoit entiérement revêtu de pierres, & communiquoit avec le fleuve par un canal [d]. Ce vaste réservoir étoit destiné à deux usages; à recevoir une grande partie des eaux que l'Euphrate, dans le tems des inondations, répandoit hors de son lit, & à les conserver. Car, au moyen de plusieurs écluses, on en tiroit la quantité d'eau qu'on jugeoit nécessaire pour arroser les terres dans les saisons convenables (¹). Le lac de Baby-

---

me d'un ouvrage immense, peut à peine aujourd'hui être distingué des autres canaux dont tout ce pays est entrecoupé.

[a] Hérod. l. 1. n. 185. == Q. Curt. l. 5. c. 1. p. 313.

[b] Q. Curt. *loco cit.*

On voit de pareilles ouvertures sur la levée de la Loire. On les nomme des *déchargeoirs.*

[c] L. 2. p. 121.

[d] Hérod. l. 1. n. 193. == Strabo, l. 16. p. 1075. == Arrian. de Expedit. Alex. l. 7. p. 454.

(¹) C'est ce qu'on peut conjecturer du récit d'Hérodote, l. 1. n. 186. == Voyez aussi Arrian. de Expedit. Alex. l. 7. p. 454. == Megasthen. *apud* Euseb. præp. Evang. l. 9. cap. 41. p. 457. C.

lone servoit, en un mot, aux mêmes usages que le lac Mœris en Egypte. On ne peut point, au suplus, en fixer les dimensions. Ce qu'on lit à cet égard dans les anciens, est de beaucoup exagéré, & même ils ne s'accordent point (¹).

Les travaux des Babyloniens, pour l'amélioration de leur pays, ne s'étoient pas bornés à cette seule entreprise. Ils avoient ménagé encore quantité d'autres canaux, & trouvé le secret de faire répandre l'Euphrate dans leurs campagnes, de la même maniere que le Nil se répandoit autrefois en Egypte [a]. On s'étoit même proposé, en creusant ces canaux, plusieurs avantages, indépendamment de ceux que je viens d'indiquer. On avoit d'abord cherché à diminuer l'impétuosité de l'Euphrate, en faisant faire à ce fleuve plusieurs détours : & en second lieu de rendre l'abord de Babylone assez difficile par eau [b].

Toutes ces entreprises ne nous permettent pas de douter que les sciences exactes ne fussent assez cultivées chez les Babyloniens. Des peuples assez habiles pour niveler, conduire & contenir un fleuve tel que l'Euphrate, devoient avoir fait quelques progrès en Méchanique & en Géométrie. Joignons-y ce que j'ai dit de leurs découvertes astronomiques. Après ces réflexions, il sera, je crois, difficile de refuser aux Babyloniens une connoissance assez étendue des Mathématiques.

(¹) Hérodote, Mégasthène & Diodore sont les seuls qui aient parlé de l'étendue & de la profondeur du lac de Babylone. A l'égard d'Hérodote, le texte de cet auteur est, à ce que je pense, tout à la fois lacuné & interpolé dans le passage dont il est ici question. Quant à Mégasthène & à Diodore, l'un donne au lac de Babylone plus de 50 lieues de circonférence, sur environ 120 pieds de profondeur; l'autre, en adoptant les mêmes mesures, pour la circonférence, ne donne que 35 pieds de profondeur à ce lac.

[a] Hérod. l. 1. n. 193. === Strabo, l. 16. p. 1075. === Arrian. de Expedit. Alex. l. 7. p. 454.

[b] Hérod. loco cit.

ARTICLE II.

Des Egyptiens.

POUR DONNER quelque idée des connoiffances que les Egyptiens avoient de la Méchanique & de la Géométrie, j'employerai la même méthode dont je viens de faire ufage à l'égard des Babyloniens. On ne peut prefque plus aujourd'hui juger des progrès que ces peuples avoient fait dans les Mathématiques, que par leurs entreprifes & par leurs monumens. Mais ces témoignages, comme je l'ai dit, fuppléent abondamment à ce que nous avons pû perdre des écrits de l'antiquité. Il fuffit d'y faire quelque attention pour s'en convaincre. J'ai rendu compte, dans les livres précédens, des travaux que les Egyptiens avoient entrepris & exécutés pour fertilifer leur pays, & tirer du Nil le parti le plus avantageux qu'il étoit poffible [a]. J'ai parlé auffi de leurs obélifques, & fur-tout des Pyramides. On peut fe rappeller les détails dans lefquels je fuis entré fur la conftruction de ces grands ouvrages [b]. Ces entreprifes peuvent, à ce que je crois, être citées comme une preuve des moins équivoques du progrès que les Egyptiens avoient fait dans les Mathématiques. Je ne parle point de leurs découvertes aftronomiques. On fent affez l'induction que j'en pourrois tirer.

On a voulu cependant contefter à ces peuples le mérite d'avoir fait des progrès un peu confidérables en Géométrie. Quelques écrivains modernes fe font même fervis de cette raifon pour faire entendre que les connoiffances aftronomiques des Egyptiens ne pouvoient être que fort médiocres [c]. Mais quel a été le motif d'une accufation fi injufte & fi peu fondée ? Ce font les découvertes géométriques dont l'antiquité a fait honneur à Thalès & à Pythagore [d]. Thalès, dit-on, a découvert le premier que le triangle, qui a le diamètre d'un cercle pour bafe, & dont les côtés

---

[a] Voyez la feconde Part. L. II. ch. 1.
[b] Voyez la feconde Part. L. II. & *Suprà* L. II. ch. 2. p. 60. & fuiv.
[c] Weidler, Hift. Aftron. p. 64. n. 21.

=== Hift. Univerf. traduite de l'Anglois, t. I. p. 395. 397.
[d] Id. Ibid.

fe rencontrent dans fa circonférence, eft néceffairement rectangle [a]. Il trouva auffi le fecret de mefurer les pyramides par l'ombre du Soleil [b]. Pythagore, difent les mêmes auteurs, démontra le premier que le quarré de l'hypoténufe eft égal à la fomme des deux autres côtés [c]. Si ces propofitions qui, toutes fimples qu'elles font, ne laiffent pas néanmoins d'être très-effentielles & très-importantes, étoient ignorées des Egyptiens : que doit-on penfer, concluent les critiques dont je parle, des connoiffances que ces peuples avoient en Géométrie [d] ?

Je l'avoue, je fuis encore à concevoir comment on a pû interpréter, au défavantage des Egyptiens, les faits qu'on vient de lire. Ils me paroiffent, au contraire, prouver que la Géométrie a été redevable à ces peuples des découvertes en queftion. N'eft-il pas certain, en effet, par le témoignage unanime de l'antiquité, que Thalès & Pythagore avoient puifé chez les Egyptiens toutes leurs connoiffances? Ces deux philofophes avoient demeuré en Egypte un grand nombre d'années [e] ; ils avoient eû des liaifons d'amitié avec les prêtres de ce pays. Pythagore s'étoit même fait initier [f], & avoit acheté ce privilege par la circoncifion qu'il lui fallut fubir [g]. La maniere dont Diogéne-Laerce s'exprime à l'égard de Thalès particuliérement, ne permet pas de douter que tout ce que ce philofophe fçavoit de Mathématiques, il le devoit aux Egyptiens. L'hiftorien que je cite, dit en termes exprès que Thalès n'avoit point eû d'autres maîtres pour les fciences que les prêtres d'Égypte [h], & il nomme fpécialement la Géométrie [i]. Il me paroît donc démontré que Thalès & Pythagore tenoient des Egyptiens la connoiffance des théorêmes géométriques dont nous venons de parler. Si les écrivains de la Gréce & de Rome ont repréfenté ces deux philofophes comme les premiers qui en aient fait la découverte, il ne faut pas que leurs expreffions nous en impo-

[a] Diog. Laert. l. 5. fegm. 27.
[b] Id. Ibid. === Plin. l. 36. fect. 17. Plut. t. 2. p. 147.
[c] Diog. Laert. l. 3. fegm. 12. & *complures alii.*
[d] Weidler, Hift. Aftron. p. 64. Les auteurs de l'Hift. Univerf. compofée en Angleterre, t. 1. p. 396 & 397.
[e] Plato. === Plut. t. 2. p. 875. E. === Jamblich. de vita Pythag. fegm. 7. 8. === Minut. Felix. p. 111. === Clem. Alex. Strom. l. 1. p. 354.
[f] Jamblich. de vita Pythag. fegm. 14.
[g] Clem. Alex. Strom. l. 1. p. 354.
[h] L. 1. fegm. 27.
[i] Ibid, fegm. 24.

fent. Elles veulent dire feulement que Thalès & Pythagore furent les premiers qui les publierent dans la Gréce; mais l'honneur en eft inconteftablement dû aux Egyptiens.

Enfin, comment fe perfuader que des peuples capables d'é-
lever des monumens, tels que l'Egypte en préfente encore aujourd'hui, n'aient été guidés que par une fimple pratique def-
tituée des principes & des fecours de la Géométrie. N'eft-il
pas évident, au contraire, qu'ils avoient fçû appliquer les Mathématiques aux différens befoins de la vie civile? Comment
auroient-ils pû, fans le fecours de la Géométrie, niveler prefque tout le continent de l'Egypte, tirer du Nil cette multitude
de canaux dont leurs terres étoient autrefois arrofées, tailler
dans les montagnes, ces obélifques & ces ftatues coloffales,
dont le nombre étoit, dit-on, fi confidérable, les tranfporter
& les dreffer fur leurs bafes? Je le répete, la Géométrie devoit diriger ces grandes opérations, & les Egyptiens joignoient
certainement la théorie à la pratique. Sans de pareilles connoiffances, on ne peut porter la Méchanique à un certain dégré de
perfection (1).

Je crois au furplus qu'il ne fera pas hors de propos de faire remarquer la partie des fciences mathématiques, dans laquelle les
anciens ont été perfuadés que chaque peuple avoit particuliérement
excellé. C'eft ce qu'on reconnoît facilement par l'efpece
de fcience que les anciens ont affignée par préférence à une
nation. Ils regardoient les Chaldéens comme les inventeurs de
l'Aftronomie; les Phéniciens, de l'Arithmétique; les Egyptiens,
de la Géométrie, & en général des Mathématiques [a]. En conféquence, les anciens étoient perfuadés que chacun de ces peu-

---

(1) On pourra peut-être m'objecter ce que j'ai dit ci-deffus, L. II. c. 2. p. 69. not. (1), au fujet des Péruviens, qui, fans aucune connoiffance de la Méchanique, ont exécuté des ouvrages, au moins auffi confidérables que ceux des Egyptiens. A cela je réponds que cet exemple ne conclut pas abfolument contre les Egyptiens. En effet, indépendamment de leurs édifices, l'hiftoire nous apprend que les plus anciens géomètres de la Gréce avoient été puifer en Egypte les premiers principes de leur fcience.

On pourroit encore m'oppofer, & peut-être avec plus de raifon, l'exemple des Chinois, qui, lorfque les Européens les ont connu, n'avoient pas les premiers élémens de la Géométrie, quoiqu'ils étudiaffent l'Aftronomie depuis fort long-tems. Mais je répondrai toujours que ces exemples ne doivent point conclure contre les Egyptiens, puifque les hiftoriens Grecs les reconnoiffent pour les inventeurs de la Géométrie.

[a] Jambl. de vita Pythag. c. 29. p. 134 & 135. = Porphyr. Ibid. p. 8 & 9. = Julian. apud Cyrill. l. 5.

ples avoit porté la partie des fciences mathématiques, dont je viens de parler, à un plus haut dégré de perfection que les autres. Cette façon de penfer fe remarque très-fenfiblement, lorfqu'on lit la vie de Pythagore, écrite par Porphyre. Il dit que ce philofophe apprit l'Aftronomie des Chaldéens, l'Arithmétique des Phéniciens, & la Géométrie des Egyptiens [a]. Ce choix n'eft point fait au hafard. Il nous attefte la façon de penfer des anciens fur l'efpece de fcience dans laquelle chaque peuple paffoit pour avoir excellé particuliérement.

Je finis cet examen du progrès des anciens peuples dans les fciences exactes, par une réflexion fur la différence caractériftique du génie des Grecs & des nations de l'Orient. Les Affyriens, les Babyloniens, les Phéniciens & les Egyptiens n'ont dû qu'à eux-mêmes les découvertes qu'ils ont faites dans les fciences. Ces peuples n'étoient guères dans l'ufage de voyager. On ne voit point non plus que ce foit par des colonies venues de pays étrangers, qu'ils fe foient policés. Il n'en a pas été ainfi des Grecs; malgré leur orgueil & leur prévention, ils n'ont pû s'empêcher de reconnoître qu'ils devoient toutes leurs connoiffances aux Egyptiens, aux Chaldéens & aux Phéniciens. La Gréce, de l'aveu de fes meilleurs écrivains, n'a eû d'autre mérite que celui d'avoir perfectionné les découvertes dont l'Afie & l'Egypte lui avoient fait part [b]. Les Grecs &, par une conféquence naturelle, les Romains devoient donc toutes leurs lumieres à ces mêmes peuples que, par la fuite, ils ont eû l'ingratitude, pour ne pas dire l'infolence, de traiter de barbares.

[a] In vita Pythag. p. 8 & 9. === [b] Diod. l. 5. p. 376.

ARTICLE

ARTICLE III.

Des Grecs.

JE N'ENTRERAI dans aucun détail fur l'état où devoit être la Géométrie chez les Grecs, aux fiécles qui nous occupent préfentement. Je ne pourrois le faire qu'en répétant ce que je viens de dire dans l'article précédent fur les découvertes attribuées à Thalès & à Pythagore. Ces deux philofophes, en effet, ont été regardés dans l'antiquité comme les premiers qui aient donné aux Grecs quelques notions de Géométrie. On peut donc juger des progrès de cette fcience dans la Gréce, par les découvertes dont l'antiquité a fait honneur à Thalès & à Pythagore.

Il en a été, au furplus, des Sciences chez les Grecs comme des Arts. Entre les différens peuples compris fous le nom général de Grecs, ceux qui habitoient dans l'Afie ont été les premiers chez lefquels les fciences exactes aient commencé à fe perfectionner. Thalès étoit d'Ionie. On voit auffi que c'eft dans les différentes contrées de l'Afie Mineure qu'ont paru les premiers & les plus illuftres écrivains qui aient mérité l'attention de la poftérité. Je l'ai déja dit, la Gréce Européenne s'eft policée beaucoup plus tard que la Gréce Afiatique. C'eft un fait dont il feroit fuperflu de rapporter des preuves.

CHAPITRE IV.

Géographie.

J'AI PARLÉ, dans la feconde Partie de cet ouvrage, des progrès que les conquêtes de Séfoftris avoient fait faire à la Géographie [a]. On y a vû que ce Prince avoit fait dreffer des cartes de tous les pays qu'il avoit parcourus, & qu'il avoit eû foin d'en faire répandre des copies dans plufieurs contrées [b]. J'ai rendu compte enfuite des entreprifes maritimes des Phéniciens, du voyage des Argonautes dans la Colchide, de l'expédition des Grecs devant Troie, & de quelques autres faits qui auront certainement beaucoup contribué aux progrès de la Géographie [c].

Il paroît que cette fcience a toujours continué, pendant un certain tems, de s'enrichir de plus en plus. Les fiécles que nous parcourons préfentement étoient, proportion gardée, fort éclairés en Géographie. Nous voyons par les écrits d'Homere, qu'à l'exception des Indes & de quelques Parties feptentrionales de l'Europe, ce poëte connoiffoit prefque tous les pays dont parlent les anciens géographes [d]. Il femble même n'avoir pas ignoré que la terre étoit environnée d'eau de toutes parts [e]. Cette opinion n'étoit fans doute fondée, en grande partie, que fur des conjectures. On fçavoit de plufieurs voyageurs, que s'étant avancés vers différentes extrêmités du Globe, ils avoient toujours remarqué qu'elles aboútiffoient à une mer. On en avoit conclu, avec toute l'apparence poffible, qu'il en devoit être de même de tous les autres côtés (¹). Je conviendrai encore qu'Homere n'a parlé de l'Océan que d'une maniere très-obfcure, fouvent même contradictoire & ridicule. On entrevoit néan-

---

[a] L. III. chap. 2. art. 3.
[b] Ibid.
[c] Voyez Ibid. L. IV.
[d] Voyez Strab. l. 1. *init.*
[e] Voyez Iliad. l. 18. v. 606. 607.
(¹) Strabon ne pouvoit lui-même affurer que la terre fût environnée d'eau, que de cette maniere , c'eft-à-dire, par de fortes conjectures appuyées de plufieurs relations qui donnoient à cette opinion une efpece d'évidence.

moins, à travers tous ces nuages, que de fon tems on croyoit notre globe exactement entouré d'eau.

On pourroit encore foupçonner que ce poëte a eû quelques idées, quelques notions confufes de la température des climats fitués fous l'Equateur. La defcription qu'il fait des arbres fruitiers des jardins d'Alcinoüs, me donne lieu de propofer cette conjecture. Homere dit que ces arbres ne font jamais fans fruit; que dans les tems que les premiers mûriffent, il s'en forme de nouveaux. La poire prête à cueillir, en fait voir une qui ne fait que de naître. La grenade & l'orange, déja mûres, en laiffent appercevoir d'autres qui font prêtes à le devenir. La grappe eft pouffée par une autre grappe, & la figue tombante fait place à une autre qui la fuit [a]. Cette peinture convient parfaitement à la maniere dont les arbres fruitiers produifent fous l'Equateur. Eft-ce une fiction purement poétique, ou feroit-elle fondée fur la connoiffance qu'Homere auroit eû de la réalité du fait qu'il avance? Je ferois affez porté pour ce dernier fentiment.

On a pû avoir quelques idées de la température des climats fitués fous l'Equateur, avant le fiécle au quel Homere a compofé l'Odyffée. J'ai dit, dans la feconde Partie de cet ouvrage, que les Phéniciens avoient formé des établiffemens fur la côte occidentale d'Afrique, peu de tems après la guerre de Troie [b]. Ces peuples étoient très-hardis & fort entreprenans. Rien n'empêche de croire que quelques-uns de leurs navigateurs auront pû pénétrer jufques fous la Ligne. Ce feroit ainfi que, même avant le fiécle d'Homere, on auroit pû avoir connoiffance des climats fitués fous l'équateur. Il eft facile encore d'en indiquer une autre fource.

L'Ecriture parle des fréquens voyages que faifoient les flottes de Salomon dans la terre d'Ophir & de Tharfis, fous la conduite des Phéniciens [c]. On eft aujourd'hui fort partagé fur la fituation des pays que l'antiquité défignoit par ces noms. Il n'eft guères poffible, en effet, de s'en affurer démonftrativement. Tout ce que l'on fçait de pofitif, c'eft que ces contrées devoient être affez éloignées d'Elath & d'Afiongaber, ports de la mer Rouge, d'où partoient les flottes de Salomon. Elles mettoient

[a] Odyff. l. 7. v. 117, &c.
[b] L. IV. Chap. 2.
[c] 3. Reg. cap. 9. ⍟. 26. cap. 10. ⍟. 11. 22.

R ij

trois ans à faire leur voyage. On fçait encore qu'elles en reve-
noient chargées d'or & d'argent, de gommes, de réfine, de
bois odoriférans, de pierres précieufes, de dents d'éléphans,
& même de finges & de paons [a]. Toutes ces circonftances me
portent à préfumer qu'on doit chercher Ophir & Tharfis dans
l'Afrique. Je me rangerai donc à l'opinion de ceux qui placent
ces contrées dans le Royaume de Sofala, fur la côte orientale
d'Ethiopie. On y trouve toutes les différentes productions dont
je viens de parler. Il paroît, au furplus, que cette navigation
devoit être familiere aux Phéniciens, dès avant le tems de Salomon [b]. On n'ignore pas que, pour fe rendre de la mer Rouge
à Sofala, il faut paffer la ligne. Ainfi Homere, poftérieur à
Salomon d'une centaine d'années environ, aura fort bien pû
être informé de la température des climats fitués fous l'équateur.

De tous les faits dont j'ai parlé jufqu'à préfent, il n'y en a
point de plus remarquable que l'entreprife maritime exécutée
par les ordres de Néchos, roi d'Egypte, environ l'an 610 avant
J. C. Ce Prince fit partir, des bords de la mer Rouge, une
flotte conduite par des Phéniciens, avec ordre de fuivre toujours
les côtes d'Afrique, d'en faire le tour, & de revenir en Egypte, en rentrant dans la Méditerrannée par les colonnes d'Hercule ; c'eft-à-dire, par le détroit de Cadix ou de Gibraltar. Il
fut obéi. Les Phéniciens, au fortir de la mer Rouge, entrerent
dans l'océan méridional, & fuivirent conftamment les côtes.
Quand l'automne fut venu, ils prirent terre, femerent du bled
dans l'endroit où ils fe trouvoient, attendirent qu'il fût mûr,
& la récolte faite, fe rembarquerent. Ces navigateurs employerent deux années, en côtoyant ainfi l'Afrique, pour arriver aux
colonnes d'Hercule. Parvenus à ce détroit, ils le franchirent,
entrerent dans la Méditerrannée, & fe rendirent à l'embouchure
du Nil la troifiéme année de leur courfe [c].

L'hiftoire ne nous fournit point, quant à ce moment, d'autres
faits dont nous puiffions faire ufage par rapport à la Géographie.
Confidérons maintenant l'état de cette fcience dans fa partie mathématique, & cherchons à découvrir les progrès qu'on pouvoit y
avoir faits dans les fiécles qui terminent cette derniere Partie de
notre ouvrage.

[a] 3. Reg. c. 10. ℣. 11. 22. ═ [b] Ibid. c. 9. ℣. 27. ═ [c] Hérod. l. 4. n. 42.

Je crois que ce qui conſtitue l'eſſence & la partie ſcientifi-
que de la Géographie, étoit alors aſſez peu connu. Je doute
qu'on eût ſçu encore y appliquer convenablement les lumieres
que peuvent & doivent fournir l'Aſtronomie & la Géométrie.
On connoiſſoit, d'après les relations des voyageurs, pluſieurs
contrées ; mais on ne jugeoit de leurs poſitions & de leurs dif-
tances reſpectives, que d'une maniere très-vague & très-incer-
taine. On n'étoit nullement en état de les déterminer avec quelque ſorte de préciſion. Les idées mêmes qu'on avoit de la figure de la terre, ne ſe reſſentoient que trop de l'ignorance de
ces ſiécles peu éclairés dans la partie mathématique de la Géographie. Du tems d'Homere, on regardoit notre globe comme une
ſurface platte, environnée de tous côtés d'un courant d'eau [a].
J'ai déja dit plus d'une fois que ce poëte avoit probablement
paſſé ſa vie dans différentes contrées de l'Aſie Mineure. On ne
peut nier que, pour ſon tems, il ne fût très-inſtruit. Ses idées
ſur la figure de la terre pourroient donc bien avoir été celles
qu'on ſuivoit alors chez les peuples de ces contrées. Cette erreur même n'étoit pas encore bien détruite du tems d'Hérodote. Il ſe mocquoit des auteurs qui, décrivant le circuit de la
terre, la repréſentoient ronde, comme ſi on l'avoit, dit - il,
tournée ſur le tour. Ce ſont ſes termes [b].

A l'égard des Grecs d'Europe, nous ne voyons pas qu'avant
Anaximandre perſonne eût oſé, parmi eux, tenter de perfectionner la Géographie à l'aide de l'Aſtronomie & de la Géométrie. Le Diſciple de Thalès paſſoit, en effet, pour le premier
des Grecs qui eût trouvé l'art de dreſſer des cartes [c]. Mais que
penſer de ces productions géographiques, s'il eſt vrai, ainſi qu'on
l'aſſure, qu'Anaximandre ſe figurât la terre faite comme un
cylindre [d]. Pythagore paſſoit pour avoir imaginé le premier de
partager le globe terreſtre en cinq zones à l'imitation du globe
céleſte [e].

Quoi qu'il en ſoit, l'ignorance des Grecs d'Europe en Géo-

---

[a] Iliad. l. 18. v. 606. 607. ⹀ Gemin.
c. 13. p. 54. ⹀ Macrob. in ſomn. Scip.
l. 2. c. 9. p. 151.
[b] L. 4. n. 36.
[c] Strabo, l. 1. p. 13.

[d] Plut. t. 2. p. 895. D.
    Anaximéne, Leucippe & Démocrite
n'avoient pas des idées plus raiſonnables de
la figure du globe terreſtre. *Ibid.*
[e] Plut. Ibid. p. 896. B.

graphie a été, à tous égards, extrême pendant bien des siécles. Ils ne paroissent pas même avoir eû connoissance des découvertes faites dans les anciens voyages dont j'ai parlé ci-dessus. Elles n'avoient pas été absolument inconnues à Homere. Je crois avoir montré qu'il en existoit des traces assez sensibles dans ses poëmes; mais ces notions ne percerent & ne prirent crédit que fort tard chez les Grecs d'Europe. La partie historique de la Géographie étoit beaucoup plus défectueuse chez eux, dans les siécles postérieurs à Homere, que dans ceux auxquels a vécu ce grand poëte. Les faits qu'on va lire ne permettent pas d'en douter. Ils sont, à la vérité, étrangers à l'époque que je me suis prescrite, mais j'espere qu'on me pardonnera cette digression, d'autant plus qu'elle servira à prouver combien il régnoit d'incertitude & d'imperfection dans les connoissances des anciens.

Hérodote, postérieur à Homere au moins de 400 ans, ne croyoit pas que la mer environnât la terre. » Je ne sçaurois m'empêcher, dit-il, de rire de ceux qui prétendent que l'Océan » coule à l'entour de notre continent. On n'en peut donner nulle » preuve [a]. Je crois, ajoute-t-il ailleurs, qu'Homere avoit puisé » dans quelque ouvrage de l'antiquité ce qu'il débite sur l'Océan; » mais c'étoit sans y rien comprendre, répétant ce qu'il avoit » lû, sans trop sçavoir ce qu'il avoit lû [b].»

Le même Hérodote, parlant du voyage entrepris autour de l'Afrique par ordre de Néchos, fait son possible pour rendre suspect le récit qu'il en avoit entendu faire. Il regarde comme fabuleuses les circonstances les plus capables d'en attester aujourd'hui la vérité. Il ne pouvoit, par exemple, s'imaginer que ces navigateurs eûssent vû, comme ils le disoient, le Soleil dans une position contraire à celle dans laquelle on le voit en Europe [c]. En général, la maniere dont cet auteur, si instruit d'ail-

---

[a] L. 4. n. 8. 36. 45.
[b] L. 2. n. 23.
[c] L. 4. n. 42.
Les Phéniciens assuroient avoir vû, dans une partie de cette course, le Soleil à leur droite. Pour entendre en quoi cette circonstance pouvoit choquer Hérodote, il faut sçavoir que les anciens appelloient l'Occident, le devant; l'Orient, le derriere; le Septentrion, la droite, & le Midi la gauche du monde. Ils se fondoient sur ce que le mouvement apparent des cieux, étant d'Orient en Occident, on devoit prendre en conséquence l'Occident pour la partie antérieure du monde.

leurs & si judicieux, s'explique sur ce voyage, fait assez sentir qu'il n'en comprenoit, ni le but, ni la direction [a]. Hérodote cependant avoit pris naissance dans l'Asie Mineure ; mais selon toutes les apparences, il en étoit sorti de bonne heure, & avoit passé sa jeunesse, & même la plus grande partie de sa vie dans la Gréce Européenne.

Produisons des preuves encore plus étonnantes de l'incapacité des Grecs Européens en Géographie, dans les siécles postérieurs à Homere. Du tems que Xercès vouloit assujettir la Gréce, il arriva en Europe des Députés de l'Ionie, demander qu'on vînt délivrer leur pays de la domination des Perses. Ces députés se rendirent à Egine, où l'armée navale de la Gréce se trouvoit alors rassemblée. Ils exposerent le sujet de leur ambassade, & prierent qu'on fît avancer la flotte vers l'Ionie. Mais leur demande fut rejettée. Jamais les Grecs n'oserent passer l'Isle de Délos. Deux raisons les y retinrent. Ils ignoroient d'abord la route qu'il falloit tenir, au delà de Délos, pour se rendre dans l'Ionie. Ils craignirent, en second lieu, d'entreprendre un pareil voyage, persuadés qu'il y avoit aussi loin d'Egine à Samos, que d'Egine aux colonnes d'Hercule [b]. Ce dernier motif montre quelle étoit alors leur ignorance grossiere en Géographie ; & il faut observer que la flotte dont je parle rassembloit l'élite de toutes les forces maritimes de la Gréce Européenne.

Il faut croire que les Grecs s'appliquerent par la suite à acquérir des notions plus justes & plus exactes de la position & de la distance des lieux. La Géographie fit sans doute des progrès, particuliérement depuis les conquêtes d'Alexandre. Mais les connoissances, dont cette science a pû s'enrichir autrefois, ont toujours été bien imparfaites. Dans les beaux jours de la Gréce & de Rome, c'est-à-dire, dans des âges qui, à bien des égards, peuvent être regardés comme très-éclairés, tout ce que l'on connoissoit de la terre occupoit, sur les cartes, un espace deux fois plus long que large [c] ; attendu qu'on n'avoit aucune idée des pays situées au delà de la ligne. L'espace, dont je parle, comprenoit environ les deux tiers de l'Europe, le tiers de l'Afrique, &, à-peu-près, le quart de l'Asie. On ne connoissoit donc alors que cette partie de la terre qui est renfer-

[a] Voyez L. 4. n. 42. === [b] Hérod. l. 8. n. 132. === [c] Geminus. c. 13. p. 52.

mée fous la zone tempérée feptentrionale , encore s'en falloit-il beaucoup que tous les pays, fitués fous cette zone , fuffent exactement connus.

A l'égard des idées que les fçavans fe formoient du refte de notre globe, elles étoient bien peu raifonnables. La plupart étoient perfuadés que des cinq zones, il n'y en avoit que deux qui fuffent habitables. D'un côté le froid exceffif, & de l'autre les chaleurs extrêmes ne permettant pas, à ce qu'ils penfoient, d'habiter les trois autres (¹). Ce n'étoit, au furplus, que par le raifonnement & la connoiffance qu'on avoit de la figure de la terre, que les philofophes dont je parle , fuppofoient que la zone tempérée méridionale pouvoit être habitée. Ils fçavoient que cette zone étant à une même diftance de l'équateur que celle où ils habitoient, on devoit par conféquent y jouir d'une température d'air à-peu-près égale. Ils en concluoient que l'une de ces zones étant habitée, l'autre pouvoit l'être auffi. Du refte, ils n'avoient aucune certitude qu'elle le fût. Car loin d'entretenir quelque commerce avec les peuples de ces contrées, on ne penfoit feulement pas qu'il fût poffible d'en avoir aucun. » Lorfque nous parlons, dit Géminus, des habitans de la zone » méridionale, ce n'eft pas comme fçachant que cette zone foit » habitée, nous croyons feulement qu'elle peut l'être. Du fur- » plus, nous n'en avons point d'affurances pofitives [a].» Cicéron n'étoit guères mieux inftruit. » Voyez, fait-il dire à Scipion, » voyez la terre comme environnée de cinq zones, defquelles » il n'y en a que deux d'habitées ; celle du milieu étant brûlée » continuellement des ardeurs du Soleil, tandis qu'il gele per- » pétuellement fous les deux dernieres. Encore les hommes qui » habitent la zone tempérée méridionale, font-ils d'une efpece » qui n'a rien de commun avec la nôtre [b].»

(¹) Sans un paffage de Plutarque, t. 2. p. 896, & un de Géminus, c. 13 , on pourroit affurer hardiment que c'étoit le fentiment général des anciens; mais Pythagore, au rapport de Plutarque, penfoit que la zone torride pouvoit être habitable. La raifon , au furplus, qu'en rendoit ce philofophe, prouve bien l'ignorance extrême où l'on étoit alors de la Phyfique & de la Géographie. On voit fenfiblement que les anciens ne parloient jamais de ces matieres qu'au hafard, & fans aucune efpece de principes, ni de connoiffances.

[a] Géminus c. 13. p. 50. Géminus vivoit du tems de Sylla & de Cicéron. === *Voyez auffi* Hygin. poët. aftron. c. 8. p. 355.

[b] In fomn. Scip. n. 6. t. 3. p. 417. === *Voyez auffi* Hygin. poët. aftron. l. 1. c. 8, === Lucret. l. 5. v. 205. 206.

Pline

Pline parlant des deux zones tempérées , dit positivement qu'il ne peut y avoir de communication entre leurs habitans , à cause de l'extrême chaleur qui brûle celle qui les sépare [a]. Macrobe enfin s'étendant davantage sur ce sujet, assure que les peuples des deux zones tempérées n'ont jamais eû de commerce ensemble , & qu'il est même impossible qu'ils en aient aucun, par les obstacles qu'y apportent les horribles chaleurs de la zone torride [b]. On n'admettoit donc alors des habitans dans la zone tempérée méridionale , que par conjecture & par simple vraisemblance , de la même maniere , à-peu-près, que certains philosophes en supposoient dans la Lune [c].

Une preuve bien marquée de l'imperfection où certaines parties des sciences sont restées si long-tems, c'est de voir l'antiquité dans cette opinion presque générale , après ce que l'histoire nous apprend encore aujourd'hui, des différens voyages faits autour de l'Afrique. Car indépendamment de celui que les Phéniciens entreprirent par ordre de Néchos, on sçait que peu de siécles après le regne de ce Prince , Xercès chargea un Persan de considération, d'une semblable commission. Ce navigateur, il est vrai, n'avança pas aussi loin que les Phéniciens dont je viens de parler ; mais il dut toujours résulter de son expédition, des indices sur les habitans de la zone tempérée méridionale. Il assuroit positivement y en avoir vû [d].

Bien plus récemment encore , les Carthaginois avoient envoyé Hannon , navigateur expérimenté , à la découverte des côtes occidentales d'Afrique. Sa relation existe encore aujourd'hui. Elle nous apprend que ce Capitaine avoit pénétré au moins jusqu'au cinquiéme dégré de latitude septentrionale [e]. L'histoire de cette entreprise, publiée originairement en langage Punique , fut depuis traduite en Grec , & c'est dans cet état qu'elle nous est parvenue. On sçait combien la langue Grecque étoit familiere aux auteurs dont je viens de parler : par quelle fatalité cependant les anciens n'ont-ils pas profité de toutes ces découvertes ? & pourquoi même semblent-elles être tombées dans l'oubli presque en naissant ?

---

[a] L. 2. sect. 68. p. 107.
[b] In somn. Scip. l. 2. c. 5. p. 135 & 137. ══ Hygin. *loco cit.* p. 355. ══ Diod. l. 1. p. 49.
[c] Voyez *suprà*, c. 2. art. 2. p. 104 & 105.
[d] Hérod. l. 4. n. 43.
[e] Voyez les Mém. de l'Acad. des Inscript.

Quant à ce qui regarde plus particuliérement la fuperficie de notre globe, je veux dire la fituation exacte & refpective des mers, des continents & des Ifles, les anciens ont été dans une grande ignorance fur tous ces chefs. Faute de machines convenables, & manque d'inftrumens aftronomiques, ils n'ont pû fe procurer les connoiffances précifes dont nous jouiffons aujourd'hui. On ne pouvoit pas faire les obfervations qui leur fervent de bafe & de fondement. Ces importantes découvertes étoient réfervées pour les fiécles dans lefquels nous vivons. En moins de cinquante années, la Géographie s'eft plus enrichie, qu'elle n'avoit fait dans l'efpace de près de cinq mille.

Fin du troifiéme Livre.

TROISIEME PARTIE.

Depuis l'établissement de la Royauté chez les Hébreux, jusqu'à leur retour de la captivité : espace d'environ 560 ans.

LIVRE QUATRIEME.

Du Commerce & de la Navigation.

'ÉPOQUE que nous parcourons présentement, doit être regardée comme une de celles qui ont été les plus avantageuses au Commerce & à la Navigation. Les siécles qui terminent cette derniere Partie de notre ouvrage, font les siécles brillans de Tyr. Les Phéniciens mêmes n'ont pas été les seuls chez lesquels on ait vû alors fleurir le trafic maritime. Il étoit également en honneur chez plusieurs autres nations. J'en ai déja touché quelques mots dans le livre précédent, en rendant compte des progrès de la Géographie. Les faits, dont il me reste à parler, confirmeront les idées qu'on a déja pû se former du tableau que vont nous présenter les siécles qui fixent présentement nos regards. Je réunirai, sous un seul & même point de vûe, ce que j'ai à dire dans cette derniere Partie sur l'état du Commerce & de la Na-

S ij

vigation, relativement aux différens peuples qui s'y font appliqués. Il n'eſt pas poſſible, dans ce moment, de diviſer ces deux
objets, & de les traiter féparément.

CHAPITRE PREMIER.

Des Egyptiens.

ON A VU dans les livres précédens l'averſion que les Egyptiens avoient originairement pour la mer, & le peu d'eſ-
time qu'ils faiſoient du Commerce [a]. J'ai eû foin d'obferver que,
quoique Séfoſtris n'eût rien oublié pour faire changer cette façon
de penfer, il n'avoit cependant pas pû la détruire [b]. Les premiers Monarques qui fuccéderent à ce Prince, ou négligerent
le commerce, ou ne purent pas réuſſir à le faire goûter à leurs
fujets. On ne voit point que, pendant une longue fuite de fiécles, il foit queſtion du Commerce des Egyptiens. Il paroît feulement, par les Livres faints, que, du tems de Salomon, on
tiroit beaucoup de chevaux de l'Egypte pour le fervice de
ce Prince [c]. On en pourroit conclure qu'il devoit y avoir
alors quelque trafic direct entre les Egyptiens & les Hébreux.
Mais on peut également fuppofer que ce Commerce fe faifoit
par des mains tierces. Nous apprenons, par les poëmes d'Homere & par les écrits d'Hérodote, que les Phéniciens entretenoient des correfpondances fuivies avec les Egyptiens, & qu'il
y avoit un Commerce réglé établi très-anciennement chez ces
peuples [d], Commerce dont il eſt parlé fouvent dans l'Ecriture [e].
Les Phéniciens mêmes ont été, pendant bien du tems, la feule
nation à qui l'entrée des ports de l'Egypte ait été ouverte [f]. C'é-
toit peut-être par cette voie que Salomon tiroit fes chevaux
de l'Egypte. Quoi qu'il en foit, ce n'étoient pas vraifemblablement les Egyptiens qui alloient eux-mêmes trafiquer fur les

[a] Prem. Part. L. IV.
[b] Seconde Part. L. IV.
[c] 3. Reg. c. 10. ℣. 28. 29.
[d] Odyſſ. l. 14. v. 288, &c. ⸗ Hérod.

l. 1. n. 1.
[e] Voyez Ifaïe, c. 23. ℣. 3. ⸗ Ezechiel, c. 27. ℣. 7.
[f] Voyez la prem. Part. L. IV.

côtes de Judée. Ils ne fortoient point de leur pays. Cette nation agiſſoit autrefois comme agiſſent encore aujourd'hui la plûpart des peuples de l'Aſie, qui attendent que les Européens viennent emporter leurs marchandiſes, & les pourvoir de ce dont ils peuvent avoir beſoin.

Les Egyptiens étoient, en général, ſi peu jaloux du Commerce, qu'ils abandonnerent celui de la mer Rouge à tous les peuples qui voulurent l'exercer. Ils ſouffrirent que les Phéniciens, les Iduméens, les Hébreux & les Syriens y euſſent ſucceſſivement des flottes [a]. Il eſt également certain que, pendant une longue ſuite de ſiécles, les Egyptiens n'entretinrent, ni flottes marchandes, ni forces navales.

Vers les derniers tems de la Monarchie Egyptienne, les Souverains qui monterent ſur le trône ouvrirent enfin les yeux ſur l'importance & les avantages du Commerce. Bocchoris, qui régnoit environ l'an 670 avant J. C. publia des loix très-ſages ſur ce objet [b]. Ses ſucceſſeurs l'imiterent. Les hiſtoriens de l'antiquité rapportent aux derniers Monarques de l'Egypte, les réglemens concernant le négoce & le trafic dans cet Empire [c].

Ce fut auſſi ſous le regne de ces Princes, qu'on vit s'abolir l'ancienne façon de penſer des Egyptiens à l'égard des étrangers, auxquels l'abord de l'Egypte avoit toujours été interdit. Pſammétique, qui occupa le trône environ 100 ans après Bocchoris, ouvrit les ports de ſon royaume aux nations étrangeres. Il accueillit particuliérement les Grecs, & permit à pluſieurs d'entre eux de former des établiſſemens ſur les côtes de l'Egypte [d].

Néchos, fils & ſucceſſeur de ce Prince, prit ſinguliérement à cœur de faire proſpérer le Commerce & la Navigation dans ſes Etats. Il entreprit, dans cette vûe, de joindre la Méditerrannée à la mer Rouge, par un canal qui partît du Nil. Ce projet, déja tenté inutilement par Séſoſtris [e], n'eut pas un plus heureux ſuccès ſous le regne de Néchos. Il fut obligé de l'abandonner [f]. Mais ce deſſein montre toujours le déſir qu'avoit

---

[a] Voyez Prideaux, Hiſt. des Juifs. t. 1. p. 9. 12. 15. 16. 17.
[b] Diod. l. 1. p. 90. 106
[c] Ibid. p. 78.
[d] Hérod. l. 2. n. 154. == Diod. l. 1. p. 78.
[e] Voyez la ſeconde Part. L. II.
[f] Hérod. l. 2. n. 158.

ce Monarque de faciliter & d'étendre le Commerce maritime dans fon Royaume.

Néchos ayant renoncé à l'entreprife dont je viens de parler, porta toute fon attention du côté de la marine. Il fit conftruire quantité de vaiffeaux, les uns fur la Méditerrannée, & les autres fur la mer Rouge [a]. Son intention étoit de prendre une connoiffance exacte, non-feulement de ces mers, mais auffi de celle des Indes. Ce Monarque même conçut de plus vaftes projets. Ce fut en effet par fes ordres que les Phéniciens entreprirent ce voyage autour de l'Afrique, dont j'ai déja parlé dans les livres précédens [b], & fur lequel j'aurai encore occafion de revenir.

Depuis cette époque, les Monarques Egyptiens continuerent à s'occuper beaucoup de la marine. Ils firent conftruire des flottes, & tâcherent de former leurs fujets à la mer. Leurs foins & leurs travaux ne furent pas infructueux. Sous le regne d'Apriès, petit-fils de Néchos, les Egyptiens fe trouverent affez puiffans & affez expérimentés fur la mer, pour livrer bataille aux Phéniciens & les battre [c]. Ce fait eft la preuve la plus marquée qu'on puiffe citer des progrès que ce peuple avoit faits alors dans la Navigation, & du dégré de fupériorité que les forces navales de l'Egypte avoient acquifes en fi peu de tems.

Apriès eut pour fucceffeur Amafis. Ce Prince, qu'on doit regarder comme le dernier Monarque de l'ancienne Egypte, entra dans toutes les vûes de fes prédéceffeurs. Il les feconda parfaitement, en favorifant le Commerce de tout fon pouvoir, & en attirant par fes bienfaits les étrangers en Egypte [d]. Si cette Monarchie eût fubfifté plus long-tems, il eft à préfumer que le Commerce & la Navigation y auroient fait de grands progrès. Les Egyptiens auroient appris à la fin à profiter des avantages de leur fituation. Il y a, en effet, peu de contrées dans l'univers placées auffi heureufement que l'Egypte, par rapport au Commerce. Egalement à portée de la mer Rouge & de la Méditerrannée, deftinée, pour ainfi dire, par la nature à fervir de centre & de réunion à l'Afie, à l'Afrique & à l'Eu-

[a] Hérod. l. 2. n. 158.
[b] Suprà, L. II & L. III. p. 132.
[c] Hérod. l. 2. n. 161. == Diod. l. 1.
p. 79.
[d] Hérod. l. 2. n. 178.

rope, elle peut embraffer & attirer dans fon fein le Commerce de toutes ces différentes parties du monde. Mais l'ancienne Monarchie des Egyptiens touchoit à fa fin, lorfque ces peuples commencerent à s'appercevoir de leurs avantages. Ils ne purent donc en profiter.

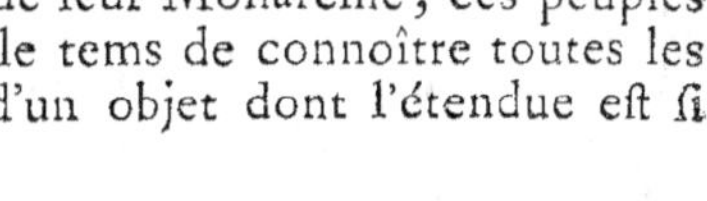

Les Egyptiens, au furplus, avoient porté jufques dans leur marine & leur négoce, cet efprit de fingularité qui a toujours caractérifé cette nation. Leurs vaiffeaux étoient conftruits & armés d'une maniere abfolument différente de celle qu'on fuivoit chez les autres peuples. Les agrêts & les cordages y étoient difpofés d'une façon qui paroît très-bifarre & très-finguliere [a]. A l'égard du négoce, j'ai déja dit que les hommes ne daignoient pas s'en mêler; tout le trafic paffoit par les mains des femmes [b].

C'eft au refte tout ce que nous pouvons dire de l'état du Commerce & de la Navigation chez les anciens Egyptiens. Nous manquons des inftructions & des connoiffances néceffaires pour traiter convenablement ces deux objets. Nous ignorons, par exemple, quels étoient particuliérement les objets dont trafiquoient les Egyptiens, & la maniere dont ils exerçoient leur négoce. Nous ne fommes pas mieux inftruits de la forme & de la valeur de leurs efpeces monnoyées. A peine peut-on propofer quelques conjectures fur ce dernier article (*). Je finis en obfervant que les Egyptiens ne s'étant appliqués férieufement au commerce que fur le déclin de leur Monarchie, ces peuples n'ont vraifemblablement pas eû le tems de connoître toutes les branches & tous les rapports d'un objet dont l'étendue eft fi vafte & fi difficile à pénétrer.

---

[a] Hérod. l. 2. n. 36.
[b] Prem. Part. L. VI. c. 2.

(*) Il y a feulement lieu de préfumer que très-anciennement on fe fervoit en Egypte pour le commerce, entre autres pieces de métal, de feuilles d'or très-légeres, & portant en creux d'un côté l'empreinte d'une efpece de feuille de rofier. Voyez le Recueil d'Antiquités de M. le Comte de Caylus, t. 2. p. 18, & les Mém. de Trév. Mai 1756. p. 1253, &c.

CHAPITRE II.

Des Phéniciens.

QUELQUE idée que j'aie déja pû donner du Commerce
& des richeffes des Phéniciens, elle n'approche cependant pas de celle qu'on doit s'en former dans les fiécles que
nous parcourons préfentement. Ces peuples fe trouverent alors
maîtres de tout le commerce qui fe faifoit dans le monde connu. L'empire de la mer étoit entre leurs mains ; empire qu'ils
avoient particuliérement mérité par leur habileté & leur expérience dans la Navigation. On voit en effet que c'étoit toujours
aux Phéniciens que les autres nations s'adreffoient, lorfqu'il s'agiffoit de quelque grande entreprife maritime. Les flottes que
Salomon envoyoit dans le pays d'Ophir, étoient conduites par
des Phéniciens [a]. Ce furent auffi des navigateurs de cette nation
que Néchos chargea de faire le tour de l'Afrique [b], expédition
qui, eû égard au tems, demandoit un courage & des talens
bien fupérieurs.

Jufqu'à préfent, c'eft-à-dire, dans la premiere & dans la feconde Partie de cet ouvrage, je n'ai parlé que de Sidon. Je
l'ai repréfentée comme la plus confidérable & la plus opulente
de toutes les villes qu'on connût alors dans la Phénicie. Mais
dans les fiécles qui fixent maintenant nos regards, cette ancienne capitale fe vit entiérement effacée par Tyr fa colonie.
Les écrivains de l'antiquité font partagés fur l'époque de la fondation de cette ville. Sans entrer dans toutes les difcuffions
qu'entraîneroit un examen exaƈ de leurs fentimens, il fuffit
d'obferver que, du tems d'Homere, Tyr étoit encore fi peu
célebre, qu'il ne la nomme feulement pas. Il n'eft queftion que
de Sidon dans les écrits de ce grand poëte [c]. Tyr néanmoins
ne tarda pas à s'élever. On voit, peu de tems après Homere,
cette ville non-feulement égaler, mais même furpaffer Sidon.

[a] 3. Reg. c. 9. ⅟. 29. ═══ 2. Paral. c.
8. ⅟. 18.

[b] Suprà, L. III. p. 132.
[c] Voyez la 2ᶜ. Part. L. IV. chap. 2.

Ifaïe,

Iſaïe, Jérémie, Ezéchiel & les autres Prophêtes repréſentent Tyr comme la ville la plus commerçante & la plus riche qu'il y eût autrefois dans l'univers (¹). Ses habitans joignoient à l'activité & à l'intelligence que demande le trafic maritime, la capacité & la bravoure militaire.

IIIᵉ. PARTIE. Dep. l'établ. de la Royauté chez les Hébreux, juſqu'à leur retour de la captivité.

Pluſieurs villes dépendantes de Tyr, ayant entrepris de ſe fouſtraire à ſa domination, eurent recours à Salmanaſar roi d'Aſſyrie. Ce Monarque prit en main leurs intérêts, & ſe déclara contre les Tyriens. Il équipa une flotte de 60 voiles; mais cette armée fut battue par une eſcadre Tyrienne, compoſée ſeulement de douze vaiſſeaux. Cette action rendit le nom des Tyriens ſi redoutable ſur la mer, que Salmanaſar n'oſa plus ſe commettre contre eux ſur cet élément. Il jugea plus avantageux de les attaquer par terre. Ce Prince forma donc le ſiége de Tyr, qu'il convertit par la ſuite en blocus. La place ſe trouva bientôt réduite à de fàcheuſes extrémités, parce que les Aſſyriens avoient bouché tous les aquéducs, & intercepté tous les conduits qui pouvoient y porter de l'eau. Pour remédier à cet inconvénient, les Tyriens imaginerent de creuſer des puits. Cet expédient leur réuſſit au point de les mettre en état de tenir bon pendant cinq ans. Salmanaſar alors étant venu à mourir, les Aſſyriens leverent le ſiége, & Tyr, pour cette fois, échappa au danger éminent qui la menaçoit ᵃ. Cet événement arriva vers l'an 720 avant Jeſus-Chriſt.

Depuis cette époque, juſqu'au regne de Nabuchodonoſor, Tyr vit toujours croître ſon commerce & ſa ſplendeur. Pour donner en peu de mots une idée de cette ville, & faire ſentir quelles étoient ſes richeſſes & l'étendue de ſon négoce, je ne ſçaurois mieux faire que de tranſcrire les expreſſions dont s'eſt ſervi le prophête Ezéchiel pour peindre & caractériſer Tyr dans ſes beaux jours (²).

» O Tyr! s'écrie le Prophête, vous avez dit en vous-même:
» Je ſuis une ville d'une beauté parfaite. Vos voiſins, qui vous
» ont bâtie, n'ont rien oublié pour vous embellir. Ils ont fait
» tout le corps & les divers étages de votre vaiſſeau de ſapins

(¹) Iſaïe prophétiſoit ſous le regne d'Achaz, vers l'an 740 avant J. C.
ᵃ Ménander apud Joſ. antiq. l. 9. c. 14.

(²) Ezéchiel prophétiſoit vers l'an 595 avant J. C.

Tome II.   T.

» de Sanir. Ils ont pris un cedre du Liban pour vous faire un
» mât. Ils ont poli les chênes de Bazan pour faire vos rames.
» Ils ont employé l'yvoire des Indes pour faire les bancs de
» vos rameurs, & ce qui vient de l'Italie pour faire vos cham-
» bres. Le fin lin d'Egypte, tiſſu en broderie, a compoſé la
» voile qui a été ſuſpendue à votre mât. L'hyacinthe & la pour-
» pre des iſles d'Eliſa ont fait votre pavillon. Les habitans de
» Sidon & d'Arad ont été vos rameurs ; & vos ſages, ô Tyr!
» ſont devenus vos pilotes. Tous les navires de la mer & tous
» les mariniers ont été engagés dans votre commerce & votre
» trafic. Les Carthaginois trafiquoient avec vous, & rempliſ-
» ſoient vos marchés d'argent, d'étain & de plomb. Javan,
» Thubal & Moſoch entretenoient auſſi votre commerce, &
» amenoient à votre peuple des eſclaves & des vaſes d'airain.
» On a conduit, de Thogorma dans vos marchés, des chevaux
» & des mulets. Les enfans de Dédan ont trafiqué avec vous.
» Votre commerce s'eſt étendu en pluſieurs Iſles, & l'on vous
» a donné, en échange de vos marchandiſes, des tapis ſu-
» perbes, de l'yvoire & de l'ébene. Les Syriens ont été enga-
» gés dans votre trafic, à cauſe de la multitude de vos ouvra-
» ges ; ils ont expoſé en vente dans vos marchés des perles,
» de la pourpre, des toiles ouvragées du Byſſus, de la ſoie &
» toutes ſortes de marchandiſes précieuſes. Les peuples de Juda
» & d'Iſraël ont entretenu auſſi leur commerce avec vous, &
» ils ont apporté dans vos marchés le plus pur froment, le
» beaume, le miel, l'huile & la réſine. Damas, en échange
» de vos ouvrages ſi variés & ſi différens, vous apportoit de
» grandes richeſſes, du vin excellent, & des laines d'une cou-
» leur vive & éclatante. Dan, la Gréce & Moſel ont expoſé
» en vente dans vos marchés des ouvrages de fer, de la myr-
» rhe & des cannes d'excellente odeur. L'Arabie & les princes
» de Cédar étoient auſſi engagés dans votre commerce. Ils vous
» amenoient leurs agneaux, leurs béliers & leurs boucs. Saba &
» Réma venoient auſſi trafiquer avec vous. Ils expoſoient dans
» vos marchés les parfums les plus exquis, les pierres précieu-
» ſes & l'or. De tous les vaiſſeaux de la mer, les vôtres ont été
» les plus remarquables. Vos rameurs vous ont conduite ſur les
» grandes eaux. Vous avez été comblée de biens & de gloire;

» jamais ville ne vous a été semblable. Votre commerce enri-
» chissoit les nations & les Rois de la terre [a] ».

On voit, par cette peinture vive & animée, que le Commerce de Tyr n’avoit alors d’autres bornes que celles du monde connu. Cette ville étoit le centre où tout aboutissoit. Les historiens profanes sont, à cet égard, entiérement d’accord avec les Livres saints [b].

Tant de prospérités furent terminées par la plus horrible des catastrophes. Nabuchodonosor, souverain de Babylone, marcha contre Tyr, l’an 580 avant Jesus-Christ. Les motifs qui le déterminerent à cette entreprise nous sont inconnus. Les Tyriens opposerent une vigoureuse résistance aux efforts du Monarque Babylonien, mais l’événement ne leur fut pas favorable. Nabuchodonosor se rendit maître de leur capitale. Ce ne fut pas, à la vérité, sans de grandes peines & de grandes fatigues. Il demeura campé treize ans devant les murailles de Tyr [c]. Cette expédition fut si longue & si pénible, que *toute tête*, pour me servir de l’expression du Prophête, *en étoit devenue chauve, & toute épaule pelée* [d]. La durée du siége avoit permis à la plus grande partie des habitans de se retirer avec leurs meilleurs effets dans une Isle, fort voisine du rivage où Tyr étoit bâtie [e]. Le vainqueur étant entré dans la place, n’y trouva donc presque rien qu’il pût abandonner à ses troupes pour les dédommager des fatigues & des travaux qu’elles avoient soufferts [f]. Il en fut tellement irrité que, mettant tout à feu & à sang, il détruisit la ville jusqu’aux fondemens, & fit passer au fil de l’épée tout ce qui pouvoit y être encore resté d’habitans. C’est ainsi que périt l’ancienne Tyr, 567 avant J. C. Depuis ce désastre elle ne se releva jamais. Le nom & la gloire de cette ville passerent à la nouvelle Tyr, qu’on bâtit dans une isle située vis-à-vis de l’ancienne [g].

Je ne crois pas devoir terminer cet article sans dire un mot des Carthaginois. Ils tiennent un rang trop considérable parmi les nations qui se font distinguées autrefois par le trafic maritime

---

[a] Chap. 17 & 28.

[b] Voyez Q. Curt l. 4. c. 4. p. 159. = Strabo, l. 16. p. 1097.

[c] Joseph. Antiq. l. 10. c. 11. *sub fin.* = advers. Appion. l. 1. c. 7.

[d] Ezéchiel, c. 29. ℣. 1ᵉ.

[e] Marsham, p. 539.

[f] Ezéchiel, ch. 26. ℣. 11 & 12. ch. 27. ℣. 36.

[g] Voyez Marsh. p. 539.

pour qu'on puisse les passer sous silence. Ces peuples sont autant connus par leur habileté & leur expérience dans le Commerce & dans la Navigation, que par les longues & sanglantes guerres qu'ils eurent à soutenir contre les Romains.

Carthage, dont on place la fondation environ vers l'an 890 avant Jesus-Christ, dut sa naissance à l'ancienne Tyr [a]. La premiere forme de gouvernement établie à Carthage, fut bien certainement Monarchique. Mais cette constitution ne subsista pas long-tems. Tout nous porte à croire que Carthage se forma très-promptement en République [b]. Quoi qu'il en soit, cette colonie Phénicienne porta dans son nouvel établissement le goût & l'industrie de ses fondateurs. Le commerce étoit, à proprement parler, l'ame de Carthage, son occupation, son caractere propre & dominant, l'objet, en un mot, de toutes ses démarches, tant publiques que particulieres. Les personnages les plus éminens dans l'Etat, ne regardoient point comme au dessous d'eux, de se mêler du négoce [c]. Ils s'y appliquoient avec autant d'ardeur & d'attention que les moindres citoyens. Le trafic avoit donné naissance à Carthage; le trafic lui donna l'accroissement, & la mit en état de disputer à Rome, pendant bien des années, l'Empire du monde.

Carthage étoit située bien plus avantageusement que Tyr. Placée au centre de la Méditerranée, à portée de l'Orient comme de l'Occident, elle embrassoit, par l'étendue de son Commerce, toutes les mers & toutes les contrées alors connues. Un port excellent offroit aux navires l'asile le plus assuré. Les côtes d'Afrique, région vaste & fertile, fournissoient abondamment les secours nécessaires pour faire subsister un peuple innombrable. Avec de pareils avantages, joints à ce génie pour le négoce & la navigation, que les Carthaginois avoient apportés de Phénicie, ils parvinrent à rendre bientôt leur Etat très-florissant. Heureux, s'ils ne s'étoient pas laissé entraîner à l'esprit de conquête & de domination, passion toujours funeste & ruineuse aux nations commerçantes.

L'histoire de Carthage ne nous fournit, au surplus, rien de particulier sur les objets qui nous occupent présentement. Tout

[a] Marsh. p. 398.
[b] Voyez Arist. de Repub. l. 2, c. 11.
[c] Arist. *loco cit.* p. 335. == Polyb. l. 6. c. 9.

ce qu'on a lû dans les volumes précédens, fur le Commerce & la Marine des Phéniciens, convient également au commerce & à la marine des Carthaginois. Je ne trouve, à cet égard, aucune différence entre l'un & l'autre peuple. On pourroit ajouter qu'ils ont été également décriés pour leur mauvaife foi, & peut-être fort injuftement. Nous ne connoiffons les Phéniciens & les Carthaginois que fur des rapports très-fufpeds. Il faudroit, pour juger fainement du caradere de ces deux nations, qu'il nous fût refté quelque hiftoire de Phénicie ou de Carthage, écrite par un Phénicien ou par un Carthaginois. Nous ferions alors en état de comparer les différens récits, & de connoître, par ce moyen, la vérité.

IIIe. Partie.
Dep. l'établ de la Royauté chez les Hébreux, jufqu'à leur retour de la captivité.

CHAPITRE III.

Des Grecs.

ON DOIT rapporter à l'époque qui nous occupe préfentement, celle de la naiffance du Commerce & de la Navigation chez les Grecs. Thucydide obferve que ces peuples ne commencerent à s'appliquer férieufement à la Marine, que depuis la guerre de Troie [a]. Ils s'y livrerent avec d'autant plus d'ardeur, que leur pays étant naturellement pauvre & ftérile, un commerce vif & étendu pouvoit feul leur faire acquérir cette confidération & cette opulence qui rendent une nation puiffante & refpedable.

L'hiftoire du Commerce & de la Navigation chez les Grecs, dans les fiécles qui fixent aduellement nos regards, ne préfente pas néanmoins des objets qui foient encore bien fatisfaifans. On voit, à la vérité, quelques villes de la Gréce, tant Afiatique qu'Européenne, commencer à s'adonner au trafic maritime; mais ces premieres tentatives furent bien foibles. Les Grecs alors n'étoient, ni affez induftrieux, ni affez inftruits pour établir un grand Commerce. Les arts & les fciences n'avoient encore acquis aucun dégré de perfedion dans la Gréce. Je crois

[a] L. 1. p. 11.

l'avoir fuffifamment prouvé dans les livres précédens. Auffi voyons-nous que l'or & l'argent y étoient très-rares, même fur la fin des fiécles qui font l'objet de cette derniere Partie de notre ouvrage.

A l'égard de l'habileté & de l'expérience des Grecs dans la la Marine, on en peut juger fur une fimple réflexion. Il eft conftant que ces peuples n'ont jamais fçû fe fervir que de la grande Ourfe pour diriger la route de leurs vaiffeaux [a]. Ce fait feul nous prouve quelle étoit leur ignorance & leur incapacité. Ajoutons-y ce qu'on a déja vû ailleurs, que du tems de Xercès, les Grecs croyoient encore qu'il y avoit auffi loin d'Egine à Samos, que d'Egine aux colonnes d'Hercule, & qu'ils ignoroient la route qu'il falloit tenir, paffé l'ifle de Délos, pour fe rendre dans l'Ionie [b].

Quant à la force & à la capacité de leurs vaiffeaux, j'en ai parlé amplement dans la feconde Partie de cet ouvrage. On y a vû que ces bâtimens étoient très-foibles & très-médiocres. Leur Marine, à cet égard, n'avoit fait aucuns progrès. Quelle idée, en effet, peut-on s'en former, lorfqu'on voit dans la guerre du Péloponéfe, les Lacédémoniens tranfporter leurs vaiffeaux par terre d'une mer à l'autre [c]. Il paroît même que ces fortes d'expédiens étoient alors d'un ufage affez fréquent & affez ordinaire [d]. D'après ces faits, on ne doit pas s'attendre à recueillir beaucoup d'agrément & de fatisfaction de l'expofé que nous allons faire de l'état où étoient le Commerce & la Navigation chez les Grecs, dans les fiécles qui fixent maintenant notre attention. Je vais parcourir fuccinctement, & fuivant l'ordre chronologique, l'hiftoire des principales villes de la Gréce qui s'y font alors diftinguées.

Les habitans de l'ifle d'Egine peuvent être regardés comme les premiers peuples de la Gréce Européenne qui fe foient fait confidérer par leur intelligence dans le trafic maritime. On voit, en effet, peu de tems après le retour des Héraclides dans le Péloponéfe, les Eginétes faire un grand Commerce dans la Gréce. Ils venoient débarquer à Cyllène, & fe fervoient enfuite

---

[a] Arat. Phœnom. v. 40, &c. == Ovid. Faft. l. 3. v. 107. == Trift. l. 4. Eleg. 3. init.

[b] *Suprà*, L. III. chap. 4. p. 135.
[c] Thucyd. l. 3. n. 81.
[d] Voyez Strab. l. 8. p. 516.

de mulets pour tranſporter leurs marchandiſes dans l'intérieur des terres [a]. Ce fut auſſi vers les mêmes ſiécles, que ces peuples imaginerent de faire battre de la monnoie d'or & d'argent, qui étoit forte & péſante [b]. Si l'on en croit même quelques auteurs, ils ont été les premiers parmi les Grecs qui aient mis les eſpeces monnoyées en uſage [c].

Les Eginétes n'étoient parvenus à rendre leur Iſle le centre de tout le Commerce de la Gréce [d], que par leur attention à entretenir des forces navales conſidérables. On peut dire que dans les ſiécles, dont je parle préſentement, ils étoient regardés comme le peuple de la Gréce le plus puiſſant qu'il y eût alors ſur la mer [e]. Les Eginétes ont même été mis au nombre des nations qui en ont tenu l'Empire pendant quelque tems [f]. Ils ne purent pas néanmoins ſe maintenir dans cet état d'opulence & de proſpérité. Le rôle que ces peuples ont joué dans la Gréce a été auſſi court que brillant. Chaſſés de leur Iſle par les Athéniens, du tems de Périclès, les Eginétes ne purent jamais ſe relever de cet échec [g]. Leur puiſſance navale fut anéantie, & leur Commerce preſque éteint.

Après les Eginétes, je crois devoir placer les Corinthiens. Ils ſe font fait connoître de très-bonne heure par leurs richeſſes & par leurs forces maritimes. Difficilement pourroit-on trouver une ville ſituée plus favorablement pour le Commerce, que l'étoit Corinthe. Placée ſur cette langue de terre, qui joint le Péloponéſe au continent de la Gréce, à une diſtance preſque égale des deux mers, cette ville ſembloit avoir été deſtinée par la nature pour ſervir d'entrepôt à tous les peuples de ces contrées. Les Grecs autrefois trafiquoient plus par terre que par mer [h]. Tout le Commerce alors paſſoit néceſſairement par les mains des Corinthiens. C'eſt ainſi que, dans les tems anciens, ils amaſſerent de grandes richeſſes. Auſſi voyons - nous les

---

[a] Pauſ. l. 8. c. 5.

[b] Pollux, l. 9. c. 6. p. 1067. == Héſychius, vocat. Ἀργιναῖον νόμισμα.

[c] Marm. Oxon. epoch. 29.==Ælian. Var. Hiſt. l. 12. c. 10. == Strabo, l. 8. p. 577.

[d] Voyez Strabo. Ibid.

[e] Voyez Hérod. l. 5. n. 83. == Plut. in Themiſth. p. 113. == Pauſ. l. 2. c. 29.

[f] Strabo, l. 8. p. 576. == Ælian. Var. Hiſt. l. 12. c. 10. == Euſeb. Chron. l. 2. n. 1514. p. 129.

[g] Voyez Périzon. not. ad Ælian. l. 12, chap. 10.

[h] Thucyd. l. 1. p. 12. == Strabo, l. 8. p. 580.

anciens poëtes de la Gréce donner souvent à Corinthe l'épithéte d'opulente [a].

Cette ville renfermoit dans son district deux ports; l'un situé sur le golfe Saronique, & l'autre sur le golfe auquel elle donna son nom. Les Corinthiens sçurent profiter des avantages de leur position. Ils s'adonnerent à la Navigation, équiperent des vaisseaux peu de tems après la guerre de Troie, pour donner la chasse aux pirates, & protéger le Commerce [b]. Par ce moyen, Corinthe ne tarda pas à devenir l'entrepôt de toutes les marchandises qui se consommoient dans la Gréce [c]. Le succès encourageant ses habitans, l'art de perfectionner la Navigation fut l'objet de leur étude. Ils furent, dit-on, les premiers qui changerent la forme ancienne des vaisseaux. Au lieu de simples galeres, les Corinthiens construisirent des bâtimens à trois rangs de rames [d]. Cette invention dut leur procurer, pendant quelque tems, une espece de supériorité sur la mer. Nous ne voyons pas cependant que les Corinthiens soient comptés dans le nombre des nations qui ont eû l'Empire de cet élément. Il est parlé seulement dans Thucydide d'une action mémorable qui se passa entre ces peuples & les habitans de Corfou [e], environ l'an 660 avant J. C. C'étoit le plus ancien combat naval dont il fut fait mention dans les chroniques de la Gréce [f].

La position de Corinthe étoit telle, que cette ville auroit pû donner aisément la loi à tous les Grecs. Commandant sur deux mers & sur l'Isthme qui les sépare, il lui auroit été facile d'empêcher une moitié de la Gréce de communiquer avec l'autre. Mais le génie & l'inclination des Corinthiens les portoient plutôt au Commerce, qu'aux entreprises militaires. Satisfaits d'amasser de grandes richesses, ils ne s'occuperent uniquement que des moyens d'en jouir, & de se livrer à tout le luxe & à toute la délicatesse que l'opulence peut fournir. Ils s'appliquerent aussi à rendre leur ville une des plus belles & des plus magnifiques de sa Gréce. Rien n'y fut épargné. Corinthe étoit remplie de temples, de palais, de théatres, de portiques, de

---

[a] Hom. Iliad. l. 2. B. v. 77. = Thucyd. l. I. p. 12.
[b] Thucyd. *loco cit,*
[c] Id. Ibid.
[d] Ibid.
[e] Ibid.
[f] Ibid.

bains, & de quantité d'autres édifices auſſi recommandables par la rareté des marbres employés à leur conſtruction, que par l'élégance de leur architecture. Ces ſuperbes bâtimens étoient en outre enrichis d'un nombre infini de colonnes & de ſtatues dont la matiere étoit des plus précieuſes, & le travail de la main des plus fameux maîtres. Le luxe, l'opulence & la moleſſe s'annonçoient à Corinthe de toutes parts. Elle étoit ſans contredit la ville la plus riche & la plus voluptueuſe qu'il y eût dans toute la Gréce.

Athénes, dont on a vû, dans la ſeconde Partie de cet ouvrage, que les forces maritimes étoient aſſez conſidérables dès le tems de la guerre de Troie, ne mérite cependant pas que nous nous arrêtions à en parler. Cette ville, durant tout l'eſpace de tems dont il s'agit préſentement, n'a fait aucune figure, ſoit ſur terre, ſoit ſur mer. Elle n'avoit alors, ni Commerce, ni Marine. Solon néanmoins n'avoit rien oublié pour mettre les arts & les manufactures en honneur à Athénes. Il avoit même fait une loi, par laquelle un fils ne ſeroit pas tenu de nourrir ſon pere qui ne lui auroit fait apprendre aucun métier [a]. Mais l'Attique étoit trop pauvre du tems de Solon [b], pour qu'on pût s'appercevoir promptement de l'utilité de ſes réglemens. Il s'écoula plus d'un ſiécle avant que l'effet en fût bien ſenſible. Athénes n'eſt devenue célebre par ſon Commerce & par ſa Marine, que depuis la premiere expédition des Perſes dans la Gréce. C'eſt à cette époque qu'on voit commencer la gloire & la ſplendeur des Athéniens : je ne puis que l'indiquer : les ſiécles qu'elle renferme excedent les bornes que je me ſuis preſcrites.

A l'égard des Lacédémoniens, on ne doit point mettre ces peuples au nombre de ceux qui ſe ſont fait conſidérer par leur commerce & par leurs forces navales. L'eſprit de gouvernement établi par Lycurgue, n'étoit nullement propre à rendre ces deux objets floriſſans à Sparte. Le commerce étoit en quelque ſorte banni de cette capitale. Le luxe non - ſeulement y étoit proſcrit, on avoit été juſqu'à interdire aux Spartiates la plupart des arts méchaniques [c]. Les conſéquences d'une pareille

IIIe. Partie.
Dep. l'établ. de la
Royauté chez les
Hébreux, juſqu'à
leur retour de la
captivité.

---

[a] Plut. *in* Solon. p. 90.
[b] Id. Ibid. p. 91.
[c] Xenophon. *de* Rep. Laced. p. 397. === Ælian. Var. Hiſt. l. 6. c. 6. === Plut. *in* Ly-curg. p. 44. 47. 54. === Nicol. Damaſc. *in* Excerpt. Valeſ. p. 522. === Philoſtrat. Vita Apollon. l. 4. chap. 32.

politique fe font aifément fentir. Perfonne n'ignore que le Commerce eft l'ame & le foutien de la Marine ; mais il ne peut y avoir de commerce dans un Etat où les arts ne font point cultivés, & où l'induftrie n'eft pas excitée. L'efpece de monnoie dont on faifoit ufage à Sparte, formoit elle feule un obftacle invincible au commerce. Elle étoit d'un très-mauvais fer, & fi pefante, que pour porter une fomme de dix mines (¹), on avoit befoin d'une charette attelée de deux bœufs, & d'une chambre pour la ferrer. Cette monnoie n'avoit point cours chez les autres peuples de la Gréce, qui la rebutoient, & en faifoient même des railleries [a].

Indépendamment de toutes ces confidérations, plufieurs motifs s'oppofoient à ce que Sparte ait jamais pû former une marine puiffante. La Laconie, quoiqu'environnée par la mer au Levant, au Midi & au Couchant, n'en étoit cependant pas dans une pofition plus heureufe. Ses côtes font mal faines, femées d'écueils & de rochers [b]. Elle n'avoit qu'un feul port, ou pour mieux dire, un havre [c], qui n'étoit, ni fort grand, ni fort commode. Difons enfin que Lycurgue avoit défendu aux Lacédémoniens de s'adonner à la mer [d]. Ne foyons donc point étonnés que la Navigation n'ait jamais été fort en honneur chez ce peuple. Il eft vrai que, dans la fuite des tems, Sparte, par certaines circonftances, fe trouva forcée d'avoir des vaiffeaux ; mais elle s'en dégoûta promptement [e]. Auffi n'eft - ce point par leurs exploits maritimes que les Lacédémoniens fe font illuftrés.

Je pourrois parler de plufieurs autres peuples, tant de la Gréce Européenne que de la Gréce Afiatique, qui, vers les fiécles dont nous nous occupons maintenant, commencerent à tourner leurs vûes du côté du Commerce & de la Navigation. Car il eft conftant qu'alors un très-grand nombre de villes des Ifles & du Continent s'adonnerent au trafic maritime. Mais leur hiftoire ne mérite point d'attention particuliere, puifqu'elle ne fournit ni détails, ni circonftances capables de nous inftruire

---

(¹) Dix mines font 709 liv. 6. f. 3. den. de notre monnoie.
[a] Plut. *in* Lycurg. p. 44.
[b] Strab. l. 8. p. 580.

[c] Voyez Thucyd. l. 1. n. 108. p. 70.
[d] Plut. Inftit. Lac. p. 239.
[e] Ibid.

& de nous éclairer. Je dirai feulement que les Rhodiens peuvent être nommés à jufte titre les légiflateurs de la mer. Ils furent les premiers qui penferent à foumettre à des loix les ufages concernant le trafic maritime & la police de la mer. Ces réglemens furent trouvés fi fages, que la plupart des autres nations les adopterent, & voulurent qu'on fuivît les loix navales des Rhodiens, pour décider les différends qui pourroient furvenir entre les gens de mer & les trafiquans. On ignore dans quel fiécle ces loix furent rédigées. Il paroît feulement qu'elles étoient fort anciennes [a].

C'eft au refte à cet efprit de Commerce qui s'empara de la plus grande partie des habitans de la Gréce, que ces peuples ont été redevables de ce dégré de puiffance & de confidération dont ils ont joui pendant quelques fiécles. Une nation commerçante eft, en général, une nation active & induftrieufe. Le trafic maritime fur-tout exige beaucoup de travail, de hardieffe & de fagacité. Ces qualités influent néceffairement fur les mœurs, & rendent les efprits plus propres aux grandes entreprifes. Les exemples des peuples que le Commerce a fait profpérer, ne me manqueroient pas, s'il étoit néceffaire de prouver cette vérité. Je finis par une réflexion fur la maniere dont, en différens tems, les Grecs ont envifagé le trafic.

Héfiode & Plutarque ont obfervé que, dans les fiécles dont je parle préfentement, le Commerce étoit en grand honneur chez les Grecs. Aucun travail, difent ces auteurs, n'étoit honteux ; aucun art, aucun métier ne mettoit de différence parmi les hommes [b]. Une façon de penfer fi raifonnable & fi utile à une nation telle que les Grecs, changea néanmoins. On voit par les ouvrages de Xénophon, de Platon, d'Ariftote, & de plufieurs autres écrivains de mérite, que dans leur fiécle, les profeffions qui pouvoient conduire à gagner de l'argent, étoient

IIIe. PARTIE.
Dep. l'établ. de la Royauté chez les Hébreux, jufqu'à leur retour de la captivité.

---

[a] Cicero pro lege Manil. n. 18. t. 5. p. 19. ⸗ Strabo, l. 14. p. 964.
On trouve à la fin du fecond volume de l'ouvrage intitulé *Jus Græco-Roman.* imprimé à Francfort en 1596, quelques loix écrites en Grec, & intitulées *Loix navales des Rhodiens.* Plufieurs auteurs croient qu'en effet ces loix font l'ancien texte de celles qui avoient été faites par les Rhodiens. Mais ce fentiment eft, on ne peut pas plus mal fondé, comme il me feroit aifé de le démontrer, fi cette difcuffion n'étoit pas totalement étrangere aux objets dont nous devons nous occuper.

[b] Hefiod. Op. & dies. v. 311. ⸗ Plut. *in* Solon. p. 79. D.

regardées comme indignes d'un homme libre [a]. Ariftote foutient que, dans un Etat bien ordonné, on ne donnera jamais le droit de cité aux artifans [b]. Platon veut qu'on puniffe un citoyen qui feroit le Commerce [c]. On voit enfin ces deux philofophes, dont les fentimens font d'ailleurs fi oppofés fur les principes & les maximes du Gouvernement, s'accorder à prefcrire que les terres ne foient cultivées que par des efclaves [d]. Il eft bien furprenant qu'avec de pareils principes, dont tous les Grecs paroiffent avoir été imbus, ces peuples aient été auffi intelligens dans le Commerce, & auffi puiffans fur la mer, qu'on fçait qu'ils l'ont été pendant quelques fiécles.

[a] Xenoph. Œcon. p. 482. ═══ Plato, de Rep. l. 2. de Leg. l. 8. p. 907. ═══ Arift. de Rep. l. 7. c. 9. l. 8. c. 2. l. 3. c. 4.
[b] De Rep. l. 3. c. 5. p. 344. A.
[c] De Leg. l. 2. p. 799.
[d] Plato de Leg. l. 7. p. 891. ═══ Arift. de Repub. l. 7. c. 10. p. 437. D.

Fin du quatriéme Livre.

TROISIEME PARTIE.

Depuis l'établissement de la Royauté chez les Hébreux, jusqu'à leur retour de la captivité : espace d'environ 560 ans.

LIVRE CINQUIEME.

De l'Art Militaire.

LES EXPÉDITIONS militaires n'ont été que trop fréquentes dans les siécles que nous envisageons présentement, & ces Princes nés pour le malheur de l'humanité, ces fléaux de la terre, qu'on a honorés du nom de conquérans, n'ont été alors que trop multipliés. Je ne m'arrêterai point à détailler leurs exploits. Nous devons moins envisager l'histoire de leurs conquêtes, que celle de l'Art militaire. Cet objet est celui qui doit principalement nous occuper. Je comprendrai sous un seul & même article les Babyloniens, les Assyriens, les Médes, les Syriens & les Egyptiens, eû égard au peu de détail que leur hiſtoire fournit dans les ſiécles préſens, par rapport à l'Art militaire. L'abondance des faits ſera cauſe, au contraire, que je traiterai ſéparément ce qui concerne les peuples de l'Europe, c'eſt-à-dire, les Grecs.

On va voir, par les faits dont je vais rendre compte, que dans les ſiécles qui font l'objet de cette derniere Partie de notre ouvrage, on faiſoit la guerre de la même maniere, à-peu-près, qu'on l'avoit toujours faite juſqu'alors. Les peuples n'a-voient encore que des connoiſſances très-bornées de l'Art mi-litaire. Quant à la cruauté & la barbarie, que j'ai ſi juſtement reprochée aux premiers ſiécles, ceux dont je parle maintenant, n'offrent à cet égard aucune différence : on n'y voit nul change-ment avantageux à l'humanité. Le droit des gens étoit alors auſſi inconnu, & auſſi ſouvent violé qu'il l'ait pû être dans les premiers âges.

CHAPITRE PREMIER.

Des Affyriens, des Babyloniens, des Médes, des Syriens, des Egyptiens, &c.

J'AI FAIT VOIR dans les livres précédens à quel point l'Art de faire la guerre étoit inconnu dans les anciens tems. On doit en effet mettre une grande différence entre donner une bataille, & diriger les opérations d'une campagne. Le gain d'une bataille ne dépendoit autrefois que du nombre des troupes & de leur bravoure : l'intelligence & la capacité y avoient très-peu de part. Mais ces deux qualités font abfolument nécessaires pour former le plan d'une campagne. C'eft dans cet article que confifte particuliérement l'Art de faire la guerre. D'après ces principes, il eft aifé de montrer que l'Art militaire n'avoit fait encore que très-peu de progrès dans les fiécles dont je parle préfentement.

Quelle idée en effet peut-on fe former de la maniere dont les Princes faifoient alors la guerre, lorfqu'on voit que, la plupart du tems, ils entroient en campagne fans s'y être préparés, fans avoir de plan formé, ni de projets fixes & décidés ? Dans ces tems d'ignorance & de barbarie, la fantaifie ou le hafard déterminoient pour l'ordinaire un conquérant à fe jetter fur un pays plutôt que fur un autre. L'Ecriture nous fournit un exemple de cette conduite dans la perfonne de Nabuchodonofor. Ce Monarque, dit Ezéchiel, s'arrêta dans un endroit où aboutiffoient deux chemins. Là il voulut apprendre par le fort, de quel côté il devoit tourner fes armes. Le fort étant tombé fur Jérufalem, il marcha contre cette ville [a]. Ce trait, qui n'eft pas le feul que je pourrois citer, fuffit pour donner une idée de la maniere dont les Princes entreprenoient alors une guerre, & s'y préparoient.

L'incertitude qui régnoit dans la conduite de ces Monarques, me paroît d'autant plus furprenante qu'ils traînoient à leur fui-

---

[a] C. 21. ỹ. 21 & 22.

te des forces innombrables. Il falloit cependant penfer à la fubfiftance de tant de milliers d'hommes; & comment y pourvoir,
lorfqu'on n'avoit pas déterminé, avant que d'entrer en campagne, où feroit le théatre de la guerre. Ajoutons qu'il y avoit une
très-nombreufe cavalerie, fans parler d'une multitude étonnante de chariots, dans les armées des Princes dont je viens de
parler.

Je demanderai auffi comment on s'y prenoit pour faire ma-
nœuvrer de pareilles armées un jour d'action. On ne voit point
que, dans les fiécles qui fixent préfentement nos regards, elles
fûffent divifées en différens corps. Il paroît même que cette
méthode a été inconnue aux Afiatiques jufqu'au regne de Cyaxare. Hérodote affure que ce Prince fut le premier qui imagina de féparer les piquiers, les cavaliers & les archers, les uns
d'avec les autres. Car auparavant, dit ce grand hiftorien, tous
ces différens corps marchoient confufément & pêle-mêle dans
les armées [a]. Cyaxare régnoit environ 630 ans avant J. C. La
difcipline militaire n'a donc été connue & introduite dans les
armées des Afiatiques, que depuis cette époque [1].

Quant à ce qui concerne l'attaque & la défenfe des places,
cette partie de l'Art militaire n'étoit pas alors abfolument inconnue dans l'Afie. Il eft parlé dans l'Ecriture de plufieurs fiéges. Ceux de Samarie, de Tyr & de Jérufalem peuvent nous
fournir quelques lumieres fur les moyens dont les Afiatiques
faifoient alors ufage pour réuffir dans ces fortes d'opérations. On
voit que leur maniere ordinaire d'attaquer une place confiftoit
à l'environner de foffés & de murailles fi exactement, qu'aucun des
habitans ne pût en fortir [b]. On faifoit enfuite approcher les béliers [c]
pour renverfer les portes ou les murs. Lorfque la breche étoit
jugée affez confidérable, on tentoit l'affaut. Pour favorifer &
faciliter cette manœuvre, on élevoit des·terraffes [d], qu'on

---

[a] L. 1. n. 103.

[1] Il faut excepter de cette propofition générale les Hébreux. Dès le tems de Moy-fe, ils étoient divifés en Tribus, qui for-moient chacune une troupe féparée avec fon étendart particulier. Auffi voyons-nous que l'armée de David étoit diftribuée en diffé-rens corps de cent hommes & de mille hom-mes. Elle étoit en outre partagée en 3 divi-fions principales, commandées chacune par un Officier général, qui avoit fous lui des tribuns & des centeniers. 2. Reg. c. 18. ỹ. 1, 2 & 4.

[b] 2. Reg. c. 20. ỹ. 15. = 4. Reg. c. 24. ỹ. 10.

[c] Ezéchiel, c. 4. ỹ. 2. c. 21. ỹ. 22. c. 26. ỹ. 9.

[d] Id. c. 4. ỹ. 2. c. 21. ỹ. 22. c. 26. ỹ. 8.

garniffoit

garniſſoit d'archers ou de frondeurs qui écartoient les aſſiégés de la bréche. On employoit auſſi la ſappe [a] pour renverſer les murs de la place. Voilà quelle étoit, dans les ſiécles dont je parle maintenant, & quelle a preſque toujours été autrefois, la maniere dont on ſe rendoit maître des places qu'on aſſiégeoit.

A l'égard de la défenſe de ces mêmes places, elle conſiſtoit dans la force & l'épaiſſeur des murailles, qui ſouvent étoient terraſſées, dans la largeur du foſſé qui les environnoit, dans la hauteur des tours, & dans les différentes machines qu'on employoit pour lancer au loin de longues fleches, & jetter de gros quartiers de pierres [b]. Ces moyens étoient ſuffiſans alors pour mettre une place en état de tenir long-tems. Le ſiége de Tyr par Nabuchodonoſor dura 13 ans [c], & celui d'Azoth par Pſammétique, 29 [d]. Ces faits n'ont rien d'abſolument incroyable, ſi l'on fait réflexion que la ſituation d'une place, aidée de quelques ouvrages, pouvoit autrefois la rendre imprenable. D'ailleurs on ne doit enviſager le ſiége de Tyr & d'Azoth que comme des blocus. C'étoit la ſeule reſſource qu'on pût employer pour ſe rendre maître de pareilles villes. Il falloit les réduire par la famine, & ce moyen n'étoit pas aiſé. On a vû, en effet, dans les livres précédens, que la plupart des grandes villes renfermoient autrefois dans leur intérieur un certain eſpace de terres labourables [e].

Au ſurplus, quoi qu'il y eût alors des places fortes & capables de tenir long-tems, il eſt certain qu'elles devoient être en petit nombre, ou que, s'il y en avoit pluſieurs dans un Etat, on ne ſçavoit pas s'en ſervir convenablement. Le plus grand avantage en effet qu'on puiſſe tirer des places fortifiées, c'eſt d'arrêter les progrès de l'ennemi victorieux. Cependant, dans les ſiécles dont je parle préſentement, une ſeule action décidoit toujours du ſort d'un Royaume. On ne voit point d'armée ſe relever ni ſe remettre après une premiere défaite. Toutes les guerres étoient alors, comme autrefois, preſque ordinairement décidées en une ſeule campagne. Le gain d'une bataille entraînoit infailliblement la conquête d'un Royaume entier.

[a] 2. Reg. c. 20. ℣. 15.
[b] Paral. c. 26. ℣. 9. 15.
[c] Joſ. Antiq. l. 10. c. 11. *ſub fin. adverſ.*
[d] Appion. l. 1. c. 7.
[d] Hérod. l. 2. n. 157.
[e] *Suprà*, L. II. c. 1. p. 53.

En général, les peuples de l'Afie ne paroiffent pas avoir jamais porté bien loin la connoiffance de l'Art militaire. Nous ne voyons point qu'ils fçûffent profiter de l'avantage des poftes, fe faifir à propos d'un terrein favorable, attirer la guerre dans un pays fourré, faire ufage des défilés, foit pour furprendre ou harceler l'ennemi dans fa marche, foit pour fe mettre à couvert de fes attaques, dreffer avec art des embufcades, traîner habilement une campagne en longueur, éviter d'en venir à une action décifive avec un ennemi fupérieur, le réduire enfin à fe confumer lui-même par la difette de vivres & de fourages. Nous ne voyons pas non plus que ces peuples fûffent fort habiles ni fort attentifs à tirer parti de la difpofition du terrein, à choifir des endroits où ils pûffent appuyer leur droite ou leur gauche de rivieres, de marais ou de hauteurs, pour fe mettre hors d'état d'être enveloppés. Ils ignoroient également l'art de combattre, avec une armée médiocre, une armée beaucoup plus nombreufe [a]. Il n'eft jamais fait mention de ces reffources dans les guerres des Afiatiques. Il paroît auffi que les marches, les contre-marches, & enfin quantité d'autres manœuvres militaires ne leur ont jamais été connues.

Je ne dirai qu'un mot des fuites ordinaires de la victoire chez les peuples de l'Afie. J'ai parlé fuffifamment, dans la premiere & dans la feconde Partie de cet ouvrage, des excès auxquels les vainqueurs avoient originairement coutume de fe porter. Il en étoit encore de même dans les fiécles que nous parcourons préfentement. Leur hiftoire, à cet égard, préfente fans ceffe les barbaries les plus horribles; & tout ce que j'ai dit des premiers âges, ne convient que trop à ceux qui nous occupent maintenant. Je ne crois donc point devoir m'attacher à retracer cet affreux tableau. Je remarquerai feulement un ufage dont les Livres faints fourniffent quantité d'exemples; ufage auffi barbare & auffi contraire au droit des gens, que les cruautés dont les premiers conquérans fouilloient toujours leurs victoires. On voit les rois d'Affyrie & de Chaldée, non contens d'avoir porté la défolation & le ravage dans les pays qu'ils avoient fubjugués, en enlever tous les habitans que le fer avoit épargnés, & les tranfporter dans des contrées fort éloignées [b]. Ces

<hr>

[a] Rollin, Hift. Anc. t. 2, p. 419. ⸺ [b] 4. Reg. c. 17. ℣. 6, c. 24. ℣. 16, c. 25. ℣. 11.

conquérans regardoient, fi l'on peut dire, les hommes comme des productions de la terre, qu'on pouvoit tranfplanter indifféremment d'un climat dans un autre.

Je ferai encore, à ce fujet, une autre réflexion. D'après les faits qu'on vient de lire, on feroit porté à croire que la terre devoit être autrefois beaucoup moins peuplée qu'elle ne l'eft aujourd'hui. Dans les anciens tems les peuples avoient prefque toujours les armes à la main. Les guerres étoient continuelles. Le ravage, le carnage & la deftruction totale des villes étoient les fuites ordinaires de la victoire. Nous en avons des preuves dans le fort que fubirent Ninive [a], Samarie [b], Tyr [c] & Jérufalem [d], fans parler de quantité d'autres exemples que je pourrois citer. Un pays conquis étoit donc un pays infailliblement ruiné & dévafté. Il devoit même fe paffer un tems confidérable avant qu'il pût fe remettre, puifque le vainqueur, comme je viens de le dire, emmenoit en captivité tout ce qui avoit pû échapper à la fureur du foldat; & combien ne devoit-il pas périr de familles dans ces tranfmigrations forcées & cruelles? La maniere dont la guerre fe faifoit alors, ne pouvoit donc pas manquer d'enlever à la terre la plus grande partie de fes habitans. L'Afie particuliérement, théatre perpétuel d'horreurs & de dévaftations, auroit dû bientôt fe trouver abfolument déferte & inhabitée. Les faits néanmoins rapportés par les hiftoriens de l'antiquité, atteftent que cette partie du monde étoit infiniment peuplée, même peu de fiécles après ceux que nous parcourons maintenant. C'eft, je l'avouerai, un problême dont la folution ne fe préfente pas facilement à mon efprit.

---

[a] Tobie, c. 14. ℣. 14 édit. des Septante. ═ Nahum, c. 2. ℣. 8. 10. 13. c. 3. ℣. 7. ═ Sophon. c. 2. ℣. 13. 15. ═ Ezechiel, c. 31. ℣. 3, &c. ═ Hérod. l. 1. n. 106. ═ Diod. l. 2. p. 142. ═ Strabo, l. 16. p. 1071. ═ Alex. Poly-Hift. *apud* Syncell. p. 210.

[b] 4. Reg. c. 17. ℣. 6. ═ Ofée, c. 14. ℣. 1. ═ Michée, c. 1. ℣. 6.

[c] Voyez *fuprà* L. IV. c. 2. p. 147.

[d] 4. Reg. c. 25. ℣. 9, &c.

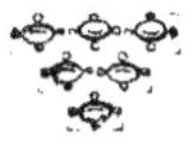

CHAPITRE II.

Des Grecs.

DANS L'EXAMEN que nous allons faire de l'état où étoit l'Art militaire chez les Grecs, aux fiécles dont il s'agit préfentement, je n'entrerai dans aucun détail fur les guerres qu'ils ont pû avoir entre eux. Cet objet ne mérite pas qu'on s'y arrête. L'hiftoire des événemens militaires arrivés alors dans la Gréce, n'eft, ni fort inftructive, ni fort intéreffante. Je me bornerai donc à parler d'abord des ufages qui ont été communs en général à toute la nation Grecque. Je parlerai enfuite des pratiques qu'on peut dire avoir été particuliérement propres aux Spartiates & aux Athéniens. Ces deux peuples ont été fans contredit les premiers & les feuls même qui, dans les fiécles dont nous nous occupons préfentement, euffent fait quelques progrès dans l'Art militaire. Je n'en veux point d'autres preuves que la fupériorité dont Sparte & Athènes ont joui pendant fi long-tems fur toutes les autres villes de la Gréce. Je ne prétends pas, au furplus, entrer dans de grands détails fur tous les objets que je viens d'indiquer. A l'égard des Athéniens & des Spartiates particuliérement, je ne crois pas devoir m'étendre beaucoup fur leur difcipline & leurs ufages militaires, ces objets étant des plus connus & des plus familiers.

ARTICLE PREMIER.

Des Pratiques Militaires communes à tous les Peuples de la Gréce.

EN PARLANT de la difcipline militaire des Grecs, aux tems de la guerre de Troie, j'ai dit qu'on ne voyoit pas bien clairement de quelle maniere on levoit alors des troupes. Nous pouvons parler plus affirmativement fur cet objet dans les fiécles que nous parcourons préfentement. On fçait qu'à Lacédémone, par exemple, tous les citoyens étoient obligés de porter les armes depuis 30 ans jufqu'à foixante [a]. Il en étoit de même à Athénes. Tous les jeunes Athéniens fe faifoient infcrire dans un regiftre public à l'âge de 18 ans, & s'engageoient par un ferment folemnel à fervir la République. Cet acte les obligeoit à marcher jufqu'à l'âge de foixante ans dans toutes les occafions qui fe préfentoient [b]. On peut conjecturer que cet ufage avoit également lieu dans les autres Etats de la Gréce, qui vraifemblablement obfervoient à cet égard la même difcipline que Sparte & Athénes. Difons encore que, chez tous ces peuples, les déferteurs étoient punis de mort [c], & qu'on notoit d'infamie ceux qui, dans la mêlée, avoient abandonné leur bouclier [d].

Dans les premiers tems de la Gréce, les foldats faifoient la guerre à leurs propres dépens [e]. On ne doit point s'en étonner. Les guerres d'ambition n'étoient pas encore connues. On ne prenoit les armes que pour fe défendre en cas d'attaque, ou dans l'efpérance de faire du butin. Toutes les guerres alors étoient donc des guerres utiles ou néceffaires. Chacun y étoit perfonnellement intéreffé. Les armées d'ailleurs s'éloignoient fort peu du canton d'où étoient forties les troupes qui les compofoient. Elles ne manquoient point d'y revenir à la fin de la

---

[a] Potter Archeolog. l. 3. c. 2.
[b] Id. Ibid.
[c] Lucian. *in* Navig. n. 33. t. 3. p. 270.
[d] Voyez Plut. *in* Pelop. p. 278. B.

S. Empiric. Pyrrhon. Hyppot. l. 3. c. 24. p. 181.
[e] Voyez la feconde Part. L. V. chap. 3.

campagne. Le foldat pouvoit donc aifément pourvoir à fa fub-fiftance. A l'exception de la guerre de Troie, il s'eft paffé bien des fiécles avant que les Grecs aient fongé à porter les armes hors de leurs pays, & jufqu'à ce moment leurs troupes n'étoient pas dans la pofition d'exiger une paye; car même dans l'expédition contre Troie, l'appât d'un riche butin formoit un ample dédommagement.

L'ambition des Grecs s'étant accrue avec leur puiffance, ils voulurent enfin prendre part aux événemens des autres pays. Différentes circonftances les engagerent dans la fuite des tems à tranfporter fouvent leurs troupes hors de leur territoire. Il fallut alors que l'Etat fournît, par des fecours particuliers, à la fubfiftance des armées qu'on envoyoit dans les pays lointains. Quoique l'hiftoire ne marque point précifément fi Sparte donnoit à ceux de fes habitans, qu'elle faifoit paffer en Afie, une paye, on peut conjecturer néanmoins que le tréfor public contribuoit à leur entretien. Il eft dit que Lyfandre fit augmenter la paye des Lacédémoniens qui fervoient fur les galéres que ce Général menoit au jeune Cyrus [a]. Ce fait autorife à penfer qu'alors les troupes de Sparte étoient dans l'habitude de recevoir une folde.

Jufqu'à Périclès, les foldats à Athénes avoient fervi gratuitement la République; mais fous fon gouvernement, la guerre fe faifant au loin dans la Cherfonéfe, dans la Thrace, dans les Ifles, dans l'Ionie, &c. pendant plufieurs mois de fuite, il fallut bien que la République pourvût à la fubfiftance de citoyens éloignés fi long-tems de leur patrie, & hors d'état, par conféquent, de pouvoir gagner leur vie. Car les habitans d'Athénes étoient, pour la plupart, artifans, & ne fubfiftoient que de leur travail & de leur induftrie. La paye que la République donnoit à fes troupes fut réglée à deux oboles par jour par fantaffin, & à une drachme par cavalier [b]. C'eft ainfi que l'ambition contraignit, par la fuite des tems, les Grecs à foudoyer leurs troupes, qui originairement ne l'avoient pas été. Les faits qu'on vient de lire font, il eft vrai, poftérieurs aux fiécles qui terminent cette troifiéme & derniere Partie de notre ouvrage. J'ai crû néanmoins cette difgreffion néceffaire pour

[a] Plut. in Lyfand. p. 435. B. — [b] Potter. Archeol. l. 3. c. 2. p. 432.

'donner une idée complette de la difcipline militaire des Grecs. Je reviens à l'époque qui doit maintenant nous occuper.

J'ai dit dans le volume précédent que fuivant toutes les apparences les Grecs, aux tems héroiques, n'étoient pas bien experts dans l'Art de manier les armes [a]. J'ajouterai qu'il en devoit être encore de même dans les fiécles que nous parcourons préfentement. On fçait en effet qu'il n'y eût jamais de maîtres d'efcrime chez les Lacédémoniens [b]; & quant aux Athéniens, cette profeffion n'y fut introduite que la huitiéme année de la guerre du Péloponéfe [c]. D'après ce fait, ne pourroit - on pas penfer que les Grecs n'étoient pas dans l'ufage d'exercer leurs troupes au maniement des armes; & qu'à cet égard il n'y avoit ni regle ni difcipline parmi ces peuples, chacun étant le maître de fuivre fes idées & fes vûes particulieres.

Quant aux marches, aux campemens, aux évolutions, & autres manœuvres militaires, il n'eft pas poffible d'en parler. Rien ne peut nous indiquer fi les Grecs, dans les tems dont je parle, avoient fur tous ces articles quelques principes, quelques maximes conftantes & uniformes. Je croirois qu'en général ces peuples n'avoient pas encore fait de grands progrès dans la Tactique. Cette fcience n'a commencé que fort tard à fe débrouiller & à prendre forme.

J'ai prouvé ailleurs que du tems de la guerre de Troie il n'y avoit pas de cavalerie proprement dite dans les armées Grecques [d]. Les fiécles, dont il s'agit maintenant, offrent à cet égard une différence notable. On y voit les Grecs faire ufage de la cavalerie, & en avoir des corps dans leurs armées. Il feroit peut-être intéreffant de fixer l'époque de ce changement, & d'en faire connoître les auteurs. Mais il n'eft pas poffible de contenter, fur cet article, la curiofité des lecteurs. On ignore abfolument par qui & dans quel tems la cavalerie a été introduite chez les Grecs. Tout ce qu'on peut dire, c'eft que la premiere guerre de Mefféne, dont l'époque tombe à l'an 743 avant Jefus - Chrift, eft la premiere occafion où l'hiftoire faffe mention de cavalerie dans les armées Grecques [e]. Il y en avoit

---

[a] Voyez la feconde Part. L. V. c. 3.
[b] Plato *in* Laches, p. 482. 483.
[c] Ibid. Voyez les notes de Mr. Dacier fur ce dialogue. p. 338.

[d] Voyez la feconde Partie. Liv. V. c. 3.
[e] Voyez Acad. des Infcript. t. 7. M. p. 298. 327.

dans l'armée des Mefféniens & dans celle des Lacédémoniens. Cet établiffement devoit, à ce qu'il paroît, être affez récent ; car outre que cette cavalerie étoit peu nombreufe, elle étoit d'ailleurs fi mauvaife, qu'elle ne fut prefque d'aucun ufage. Paufanias remarque à ce fujet que les habitans du Péloponéfe ne connoiffoient pas encore l'art de bien manier un cheval [a]. On peut donc fuppofer, fans trop donner à la conjecture, que l'introduction de la cavalerie dans les armées Grecques n'a pas précédé de beaucoup la premiere guerre de Mefféne.

Les Grecs au furplus n'ont jamais eû que fort peu de cavalerie. Ce n'eft pas que ces peuples n'en fiffent un très-grand cas. On voit au contraire qu'ils l'eftimoient beaucoup ; mais le terrein de la Gréce, généralement parlant, fec & aride n'a jamais été favorable aux chevaux. Il n'y avoit que le fol de la Theffalie qui fût propre à en nourrir & à en élever. Par-tout ailleurs ils dégénéroient [b]. Il n'eft pas poffible d'en douter, lorfqu'on voit qu'à la bataille de Marathon & à celle de Platée, les Grecs n'avoient point de cavalerie, parce que la Theffalie étoit alors au pouvoir des Perfes [c]. Cependant à la bataille de Platée l'armée Grecque étoit forte de cent dix mille hommes. L'entretien, au refte, d'un corps de cavalerie Theffalienne coûtoit des fommes fi confidérables, que la plupart des villes Grecques n'étoient pas en état d'en faire les frais. Auffi quiconque autrefois pouvoit entretenir des chevaux, jouiffoit parmi les Grecs de la plus grande confidération [d].

Remarquons, au fujet de la cavalerie, qu'aucun peuple de l'antiquité n'a connu ni la felle ni les étriers. Il n'en eft point fait mention dans les auteurs anciens. L'éducation, l'exercice, l'habitude avoient appris aux cavaliers d'alors à fe paffer de ces fecours. Ils fçavoient s'élancer légérement fur le dos d'un cheval, & s'y maintenir fans l'aide de la felle ni des étriers. Ceux à qui l'âge ou la foibleffe ne permettoient pas la même agilité, fe faifoient aider par quelqu'un, finon ils profitoient du fecours d'une groffe pierrre, ou de quelque autre élévation pour monter

[a] L. 4. c. 8. p. 300.
[b] Voyez Acad. des Infcript. t. 7. M. p. 330.

[c] Hérod. l. 6. n. 112. l. 9. n. 128.
[d] Arift. *de* Rep. l. 4. cap. 3. t. 2. p. 365. B.

à cheval

à cheval [a]. Ces ufages, au furplus, ne font pas beaucoup d'honneur au génie & à la fagacité des anciens peuples. On ne peut voir fans étonnement combien ils étoient peu induftrieux à fe procurer certaines commodités dont on comprend difficilement qu'il ait jamais été poffible de fe paffer. Difons maintenant un mot de l'attaque & de la défenfe des places chez les Grecs.

Cette partie de la fcience militaire étoit encore fort peu connue dans la Gréce, aux fiécles qui nous occupent préfentement. On voit, dans la guerre que les Lacédémoniens déclarerent aux Mefféniens, la ville d'Ithôme foutenir un fiége de 19 ans, moins par la force des ouvrages dont elle étoit revêtue, que par l'ignorance des affiégeans. La défenfe de cette place confiftoit uniquement dans fa pofition. Elle étoit affife fur une montagne affez haute & affez efcarpée [b] pour en rendre les approches fort difficiles à des peuples auffi peu expérimentés que l'étoient alors les Grecs, dans l'art de faire des fiéges. C'eft ainfi que plufieurs places ont pû, même avant qu'on eût inventé aucune efpece de fortification, foutenir des fiéges fort longs. Ariftote nous apprend encore que les anciennes villes de la Gréce étoient bâties de maniere que, quoiqu'elles ne fûffent point entourées de murs, elles pouvoient néanmoins fe défendre par la façon dont on les avoit conftruites. Toutes les rues en étoient fi étroites & fi remplies de finuofités, qu'on pouvoit, avec peu de monde, arrêter facilement l'ennemi à chaque pas, & l'accabler du haut des maifons [c]. Ariftote n'eft pas, au furplus, le feul écrivain de l'antiquité qui ait parlé de ce fait [d]. On en trouve même des exemples chez d'autres nations que les Grecs [e].

Je ne vois point, quant à préfent, d'autres objets à indiquer fur l'état de l'Art militaire dans la Gréce. Je remarquerai feulement un ufage dont on ne fçauroit trop faire l'éloge. C'étoit la coutume, après une bataille, d'affembler l'armée pour adjuger à voix haute, & en préfence de toutes les troupes, le prix

---

[a] *Voyez* Potteri Archéol. l. 3. chap. 2. p. 435.
[b] Pauf. l. 4. c. 9. === Strabo, l. 8. p. 556.
[c] De Rep. l. 7. c. 11.

[d] Voyez Diod. l. 4. p. 321.
[e] Voyez le Rec des voyages de la Compagnie des Indes Hollandoife, t. 4. p. 53. & 54.

de la valeur à celui qu'on jugeoit l'avoir mérité [a]. Il feroit fuperflu de s'arrêter à faire fentir l'effet que devoit produire un
pareil ufage chez des peuples auffi avides de gloire & de diftinctions que l'étoient autrefois les Grecs.

On a vû ailleurs quel étoit le droit de la guerre chez ces peuples aux tems héroiques [b]. Il n'étoit pas moins barbare dans les
fiécles qui nous occupent préfentement. Les habitans d'une ville
prife étoient auffi-tôt réduits en efclavage, & la place détruite
entiérement. Je crois pouvoir attribuer cet efprit de cruauté à
la conftitution politique de la Gréce, où le gouvernement Républicain dominoit & l'emportoit fur tous les autres. En effet
il me paroît prouvé par l'hiftoire que, généralement parlant,
les fuites de la victoire ont toujours été beaucoup plus cruelles
dans les Républiques que dans les Etats Monarchiques. Il eft
même affez facile d'en faire fentir la raifon. Les guerres entreprifes par un Monarque font regardées ordinairement comme
perfonnelles de Souverain à Souverain. Les fujets n'y portent
prefque jamais un intérêt de vengeance particuliere. De-là vient,
en partie, cette humanité qui regne après la victoire, & le bon
traitement qu'on fait aujourd'hui aux prifonniers chez la plupart des peuples de l'Europe. Il n'en peut pas être de même
dans les Républiques. Elles fe conduifent par d'autres principes
& par d'autres intérêts que les Etats Monarchiques. Les guerres
qu'elles entreprennent font prefque toujours nationales. Chaque
membre de l'Etat y prend un intérêt vif & perfonnel, & porte
néceffairement une animofité particuliere dans les combats. Dès-
lors les fuites de la victoire doivent produire des excès inconnus dans les guerres faites par les Monarques, & c'eft ce que
nous voyons être arrivé dans toutes celles des Grecs. Ces peuples, aux tems dont je parle préfentement, étoient divifés en
une infinité de petites Républiques, dont tous les membres fe
jaloufoient & fe haiffoient perfonnellement, & ne cherchoienr
en conféquence qu'à fe détruire & à s'anéantir réciproquement.

Après ces vues générales fur l'état de l'Art militaire chez les
Grecs, dans les fiécles qui nous occupent préfentement, il faut
dire un mot de la difcipline particuliere aux Lacédémoniens &

[a] Voyez Hérod. l. 8. n. 123. ═ Diod. Fragm. t. 2. p. 637. n. 10. ═ [b] Voyez la
feconde Part. L. V. c. 3.

aux Athéniens. C'eſt à Lycurgue que l'antiquité fait honneur de tous les réglemens qui pouvoient concerner la guerre chez les Lacédémoniens. Nous ſommes donc en état de prononcer ſur l'habileté de ces peuples dans l'Art militaire. Il n'en eſt pas tout-à-fait de même des Athéniens. Leurs progrès, à cet égard, ont été beaucoup plus lents. Ils n'ont commencé à ſe former à la ſcience de la guerre que peu de tems avant l'irruption des Perſes dans la Gréce. J'ai crû néanmoins que pour ne rien laiſſer à deſirer ſur cet article, je devois un peu anticiper les tems, & donner une idée de la diſcipline & de la capacité militaire des Athéniens.

IIIᵉ. PARTIE.
Dep. l'établ. de la Royauté chez les Hébreux, juſqu'à leur retour de la captivité.

ARTICLE II.

De la Diſcipline Militaire des Lacédémoniens.

ON DOIT regarder les Lacédémoniens comme ayant été, de tous les peuples de la Gréce, ceux qui ont poſſédé dans le dégré le plus éminent la ſcience militaire. Toutes les loix de Sparte, & tous les établiſſemens de Lycurgue tendoient à faire autant de ſoldats, qu'on comptoit de citoyens dans la République. La guerre étoit en quelque ſorte l'unique objet qu'on enviſageât à Sparte dans l'éducation qu'on y donnoit à la jeuneſſe[a]. D'après cette réflexion, on ne doit point s'étonner ſi, pour l'expérience, la capacité & l'exactitude de la diſcipline militaire, les Lacédémoniens n'ont point eû de rivaux dans la Gréce. C'eſt à ces qualités qu'ils ont été redevables de leurs ſuccès & de leur ſupériorité.

L'Infanterie faiſoit chez les Spartiates, comme chez tous les autres peuples de la Gréce, la principale force des armées. Elle étoit diviſée, qu'on me paſſe le terme, en un certain nombre de régimens, compoſés chacun de quatre bataillons. Le bataillon étoit de 128 hommes, & ſe diviſoit en quatre compagnies, chacune de 32 hommes [b]. Tous ces différens corps étoient commandés par quantité d'officiers, de grades & d'em-

---

[a] Voyez Plut. *in* Lycurg. ══ [b] Thucyd. l. 5. n. 68.

plois subordonnés les uns aux autres [a]. C'étoit toujours un des deux Rois de Sparte qu'on mettoit à la tête des armées [b].

Les armes des Lacédémoniens consistoient dans de grands boucliers, des lances, des demi-piques & des épées fort courtes [c]. Il y avoit aussi, si l'on peut dire, une espece d'uniforme pour les troupes Lacédémoniennes. Tous les auteurs de l'antiquité s'accordent à dire qu'elles étoient constamment vêtues de rouge. Le choix de cette couleur étoit fondé sur deux motifs. On vouloit, & que les soldats pûssent moins s'appercevoir de la perte de leur sang, & dérober à l'ennemi la connoissance des blessures qu'il avoit faites [d].

Les flûtes étoient les instrumens militaires des Lacédémoniens. Ils n'alloient au combat qu'au son de cet instrument, afin, dit Thucydide, que marchant d'un pas égal, & comme en cadence, ils fussent moins exposés à rompre leurs rangs. C'étoit l'objet principal de la discipline militaire de ces peuples [e]. Tous leurs principes, toutes leurs regles de Tactique, & tous leurs préceptes militaires avoient pour but d'empêcher les troupes de pouvoir jamais se rompre ni se débander. Ils avoient pourvu & obvié à tous les événemens qui auroient pû les exposer à ce danger. C'est dans cette vûe qu'il étoit défendu aux Lacédémoniens de dépouiller les morts dans le combat [f]. On en doit dire autant de la maxime qu'ils avoient de ne jamais poursuivre trop ardemment l'ennemi qui fuyoit. Les Lacédémoniens avoient bien senti les hasards qu'on pouvoit courir en pareille occasion. Ils préféroient sagement la modération & la retenue à l'avantage de tuer quelques hommes de plus [g]. Il arrivoit même souvent que leurs ennemis instruits que tout ce qui résistoit étoit passé au fil de l'épée, & qu'ils ne pardonnoient qu'aux fuyards, préféroient la fuite à la résistance [h].

---

[a] Thucyd. l. 5. n. 66. ══ Xenoph. *de* Republ. Laced. p. 399.

[b] Hérod. l. 5. n. 75. ══ Thucyd. l. 5. n. 66. ══ Xenoph. *de* Republ. Laced. p. 401 & 402.

[c] Plut. *in* Lycurg. p. 51. F.

[d] Xenoph. *de* Rep. Laced. p. 399. ══ Plut. Instit. Lac. p. 238. F. ══ Ælian. Var. Hist. l. 6. c. 6. ══ Val. Max. l. 2. chap. 6. ══ Suidas, t. 3. p. 639.

[e] L. 5. n. 70. ══ Plut. *in* Lycurg. p. 53. E. ══ Pauf. l. 3. chap. 17. p. 251. l. 4. chap. 8. p. 300. ══ Lucian. *de* Saltat. n. 10.

[f] Ælian. Var. Hist. l. 6. chap. 6. ══ Plut. t. 2. p. 228. F.

[g] Pauf. l. 4. chap. 8. p. 300. ══ Plut. *in* Lycurg. p. 54. A.

[h] Plut. Ibid.

On doit donner aussi beaucoup d'éloges au principe que Lycurgue avoit tâché d'inculquer à ses peuples. Il leur avoit défendu de faire trop souvent la guerre aux mêmes ennemis, de
peur de les instruire en les mettant dans la nécessité fréquente
de se défendre [a]. Ces faits suffisent, je crois, pour prouver
combien les Lacédémoniens avoient étudié l'Art militaire, &
les progrès qu'ils y avoient faits.

Il doit paroître bien étonnant qu'un peuple, dont on ne peut
trop louer la grandeur d'ame & la prudence, ait été aussi sujet
à la superstition que l'étoient les Lacédémoniens. Cette foiblesse les dominoit au point de leur faire risquer le salut de
la Patrie. L'histoire nous en a conservé un exemple bien mémorable. Par des motifs qui nous font aujourd'hui inconnus,
les Lacédémoniens n'osoient se mettre en campagne avant le
jour de la pleine Lune. Dans le tems que les Perses, avec une
armée de trois cents mille hommes, étoient sur le point d'en-
vahir la Gréce, les Athéniens, que la tempête menaçoit les
premiers, dépêcherent à Sparte en grande hâte pour demander du secours. La réponse qu'ils eurent dans une conjonc-
ture si critique, fut que les Lacédémoniens ne pouvoient pas
marcher de quelque tems, attendu que leur religion ne leur
permettoit pas de se mettre en campagne avant la pleine
Lune [b].

On peut faire aux Lacédémoniens un reproche encore plus
honteux & plus essentiel. Ils n'étoient pas délicats sur l'article
de la probité. Tout moyen, qui pouvoit les faire triompher,
leur paroissoit bon & légitime. La perfidie & le manque de
foi ne leur coûtoient rien [c]. On les accuse aussi d'avoir été
les premiers de tous les peuples connus qui aient tenté de sé-
duire, à force d'argent, la fidélité des Généraux ennemis, &
rendu, pour ainsi dire, la victoire vénale [d]. Les Lacédémoniens suivoient, à cet égard, leur goût dominant. Ces peuples faisoient en général grand cas de la ruse & de la super-

IIIe. Partie.
Dep. l'établ. de la
Royauté chez les
Hébreux, jusqu'à
leur retour de
la captivité.

---

[a] Plut. *in* Lycurg. p. 47. D. ══ Apophtegm. p. 189. F.
Voyez ce que disoit le Czar Pierre I. au
sujet de la guerre que lui faisoit Charles XII.
Hist. de Charles XII par Voltaire, l. 1.
sub fin.

[b] Hérod. l. 6. n. 106 ══ Strabo, l. 9.
p. 611. ══ Pauf. liv. 1. chap. 28. liv. 3.
chap. 5.
[c] Voyez Hérod. l. 6. n. 79.
[d] Pauf. l. 4. c. 17. p. 321.

cherie. On fçait que le vol étoit non-feulement toléré, mais même en quelque forte autorifé par les loix de Sparte [a]. Ce principe influoit jufques dans les affaires de l'Etat. Lorfque les Lacédémoniens étoient redevables de la victoire à la fubtilité & à l'adreffe de leurs Généraux, ils immoloient un bœuf; mais quand ils croyoient ne la devoir qu'à leur courage & à la force de leurs armes, ils fe contentoient de facrifier un coq [b]. L'intention des Lacédémoniens, dans cet ufage qui paroît bizarre, étoit d'accoutumer leurs Généraux à employer plus volontiers la rufe que la force ouverte [c].

C'eft à cet expofé fuccinct que je crois devoir borner ce que j'avois à dire fur la Difcipline militaire des Spartiates. Ceux qui défireront de plus grands éclairciffemens fur les marches, les évolutions, les grades militaires, & l'ordre des campemens de ces peuples, peuvent confulter le traité de Xénophon, intitulé : *De la République des Lacédémoniens.*

[a] Voyez Plut. *in* Lycurg. p. 50. & Inf-titut. Laced. p. 237.

[b] Plut. Inftit. Laced. p. 238. F.
[c] Id. Ibid.

ARTICLE III.

De la Discipline Militaire des Athéniens.

J'AI DÉJA FAIT fentir les raifons qui ne nous permettent pas d'entrer dans de grands détails fur la Difcipline militaire des Athéniens. Il faut convenir d'ailleurs qu'il ne nous refte aujourd'hui que très-peu de connoiffances fur cet objet, foit que le tems nous ait dérobé ceux des auteurs anciens qui auroient pû nous en inftruire, foit, & c'eft ce qui me paroit le plus vraifemblable, qu'à cet égard il n'y eut rien qui méritât d'être tranfmis particuliérement à la poftérité. Les Athéniens en effet ne le cédoient point aux Lacédémoniens pour la bravoure; mais je crois qu'ils leur ont toujours été fort inférieurs pour l'intelligence, la capacité, & en général pour toutes les opérations de la guerre. La maniere dont étoient commandées les armées des Athéniens ne doit pas, par exemple, donner une grande opinion de l'habileté de ce peuple, dans l'Art militaire.

Les Athéniens mettoient à la tête de leurs troupes dix chefs égaux en autorité [a], parce qu'Athénes étant compofée de dix Tribus, chacune vouloit fournir le fien. Le commandement rouloit entre ces dix chefs, c'eft-à-dire, qu'ils commandoient alternativement, chacun pendant un jour [b]. Leur autorité étant égale, il pouvoit arriver, comme l'événement l'a fait voir plus d'une fois, que dans les délibérations cinq füffent d'un avis, & cinq d'un autre [c]. Pour remédier aux inconvéniens que ce partage d'opinions n'auroit pas manqué d'occafionner, on adjoignoit aux dix Généraux un officier connu dans l'antiquité fous le nom de *Polémarque*. Cet officier avoit voix délibérative dans le confeil de guerre, & pouvoit ainfi départager les opinions [d].

---

[a] Hérod. l. 6. n. 103. ═ Corn. Nepos *in* Miltiad. n. 4. ═ Plut. Apophtegm. p. 177. C. ═ In Cimone. p. 483. E.
[b] Hérod. l. 6. n. 110. ═ Plut. *in* Arif-tid. p. 321.
[c] Hérod. l. 6. n. 109.
[d] Ibid. n. 110.

C'étoit le peuple qui choisissoit les dix Généraux qu'on chargeoit de commander les troupes de la République. Ils n'étoient ordinairement en place que pendant une année. On en changeoit presque toujours à chaque campagne. Il seroit, je crois, superflu d'insister sur les inconvéniens & sur les défauts d'une pareille discipline : je me contenterai de rapporter à ce sujet un bon mot de Philippe, roi de Macédoine, le pere d'Alexandre. J'admire, disoit ce Prince, le bonheur des Athéniens. Je n'ai pû trouver en toute ma vie qu'un seul Général (*Parménion*); mais les Athéniens ne manquent pas d'en trouver, à point nommé, dix tous les ans [a].

Il suffit de connoître le caractere du peuple d'Athènes, pour être en état de sentir les motifs d'une conduite si bisarre & si singuliere. C'étoit la crainte de la tyrannie qui très-certainement avoit fait imaginer aux Athéniens cette multiplicité & ce changement continuel de Généraux. Jamais peuple en effet n'a été plus passionné pour sa liberté, & n'a pris plus de jalousie & d'ombrage de ses chefs que celui d'Athènes. Toute sa politique tendoit à diminuer l'autorité qu'il étoit obligé de leur confier. Il cherchoit donc à en abréger le tems, & à faire passer sans cesse le commandement en différentes mains, dans la vûe de prévenir & d'empêcher les entreprises que ses Généraux auroient pû être tentés de former contre sa liberté & contre son indépendance [b].

En avançant au reste que les Athéniens étoient fort inférieurs aux Lacédémoniens pour l'expérience & la capacité militaire, je n'ai pas prétendu ravir aux premiers la gloire que plusieurs expéditions bien conduites leur ont si justement acquise. J'ai seulement voulu dire qu'en général les Athéniens paroissent avoir manqué de cette prudence, de cette fermeté & de cette conduite réfléchie, qui seules peuvent assurer le succès des entreprises. L'inconstance, l'impatience & la précipitation n'ont que trop souvent présidé aux démarches des Athéniens. C'est à ces défauts, inséparables de la constitution de leur Gouvernement, plutôt encore qu'à une incapacité réelle, que je crois devoir attribuer les malheurs dont ils furent

[a] Plut. Apophtegm. p. 177. C. === [b] Voyez *suprà*, L. I. c. 5, p. 29.

accablés

accablés fur la fin de la guerre du Péloponéfe. Par fon peu
de conduite, fa préfomption & fa témérité, Athénes perdit
même les avantages qu'elle avoit du côté de la mer fur les Lacédémoniens & fur les autres peuples de la Gréce. Je ne puis
pas en dire davantage fur un article fi intéreſſant. Les événemens qui ont occaſionné la chûte totale & l'abaiſſement entier
des Athéniens, font arrivés dans des fiécles qui n'entrent point
dans le plan que je me fuis propofé (').

J'ai déja eû occaſion de dire que l'humanité faifoit le fond
du caractere général des Athéniens ᵃ. On en trouve une preuve
bien marquée dans une loi qui fait trop d'honneur à ce peuple, pour la paſſer fous filence. Elle ordonnoit, cette loi, que
ceux qui auroient été eſtropiés à la guerre, feroient nourris aux
dépens de l'Etat. La même grace étoit accordée aux peres &
aux meres, auſſi-bien qu'aux enfans de ceux qui, étant morts
dans les combats, laiſſoient une famille pauvre & hors d'état
de fubfiſter ᵇ. On peut dire d'un pareil établiſſement, qu'il
marquoit également l'humanité & la fageſſe du légiſlateur qui
l'avoit propofé, & la générofité du peuple qui l'avoit adopté.
L'antiquité en faifoit honneur à Pififtrate ᶜ, qui s'empara du
Gouvernement d'Athénes vers l'an 550 avant J. C.

Je ne crois pas devoir m'étendre davantage fur la Difcipline
militaire des Athéniens. Pour en parler convenablement, il faudroit, comme je l'ai déja dit, defcendre à des fiécles qui ex-
céderoient de beaucoup les bornes que je me fuis prefcrites.
Ce ne fut en effet que peu de tems avant le fiécle de Périclès
& d'Alcibiade, qu'on vit la tactique commencer à prendre chez
les Athéniens une forme certaine & réglée. Ce fut auſſi vers le
même tems à-peu-près que ces peuples firent dans leur armure

IIIe. PARTIE.
Dep. l'établ. de la
Royauté chez les
Hébreux, jufqu'à
leur retour de la
captivité.

(') C'eſt par cette raifon encore qu'il ne
m'a pas été poſſible de parler de la Marine
militaire des Athéniens. J'ai dit dans l'article de la Navigation, en expofant l'état où
étoit la Marine chez les Grecs, dans les
fiécles dont nous nous occupons maintenant, qu'Athénes n'avoit alors, ni Marine
marchande, ni Marine militaire. Ce ne fut
en effet que lors de l'invaſion de Xercès
dans la Gréce que les Athéniens tournerent
toutes leurs vûes du côté de la mer, & cet
événement eſt poſtérieur aux fiécles qui terminent cette troifiéme & derniere Partie de
notre ouvrage.

ᵃ *Suprà*, L. I. c. 5. art. 1. p. 36.
ᵇ Plato *in* Menex. p. 525. == *Ex* He-
raclide Plut. *in* Solon. p. 96 C. == Diogen. Laert. *in* Solon. l. 1. fegm. 55. p. 34.
ᶜ Plut. *in* Solon. pag. 96. C. == Dio-
genes Laert. *in* Solon. lib. 1. fegm. 55.
p. 34.

pluſieurs changemens avantageux [a], & qu'ils connurent l'art d'aſſiéger & de défendre les places. Juſqu'à ce moment je ne vois pas, qu'à l'exception des Spartiates, les Grecs en général euſſent des principes bien aſſurés, ni des regles bien poſitives & bien conſtantes ſur tous ces objets. Je crois donc que, pour les ſiécles dont j'ai eû occaſion de parler dans cet ouvrage, il faut ſe contenter de vûes & d'idées générales, & chercher plutôt l'eſprit qui animoit les Grecs dans leurs guerres, que l'hiſtoire de leur Diſcipline militaire, dont le détail nous eſt, en grande partie, abſolument inconnu.

[a] Voyez Diod. l. 15. p. 36. ═ Cornel. Nepos *in* Iphicrate, n. 1. | Iphicrate commandoit les armées d'Athénes vers l'an 356 avant J. C.

Fin du cinquiéme Livre.

TROISIEME PARTIE.

Depuis l'établissement de la Royauté chez les Hébreux, jusqu'à leur retour de la captivité : espace d'environ 560 ans.

LIVRE SIXIEME.

Des Mœurs & Usages.

ES ARTS ne se perfectionnent, & le commerce ne s'étend qu'à proportion du progrès que fait, parmi les peuples, la passion du luxe, le goût pour la magnificence & l'amour des voluptés. Ce qu'on a lû précédemment sur l'état des Arts & sur les progrès du Commerce & de la Navigation, dans les siecles qui font l'objet de cette troisieme Partie de notre ouvrage, doit faire pressentir au Lecteur quelles pouvoient être alors les inclinations & la maniere de vivre des peuples dont nous allons l'entretenir.

Je n'ai pû parler, jusqu'à présent, que d'une maniere fort vague & fort générale des Mœurs de la plus grande partie des nations de l'Asie : les Babyloniens même & les Assyriens, dont la Monarchie est si ancienne, que l'origine en emonte aux siécles les

IIIᵉ. PARTIE. Dep. l'établ. de la Royauté chez les Hébreux, jusqu'à leur retour de la captivité.

Z ij

plus voisins du déluge; les Babyloniens & les Assyriens n'ont rien pû me fournir pour la premiere ni pour la seconde Partie de mon travail. Comment, en effet, aurois-je pû parler de leurs mœurs dans des siecles où l'histoire de ces nations nous est absolument inconnue ? Les secours qu'on trouve dans les écrivains de l'antiquité, pour les tems dont il s'agit maintenant, vont nous dédommager de ce silence forcé. Je parlerai ensuite des Médes : l'origine & la fin de la Monarchie de ces peuples se trouve exactement renfermée dans l'époque qui nous occupe présentement. J'entrerai aussi dans quelque détail sur les Mœurs des Lacédémoniens & des Athéniens. A l'égard des Egyptiens, je n'en dirai rien pour le moment, d'autant que j'ai crû devoir rapporter dans la premiere Partie, tout ce qui pouvoit concerner les mœurs & les usages de ce Peuple. Je pourrai seulement me permettre quelques réflexions sur son génie & sur son caractere distinctif. Une nation aussi célébre que l'ont été les Egyptiens dans l'antiquité, mérite bien qu'on s'en occupe plus d'une fois.

CHAPITRE PREMIER.

Des Peuples de l'Asie.

RIEN N'EST plus capable de nous faire concevoir à quel dégré plusieurs peuples de l'Asie avoient porté, dans les siécles dont il s'agit présentement, le luxe & la somptuosité, que ce qu'on lit dans l'Ecriture sur la magnificence de la cour de Salomon. On y apprend que la Reine de Saba, quoique prévenue de la splendeur de ce Monarque, fut néanmoins étonnée en voyant la maniere dont sa table étoit servie, le nombre de ses officiers, la richesse de leurs appartemens, & la magnificence de leurs habits ᵃ. Tous les vases qui servoient à la table de Salomon étoient d'un or très-pur, ainsi que la vaisselle de sa maison du bois du Liban. Je ne parle point de son trône, ni du cortége brillant & superbe qui l'accompagnoit chaque fois qu'il alloit au Temple ᵇ; ces faits sont assez connus. On peut dire que ce qu'on lit dans l'Ecriture & dans Josephe, sur la maniere dont vivoit Salomon, surpasse de beaucoup l'idée qu'on pourroit se former des Cours les plus brillantes & les plus magnifiques de l'univers.

Il paroît que ce goût pour le faste & la magnificence fut héréditaire dans le royaume de Juda. Les Princes qui en occuperent le trône jusqu'à la captivité, tenoient un très-grand état, & avoient une Cour des plus brillantes : beaucoup d'officiers pour les servir, une foule de courtisans, des eunuques, des palais superbes, des habits & des ameublemens très-recherchés & très-somptueux, &c. Il est dit d'Ezéchias, qu'il montra avec complaisance aux ambassadeurs du roi de Babylone ses trésors, ses parfums, ses huiles de senteur, ses pierreries & ses vases précieux ᶜ. Je ne fais au surplus qu'indiquer ces objèts. J'ai déja dit que l'histoire du peuple Hébreu n'entroit point dans le plan que je me suis tracé. Je passe donc aux Moeurs des Assyriens, des Babyloniens & des Médes.

ᵃ 3. Reg. c. 10. ℣. 4, &c. ═ ᵇ 3. Reg. c. 10. ═ ᶜ 4. Reg. c. 20. ℣. 13. 2. Paral. c. 32. ℣. 27.

ARTICLE PREMIER.

Des Affyriens.

QUOIQUE dans les volumes précédens j'aie eû fouvent occafion de parler des Affyriens, il ne m'a cependant pas été poffible jufqu'à préfent de donner aucune idée du caractere & des Mœurs de ce peuple. Nous ignorons les événemens qui peuvent être arrivés dans l'Empire Affyrien pendant la plus grande partie de fa durée. Les lumieres que l'hiftoire fournit fur les derniers fiécles qui ont précédé fa deftruction, mettent à portée d'entrer dans quelques détails, & de fe livrer à quelques réflexions, par rapport aux Mœurs & au Génie de fes habitans.

Nous ne pouvons prefque juger aujourd'hui des Mœurs des Affyriens que par celles de leurs Monarques, l'hiftoire ne nous ayant d'ailleurs tranfmis aucune particularité, aucune circonftance fur cet article. Mais comme dans les grands Empires les peuples prennent affez volontiers pour modele la conduite de leurs Princes, il doit y avoir eû beaucoup de rapport entre les Mœurs des Souverains d'Affyrie & celles de leurs fujets. D'après ce principe, on peut avancer qu'il régnoit un très-grand luxe chez les Affyriens dans les fiécles brillans de leur Monarchie. En effet, quoique les écrivains de l'antiquité aient vraifemblablement beaucoup exagéré les débauches de Sémiramis, ainfi que la molleffe de Ninias & de fes fucceffeurs jufqu'à Sardanapale, on ne peut pas néanmoins regarder leurs récits comme entiérement deftitués d'apparence & de réalité. Ils portoient fans doute fur quelque fondement. Il eft donc plus que probable que les monarques d'Affyrie avoient un férail où ils paffoient la plus grande partie de leur vie dans les délices & la fenfualité ; que leurs habits & leurs meubles étoient de la derniere magnificence, & de la plus grande recherche qu'on connût alors ; qu'en un mot le fafte & le luxe les environnoient de toutes parts [a].

a Voyez Diod, l. 2. p. 136. 137. 141. === Juftin, l. 1. c. 3. === Athen, l. 12. c. 7. p. 529. 545.

Les Affyriens, en fuivant le principe que je viens d'établir, auront donc été, fous le regne de leurs derniers Monarques, un peuple très-adonné au luxe & à la volupté, vices qui paroiffent, pour ainfi dire, attachés aux climats méridionaux de l'Afie. Je ne voudrois point au refte admettre, comme une preuve de la dépravation des Mœurs des Affyriens, la liberté qu'avoit, chez cette nation, un frere d'époufer fa fœur [a]. J'attribuerois cet ufage plutôt à un manque de politique, qu'à l'effet de la débauche [1]. D'ailleurs nous avons affez de preuves du déréglement & de la licence qui régnoient dans l'Affyrie, aux fiécles qui nous occupent préfentement, pour laiffer à l'écart les faits dont le principe peut paroître douteux. Ce qu'on lit dans l'Ecriture, fur la miffion dont Dieu avoit chargé le prophête Jonas, fuffit pour marquer à quel point la débauche & la corruption étoient alors montées à Ninive [2].

Les Affyriens néanmoins étoient une nation courageufe & guerriere. On a vû que, malgré le démembrement qu'avoit reçû leur Empire par la révolte des Médes, & par celle des Babyloniens, ils s'étoient encore maintenus avec beaucoup de gloire & de puiffance pendant 144 ans [b]. Les Affyriens remporterent même, depuis cette révolution, des avantages fignalés fur les Médes & fur différens autres peuples [c]. Il faut donc les regarder comme une nation qui fçavoit allier le goût pour le luxe & les plaifirs, avec la bravoure & les talens militaires; j'ajouterai encore avec les fciences, puifque les Affyriens ont été mis dans l'antiquité au nombre des peuples qui paffoient pour avoir obfervé & calculé des premiers le cours des aftres [d]. A l'égard des Arts, on juge bien que tout ce qui pouvoit en dépendre, a dû être extrêmement cultivé chez un peuple, dont les inclinations étoient telles qu'on vient de le voir. C'eft au furplus tout ce que nous pouvons dire fur les Mœurs & le Génie des Affyriens. J'en ai fait fentir les raifons au commencement de cet article.

IIIᵉ. Partie.
Dep. l'établ. de la
Royauté chez les
Hébreux, jufqu'à
leur retour de
la captivité.

---

[a] Lucian. *de Sacrific.* p. 530.

[1] Voyez ce que j'ai dit fur ce fujet *fuprà*, L. I. c. 4. p. 23.

[2] Il eft certain que Jonas a vécu fous Joas & fous Jéroboam II, rois d'Ifraël; mais le tems auquel il fut envoyé à Ninive, n'eft pas également connu. On peut croire que ce fut vers l'an 800 avant J. C.

[b] Voyez L. I. c. 1. p. 5.

[c] Voyez Hérod. l. 1. n. 102. l. 2. n. 141. = 4. Reg. c. 15. ⅴ. 19. 29. c. 16. ⅴ. 9. c. 9. ⅴ. 6.

[d] Cicero *de Divinat.* l. 1. n. 1. = Diog. Laert. L. 1. Prœm. p. 1 & 2.

ARTICLE II.

Des Babyloniens.

IL N'EN EST PAS des Babyloniens de même que des Af-fyriens. Les éclaircissemens que d'un côté l'Ecriture sainte, & de l'autre, les Historiens profanes fournissent sur les Mœurs & les Usages de ce peuple, nous mettent en état d'en parler avec assez de connoissance & de précision.

Les Asiatiques ont eus de tous les tems, beaucoup de penchant pour le faste, le luxe & la mollesse. Les Mœurs des Babyloniens ne se ressentoient que trop de ces vices essentiels. Les livres saints sont remplis des reproches que Dieu, par l'organe de ses Prophêtes, ne cessoit de faire à Babylone sur ses déréglemens. Les écrivains de l'antiquité nous en donnent aussi la même idée; mais je crois qu'il faut distinguer deux époques dans l'histoire de Babylone. Je présume qu'on ne doit pas appliquer aux premiers siécles de cette Monarchie, les excès dont je viens de parler. Ils ne regardent, à ce que je pense, que les derniers tems. La corruption des Mœurs ne s'introduisit, vraisemblablement, chez les Babyloniens, que par la puissance excessive de leur Empire. C'est au reste dans cet état, c'est-à-dire, dans les siécles brillans de Babylone, que nous allons considérer les mœurs de ses habitans.

Les Babyloniens, au tems dont je parle présentement, étoient fort adonnés aux plaisirs de la table. On ignore jusqu'à quel point ils en portoient la délicatesse, & en quoi elle pouvoit consister. Tout ce que l'on sçait, c'est qu'à cet égard, la débauche alloit chez ces Peuples aux plus grands excès, étant en général fort adonnés au vin & à la crapule [a]. Ce qu'on lit dans le prophête Daniel, sur le festin que Balthasar fit à toute sa cour, la veille que Babylone fut prise par Cyrus, suffit pour nous donner une idée de la dissolution & de l'emportement qui régnoit dans les repas des Babyloniens [b]. Car, suivant que

---

[a] Dan. c. 5. ỳ. 2. ═ Q. Curt. l. 5. c. 1. p. 271. ═ Apocalypf. c. 18, ỳ. 14. ═ [b] chap. 5.

je

je l'ai déja remarqué, dans les grandes Monarchies on peut juger des mœurs des peuples par celles de leurs Souverains. La
licence de ces fortes de feſtins devoit être d'autant plus grande que les femmes y étoient admiſes [a] ; & que le ſouper
paroît avoir été le repas favori des Babyloniens [b]. Je conjecture, au ſurplus, que ces Peuples mangeoient couchés ſur des
lits [c].

L'habillement des Babyloniens conſiſtoit dans une tunique
de lin qu'ils portoient ſur la chair. Elle deſcendoit, à la mode
des Orientaux, juſqu'aux pieds. Ils mettoient par-deſſus une
robe de laine, & s'enveloppoient encore d'un manteau dont la
couleur étoit ordinairement blanche. Les Babyloniens laiſſoient
croître leurs cheveux, & ſe couvroient la tête d'une eſpece de
tocque ou turban [d]. Pour chauſſure, ils avoient une ſimple
ſemelle fort mince & fort légere [e], & au lieu de bas des
eſpeces de caleçons ou de chauſſes [f], telles apparemment
qu'en portent encore aujourd'hui la plûpart des nations de l'O-
rient. On ſçait encore, que, chez les Babyloniens, chacun
portoit au doigt ſon cachet, & ne ſortoit point qu'il n'eût à la
main un bâton très-bien façonné, au haut duquel il y avoit en
relief, ou une grenade, ou une roſe, ou un lys, ou un aigle,
ou quelqu'autre figure; car il n'étoit point permis de porter de
bâton ſimple & nud: ils devoient tous être garnis de quelque
ornement, de quelque marque apparente & diſtinctive [g].

L'habillement que je viens de décrire étoit celui du commun
de la nation ; mais les perſonnes riches, ou élevées en dignité, affectoient dans leurs vêtemens la plus grande recherche
& la derniere magnificence. Ils ne ſe contentoient pas d'étoffes d'or & d'argent embellies des teintures & des broderies les
plus précieuſes ; ils les enrichiſſoient encore de rubis, d'éme-
raudes, de ſaphirs, de perles, & d'autres pierreries que l'Orient
a toujours fournies en abondance [h]. C'eſt, au ſurplus, dans l'art

IIIᵉ. PARTIE.
Dep. l'établ. de la
Royauté chez les
Hébreux, juſqu'à
leur retour de
la captivité.

---

[a] Dan. chap. 5. ⅴ. 2. ⹀ Q. Curt l. 5. cap. 1. p. 271.
[b] Dan. c. 5. ⅴ. 5. c. 6. ⅴ. 18.
[c] Voyez Eſther, c. 1 ⅴ. 6.
Il n'eſt parlé dans ce paſſage que des Mé-des & des Perſes ; mais on ſçait que ces peu-ples avoient emprunté tout leur luxe des Babyloniens. Voyez infrà, art. 3.
[d] Hérod. l. 1. n. 195.
[e] Strabo, l. 16. p. 1082.
[f] Dan. chap. 3. ⅴ. 21.
[g] Hérod. l. 1. n. 195. ⹀ Strabo, l. 16. p. 1082.
[h] Voyez Apocalypſ. c. 18. ⅴ. 12. 16.

de broder les étoffes, que les Babyloniens paroiffent avoir particuliérement excellé [a]. Les colliers d'or étoient encore une
de leurs parures [b]. Il eft vraifemblable auffi qu'ils portoient
des pendans d'oreilles de même matiere, ou de pierres précieufes [c]. Tels étoient les habillemens des hommes. A l'égard
de ceux des femmes, on n'en peut rien dire : aucun Auteur
de l'antiquité, que je fçache, n'en a parlé.

Au luxe & à la richeffe des vêtemens, les Babyloniens joignoient la volupté des fenteurs. Ils en faifoient un très-grand
ufage, fe parfumant très-fréquemment tout le corps de liqueurs
odoriférantes [d]. Ils avoient même rafiné, fi l'on peut dire,
fur ce genre de recherches voluptueufes. Le parfum de Babylone étoit renommé chez les anciens pour l'excellence de fa
compofition. C'étoit pendant les repas qu'on en faifoit principalement ufage [e].

Je ne fçais fi la magnificence & la décoration des maifons,
foit pour l'intérieur, foit pour l'extérieur, répondoit chez les
Babyloniens au luxe & à la recherche des habits. Rien ne peut
nous inftruire fur cet article. Mais il y a tout lieu de penfer que
le fafte & l'opulence éclatoient dans les palais des Satrapes &
des autres perfonnes diftinguées de la cour de Babylone. En effet, ce qu'on a vu ailleurs fur la grandeur & la dépenfe des ouvrages d'architecture exécutés à Babylone, dans les fiecles qui
nous occupent préfentement [f], doit faire préfumer qu'il régnoit beaucoup de magnificence dans les maifons de cette capitale. Du furplus, on ignore, comme je viens de le dire, en
quoi pouvoit confifter précifément, à cet égard, le luxe des Babyloniens.

Quant à la décoration intérieure des appartemens, il paroît
que ces peuples étoient fort curieux & fort recherchés dans la
plûpart de leurs meubles, dont le nombre cependant & la variété n'a jamais été bien confidérable chez les anciens. Leur
plus grand luxe confiftoit, fur cet article, dans des tapis de pied,

---

[a] Plin. l. 8. fect. 74. p. 476. ═ Martial.
l. 8. épigram. 28. v. 17. l. 14. épigram.
150.
[b] Voyez Sext. Empiric. l. 3. chap. 24.
p. 177.
[c] Hérod. l. 1. n. 195. ═ Strabo, l. 16.
p. 1081.
[d] Id. Ibid.
[e] Athén. l. 15. c. 13. p. 692. ═ Plut.
in Artaxerc. p. 1022.
[f] Voyez L. II. chap. 1. p. 59.

& dans des houffes dont on garniffoit les fieges & les lits. Pline, en parlant d'un tapis propre à couvrir les lits fur lefquels les anciens mangeoient à table, dit que ce meuble, qui fortoit des manufactures de Babylone, revenoit à quatre-vingt-un mille fefterces [a]. On peut juger par cette fomme de la recherche & de la magnificence de ces fortes de meubles. L'Ecriture fait mention auffi de différens vafes d'yvoire, de marbre, d'airain, &c. dont les appartemens à Babylone étoient décorés [b]. Il paroît même que plufieurs de ces vafes étoient ornés & enrichis de pierres précieufes [c], c'eft-à-dire, qu'ils étoient bien moins pour l'ufage que pour le luxe, la parade & l'oftentation. On peut juger d'après ces faits, que tout ce que l'induftrie avoit pû alors inventer pour la richeffe des emmeublemens, étoit avidement recherché par les Babyloniens.

J'ai eû foin de faire remarquer dans les volumes précédens que, de toute antiquité, les chars avoient été en ufage chez les peuples policés. Mais il n'en eft pas de même des litiéres, dont l'invention, je penfe, n'eft pas auffi ancienne, ni l'ufage auffi général que celui des chars & des chariots. Je crois pouvoir attribuer à la moleffe, fuite ordinaire du luxe, l'invention des litiéres. Ces fortes de voitures, en effet, n'ont guéres été connues que des peuples voluptueux. Quoi qu'il en foit, au furplus, de leur origine, & de leur antiquité, l'ufage de fe faire porter dans des litiéres & dans d'autres efpeces de voitures, avoit lieu chez les Babyloniens [d]. Ces différentes fortes de commodités n'avoient pas dû échapper à un peuple auffi fenfuel & auffi amateur des douceurs de la vie, que l'étoient devenus les habitans de Babylone, dans les fiécles dont je parle préfentement.

On ne peut parler que très-imparfaitement des plaifirs & des amufemens des Babyloniens. L'antiquité ne nous a rien tranfmis de particulier fur cet article. On peut conjecturer feulement que ces peuples avoient beaucoup de goût pour la mufique. L'Ecriture le marque expreffément. On y trouve même un affez

---

[a] L. 8. fect. 74. p. 477. === Voyez auffi Mart. l. 14. épigram. 150.
Ces 81 mille fefterces reviennent à 14364 liv. 12 f. 5 $\frac{42}{64}$ d. de notre monnoie.

[b] Apocalypf. c. 18. ỳ. 12.
[c] Apocalypf. Ibid.
[d] Hérod. l. 1. n. 199. === Apocalypf. c. 18. ỳ. 13.

grand détail des différentes fortes d'inftrumens en ufage chez les Babyloniens [a]. Mais c'eft, au refte, tout ce qu'on peut dire fur cet objet. Car il n'eft pas poffible aujourd'hui de fpécifier quels étoient ces inftrumens dont parle l'Ecriture, ni la maniere dont on en jouoit.

On doit auffi mettre la chaffe au nombre des divertiffemens des Babyloniens [b]. Ces peuples étoient fi paffionnés pour cet exercice, & fi amateurs de ce plaifir, que par préférence à tout autre fujet, ils peignoient des chaffes dans leurs appartemens [c]. Les Babyloniens portoient même le goût pour ces fortes de repréfentations, au point d'en broder fur leurs habits & fur leurs meubles [d]. Les plaifirs de la table, la mufique & la chaffe, font, au-furplus, tout ce que nous fçavons des divertiffemens qui pouvoient être en ufage à Babylone. Je ne doute pas néanmoins qu'on ne doive y joindre la danfe, quoiqu'il n'en foit fait aucune mention expreffe dans les écrivains de l'antiquité.

Quant aux bienféances de convention, & aux ufages ordinaires de la vie civile, je remarque comme une exception aux maximes générales des peuples de l'Afie, que chez les Babyloniens, les femmes n'étoient point refferrées dans l'intérieur de leurs appartemens. Il paroît, au contraire, qu'elles vivoient falierement avec les hommes. Non feulement on les admettoit dans les feftins publics [e]; on leur permettoit encore de voir des étrangers, & de manger avec eux [f]. Les Babyloniens cependant avoient des Eunuques, & même en grand nombre [g]. Cette conduite offre, je l'avoue, un contrafte affez difficile à expliquer. Mais ce n'eft pas le feul exemple des contradictions que préfentent les mœurs des différens peuples de cet Univers. Jettons maintenant un coup d'œil général fur le caractere & le génie des habitans de Babylone.

Le Saint Efprit leur reproche fouvent par la bouche des Prophêtes, beaucoup d'orgueil & de dureté, joint à un goût

---

[a] Dan. c. 3. ℣. 5. == Apocalypf. c. 18. ℣. 22. == Voyez auffi Q. Curt. l. 5. c. 1. p. 264. 265.

[b] Xenoph. Cyrop. l. 1. p. 9. 10. == Nicol. Damafcen. in Excerpt. Valef. p. 425.

[c] Diod. l. 2. p. 122. == Ammian, Marcell. l. 24. c. 6. p. 406. 407.

[d] Plaut. in Pfeud. act. 1. fcen. 2. v. 14. == Athén. l. 12. c. 9. p. 538. D.

[e] Dan. c. 5. ℣. 2. == Q. Curt. l. 5. c. 1. p. 271.

[f] Q. Curt. loco cit.

[g] 4. Reg. c. 20. ℣. 18. == Dan. c. 1. ℣. 3. Jof. antiq. l. 10. c. 16.

exceffif pour la volupté [a]. A l'égard du fafte & de l'orgueil, ce vice n'a pas été particulier aux Babyloniens. Les Orientaux femblent avoir été affectés, de tous les tems , de beaucoup de hauteur & de vanité. Mais ces fentimens dûrent encore s'accroître chez les Babyloniens, par la ruine & la deftruction totale de l'ancien Empire d'Affyrie. Ils n'ont , fans doute, que trop bien mérité, depuis cette époque, les reproches d'orgueil & de vanité qu'Ifaïe & les autres Prophêtes leur font fans ceffe. Ces Peuples étoient alors enyvrés de la fplendeur & de la puif-fance formidable de leur Monarchie.

A l'égard de la dureté de caractere, il eft clair par l'Ecritu-re, que ce reproche ne doit tomber que fur la maniere dont les Babyloniens traitoient les Juifs foumis à leur domina-tion. Ils avoient, à cet égard, abufé cruellement des avantages que Dieu leur avoit accordés fur ce peuple ingrat & infidèle [b]. D'ailleurs, je ne crois pas que la dureté fît le fond & l'ef-fence du génie des Babyloniens. Ils paroiffent , au contraire, avoir été d'un caractere affez doux & affez humain , tel que l'eft ordinairement celui des nations adonnées aux plaifirs & à la volupté. Je crois même , indépendamment de cette réflexion, trouver une preuve de ce que j'avance, dans un ufage dont on ne peut attribuer l'établiffement qu'à des fentimens de douceur & d'humanité. Chaque année durant cinq jours d'un certain mois, on célébroit à Babylone une fête pendant laquelle les efclaves prenoient la place de leurs maîtres , ayant droit de s'en faire fervir & de leur commander. On choififfoit même dans chaque maifon un efclave qui, pendant tout le tems que duroit la fête, étoit cenfé le chef de la famille , & portoit, en conféquence , un habit diftingué [c]. Cet ufage paroît annon-cer un fond de douceur & des principes d'humanité bien éloi-gnés de cette dureté, avec laquelle on fçait que les anciens traitoient ordinairement leurs efclaves (1).

[a] Voyez Ifaïe , c. 13. ỳ. 19. c. 14. ỳ. 13 , &c. c. 47. ỳ. 6. 7. 8. = Apocalypf. c. 18. ỳ. 3.

[b] Voyez _fuprà_ L. II. c. 1. p. 4.

[c] Berof. _apud_ Athen. l. 14. cap. 10. p. 639. C.

(1) Je ne voudrois pas cependant garan-tir que l'ufage, dont je viens de parler, eût lieu dès les fiécles dont il s'agit préfente-ment. Il pourroit bien n'être qu'une imita-tion des Saturnales , & n'avoir été introduit chez les Babyloniens que depuis les con-quêtes d'Alexandre. On fçait que Bérofe eft poftérieur à cet événement.

Il n'eſt pas poſſible de juſtifier également les Babyloniens ſur ce penchant déſordonné qu'on les accuſe d'avoir eû pour les plaiſirs & la débauche la plus outrée. Babylone ſur la fin des ſiécles dont je parle préſentement, regorgeoit de richeſſes. Elles y produiſirent le même effet qu'elles ont produit dans tous les tems chez tous les peuples, la corruption des mœurs & les déréglemens qu'entraînent le luxe & la molleſſe. Les Ecrivains ſacrés nous peignent Babylone comme une ville plongée dans les débordemens les plus affreux [a], & les Auteurs profanes avouent qu'il n'y eut jamais de ville plus corrompue [b]. On s'y faiſoit une étude particuliere de tout ce qui pouvoit flatter les ſens, & allumer les paſſions les plus honteuſes [c]. Après ce portrait des mœurs de Babylone, ne ſoyons point étonnés de voir cette ville ſi ſouvent déſignée dans le langage allégorique des Auteurs ſacrés, ſous le nom de la *grande Proſtituée*.

La plûpart des écrivains qui ont eu occaſion de parler de la licence & des débordemens qui regnoient chez les Babyloniens, n'ont pas manqué d'en attribuer la principale cauſe à une cérémonie religieuſe obſervée de tems immémorial chez ces peuples, coutume qu'il eſt néceſſaire, par cette raiſon·, d'expoſer avec tout le détail & les circonſtances que l'hiſtoire a pû nous tranſmettre ſur ce ſujet.

Par une loi fondée ſur un Oracle, il étoit ordonné à toutes les femmes de ſe rendre, une fois dans leur vie, au temple de Vénus pour ſe proſtituer à des étrangers [d]. Voici le cérémonial qui s'obſervoit dans ces occaſions. Chaque femme, en arrivant au temple de la Déeſſe, alloit s'aſſeoir la tête couronnée de fleurs. Il y avoit dans cet édifice quantité de galleries & de détours, où ſe tenoient les étrangers, que le goût pour la débauche ne manquoit jamais d'y attirer en grand nombre. Il leur étoit permis de choiſir entre toutes les femmes qui venoient pour ſatisfaire à la loi, celle qu'il leur plaiſoit davantage. L'étranger étoit obligé, lorſqu'il abordoit l'objet de ſon choix, de lui donner quelques pieces de monnoie, & de dire en préſentant cet

---

[a] Iſaïe, c. 13. ℣. 19. ═ Apocalypſ. c. 18. ℣. 3.
[b] Q. Curt. l. 5. c. 1. p. 271.

[c] Id. Ibid.
[d] Hérod. l. 1. n. 109. ═ Strabo, l. 16. p. 1081.

argent : *J'implore en votre faveur la déeffe Mylitta* (¹). Il l'emmenoit enfuite hors du Temple, dans un endroit retiré, & fatisfaifoit fa paffion. La femme ne pouvoit pas rejetter la fomme
qui lui étoit offerte, quelque modique qu'elle fût, attendu que
c'étoit un point de religion. Il ne lui étoit pas libre, non
plus, de refufer l'étranger qui s'étoit préfenté le premier. Elle
étoit obligée de le fuivre, de quelque condition qu'il pût être [a].

Dès que les femmes avoient fatisfait à la loi, elles offroient,
felon l'ufage prefcrit, un facrifice à la Déeffe, & alors il leur
étoit libre de s'en retourner dans leurs maifons ; car dès qu'une
femme avoit une fois mis le pied dans le temple, il ne lui
étoit pas permis d'en fortir, fans avoir auparavant accompli l'o-
bligation qui lui étoit impofée par la loi [b].

Cette obligation, au furplus, n'avoit exactement lieu que
pour les perfonnes du commun & de bas-état. Les femmes diftinguées par leur rang, leur naiffance, ou leurs richeffes, avoient
bien trouvé le moyen d'éluder la loi. Elles fe faifoient porter dans
leur litiére jufqu'à l'entrée du temple ; là, après avoir pris la
précaution de renvoyer toute leur fuite, elles fe préfentoient
un moment devant la ftatue de la Déeffe, & pour la forme feulement [c] ; car auffi-tôt elles fortoient du Temple, & s'en retournoient chez elles.

Cette coutume religieufe, cette obligation impofée à toutes
les femmes de fe proftituer publiquement, une fois dans leur vie,
a été regardée, felon que je l'ai déja dit, par tous les Ecrivains
qui ont eû occafion de traiter des mœurs des Babyloniens, comme le principe & la caufe toujours fubfiftante de la dépravation
& de l'extrême licence aufquelles ces peuples étoient abandonnés. J'ofe dire cependant que cet ufage, qui, au premier afpect,
paroît fi révoltant, devoit peut-être fon origine, moins à la corruption & au déréglement, qu'aux idées dont les anciens peuples étoient prévenus, au fujet de la Divinité. Juftifions cette
propofition.

Les anciens, dont les idées philofophiques n'étoient ni bien
juftes ni bien fublimes, regardoient les dieux comme des êtres

---

(¹) C'eft le nom que les Babyloniens donnoient à Vénus. Hérod. l. 1. n. 199.
  [a] Hérod. l. 1. n. 199. = Strabo, l. 16.

p. 1081.
  [b] Hérod. Ibid.
  [c] Hérod. Ibid.

jaloux , en quelque forte , du bonheur des hommes [a]. Ils étoient particulierement perfuadés , à l'égard de Vénus , que cette Déeſſe portoit le ſexe à l'impureté & au déſordre [b]. C'eſt par cette raiſon qu'on plaçoit ordinairement ſes temples hors des villes [c]. On voit encore que les filles , & même les veuyes qui vouloient paſſer à de ſecondes noces , ne manquoient pas , avant que de ſe marier , d'offrir des ſacrifices à Vénus pour ſe la rendre propice [d]. Car , je le répete , les anciens Peuples étoient intimement perfuadés que cette Déeſſe ſe plaiſoit à jetter le ſexe dans la débauche & le déréglement.

D'après ces faits, qui ſont bien conſtans & bien certains, je penfe que la loi qui, chez les Babyloniens & chez d'autres peuples [e] , ordonnoit aux femmes de ſe proſtituer une fois en leur vie, dans le temple de Vénus, à un étranger, je penfe, dis-je, que cette loi, loin d'avoir été établie pour favoriſer la débauche, avoit, au contraire, été imaginée pour l'empêcher. Voici les raiſons ſur leſquelles je crois pouvoir établir ce ſentiment.

Les auteurs de la loi dont je parle, convaincus que Vénus étoit une divinité envieuſe & malfaiſante, avoient cherché les moyens qu'ils avoient crûs les plus propres pour mettre l'honneur du ſexe à l'abri des caprices & de la malignité de cette Déeſſe : c'eſt dans la vue , ſans doute, de l'appaiſer & de la ſatisfaire, qu'ils avoient imaginé l'eſpece de ſacrifice dont je viens de parler. On vouloit, pour ainſi dire, racheter la vertu des femmes , & aſſurer pour toujours leur chaſteté , en leur faiſant faire un écart dont on ſe flattoit que Vénus voudroit bien ſe contenter, & laiſſer en conſéquence ces victimes tranquilles le reſte de leur vie.

J'attribuerai encore au même principe, c'eſt-à-dire , au deſir de détourner les influences d'une divinité maligne , ce que nous liſons de l'uſage où l'on étoit dans pluſieurs pays, de

---

[a] Hérod. l. 1. n. 32. l. 3. n. 40.
[b] Voyez Hom. Iliad. l. 24. v. 30. ⹀ Odyſſ. l. 4. v. 261, 262. ⹀ Plut. t. 2. p. 146. D. p 310. F. ⹀ Ovid. Metam. l. 2. v. 238 , &c. Faſtor. l. 4. v. 157. ⹀ Apollodor. l. 1. p. 7. ⹀ Hygin. Fab. 58. ⹀ Martial. l. 2. epigram. 84. ⹀ Pauſ. l. 9. c. 16. p. 742. ⹀ Parthen. Erot. c. 5. ⹀ Schol. Hom. *ad* Iliad. l. 5. v. 412. ⹀ Valer. Maxim. l. 8. c. 15. §. 12.
[c] Vitruv. l. 1. c. 7.
[d] Pauſ. l. 2. c. 34.
[e] Voyez Hérod. l. 1. n. 199. ⹀ Ælian. Var. Hiſt. l. 4. c. 1. ⹀ Strabo, l. 11. p. 805. ⹀ Juſtin. l. 18. c. 5.

confacrez

confacrer à la proftitution un certain nombre de femmes & de filles [a]. On vouloit , vraifemblablement , par cette efpece d'offrande obtenir que tout le furplus des femmes & des filles menât une vie chafte & réglée.

Je crois, au furplus , trouver une preuve bien marquée de ce que j'avance fur le but & les motifs de cette inftitution , dans la maniere dont Juftin en parle. Cet Auteur dit que , de tems immémorial , c'étoit une coutume en Chypre d'envoyer à certains jours , les filles fur le bord de la mer, offrir, en fe proftituant , leur virginité à Vénus, comme un tribut qu'elles lui payoient pour le refte de leur vie [b]. On peut affurer que la même intention avoit fait imaginer, chez les Babyloniens, la coutume religieufe qu'on vient de lire. J'en tire la preuve des paroles que l'étranger qui abordoit une femme étoit obligé de prononcer : *J'implore en votre faveur la déeffe Vénus.* Cette formule de prieres n'annonce-t-elle pas clairement le but & les motifs de ces facrifices finguliers. Ce qu'Hérodote ajoute immédiatement après , acheve de confirmer l'idée que je viens d'en donner. Ce grand Hiftorien a foin de remarquer que , dès que les femmes de Babylone avoient fatisfait à l'obligation impofée par la loi, quelqu'offre qu'on pût leur faire par la fuite, elles étoient inébranlables [c]. Ælien en dit autant des femmes de Lydie , pays où la même loi étoit établie [d]. Ajoutons, enfin que chez les peuples où l'ufage étoit de confacrer à la proftitution dans le temple de Vénus, un certain nombre de filles , il n'y avoit perfonne qui ne fe fît un honneur de les époufer [e].

Ces faits ne fuffifent-ils pas pour détruire toutes les inductions qu'on voudroit tirer contre les mœurs des Babyloniens, de la coutume religieufe dont je viens de parler. Si la corruption s'introduifit chez ces peuples , on doit l'attribuer à un tout autre motif. Je doute même que dans les fiécles qui nous occupent préfentement, la dépravation des mœurs ait été por-

---

[a] Strabo , l. 6. p. 418. l. 11. p. 805. l. 12. p. 837.

[b] *Pro reliquâ pudicitiâ libamenta Veneri foluturas.* l. 18. c. 5. == Voyez auffi Auguftin. *de* Civit. Dei. l. 4. c. 10.

[c] L. 1. n. 199.

[d] Var. Hift. l. 4. c. 1.

[e] Strabo , l. 11. p. 805. == Val. Maxim. l. 2. c. 6. §. 15. == Auguft. *de* Civit. Dei. l. 4. c. 10.

tée aux derniers excès. Ce ne fut, à ce que je penfe, que par la fuite. Hérodote nous apprend qu'après la prife de Babylone par Cyrus, fes habitants étant tombés dans l'indigence & dans la mifere, ils ne firent point de difficulté de proftituer leurs filles pour en retirer quelque profit [a]. Quinte-Curce en dit autant. Il ajoute même que les maris n'avoient point honte de livrer leurs femmes à des étrangers pour de l'argent [b]. Mais ce que dit Quinte-Curce des mœurs des Babyloniens, ne regarde que le fiécle d'Alexandre, fiécle affez éloigné de ceux qui font l'objet de cette troifieme Partie de notre ouvrage. Alors il y avoit déja long-tems que, felon Hérodote, les Babyloniens déchus de leur ancienne fplendeur, étoient devenus un peuple auffi corrompu que méprifable.

J'ai remarqué dans l'article précédent, en parlant des Affyriens, que ces peuples avoient fçu allier la bravoure & le goût pour les fciences avec le penchant le plus décidé pour le luxe & la volupté. On en peut bien dire autant, & avec encore plus de raifon, des Babyloniens. Toute l'antiquité a rendu témoignage à leur valeur & à leurs talens militaires. Xénophon, juge bien capable en pareille matiere, dit expreffément que l'Orient n'avoit point de meilleurs foldats que les habitants de la Chaldée [c]. Quant à leurs exploits, l'Ecriture fainte d'un côté, & l'Hiftoire profane de l'autre, en parlent trop fouvent pour qu'il foit néceffaire d'y infifter. En dernier lieu, ce furent les Babyloniens qui, conjointement avec les Médes, prirent Ninive & détruifirent l'empire d'Affyrie [d], conquête que je préfume avoir été fatale à ces deux peuples, puifque, felon toutes les apparences, c'eft à cette époque que le luxe & la corruption des mœurs commencerent à s'introduire chez ces nations. J'examinerai cette queftion plus particuliérement à l'article des Médes [e].

A l'égard du goût que les Babyloniens avoient pour les fciences, on fçait que, felon le rapport d'un très-grand nombre d'écrivains de l'antiquité, l'honneur d'en avoir trouvé les premiers principes, & celui d'en avoir les premiers donné les pré-

---

[a] L. 1. n. 196.
[b] L. V. c. 1. p. 271.
[c] Cyrop. l. 3. p. 150.

[d] Voyez *fuprà*, Liv. I. chap. premier ; pag. 6 & 7.
[e] Voyez *infrà*, art. 3. p.

ceptes, étoit dû aux Chaldéens [a]. Je ne penſe pas, au ſurplus, devoir inſiſter davantage pour le moment ſur ce ſujet. Je
m'y ſuis aſſez étendu ailleurs, en rendant compte des découvertes & des progrès que les anciens peuples avoient faits dans
les ſciences [b].

Je crois auſſi ne devoir dire qu'un mot ſur le génie que les
Babyloniens avoient pour les arts. Ce qu'on a vû précédemment ſur les travaux, ſur les embelliſſemens de Babylone, &
ſur l'habileté de ſes habitans dans l'art de fondre les métaux [c],
joint à ce qu'on vient de lire ſur le luxe & la magnificence de leurs habits, ne permet pas de douter qu'il n'y eût, dans
tous les genres, d'excellens artiſtes à Babylone. On peut, je
crois, aſſurer que pour tout ce qui dépend de l'induſtrie & de
la main-d'œuvre, les Babyloniens ſur la fin de leur Monarchie
ne le cédoient à aucun des peuples alors connus.

Je finis la peinture du caractere des Babyloniens, par le reproche le mieux fondé qu'on puiſſe faire à cette nation. Ils
étoient ſinguliérement entêtés de l'Aſtrologie judiciaire ; &, en
général, fort adonnés aux ſciences occultes. Les Chaldéens,
qu'on doit regarder comme les ſçavans de Babylone, ne s'é-
toient occupés de l'Aſtronomie que dans la vûe de pouvoir lire
dans le Ciel la deſtinée des hommes & des Empires. Ils prétendoient y être parvenus, & on ne peut pas, à cet égard, porter
la crédulité plus loin que la portoient les Babyloniens [d]. Il paroît encore que, non contens de chercher à pénétrer les ténèbres de l'avenir, par l'étude des différens aſpeẛs des planètes &
des étoiles, les Chaldéens étoient fort adonnés aux ſortileges
& aux enchantemens. L'étude de la Magie faiſoit, après celle
de l'Aſtrologie judiciaire, leur principale occupation [e]. Ils ſe
vantoient de pouvoir détourner les malheurs dont on étoit me-
nacé, & de procurer toute ſorte de bonheur par leurs expia-
tions, leurs ſacrifices & leurs cérémonies magiques. [f]. L'Eter-
nel, par la voix de ſes Prophêtes, inſulte ſouvent à cette croyance

---

[a] Cicero *de Divinat.* liv. 1. n. 41. ═
Diod. l. 2. p. 142. ═ Strabo, l. 1. p. 43.
[b] *Suprà*, L. III. p. 93 & 115.
[c] *Suprà*, L. II. chap. 1. p. 58 & 59.
[d] Voyez Iſaïe, chap. 47. ℣. 13. ═ Cicero *de Divinat. paſſim.* ═ Diod. liv. 2.
p. 142, &c.
[e] Iſaïe, c. 47. ℣. 9. 12. ═ Ezech. c.
21. ℣. 21. ═ Dan. c. 1. ℣. 20. c. 2. ℣.
2. c. 5. ℣. 7.
[f] Diod. l. 2. p. 142. ═ Voyez Stanley,
Hiſt. Philoſ. part. 12. ſect. 1. 12 & 11. 23.

aveugle que les Babyloniens avoient pour leurs Mages & pour leurs Aftrologues [a], croyance dont tous les Auteurs profanes dépofent également. Ces reproches fi fouvent & fi généralement répétés, ne permettent pas de douter que les Babyloniens ne fûffent une nation exceffivement crédule & fuperftitieufe. C'eft, au furplus, un foible auquel, de tous les tems, les peuples de l'Afie paroiffent avoir été particuliérement fujets. Il n'y a point de pays, qui de nos jours encore, offre un pareil amas de fuperftitions & de pratiques religieufes plus extravagantes & plus ridicules les unes que les autres.

De tous les différens traits que j'ai raffemblés fous cet article, il réfulte que les Babyloniens, dans les fiécles brillans de leur Monarchie, étoient un peuple fort policé, très-brave & très-fpirituel, ayant beaucoup de goût & de talens pour les arts & pour les fciences; mais dailleurs, très-faftueux, très-adonné au luxe & aux plaifirs, très-fuperftitieux enfin, & très-crédule, vices que j'ai déja dit ne point former le caractere & le génie particulier des Babyloniens, mais en général celui de toutes les nations de l'Orient. Elles font encore aujourd'hui les mêmes à cet égard qu'elles ont été dans tous les tems.

[a] Voyez Ifaïe, c. 47. ℣. 11. 15.

ARTICLE III.

Des Médes.

IL NOUS reſte aſſez de connoiſſances particulieres & direc-
tes ſur les mœurs des Médes. Nous ſommes même en état
d'en juger encore mieux d'après celles des anciens Perſes, ſur
leſquelles les écrivains de l'antiquité ſont entrés dans de très-
grands détails. Il eſt certain, en effet, que les Perſes avoient
emprunté des Médes ce luxe & cette molleſſe qui les ont ſi
fort décriés dans les derniers tems de leur empire [a]. Ainſi les
faits que l'antiquité nous a conſervés ſur la maniere dont les
Perſes vivoient dans les ſiécles brillans de leur Monarchie, peuvent également ſervir à nous donner une idée fort juſte des
mœurs & des uſages des Médes.

Les Médes étoient originairement un peuple fort ſimple &
fort groſſier. La premiere fois que l'hiſtoire en parle, c'eſt pour
nous apprendre qu'ils furent aſſujettis par les Aſſyriens ſous le
régne de Ninus [b]. On les voit ſupporter patiemment cet aſ-
ſerviſſement pendant pluſieurs ſiécles, & ſecouer enſuite le
joug, ſans qu'on ſçache trop ni comment, ni dans quel tems
ces peuples parvinrent à s'affranchir de la domination des Aſſyriens [c].

Quoi qu'il en ſoit de l'époque & des circonſtances de cette
fameuſe révolution, les Médes, après quelques années de troubles & d'anarchie, élurent un Roi [d]. Ce Prince nommé Déjocès,
s'attacha à civiliſer ſes nouveaux ſujets. Il bâtit Ecbatane dont
il fit la capitale de ſon royaume, & chercha même à l'embellir avec aſſez de magnificence [e]. On peut juger qu'en général Déjocès avoit beaucoup de goût pour le faſte & la repréſentation. Toute ſa conduite l'annonce [f]. Il inſpira vraiſemblablement les mêmes ſentimens à ſes ſujets. C'eſt, au reſte, tout

[a] Hérod. l. 1. n. 135. = Xenophon. Cyrop. *paſſim.* = Strabo, l. 11. p. 797. & 798.
[b] Diod. l. 2. p. 114.
[c] Voyez *ſuprà*, L. I. c. 1. p. 5.
[d] Ibid. c. 3. p. 9.
[e] Hérod. l. 1. n. 98.
[f] Voyez Id. Ibid.

ce qu'on peut dire fur les mœurs des Médes pendant le régné de Déjocès. L'hiftoire ne nous en a tranfmis aucune particularité.

Depuis cette époque, c'eft à-dire, depuis l'an 710 avant Jefus-Chrift, l'hiftoire des Médes commence à s'éclaircir & à nous être mieux connue. On voit une fuite de Rois fe fuccéder pendant 200 ans, jufqu'au moment où Cyrus réunit en fa perfonne la couronne de Médie à celle de Perfe. C'eft fous le régne d'Aftiage, grand-pere de ce Prince, & fous celui de Cyaxare, le dernier des rois Médes, que nous allons confidérer les mœurs de cette nation.

De tous les peuples dont il eft parlé dans les écrivains de l'antiquité, les Médes font ceux qui paroiffent avoir été les plus décriés pour leur luxe, leur fafte & leur moleffe [a]. C'étoit dans la fomptuofité & la magnificence des habits qu'éclatoit particuliérement le luxe de ces peuples. Ils portoient de longues robes traînantes, qui avoient de grandes manches pendantes. Cette forte d'habillement avoit très-bonne grace ; & comme il étoit flottant, & qu'en général il avoit beaucoup d'ampleur, il étoit très-propre à cacher les défauts de la taille [b]. Ces robes, au furplus, étoient tiffues de différentes couleurs, toutes plus brillantes les unes que les autres, & richement brodées d'or & d'argent [c]. A l'égard de la coëffure, les Médes laiffoient croître leurs cheveux & couvroient leur tête d'une thiare, ou efpéce de bonnet pointu, très-magnifique [d]. Ils étoient, en outre, chargés de braffelets, de chaînes d'or & de colliers ornés de pierres précieufes. [e] Les Médes enfin portoient la recherche dans leur ajuftement au point de fe peindre les yeux & les fourcils, de fe farder le vifage, & de mêler parmi leurs cheveux des cheveux artificiels [f]. Tel étoit l'habillement des hommes. Quant à celui des femmes, on n'en peut rien dire abfolument.

[a] Voyez Athen. l. 12. p. 512. ══ Tertullian. *de* Cultu Fœmin. l. 1. p. 152.

[b] Xenoph. Cyrop. l. 8. p. 122. ══ Diod. l. 2. p. 19. ══ Juftin. l. 1. c. 2. l. 41. c. 2. ══ Strabo, l. 11. p. 797.

[c] Herod. liv. 1. n. 111. ══ Xenoph. Cyrop. l. 8. p. 126.

[d] Xenoph. l. 8. p. 127. ══ Plut. *de* Fort. Alex. p. 329. 330.

[e] Id. Ibid.

[f] Xenophon. Cyrop. l. 1. p. 5.

Cette efpece de fard confiftoit dans une couleur noire dont les anciens fe teignoient les fourcils & les paupieres, pour faire paroître les yeux plus vifs & plus grands.

Les écrivains de l'antiquité ne nous fourniſſent ſur cet article aucune lumiére. Ils nous apprennent ſeulement que le ſexe, dans la Médie, étoit recommandable par ſa beauté [a].

Le luxe de la table égaloit, chez les Médes, celui des habillemens. Dans un repas qu'Aſtiage donna à Cyrus, tout fut prodigué: ſoit pour la qualité, ſoit pour la variété des viandes & la diverſité des mets [b]. On voit auſſi que, chez ces peuples, on prenoit la précaution de faire l'eſſai de la boiſſon qu'on ſervoit au Roi. L'échanſon, avant que de préſenter la coupe au Prince, en verſoit quelques goutes dans le creux de ſa main gauche, & en goûtoit [c].

Il ſeroit aſſez curieux de ſçavoir en quoi pouvoit conſiſter préciſément la délicateſſe & la magnificence des Médes, à l'égard du luxe de la table. Mais, je l'ai déja dit, les anciens écrivains ne ſont entrés ſur cet article dans aucun détail. Je crois, au ſurplus, qu'on ne doit ſe former qu'une aſſez médiocre idée du talent de ces peuples pour la délicateſſe & l'élégance de la bonne chere. J'en juge ainſi par la maniere dont on mange encore aujourd'hui dans tout l'Orient. On ſçait que l'art d'apprêter & de diverſifier les mets, y eſt fort borné, & je crois qu'à cet égard il en a été, à peu-près de même dans tous les tems. Car, ſelon que j'ai déja eu pluſieurs fois occaſion de l'obſerver, les uſages ont peu varié chez les Orientaux.

Quoi qu'il en ſoit, au reſte, les débauches de la table étoient exceſſives chez les Médes. On s'y enyvroit très-fréquemment. Les Monarques n'étoient pas plus réſervés ſur cet article que les derniers de leurs ſujets [d]. L'hiſtoire nous a conſervé un exemple trop marqué de leur intempérance, pour le paſſer ſous ſilence. Dans la guerre que Cyaxare, le dernier des rois Médes faiſoit aux Babyloniens, Cyrus qui avoit joint ſes armes à celles de ce Prince, trouvant une occaſion favorable de battre l'ennemi, partit la nuit, à la tête de toute la cavalerie. Cyaxare, au contraire, paſſa cette même nuit dans la débauche, & la porta au point de s'enyvrer avec tous ſes principaux officiers [e].

III[e]. PARTIE.
Dep. l'établ. de la Royauté chez les Hébreux, juſqu'à leur retour de la captivité.

---

[a] Xenoph. Cyrop. l. 5. p. 50. ═ Anabas. l. 3. p. 130.
[b] Xenoph. Cyrop. l. 1. p. 5.
[c] Xenoph. Cyrop. l. 1. p. 6.
[d] Id. Ibid. p. 6.
[e] Ibid. l. 4. p. 62.

IIIᶜ. PARTIE.
Dep. l'établ. de la
Royauté chez les
Hébreux, jusqu'à
leur retour de la
captivité.

La mufique affaifonnoit, chez les Médes, les plaifirs de la table. Ils y chantoient & y jouoient volontiers des inftrumens. Les Monarques prenoient part eux-mêmes à ce divertiffement, & généralement à tout ce qui pouvoit animer la joie des feftins [a]. On peut mettre encore au nombre des plaifirs des Médes, celui de la danfe. Ils s'y livroient avec beaucoup d'ardeur & d'emportement [b].

La chaffe étoit auffi un des exercices dont les Souverains de Médie s'occupoient le plus agréablement. Afin même de pouvoir prendre ce plaifir avec plus de facilité, ils avoient fait conftruire de grands parcs dans lefquels ils tenoient renfermés des lions, des fangliers, des léopards & des cerfs [c].

Il eft impoffible de rien dire de certain fur la maniere dont les maifons des Médes pouvoient être bâties. On peut feulement conjecturer que ces peuples faifoient confifter une partie de la décoration de leurs édifices dans la diverfité des couleurs dont ils les peignoient à l'extérieur. Je crois pouvoir propofer cette conjecture d'après ce qu'Hérodote rapporte des murailles d'Ecbatane. Cette ville étoit enfermée par fept enceintes de murailles difpofées de maniere qu'au dehors la premiere n'empêchoit pas qu'on ne vît l'entablement de la feconde, celle-ci n'ôtoit point la vûe de celui de la troifiéme, & ainfi des autres. Les creneaux de la premiere muraille étoient peints de blanc, ceux de la feconde, de noir, ceux de la troifiéme de pourpre, de la quatriéme, de bleu, de la cinquiéme, d'orangé ; & à l'égard des deux dernieres enceintes, les creneaux de l'une étoient argentés, & ceux de l'autre dorés [d]. J'imagine d'après ces faits, que les Médes étoient, vraifemblablement, dans l'ufage de peindre à l'extérieur leurs maifons de différentes couleurs, ufage que nous fçavons avoir lieu encore aujourd'hui dans plufieurs pays.

Quant à la décoration intérieure des appartemens chez ces peuples, on n'en peut parler non plus que d'une maniere très-imparfaite. Je crois feulement pouvoir affurer que l'ufage des tapifferies avoit lieu chez les Médes. Cette forte de meubles,

---

[a] Xenophon. Cyrop. l. 1. pag. 6. l. 4. pag. 62.
[b] Ibid. l. 1. p. 6.

[c] Ibid. l. 1. p. 7, 8 & 9.
[d] L. 1. n. 98.

en

en effet, étoit connue des Perſes [a] , & on ſçait que les Per‑
ſes avoient emprunté des Médes tout ce qui pouvoit contri‑
buer au luxe & à la magnificence [b]. On peut dire même que
les tapiſſeries ne devoient pas être un objet uniquement de luxe
chez les Médes. La Médie eſt un pays en général aſſez froid ,
& dès-lors l'uſage de tapiſſer les appartemens , étoit un uſage
très-utile & très-néceſſaire.

C'étoit particuliérement à la cour d'Ecbatane qu'éclatoit cette
pompe & cette magnificence dont les anciens écrivains nous
donnent une ſi haute idée. Si même on s'en rapporte à leur
témoignage , c'eſt des Médes que la plûpart des nations de
l'Orient avoient emprunté l'étiquette qui s'obſervoit à la cour des
Souverains de cette partie du monde [c]. On peut juger de la
pompe extérieure qui environnoit la perſonne des Rois de Mé‑
die , par cette ſuperbe cavalcade , dont Cyrus jugea à propos
de donner le ſpectacle à ſes ſujets nouvellement conquis. L'ap‑
pareil de cette fête fut entiérement ordonné ſelon les uſages
des Médes [d]. Enfin , on ſe formera encore une plus haute idée
de la grandeur & de la ſomptuoſité qui régnoient à la cour des
Souverains de Médie, ſi l'on ſe rappelle la maniere dont les écri‑
vains de l'antiquité parlent de la magnificence qui éclatoit à la
cour des Rois de Perſe : car je l'ai déja dit , l'étiquette obſer‑
vée à la cour des Rois de Perſe, n'étoit qu'une imitation exac‑
te & fidelle de celle des Rois de Médie.

C'eſt encore des Médes que les Perſes avoient reçû cette vé‑
nération profonde dont ils étoient pénétrés pour la perſonne
de leurs Rois [e]. Le reſpect que les Médes portoient à leur
Souverain , étoit tel qu'on n'auroit oſé ni cracher, ni même rire
en ſa préſence [f]. Ses ordres étoient toujours promptement &
ponctuellement exécutés.

L'hiſtoire des Médes ne nous eſt pas aſſez connue pour être
en état de parler avec quelque exactitude ſur les uſages qu'ils
obſervoient dans le cours ordinaire de la vie civile. Je remarquerai
ſeulement dans les mœurs de ces peuples , une ſingularité très‑

[a] Plut. *in* Themiſt. p. 126. 127. === *In*
Artax. p. 1026. === Tertullian. *de* Cultu
Fœmin. l. 1. p. 152.
[b] Strabo , l. 11. p. 797. === Xenophon.
Cyrop. l. 8. p. 141.

[c] Strabo , l. 11. p. 797 & 798.
[d] Xenoph. Cyrop. l. 8. p. 126 , &c.
[e] Strabo , l. 11. p. 797.
[f] Hérod. l. 1. n. 99.

digne d'être obfervée. Dans certains cantons de la Médie, non-feulement la polygamie étoit permife, elle étoit même auto-rifée par une loi expreffe qui ordonnoit à chaque habitant d'é-poufer & d'entretenir au moins fept femmes. Dans d'autres cantons c'étoit précifément le contraire. Il étoit permis à une femme d'avoir plufieurs maris, & on regardoit avec mépris, celles qui en avoient moins de cinq [a].

A l'égard du caractere particulier des Médes, on peut af-furer qu'en général ils étoient très-braves & très-belliqueux. J'ai déja dit qu'ils paffoient pour les premiers peuples de l'Afie qui euffent introduit la difcipline dans les armées [b]. On fçait auffi que les Médes avoient enfeigné aux Perfes l'art de la guerre, & particuliérement à manier l'arc & le javelot avec dextérité [c].

Je ne penfe pas que les Médes fe foyent jamais rendus fort recommandables du côté des fciences. Ce qui m'autorife dans cette façon de penfer, c'eft qu'ils ne font cités nulle part au nombre des peuples chez lefquels on ait vû autrefois fleurir les fciences.

Quant aux Arts & Métiers, il eft à préfumer que tout ce qui pouvoit y avoir rapport, devoit être recherché avec foin chez les Médes. On n'en peut pas même douter, après ce qu'on a vû fur le goût dominant qu'ils avoient pour le fafte & la ma-gnificence, le luxe & la molleffe.

Je croirois, au refte, que le fafte & la molleffe, ces vices tant de fois reprochés aux Médes par tous les écrivains de l'anti-quité, n'ont commencé à s'introduire chez cette nation, & à corrompre fes mœurs, que depuis la deftruction de l'empire d'Affyrie. Jufqu'à ce moment, les Médes ne formoient point une Monarchie affez puiffante & affez opulente pour s'aban-donner au luxe & aux délices. D'ailleurs, avant cet événe-ment, ils fe voyoient entourés de tous côtés d'ennemis puif-fans & belliqueux (les Affyriens & les Babyloniens), qui les forçoient d'être vigilans & attentifs pour éviter d'en devenir

---

[a] Strabo, l. 11. p. 798.
  Aujourd'hui encore, dans plufieurs can-tons de l'Inde, il eft permis aux femmes d'avoir plufieurs maris. Voyage de Franc.
Pyrard. p. 274. ═ Lettr. édif. t. 10. p. 22.
[b] Suprà, L. V. c. 1. p. 160.
[c] Strabo, l. 11. p. 797.

bientôt la proie. Les Médes dans cette pofition avoient trop de mefures à garder, & trop de précautions à prendre pour fe livrer avec excès au luxe & à la fenfualité. Mais les monarques de Médie, en renverfant le thrône de Ninive, fe délivrerent d'un voifinage dangereux, néceffaire cependant pour rendre leurs fujets actifs & vigilans. Enfin, les richeffes dont ces Princes & leurs troupes fe gorgerent au fac de Ninive, & par-deffus tout la communication journaliere & habituelle avec un peuple mol & voluptueux, tels qu'étoient alors les Affyriens, corrompirent leurs mœurs, & les firent bientôt dégénérer de celles de leurs ancêtres. Ce qui acheva de porter le dernier coup aux Médes, fut leur réunion & leur incorporation avec les Perfes fous Cyrus. Depuis cette époque, il n'eft plus queftion des Médes dans l'hiftoire.

IIIe. PARTIE. Dep. l'établ. de la Royauté chez les Hébreux, jufqu'à leur retour de la captivité.

CHAPITRE II.

Des Egyptiens.

J'AI PRÉSENTÉ dans les volumes précédens & même dans celui-ci, sous différens articles, tout ce qui pouvoit concerner les loix, les arts, les sciences, les mœurs & les usages des Egyptiens. Mais je ne me suis point attaché jusqu'à présent à résumer tous ces différens objets, & à les réunir sous un seul & même point de vûe, pour tracer en conséquence un tableau général & rapproché du caractere des Egyptiens, & faire connoître le génie particulier de cette nation. Je crois que c'est ici le lieu de présenter d'un seul coup d'œil & sous le même aspect les différens traits que l'antiquité peut nous fournir sur cet objet. Je vais donc expliquer en peu de mots l'idée que j'ai cru pouvoir me former des Egyptiens, & tracer d'après les faits, le caractere de ce peuple si vanté dans tous les tems.

Les Egyptiens se font rendus célébres dans l'antiquité par leurs loix, leurs arts & leurs sciences. Cette nation, en effet, s'étant policée fort promptement, elle a fait en conséquence, de bonne heure, quelques découvertes, & même quelques progrès assez rapides dans plusieurs parties des Arts & des Sciences. C'est un mérite qu'on ne doit point contester aux Egyptiens : mais, d'ailleurs, je ne vois rien qui puisse servir à les caractériser d'une façon bien avantageuse : je crois même être en droit de leur refuser la plus grande partie des éloges qu'on leur a toujours prodigué si libéralement.

Les Egyptiens avoient inventé quelques arts & quelques sciences ; mais ils n'ont jamais eû l'esprit de perfectionner aucunes de leurs découvertes. J'ai fait voir leur peu de goût, & j'ose dire, de talent en architecture, en sculpture & en peinture [a]. La maniere dont ils pratiquoient la Médecine étoit absurde & ridicule [b]. Les connoissances qu'ils avoient de l'Astrono-

___

[a] *Suprà*, L. II. c. 2. === [b] Voyez la seconde Part. L. III. c. 2. art. 1.

mie & de la Géométrie, n'étoient que fort imparfaites. Il s'en faut de beaucoup que leurs découvertes ayent seulement approché de celles que par la suite les Grecs ont fait dans ces deux sciences. Les Egyptiens enfin, n'ont eu aucun génie, aucune ardeur, aucun talent pour le Commerce, la Marine & l'Art militaire.

A l'égard des loix civiles & des constitutions politiques, les Egyptiens en avoient, à la vérité, quelques-unes de fort bonnes, mais d'ailleurs, il régnoit dans leur Gouvernement une multitude d'abus & de défauts essentiels autorisés par les loix & les principes fondamentaux de leur Gouvernement [a].

Quant aux mœurs & aux usages de ce peuple, on a vû à quel point l'indécence & la débauche étoient portées dans ses fêtes publiques & dans ses cérémonies religieuses [b]. La maniere dont une nation croit honorer la divinité, porte l'empreinte de son caractere. La morale des Egyptiens n'étoit pas non plus fort épurée ; on peut même assurer qu'elle péchoit essentiellement contre les premieres régles de la droiture & de la probité. On voit que les Egyptiens étoient souverainement décriés pour leur cupidité, leur mauvaise foi, leurs ruses & leurs friponneries [c].

Il me paroît résulter de tous ces faits, que les Egyptiens étoient en général un peuple assez industrieux, mais, au reste, sans goût, sans génie, sans discernement. Peuple qui n'avoit que des idées de grandeur mal-entendues, & dont les progrès dans toutes les différentes parties des connoissances humaines, n'ont jamais été que très-médiocres. Du surplus, fourbe fripon, mol, fainéant, lâche, rampant, & qui, pour quelques exploits dont il a pû se glorifier dans les tems reculés, a toujours été depuis assujetti par quiconque a voulu entreprendre de le soumettre. Peuple encore assez vain & assez sot pour mépriser les autres nations sans les connoître [d]. Superstitieux à l'excès [e], singuliérement adonné à l'Astrologie judiciaire [f], entété

---

[a] *Suprà*, L. I. c. 4. p. 16, &c.
[b] Voyez la premiere Part. L. VI. c. 2. p. 346. &c.
[c] Voyez Plat. *de Rep.* l. 4. p. 642. De Leg. l. 5. p. 852. ═ Stephan. Byfant. voce Αἴγυπτος, p. 38. ═ Suid. voce Αἰγυπτιάζειν, t. 1. p. 643.
[d] Voyez Hérod. l. 2. n. 41.
[e] Voyez la premiere Part. Liv. VI. c. 2. p. 343.
[f] Voyez Hérod. l. 2. n. 82. ═ Diod. l. 1. p. 91 & 92. ═ Cicero *de* Divinat. l.

enfin jufqu'à l'extravagance d'une théologie abfurde & monftrueufe [a]. Cet expofé ne nous autorife-t-il pas fuffifamment à
dire que toute cette fcience, cette fageffe & cette philofophie
fi vantée des prêtres Egyptiens, n'étoit qu'impofture & charla-
tanerie capables d'en impofer feulement à des peuples auffi peu
éclairés, ou autant prévenus que l'étoient autrefois les Grecs en
faveur des Egyptiens [1].

Remarquons néanmoins qu'à s'en tenir même au témoignage des anciens, les éloges dont il leur a plû de combler l'E-
gypte, ne tombent que fur fes loix, fa police, fes arts & fes
connoiffances mathématiques, mais nullement fur les productions qui font particuliérement du reffort de l'efprit & du goût.
La Gréce ni Rome n'ont jamais loué l'éloquence, la poéfie,
la mufique, l'architecture, la fculpture, la peinture des Égyptiens. J'en dirai autant de ce qui concerne un objet bien plus
effentiel, la Médecine. On voit auffi que jamais les Grecs ni
les Romains n'ont vanté les connoiffances de ce peuple dans la
Navigation, le Commerce & l'Art militaire. Je ne vois donc
que les idées philofophiques & morales des Egyptiens, pour
lefquelles l'antiquité femble avoir eû quelque eftime; mais, du
furplus, je me crois bien fondé à foutenir que les Egyptiens
n'ont eû que des notions confufes & des idées très-imparfaites
fur tous les autres objets des connoiffances humaines. Je ferois
fort tenté de comparer cette nation aux Chinois. Je crois appercevoir entre l'un & l'autre peuple beaucoup de reffemblance
& de conformité [2].

---

1. n. 1. = Plut. Conviv. fept. Sap. p.
149. A.
  [a] Voyez la premiere Part. L. VI. chap.
2. p. 343.
  [1] Voyez Acta Philofoph. t. 1. p. 229,
&c. 634, &c. = Conringius de Hermet.

Med. l. 1. c. 12. = Scherlone amœnitat.
Litter. c. 7. p. 190.
  [2] Sur ce qu'on doit penfer des arts, des
fciences, des loix, de la police & de la
morale des Chinois, voyez le voyage d'An-
fon, l. 3. c. 10,

CHAPITRE III.

Des Peuples de la Gréce.

DANS ce nombre infini de différens peuples qui habitoient autrefois la Gréce, je n'en vois que deux , les Lacédémoniens & les Athéniens, dont les mœurs & les ufages méritent une attention particuliere , les autres n'offrent point des faits affez marqués , ni des variétés affez importantes pour qu'on doive s'y arrêter. A quelque différence près , on peut juger des inclinations & des ufages de tous les Grecs, par les mœurs & par la façon de vivre des Lacédémoniens & des Athéniens. Dans le tableau que je vais en préfenter , j'en uferai de la même maniere que j'ai déja fait dans d'autres articles , c'eft-à-dire , que j'en parlerai très-fommairement. De plus longs détails feroient inutiles , & ne feroient que multiplier les redites. Cette matiere a déja été fuffifamment traitée dans quantité d'ouvrages qui font entre les mains de tout le monde.

ARTICLE PREMIER.

Des Lacédémoniens.

IL EST très-peu de nations chez lefquelles le légiflatur fe foit appliqué à régler les mœurs & les pratiques ordinaires de la vie civile , par des loix pofitives. Les Lacédémoniens doivent être mis dans le petit nombre de Peuples qui ayent eu un code pour leurs mœurs & leurs ufages. Les ordonnances de Lycurgue embraffoient également la police générale de Sparte , & les actions de la vie privée de fes habitans. On eft affez inftruit de l'auftérité & de la rigidité de la difcipline à laquelle les Spartiates étoient aftreints, pour qu'il ne foit pas néceffaire, je crois, d'y infifter. Il fuffit de dire que les actions les plus indifférentes n'étoient pas libres à Sparte. Perfonne n'étoit le maître d'y vivre à fa fantaifie , tout , jufqu'aux moindres démarches , étoit affujetti à une régle commune & uniforme ᵃ.

Il n'étoit pas permis , par exemple , à un Spartiate de fe marier quand il le jugeoit à propos , d'aller voir fa femme quand il le vouloit , ni d'y refter autant qu'il l'auroit fouhaité ᵇ. Il ne lui étoit pas libre non plus d'apprêter pour fa nourriture ce qu'il vouloit , ni de manger en fon particulier. Chaque habitant étoit affujetti à prendre fa réfection dans les falles publiques , & à fe contenter de ce qu'on y fervoit. Les tables étoient chacune d'environ quinze perfonnes. On y mangeoit par portions féparées & affis très-durement ᶜ.

Les Rois de Sparte étoient eux-mêmes affujettis à ce genre de vie. Agis venant de remporter une grande victoire fur les Athéniens , crut pouvoir fouper chez lui avec fa femme. Il envoya en conféquence demander fa portion. Les Polémarques la lui refuferent , & il fut obligé de venir manger à la table publique ᵈ.

ᵃ Voyez Xenoph. *de* Repub. Laced. p. 395. ══ Plut. *in* Lycurg. p. 54.
ᵇ Xenoph. p. 393. ══ Plut. *in* Lycurg. p. 48.

ᶜ Athen. l. 4. p. 141. ══ Serv. *ad* Æneid. l. 7. v. 176.
ᵈ Ælian. Var. Hift. l. 3, c. 34. ══ Plut. *in* Lycurg. p. 45, 46.

La

La fenfualité ni même la gourmandife ne trouvoient pas de quoi s'y fatisfaire. Les mets qu'on y fervoit n'étoient ni choifis, ni délicatement apprêtés. Ils confiftoient dans du pain, du vin, du fromage, des figues féches, & dans quelques morceaux de viande groffiérement accommodés [a]. On n'en préfentoit même aux conviés que la quantité feulement néceffaire pour le befoin & le foutien de la vie [b]. Il n'étoit pas permis de paroître à Lacédémone trop gras & trop bien nourri. Un Spartiate auquel on trouvoit trop d'embonpoint, en étoit puni & châtié févérement [c]. Après qu'on avoit mangé & bû très-fobrement, on s'en retournoit chez foi fans lumiére, car il étoit expreffément défendû de fe faire éclairer [d].

On retrouvoit dans les habits des Spartiates cette même gêne & cette même groffiéreté qui régnoit fur leurs tables. Ils portoient en hyver & en été la même forte de vêtement, qui étoit court & fort fimplement travaillé [e]. Ils ne fe rafoient point & affectoient au contraire d'avoir une barbe très-longue & très-fournie [f]. Leur plus grande parure confiftoit dans la beauté de leurs cheveux. Les Spartiates les portoient fort longs, & en avoient très-grand foin [g]. La maniére de les arranger étoit de les partager également des deux côtés de la tête [h]. Les Spartiates étoient d'ailleurs fort fales & fort mal-propres fur leurs perfonnes, ne pouvant fe baigner & fe parfumer qu'à certains jours marqués. Il ne falloit cependant pas que leurs habits paruffent déchirés & en mauvais état, car on ne manquoit pas de punir ceux qui fembloient n'en avoir pas affez de foin [i].

Les Spartiates n'étoient ni plus libres, ni plus recherchés dans leurs maifons & dans leurs meubles, que fur leurs tables

---

[a] Plut. Ibid. p. 46.

Le plus exquis de tous ces mets étoit une efpece de brouet connu dans l'antiquité fous le nom de *Sauce noire*. Nous ne pouvons point décider aujourd'hui quelle étoit proprement cette efpece de ragoût. Mais à en juger par ce qu'en difent les auteurs anciens, la fauce noire des Spartiates devoit être un mets des plus médiocres. Voy. Cicer. Tufculan. l. 5. n. 34. Plut. *in* Lycurg. p. 146.

[b] Plut. p. 45. 46.

[c] Ælian. Var. Hift. l. 14. c. 7.

[d] Plut. p. 46.

[e] Thucyd. l. 1. p. 7. == Plut. t. 2. p. 237. == Xenoph. p. 394 & 397.

[f] Plut. t. 2. p. 232. E. Voyez Meurf. Mifcell. Lac. l. 1. c. 16.

[g] Hérod. l. 7. n. 208. == Strabo, l. 6. p. 426. == Plut. *in* Lycurg. pag. 53. == Pauf. l. 7. c. 14.

[h] Plut. *in* Lycurg. p. 53.

[i] Plut. t. 2. p. 50. 227. 239. == Xenoph. p. 398. == Ælian. Var. Hift. l. 14. c. 7.

& sur leurs habits. On en peut juger par une ordonnance que Lycurgue avoit fait sur cet article. Elle portoit que les planchers des maisons seroient faits avec la coignée, & les portes avec la scie, sans l'aide d'aucun autre outil [a]. De pareilles maisons ne devoient pas, selon l'intention du Législateur, exposer les habitans de Sparte au luxe & à la dépense. En effet, selon que Plutarque l'observe judieusement, il n'y a pas d'homme assez fol pour porter dans des maisons aussi grossiérement construites que celles dont je parle, des lits superbes, des couvertures & des tapis de pourpre, des vases d'or & d'argent, ni en un mot, aucune espéce de magnificence [b].

Les plaisirs & les amusemens des Spartiates répondoient à tout ce qu'on vient de lire précédemment. Leurs divertissemens étoient des plus sérieux & des moins variés. Les Spartiates ne connoissoient d'autres amusemens que la chasse & les différens exercices du corps, & sous ce nom, je comprends la danse qui n'étoit, à proprement parler, chez ce peuple, qu'une espece d'exercice militaire [c]. Les Spartiates avoient aussi une sorte de musique, mais fort simple pour ne pas dire fort grossiére [d]. D'ailleurs, tout ce qu'on peut appeller proprement plaisirs & amusemens étoit banni de Sparte [e]. On n'y avoit pas même voulu souffrir les représentations théâtrales [f], qui faisoient les délices de toutes les autres villes de la Gréce.

Les occupations privées & particuliéres des Spartiates étoient, si l'on peut dire, encore plus bornées & plus restraintes que n'étoient leurs plaisirs & leurs amusemens. Les citoyens de Sparte ne pouvoient connoître ni l'œconomie domestique, ni les affaires, ni les procès, puisque tous leurs biens étoient en commun, & que d'ailleurs ils ne se mêloient point du Commerce, toute espece de trafic leur étant exactement interdite [g]. Il y a plus, ils ne pouvoient exercer aucun art méchanique, pas même cultiver leurs terres. Ce soin étoit entiérement remis aux esclaves [h]. A l'égard des Belles-Lettres & des Sciences, on sçait

---

[a] Plut. *in* Lycurg. p. 47.
[b] Ibid.
[c] Plut. p. 54. = Xenoph. p. 395.
[d] Plut. p. 54. = Arist. *de* Rep. l. 8. chap. 5. Quintil. Instit. lib. 1. chap. 10. = Ælian. l. 12. c. 50.

[e] Plato *de* Leg. l. 1. p. 775. F.
[f] Plut. Instit. Lac. p. 239.
[g] Voyez *suprà* L. IV. chap. 3. p. 153.
[h] Plut. *in* Lycurg. pag. 54. = Ælian. Var. Hist. l. 13. chap. 19.

qu'elles ne furent jamais en honneur chez les Spartiates. Ces peuples n'en apprenoient que ce qu'il étoit abfolument néceffaire d'en fçavoir pour les befoins de la vie civile [a]. On peut donc affurer qur les Spartiates étoient, felon l'intention de Lycurgue, extrêmement défœuvrés la plus grande partie de leur vie. Auffi voyons-nous qu'ils paffoient leur tems à difcourir & à converfer dans des falles communes, où ils s'affembloient tous les jours pour ce fujet [b], & encore l'objet de leurs converfations étoit-il borné & réglé par les loix. On n'y pouvoit traiter que certaines matieres [c]. Tel étoit le genre de vie des Lacédémoniens qui a donné lieu à ce bon mot fi célebre dans l'antiquité. On vantoit à Alcibiade le mépris que les Lacédémoniens témoignoient pour la mort : » Je n'en fuis » point furpris, dit-il, c'eft le feul moyen qu'ils ayent pour s'af» franchir de la gêne & de l'ennui que leur caufe la vie qu'ils font » obligés de mener continuellement [d]» .

Les Spartiates étoient condamnés à cette vie trifte & auftére dès l'inftant de leur naiffance ; car on ne confioit point aux pères & aux mères l'éducation de leurs enfans. Au moment qu'ils naiffoient, on étoit obligé de les remettre entre les mains d'un certain nombre de perfonnes prépofées pour avoir foin de les élever. Tous les enfans de Sparte étoient en conféquence nourris, vêtus, couchés, &, en un mot, élevés d'une maniere uniforme. Rien, au furplus, n'étoit plus dur ni plus rigide que l'éducation qu'ils recevoient. On ne leur laiffoit jamais faire qu'un repas très-mince & très-leger, fuffifant à peine pour les foutenir. On les forçoit de marcher continuellement fans bas & fans fouliers, couverts en tout tems d'un fimple manteau. Plus fouvent même on les obligeoit de faire leurs exercices entiérement nuds : ils étoient d'ailleurs très-mal couchés, & privés enfin de toutes les efpéces de récréations & d'amufemens qu'on a coutume de permettre à la jeuneffe. En place on leur propofoit fans ceffe des queftions graves aufquelles il leur falloit fatisfaire jufte & promptement, en rendant même raifon de leur fentiment, finon ils pouvoient s'attendre à être griévement & impitoyablement

---

a Plut. *in* Lycurg. p. 50.
b Ibid. p. 54 & 55.
c Voyez Plut. Ibid. p. 45. 51. 55.

d Ælian. Var. Hift. l. 13. chap. 38.
Voyez auffi Athén. l. 4. chap. 6. p. 138.

D d ij

punis. C'eſt ainſi que les enfans à Sparte étoient tenus dans une gêne & dans une contrainte perpétuelles, ne pouvant ſe trouver dans aucun lieu, un ſeul moment, ſans avoir quelqu'un auprès d'eux pour les reprendre & les châtier ſévérement, même des fautes les plus légeres a.

La rigidité pédanteſque de la diſcipline de Sparte n'avoit que trop d'influence ſur les mœurs de ſes habitans. Elle leur avoit fait contracter un caractere dur & auſtere, diſons même, farouche & cruel. Je n'en apporterai point d'autre preuve que la maniere dont les Spartiates ſe conduiſoient envers leurs eſclaves, ſi connus dans l'antiquité ſous le nom d'Hilotes (¹). Ils les traitoient avec plus de dureté & de barbarie que des peuples policés ne traitetoient des bêtes brutes c.

Il étoit expreſſément défendu à leur maîtres de leur jamais rendre la liberté, ni de les vendre hors du territoire de la Laconie c. Les Spartiates portoient la cruauté juſqu'à contraindre les Hilotes à recevoir, chaque année, un certain nombre de coups de fouet, ſans les avoir mérités, dans la vûe ſeulement qu'ils ne déſappriſſent pas à obéir. Si quelqu'un de ces malheureux eſclaves ſembloit par ſa mine avantageuſe, ou par la beauté de ſa taille, s'élever au-deſſus de la condition dans laquelle il étoit né, on le faiſoit mourir, & ſon maître étoit mis à l'amende, afin que par ſes mauvais traitemens, il fit enforte que ceux qui lui reſtoient ne puſſent un jour, par leurs qualités extérieures, bleſſer les yeux des Spartiates. Un bonnet & un habit de peau de chien étoit tout le vêtement des Hilotes. On pouvoit les punir pour la moindre faute, ſans qu'ils puſſent reclamer l'autorité des loix, quelqu'inhumaine que pût être la façon dont on les traitoit. L'excès de leur malheur étoit tel qu'ils étoient

---

a Xenoph. *de* Rep. Laced. p. 393. 394. 395. == Plut. *in* Lycurg. p. 46. 50. 51. == Cicero, Tuſcul. l. 2. n. 14.

(¹) Voici en peu de mots quelle avoit été l'origine du nom d'Hilotes.

Hélos étoit une ancienne ville de la Laconie, que les Spartiates attaquerent ſous quelque prétexte. S'en étant rendus maîtres, ils réduiſirent tous les habitans en eſclavage. Dans la ſuite, quand, par de nouvelles conquêtes, les Spartiates vinrent à faire de nouveaux eſclaves, ils les appelle- rent tous Hilotes. C'eſt ainſi que ce nom particulier devint une dénomination générale pour tous ceux qui, par la ſuite, furent réduits à la ſervitude chez les Spartiates. Voyez Acad. des Inſcript. t. 23. M. p. 281.

b Voyez Plut. *in* Lycurg. pag. 57. == Athen. liv. 6. pag. 272. A. liv. 14. pag. 657.

c Académie des Inſcriptions, tom. 23. M. pag. 275.

en même tems efclaves des particuliers & du public. On fe
les prêtoit communément les uns aux autres. Pour comble d'ou-
trages enfin & d'aviliffement, on forçoit fouvent les Hilotes de
boire jufqu'à s'enyvrer, & dans cet état, on les offroit aux yeux
des jeunes gens pour leur infpirer l'horreur d'un vice qui dé-
grade fi fort l'humanité.

Souvent même les Spartiates joignoient la perfidie à la cruauté pour faire périr ces malheureufes victimes, lorfque leur nombre trop multiplié pouvoit faire craindre quelque entreprife de
leur part. L'hiftoire nous apprend, par exemple, que, dans
une certaine occafion, les Lacédémoniens inquiets de la quantité d'Hilotes qui fe trouvoient répandus dans l'Etat, & cher-
chant à s'en défaire fans rifque, firent femblant de vouloir en
affranchir plufieurs, afin, difoient-ils, de les incorporer enfuite
dans leurs troupes. Sous ce prétexte, on publia que les plus
robuftes & les plus vaillans des Hilotes n'avoient qu'à venir fe
préfenter pour être enrôlés. A cette nouvelle, il s'en raffem-
bla plufieurs pleins de courage & de bonne volonté. Sur la
quantité qui vint s'offrir, on en choifit deux mille qu'on regardoit comme les plus capables de quelque grande entreprife.
On les couronna fur le champ de fleurs, & on les promena
en grande pompe dans les temples de Sparte; mais peu de tems
après, ces deux mille Hilotes difparurent fans qu'on ait jamais
fçu ce qu'ils étoient devenus [a].

Dans une autre occafion, des Hilotes condamnés à la mort,
fans qu'on fçache pour quel crime, fe réfugierent à Ténare,
promontoire de la Laconie, où Neptune avoit un temple fort
révéré. Les Ephores ne craignirent pas de les en arracher pour
les faire conduire au fupplice. Cette action a paru révoltante,
même aux Auteurs profanes. Ils ont tous regardé le tremble-
ment de terre qui arriva alors, le plus horrible dont on eût encore entendu parler, comme l'effet du reffentiment de Neptune contre les Spartiates qui n'avoient pas craint de violer
l'afyle de Ténare [b].

Que dire enfin de cet établiffement abominable défigné dans
les anciens Auteurs fous le nom d'*Embufcade*. Voici ce qu'ils

<hr>

[a] Thucyd. l. 4. n. 80. p. 285. == Diod.
l. 12. p. 525. == Plut. *in* Lycurg. p. 56.

[b] Académie des Infcriptions, *loco cit.*
p. 275.

nous en apprennent. De tems en tems, ceux qui étoient pré-poſés pour gouverner la jeuneſſe de Sparte, choiſiſſoient, parmi leurs éleves, quelques uns de ceux qui leur paroiſſoient les plus prudens & les plus hardis. Ils les armoient de poignards & leur donnoient ce qu'il falloit de vivres pour un certain nom-bre de jours. En cet état, ils envoyoient ces jeunes gens bat-tre la campagne chacun de leur côté. Ces coureurs, ainſi diſ-perſés, avoient ordre de ſe cacher de jour dans les lieux cou-verts ou dans quelques cavernes. Dès que la nuit étoit ve-nue, ils ſortoient de leur embuſcade, & ſe jettoient dans les grands chemins où ils égorgeoient tous les Hilotes qu'ils ren-controient, cruauté d'autant plus aiſée à commettre, que les malheureux qu'ils attaquoient ne pouvoient point porter d'ar-mes. Quelquefois même ces ſortes d'aſſaſſins marchoient en plein jour & tuoient ceux des Hilotes qui leur ſembloient les plus forts & les plus robuſtes [a].

La cruauté & la perfidie dont les Lacédémoniens uſoient envers leurs eſclaves, leur étoit auſſi très-familiere envers tous ceux qu'ils croyoient avoir intérêt d'opprimer. J'en ai cité un exemple bien ſenſible dans le livre précédent [b]. Mais il ne ſe-ra pas hors de propos d'en produire encore quelques autres.

Alcibiade, dont la bravoure & la capacité étoient connues des Lacédémoniens, avoit été obligé d'aller chercher un aſyle auprès du jeune Cyrus, frere d'Artaxercès, roi de Perſe. Il n'y fut pas long-tems ſans pénétrer les deſſeins ſecrets de ce ce Prince, & ſans démêler l'objet des préparatifs qu'il lui voyoit faire. Occupé des moyens de relever ſa patrie opprimée, Alci-biade crut qu'il y réuſſiroit infailliblement, s'il pouvoit inſtruire Artaxercès des projets que Cyrus tramoit contre ſa perſonne. En effet, une découverte de cette importance n'auroit pas man-qué de lui concilier la faveur du Monarque, & ſans doute qu'il en auroit obtenu le ſecours dont il avoit beſoin pour le réta-bliſſement des affaires d'Athénes. Plein de ces idées, Alcibiade s'achemina vers la Perſe. Mais les Lacédémoniens avertis des motifs de ſon voyage, & convaincus que leurs affaires étoient perdues ſans reſſource, s'ils ne trouvoient pas le moyen de

---

[a] Plut. *in* Lycurg. p. 36. ══ Voyez auſſi Athen. l. 14. p. 657.

[b] Chap. 2. p. 173. ══ Voyez auſſi Ælian, Var. Hiſt, l. 6. chap. 7.

ſe défaire d'Alcibiade, mirent en œuvre, pour y parvenir, la plus noire des lâchetés. Ce grand homme ſe trouvoit alors dans le gouvernement de Pharnabaze. Les Lacédémoniens écrivirent à ce Satrape pour l'engager à les délivrer, à quelque prix que ce fût, d'un ennemi ſi redoutable. Pharnabaze gagné par leurs offres & par leurs promeſſes, les ſervit à leur gré, & fit aſſaſſiner Alcibiade [a].

La maniere dont les Lacédémoniens uſerent des avantages qu'ils avoient remportés ſur Athènes dans la guerre du Péloponéſe, ſuffiroit ſeule pour les couvrir à jamais d'opprobre & d'infamie. Ils exercerent dans cette ville ſi chère à toute la Gréce, les plus horribles cruautés. Ils firent mourir, dit Xénophon, plus de perſonnes en huit mois de paix, que les ennemis n'en avoient tué en trente ans de guerre [b]. Tout ce qui reſtoit alors à Athènes de perſonnes un peu conſidérables, en ſortit pour aller chercher quelque part un aſyle où l'on pût vivre en ſûreté. Les Lacédémoniens eurent l'inhumanité de vouloir ôter à ces malheureux fugitifs, cette derniere reſſource. Ils défendirent aux villes de la Gréce, par un édit public, de leur donner retraite, ordonnerent qu'on les livrât aux trente Tyrans qui ravageoient pour lors Athénes, & condamnerent à une amende quiconque s'oppoſeroit à l'exécution de ce cruel édit [c].

La conduite que tinrent les Lacédémoniens, à peu près vers le même tems, à l'égard de Syracuſe prouve encore mieux de quel eſprit ce peuple étoit animé, & quel étoit le fonds de ſa politique. Les Syracuſains diſputoient alors leur liberté contre Denys le tyran, & venoient d'eſſuyer un échéc conſidérable. Dans ces circonſtances, les Lacédémoniens députerent un de leurs citoyens à Syracuſe, en apparence, pour témoigner la part qu'ils prenoient au malheur de cette ville, & pour lui offrir du ſecours, mais, en effet, pour fortifier Denys dans la réſolution de ſe maintenir, & de pouſſer à bout ſon entrepriſe, eſpérant que ce Prince devenu fort puiſſant, pourroit leur être à l'avenir d'une grande utilité [d]. Enfin, Hérodote dit nette-

---

[a] Cornel. Nepos *in* Alcibiad. n. 9, &c. === Diod. l. 14. p. 647. === Plut. *in* Alcibiad. p. 213. === Juſtin, l. 5. chap. 8.

[b] Xenoph. *de* Reb. geſt. Græc. liv. 2. pag. 273.

[c] Diod. liv. 14. p. 641, &c. === Juſtin. l. 5. chap. 9. === Plut. *in* Lyſandr. pag. 448.

[d] Diod. l. 14. p. 646.

ment, en parlant des Lacédémoniens, que ceux qui connoiſ-
foient le génie de ce peuple, ſçavoient bien que ſes actions
étoient ordinairement contraires à ſes paroles, & qu'on ne
pouvoit s'y fier en aucune maniere [a]. Quelles idées de pareils
traits ne doivent-ils pas nous donner du caractere des Lacédémoniens?

Je paſſe ſous ſilence un reproche encore mieux fondé qu'on
pourroit leur faire ſur la barbarie avec laquelle, dans une fête
qui ſe célébroit tous les ans en l'honneur de Diane, on fouet-
toit jufqu'au ſang, ſur l'autel de cette Déeſſe inhumaine, touś
les enfans de Sparte. Quelle brutalité que celle de déchirer à
coups de verges le corps de ces innocentes victimes, ſous prétexte de les accoutumer à ſupporter la douleur ſans impatience? L'excès étoit porté au point qu'on en a vû ſouvent expirer
dans cette cruelle cérémonie. Elle ſe faiſoit en préſence de toute la ville, ſous les yeux des peres & des meres, qui, voyant
leurs enfans tout couverts de ſang & de plaies, & prêts à rendre l'ame, les exhortoient à ſouffrir ſans pouſſer aucun cri, &
ſans donner le moindre ſigne de douleur, le nombre de coups
de verges qu'ils devoient eſſuyer [b]. De quel nom caractériſer
cette prétendue fermeté?

Que penſer auſſi de l'acharnement avec lequel les jeunes gens
de Sparte ſe battoient à certains jours de l'année? Ils ſe partageoient en deux bandes qui ſe rendoient par différens chemins
à un certain endroit dont on étoit auparavant convenu. Le ſi-
gnal donné, tous ces jeunes gens ſe jettoient les uns ſur les autres, s'attaquant à coups de poings, à coups de pied, ſe mordant de toutes leurs forces, & s'entre-arrachant même les yeux.
» Vous les voyez, dit Pauſanias, ſe battre à outrance, tantôt un
» contre un, tantôt par pelotons, tantôt enfin tous enſemble,
» chaque troupe faiſant tous ſes efforts pour faire reculer l'autre, &
» la renverſer dans l'eau dont le champ de bataille eſt environné [c]. «

Que dire encore de ce courage plus qu'inhumain avec lequel
une mere à Sparte, recevoit la nouvelle de la mort de ſes enfans tués dans une bataille. Cette perte non-ſeulement ne lui

[a] L. 9. n. 53.
[b] Cicero, Tuſcul. l. 2. n. 14. ═══ Ni-
col. Damaſcen. in Excerpt. Valeſ. p. 522.   ═══ Plut. in Lycurg. p. 51. ═══ Pauſ. l. 3,
chap. 16.
[c] L. 3. chap. 14.

arrrachoit

¶ IIIᵉ. PARTIE.
Dep. l'établ. de la Royauté chez les Hébreux ; jusqu'à leur retour de la captivité.

arrachoit aucune larme, mais lui caufoit même une forte de joie & de contentement qu'elle s'empreffoit de faire éclater publiquement [a]. Ces mêmes femmes cependant témoignerent le plus grand découragement & la plus grande pufillanimité, lorfqu'après le gain de la bataille de Leuctres, elles virent Epaminondas marcher droit à Sparte. Elles couroient çà & là, toutes éperdues, rempliffant l'air de cris lamentables, & caufoient plus de défordre & de confufion que les ennemis mêmes [b]. Qu'étoit devenu alors ce courage féroce & cette oftentation barbare avec laquelle les femmes de Sparte fe plaifoient à infulter la nature dans des occafions auffi déplacées que celles où on leur apprenoit la perte de leurs enfans?

Je ne puis encore paffer fous filence cet examen qu'on faifoit à Sparte de la conformation des enfans, au moment de leur naiffance. Dès qu'il y étoit né un garçon, on le portoit dans un certain endroit où les anciens de chaque Tribu le vifitoient. S'il leur paroiffoit délicat, foible, d'une conftitution, en un mot, à ne point promettre en apparence une fanté ferme & vigoureufe, on le condamnoit impitoyablement à périr, & il étoit jetté fur le champ dans une fondriere fituée au bas du mont Taygette [c].

Ce qu'on vient de lire fuffit, je crois, pour prouver que dans toutes les occaffons les Spartiates fembloient prendre à tâche d'étouffer la voix de la nature & le cri de l'humanité, fouvent même contre toute efpece de raifon & de prudence. L'expérience, en effet, nous apprend que quantité d'enfans qu'on a défefpéré de pouvoir élever dans les premiers jours de leur naiffance, ont joui, en grandiffant, de la fanté la plus ferme & la plus robufte. Sans fortir de Sparte, Agéfilas nous en fournit une preuve bien convaincante. Ce prince qui étoit né boiteux, parut d'une complexion fi foible & fi délicate en venant au monde, qu'on n'efpera jamais de pouvoir l'élever. Agéfilas, cependant, a vécu quatre-vingt-quatre ans ; & pendant le cours de cette carriere, quels fervices n'a-t-il pas rendus à fa patrie [d].

L'auftérité, & fi j'ofe le dire, la pédanterie des loix de Lycurgue pourroit, peut-être, faire croire que la chafteté étoit une

---

[a] Plut. *in* Agefil. p. 612. = Ælian. Var. Hift. l. 12. c. 9.

[a] Xenoph. *de* Reb. geft. Gr. l. 6. p. 370.

[b] Plut. *in* Agefil. p. 613. C.

[c] Plut. *loco cit.* p. 49.

[d] Voyez Plut. *in* Agefil.

des principales vertus qu'il avoit pris soin d'inspirer à ses peuples. Mais on feroit, à cet égard, dans une grande erreur. Avec quel étonnement voit-on que ce fameux Légiflateur n'avoit pas même penfé à faire refpecter la bienféance & l'honnêteté publiques? À quel point, en effet, la modeftie, la pudeur & la décence n'étoient-elles pas bleffées dans l'ufage des bains publics, communs aux hommes & aux femmes [a]? Dans ces jeux où les jeunes perfonnes de l'un & de l'autre fexe combattoient nues, les unes contre les autres, & danfoient auffi enfemble dans cet état [b]? Quelles conféquences n'en a-t-il pas réfulté contre les mœurs des femmes de Sparte? Elles étoient fi corrompues & fi débordées, que les anciens en ont fait un reproche aux Spartiates, comme d'un excès qui les diftinguoit honteufement de tous les autres peuples de la Gréce [c], excès, au furplus, autorifé par les loix mêmes de Lycurgue. Ce Légiflateur paroît s'être étudié à trouver les moyens d'abolir toutes les idées qu'on doit avoir de la fidélité conjugale.

Un vieillard, par exemple, qui avoit une femme jeune & jolie, pouvoit, fans bleffer la bienféance ni les loix, l'offrir à un jeune homme bien-fait & robufte; & il étoit permis à ce vieillard d'avouer & d'élever, comme s'il eût été de lui, l'enfant qui naiffoit de cet adultére. Il y avoit plus, un homme bien né & de taille avantageufe, qui voyoit à un autre une femme belle & agréable, pouvoit demander au mari la permiffion d'avoir commerce avec elle, fous prétexte de donner à l'Etat des enfans bien faits & bien formés; & il n'étoit pas libre à un mari de rejetter une pareille demande [d]. Les Lacédémoniens, en un mot, fe prêtoient mutuellement leurs femmes avec la derniere facilité, & fans la moindre délicateffe [e]. Leur hiftoire fournit à ce fujet, un événement que je crois unique dans ce genre.

Dans la guerre que les Lacédémoniens déclarerent aux Mefféniens, ils s'étoient obligés par les fermens les plus terribles,

---

[a] Acad. des Infcript. t. 1. H. p. 102.
[b] Plut. p. 47 & 48.
[c] Arift. *de* Rep. l. 2. c. 9. p. 328.
Euripide donne aux femmes de Sparte l'épithéte d'Ἀνδρομανεῖς, *viros cupidiffimè appetentes*, Androm. v. 595.
Théodoret leur reproche d'avoir été fujettes à fatisfaire leur tempéramment avec qui bon leur fembloit. *De* curand. Græc. Affection. fcct. 10. p. 630.
[d] Xenoph. *de* Republ. Lac. p. 393. ══ Plut. *in* Lycurg. pag. 49. ══ *In* Numa. pag. 76.
[e] Nicol. Damafcen. *in* Excerpt. Valef, pag. 522.

de ne point rentrer dans Sparte qu'ils ne fe fuffent vengés de l'outrage qu'ils avoient reçu. Cette guerre traîna en longueur, & il y avoit déja dix ans que les Spartiates étoient devant Mefféne, fans en être plus avancés. Ils commencerent alors à appréhender qu'une plus longue abfence ne dépeuplât infenfiblement leur ville. Pour obvier à cet inconvénient, ils prirent l'étrange réfolution de renvoyer à Sparte tous ceux qui étoient venus joindre l'armée depuis qu'elle avoit prêté le ferment dont j'ai parlé ci-deffus, & de leur abandonner les femmes des autres Spartiates qui fe trouvoient obligés de refter devant Mefféne (¹). Ceux qui naquirent de ces commerces illégitimes furent appellés *Parthéniens*, nom qui défignoit l'origine & la caufe de leur naiffance [a].

La maniere indécente dont on fçait que les femmes de Sparte s'habilloient, étoit une fuite naturelle de la mauvaife éducation qu'elles recevoient, & du peu de foin qu'on prenoit de leur infpirer ces fentimens de pudeur & de retenue fi convenables au fexe. Leurs robes étoient faites de façon qu'elles ne pouvoient faire un pas fans découvrir leurs jambes & même leurs cuiffes [b], immodeftie contre laquelle fe font élevés tous les écrivains de l'antiquité [c]. Ariftote obferve fagement que ce peu d'égard qu'on avoit à Sparte pour la pudeur & la bienféance fut la fource de tous les défordres qui régnerent dans cette ville. [d]. Dans l'Andromaque d'Euripide, Pélée reproche à Ménélas que la conduite déréglée d'Héléne ne venoit que de l'éducation que cette Princeffe avoit reçue [e].

(¹) Juftin, l. 3. c. 4. dit très-clairement que ce fut par les plaintes de leurs femmes, qui ne s'accommodoient nullement d'une fi longue viduité, que les Spartiates prirent la réfolution dont je parle. Voyez auffi Strab. l. 6. p. 427 & 428.

[a] Juftin, l. 3. c. 4. ═ Diod. l. 15. p. 54. ═ Strabo, l. 6. p. 427 & 428. ═ Servius *ad* Æneid. l. 3. v. 551.

[b] Virgil. Æneid. l. 1. v. 315. 320. ═ Plut. p. 76 & 77.

[c] Voyez Plut. *in* Numa. p. 76 & 77. ═ Clem. Alex. Pædag. l. 2. p. 238. ═ Pollux, l. 7. c. 13. fegm. 55.

[d] *De* Rep. l. 2. c. 9. p. 328.

[e] Aét. 3. fcen. 2. verf. 595, &c.
On pourroit conclure de ce fait que le déréglement des femmes à Sparte remontoit aux fiécles les plus anciens de la Gréce, & je fuis fort porté à le croire. Peut-étre auffi qu'Euripide n'a fait parler dans cette occafion Pélée, que relativement à l'indécence qui régnoit dans les mœurs des Spartiates, lorfque cette tragédie fut compofée. Quoi qu'il en foit, au furplus, Lycurgue eft toujours extrêmement blâmable de n'avoir pas remédié à ce déréglement, & de l'avoir, au contraire, autorifé par fes loix.

De pareilles femmes avoient néanmoins l'empire le plus abfolu fur l'efprit de leurs maris. Elles gouvernoient non-feulement l'intérieur de leurs maifons, mais auffi l'Etat entier. Les Spartiates communiquoient à leurs femmes les fecrets les plus intimes & les plus importans de la République. Ils le faifoient même plus volontiers, que celles-ci ne parloient à leurs maris de leurs affaires particulieres & domeftiques [a]. Auffi Ariftote affure-t-il, qu'il n'y eut jamais moyen de réformer & de régler les mœurs des femmes à Sparte, à caufe du trop grand afcendant qu'elles avoient pris fur leurs maris [b] ; afcendant, au refte, d'autant plus étonnant que les Spartiates, ainfi que tous les Grecs, paroiffent avoir été finguliérement adonnés à cette abominable paffion, auffi contraire à la nature qu'oppofée aux fimples lumieres de la raifon [c]. Le fexe cependant à Sparte étoit en général très-beau [d].

Réfumons d'après tout ce que nous venons de dire, le caractere général & dominant des Lacédémoniens. C'étoit, fans contrédit, le peuple de la Gréce le plus brave, le plus belliqueux, le plus inftruit de l'Art militaire, le plus politique, le plus ferme dans fes maximes & le plus conftant dans fes deffeins : mais c'étoit en même temps un peuple impérieux, auftére, fourbe, intraitable, fier, cruel & perfide : capable, en un mot, de tout facrifier à fon ambition & à fes intérêts, ne faifant d'ailleurs aucune eftime des beaux arts ni des fciences. Auffi Lycurgue ne paroît-t-il avoir été uniquement occupé que du foin de fortifier les corps, & nullement de celui de former les cœurs, & de cultiver les efprits. Ne foyons donc point étonnés fi le caractere des Lacédémoniens, naturellement dur & auftére, dégénéroit fouvent en férocité, vice qui partoit de leur éducation, & qui aliéna d'eux l'efprit de tous leurs alliés. Des peuples qui paffoient toute leur vie à être corrigés ou à corriger les autres [e], à donner gravement des préceptes ou à en recevoir de cenfeurs, dont la rigidité & l'auftérité accompagnoient

---

[a] Arift. *de* Rep. l. 2. c. 9. === Plut. *in* Lycurg. p. 47. 48. === *In* Numa. p. 77. === *In* Agid. & Cleom. p. 798.
[b] Voyez Plut. *in* Lycurg. p. 50 & 51. === Xenoph. *de* Rep. Laced. p. 395.
[c] Id. Ibid.

[d] Athen. l. 13. p. 566.
[e] Voyez Xenoph. *de* Rep. Laced. p. 394, 395 & 396. === Plut. *in* Lycurg. p. 46. 50. 51. 55. === Meurf. Mifcellan. Lac. l. 2. chap. 3.

toujours les leçons, ne pouvoient point contracter des manieres douces & humaines, ni rendre leur commerce particulier agréable. Les Spartiates, en un mot, femblent avoir voulu méconnoître les avantages les plus précieux de l'humanité [a]. Telles étoient les mœurs & le génie d'un peuple admiré & propofé par toute l'antiquité profane comme un modèle de fageffe & de vertu.

Sparte, au furplus, offre un exemple bien marqué de la facilité avec laquelle les hommes donnent toujours dans les extrêmes. Lorfque, par les victoires de Lyfandre, l'ufage de l'or & de l'argent fe fut introduit dans cette République, & eut fait abandonner l'ancienne auftérité des Mœurs, ces fameux Spartiates s'abandonnerent auffi-tôt à tous les excès du luxe & de la débauche. Les lits les plus molets & les plus magnifiques, les couffins les plus tendres & les plus délicats, les parfums & les vins les plus exquis, les mets les plus recherchés, les vafes les mieux travaillés & les plus précieux, les tapis les plus fuperbes & les plus rares, n'étoient pas encore trop bons pour les Spartiates [b]. Rien d'ailleurs n'étoit fuffifant pour affouvir leur infatiable cupidité. On difoit alors en proverbe dans la Gréce, qu'on voyoit bien entrer l'or & l'argent dans Sparte, mais qu'on n'en voyoit jamais fortir ces métaux.

[a] Voyez Arift. *de* Rep. l. 8. c. 4. ═ [b] Voyez Athen. l. 4. p. 141 & 142. ═ Plut. *in* Agid. & Cleom. p. 796.

ARTICLE II.

Des Athéniens.

LES MŒURS des Athéniens offrent le contrafte le plus frappant & le plus marqué avec celles des Lacédémoniens. Il feroit même malaifé de trouver entre deux villes , quelque éloignées l'une de l'autre qu'on voulût les choifir, une oppofition plus grande que celle qu'il y avoit dans le caractere & les ufages ordinaires de la vie civile entre Athénes & Lacédémone. Ces deux villes, néanmoins, étoient affez voifines , & faifoient également portion d'une feule & même nation. Mais autant la façon d'agir , & fi l'on peut même le dire , de penfer, étoit gênée à Sparte, autant étoit-elle libre & indépendante à Athénes. Ces deux Républiques , en un mot , fe conduifoient par des vûes tout-à-fait oppofées , & par des principes entiérement différens. On en va voir la preuve bien fenfiblement dans le peu de détails que je vais donner fur les Mœurs & les Ufages des Athéniens.

Il étoit libre à un Athénien, de fe nourrir, de fe vêtir & de fe loger ainfi qu'il le vouloit. Il lui étoit permis, d'ailleurs, de s'adonner à tel art ou à telle fcience qu'il le jugeoit à propos. Le choix enfin de fes occupations n'étoit point réglé ni reftraint par aucune loi. Il pouvoit paffer fon temps de la maniere qui lui paroiffoit la plus convenable , pourvû que ce ne fût pas dans une oifiveté abfolue. A cet égard Athénes & Lacédémone penfoient bien différemment fur la vie privée & journaliere de leurs citoyens. On a vu que Lycurgue avoit défendu aux Spartiates de s'appliquer à aucun art méchanique , de fe mêler d'aucune œconomie domeftique , & même de cultiver les fciences. Il leur avoit impofé par ce moyen la dure néceffité de paffer la plus grande partie de leur vie dans l'oifiveté & le défœuvrement. Solon , plus éclairé que Lycurgue , avoit fenti au contraire que la fainéantife & le trop grand loifir fônt de tous les vices qui puiffent régner dans un Etat, ceux qu'on doit le plus redouter. Ce fut pour en prévenir l'introduction qu'il chargea l'Aréopage de veiller à la conduite particuliére des habitans d'Athénes, & de s'informer des moyens dont chacun fe fervoit pour fubfifter. Ce légiflateur avoit même établi des châtimens contre ceux qui paffoient leur vie dans une entiére oifiveté [a].

L'effet d'une police fi fage & fi attentive, fut de faire fleurir à Athénes les beaux Arts, les Manufactures, le Commerce, la Navigation, les Sciences, l'Eloquence, & enfin, toutes les connoiffances qui peuvent diftinguer avantageufement une nation. Mais il faut convenir en même tems que les grandes richeffes introduites dans Athénes par les Arts & le Commerce, y produifirent les mêmes effets qu'elles ont toujours produit chez tous les peuples, je veux dire un penchant exceffif, pour le fafte, le luxe & la magnificence, joint à un goût extrême pour les délices & la fenfualité. Athénes, depuis Solon, devint bien-tôt une ville de plaifirs, & fes habitans ne fe livrerent que trop aux attraits de la volupté.

Les tables des perfonnes riches & opulentes étoient fervies avec beaucoup de recherche & de fenfualité. L'étendue du Commerce que faifoient les Athéniens, les mettoit, felon la remarque de Xénophon, à portée de vivre voluptueufement & de fe procurer toutes les délicateffes que pouvoient alors fournir les pays étrangers [b]. Il faut cependant rendre juftice à ce peuple. Il paroît qu'en général les Athéniens étoient plutôt friands & délicats qu'adonnés à la gourmandife & à la crapule. Je ne vois pas que dans l'antiquité on les ait taxé de commettre des excès dans le boire & dans le manger. On peut même affurer que le commun de la nation étoit fobre & frugal [c]. Difons encore que, chez les Athéniens, le plus grand plaifir de la table confiftoit dans des converfations enjouées, polies, fçavantes, auffi agréables, en un mot, qu'utiles & intéreffantes. Le banquet de Platon & celui de Xénophon nous préfentent un modéle des propos de table ordinaires chez les Athéniens, & c'eft ainfi qu'ils tempéroient la licence, & prévenoient l'ennui qui ne régnent que trop fouvent dans la plûpart des grands repas.

---

[a] Plut. *in* Lycurg. p. 54. === *In* Solon. pag. 90. E, === *In* Apophtegm. Lac. p. 221. C.

[b] *De* Rep. Athen. p. 406.

[c] Voyez Potter Archeolog. l. 4. c. 18. p. 743. === Cafaub. *in* not. *ad* Athen. l. 2. c. 8.

IIIᵉ. PARTIE.
Dep. l'établ. de la
Royauté chez les
Hébreux, jufqu'à
leur retour de la
captivité.

Aux charmes de la converfation, les Athéniens joignoient dans leurs repas celui d'écouter le récit de quelque piéce de vers, ou d'entendre quelque habile Muficien chanter, en s'accompagnant de la lyre ; fouvent même on introduifoit des danfeurs & des danfeufes dans la falle du feftin. La mufique & la danfe faifoit chez ces peuples un des principaux & des plus ordinaires agrémens des repas. On fçait, au refte, que les femmes ne mangeoient point avec les hommes [a], & que le fouper étoit le repas favori des Athéniens [b]. Ajoutons qu'avant de fe mettre à table, ils fe couronnoient de fleurs, & qu'ils mangeoient couchés fur des lits [c].

Les Athéniens étoient fort magnifiques & fort recherchés dans leurs habillemens. Ils portoient de longues robes d'un lin extrêmement fin, teintes en pourpre ou en d'autres couleurs précieufes [d]. Ils avoient deffous ces robes des tuniques de différentes formes & de différentes efpeces [e]. Leurs doigts étoient chargés de bagues & d'anneaux de grand prix. Ils portoient des ceintures magnifiques, des chauffures fuperbes & élégantes [f]. Leurs cheveux étoient très-artiftement arrangés, bouclés & rattachés autour du front par des crochets d'or faits en forme de cigales [g]. Il ne paroît pas, au refte, que les Athéniens fuffent dans l'habitude de fe couvrir la tête, ni qu'ils portaffent rien qui pût fervir à cet ufage [h]. Ce luxe & cette magnificence dans les habits s'étendoient jufqu'aux efclaves. Xénophon nous apprend qu'on ne pouvoit prefque point diftinguer un citoyen d'Athénes, d'un efclave, par la richeffe de fes habillemens ou par quelques autres marques extérieures [i].

On a vu dans la feconde Partie de cet ouvrage qu'autrefois les Grecs marchoient toujours armés. Les Athéniens furent les premiers qui renoncerent à cette coutume féroce & barbare. Dès le moment qu'ils purent croire la sûreté & la tranquillité publiques bien établies dans leur Etat, ils cefferent de marcher

---

[a] Voyez Lucian. Plut. &c.
[b] Plat. Xenoph. Plut. &c.
[c] Potter Archeolog. l. 4. c. 20.
[d] Thucyd. l. 1. pag. 6. n. 6. ⹀ Clem. Alex. Pedag. l. 2. p. 233. ⹀ Athen. l. 12. p. 512.

[e] Athen. *loco cit*. Plato *in* Hippia. pag. 255.
[f] Plato. Ibid.
[g] Thucyd. Clem. Alex. Athen. *loco cit*.
[h] Voyez Lucian. *in* Anacharfi. n. 16.
[i] *De* Rep. Athen. p. 403.

continuellement

continuellement le fer au côté. Ils ne porterent plus l'épée que lorſqu'il s'agit d'aller à la guerre[a].

Les dames d'Athénes étoient fort ſoigneuſes de leur parure. Elles y employoient ordinairement toute la matinée. Leur toilette étoit très-compoſée. Elles faiſoient uſage du fard & de toutes les drogues qu'elles croyoient propres à blanchir & à nétoyer la peau. Elles avoient auſſi grand ſoin de leurs dents, ſe noirciſſoient les ſourcils & mettoient du rouge juſques ſur leurs lévres. L'art de ſe coëffer faiſoit leur principale occupation. Elles employoient les eſſences les plus précieuſes à parfumer leurs cheveux qu'elles teignoient ordinairement en noir ou en quelqu'autre couleur ; elles les arrangeoient enſuite par le moyen de fers chauds en différentes boucles. Une partie en étoit ramenée ſur le front pour l'accompagner : on laiſſoit l'autre flotter & jouer négligemment ſur les épaules. La chauſſure des dames Athéniénes étoit auſſi fort propre & fort élégante. A l'égard de leurs habits, elles ne ſe couvroient que d'étoffes extrêment fines & legéres. Elles avoient grand ſoin que leurs robes fuſſent toujours très-ſerrées ſur le ſein, & qu'elles marquaſſent la taille agréablement[b].

On ne voit point, au ſurplus, que dans l'antiquité on ait reproché aux femmes d'Athénes la même indécence dans leur habillement, le même déréglement dans les mœurs, ni la même ambition qu'aux femmes de Sparte. A l'égard ſur-tout de ce dernier article, il ne paroît pas que les Athéniennes ayent eu aucune influence dans le gouvernement de l'Etat. Elles vivoient en général fort reſſerrées dans leurs appartemens, ſans ſe montrer preſque jamais en public, & ſans avoir aucune communication libre avec les hommes, uſage qui avoit lieu chez la plupart des peuples de la Gréce.

J'ai fait voir ailleurs que chez les Athéniens, l'architecture extérieure des maiſons ne devoit pas avoir beaucoup d'apparence ni d'éclat[c], mais dans l'intérieur elles étoient très-recherchées & très-voluptueuſes. Les perſonnes riches n'avoient rien épargné pour trouver les moyens de ſe procurer à cet égard toutes les commodités & tous les agrémens poſſibles. Ils avoient

I I Ie. Partie.
Dep. l'établ. de la Royauté chez les Hébreux, juſqu'à leur retour de la captivité.

---

[a] Thucyd. l. 1. p. 6. n. 6. === [b] Lucian. Amor. n. 39 & 40. === *Suprà*, L. II. cap. 3. p. 82.

dans leurs maifons de grands jardins difpofés de façon qu'on pût y faire commodément les différens exercices du corps, tels que la lutte, la courfe, &c. dont les Athéniens s'occupoient beaucoup. On y trouvoit auffi des falles de bains, avec toutes les dépendances propres à faire prendre ce plaifir délicieufement [a]. Le goût que les Athéniens avoient pour la Peinture, la Sculpture & en général pour tous les Arts de luxe & d'agrément, ne permet pas de douter que leurs appartemens ne fûffent meublés de tableaux, de ftatues & de vafes précieux. On fçait auffi qu'une partie de la magnificence & de la fomptuofité de ce peuple, confiftoit dans la beauté & la richeffe des lits & des tapis qu'on étendoit fur les fiéges & fur le plancher des chambres.

Quoique la Marine fût l'occupation principale des habitans d'Athénes, & que depuis le plus grand jufqu'au plus petit, tous fe mêlaffent de manier la rame [b], ce peuple néanmoins ne fe reffentoit nullement de la groffiéreté dont on accufe en général les marins. Rien au contraire, n'eft plus célébre dans l'antiquité que la politeffe des Athéniens, politeffe qui s'étendoit jufqu'aux gens de la lie du peuple. L'Atticifme appartenoit aux habitans d'Athénes, de même que l'Urbanité appartint depuis aux habitans de Rome. J'avouerai cependant que j'ai de la peine à retrouver cette politeffe & cette délicateffe de goût fi vantées dans les obfcénités dont retentiffoit continuellement le théâtre d'Athénes. Les comédies d'Ariftophane font remplies de faletés qui parmi nous, feroient rougir aujourd'hui l'homme le plus diffolu & le plus effronté. J'en dirai autant des railleries amères, des propos groffiers & indécens qui fe difoient dans les affemblées publiques. Rien n'eft plus éloigné de l'idée qu'on doit naturellement fe former de la politeffe, que la maniere dont Efchine & Démofthéne fe traitent dans leurs harangues. Ils s'y difent des injures atroces. Je croirois, au furplus, pouvoir attribuer ces défauts à la forme du gouvernement d'Athénes. Dans les Républiques on s'accorde volontiers à regarder une liberté fans bornes & indéfinie, comme l'apanage le plus précieux de l'humanité. On y fait ordinairement confifter la parfaite égalité dans la pleine licence de tout dire & de tout exprimer. Ce

____

[a] Xenoph. *de* Rep. Athen. p. 405. = [b] Ibid. p. 404.

IIIe. Partie.
Dep. l'établ. de la
Royauté chez les
Hébreux, jufqu'à
leur retour de la
captivité.

fentiment imprime toujours aux efprits Républicains une certaine âpreté dont les mœurs doivent néceffairement fe reffentir.

J'ai déja prévenu le lecteur qu'il n'y a guéres eû de villes dans la Gréce où le goût pour les plaifirs ait été plus vif qu'à Athénes. On y aimoit paffionnément la table, la chaffe, la mufique, la danfe, & particuliérement les repréfentations théâtrales. Les Athéniens avoient encore d'autres efpéces de fpectacles. C'étoient les marches & les proceffions religieufes qui fe faifoient certains jours de l'année avec beaucoup d'apparat, de pompe & de magnificence. La jeuneffe brillante d'Athénes avoit auffi de ces goûts particuliers qu'on retrouve chez tous les habitans des villes riches & opulentes. Elle fe plaifoit à faire des étourderies éclatantes, à nourrir des chiens finguliers, à avoir de beaux chevaux & en grand nombre, à entretenir des courtifanes & des danfeufes [a]. On reprochoit aux enfans de Pififtrate d'avoir introduit dans Athénes ce goût pour la débauche & le libertinage [b]. Les courtifanes, cependant, avoient pris grande faveur dès le tems de Solon [c]. C'étoit, pour le dire en paffant, la feule idée que les Athéniens euffent de la galanterie, car les Grecs n'ont jamais connu le véritable amour, ni rien de ce qui en peut dépendre. Leur cœur & leur efprit étoient abfolument livrés à cette paffion déteftable fi totalement oppofée au goût pour les femmes [d], avec lefquelles, d'ailleurs, les hommes ne vivoient point en fociété.

Il faut convenir cependant que malgré ces défordres de la jeuneffe, toujours inévitables dans les grandes villes, la décence dans les mœurs & l'honnêteté publique étoient fort refpectées chez les Athéniens. Un citoyen qu'on auroit vû s'arrêter dans un cabaret pour y boire & manger, auroit été deshonoré à jamais. Il n'en auroit pas fallu davantage pour faire chaffer un Sénateur de l'Aréopage [e]. Un Archonte convaincu de s'être

---

[a] Voyez Plut. *in* Alcibiad. = Athen. l. 12. p. 532.
[b] Athen. Ibid. = Pififtrate étoit contemporain de Solon.
[c] Athen. l. 13. p. 569.
[d] Voyez Hérod. l. 1. n. 135. = Plut. *in* Solon. pag. 79. *In* Themift. & Alcibiad. *paffim.* = Cicero. Tufcul. Quæft. l. 4. n. 33. = Lucian. *paffim.* = Athen. lib. 13. pag. 564 & 601. = Menag. *in* not. *ad* Diog. Laert. l. 1. n. 55. p. 32.
[e] Athen. l. 13. p. 566.

pris de vin , étoit condamné , la premiere fois , à une forte
amende , & en cas de récidive , puni de mort [a]. L'hiſtoire
même nous a conſervé deux exemples remarquables du reſpect
que les Athéniens avoient pour la bienſéance & l'honnêteté
publiques. Dans la guerre que Philippe , Roi de Macédoine ,
leur faiſoit , un de ſes couriers fut arrêté. On lut toutes les lettres dont il étoit porteur ; excepté celles que la reine Olym-
pias , femme de Philippe lui écrivoit. Les Athéniens la renvoye-
rent à ce Prince toute cachetée , ne l'ayant pas voulu ouvrir
par conſidération pour le reſpect qu'on doit aux ſecrets qui
peuvent être entre un mari & une femme [b]. Les mêmes Athéniens ayant ordonné qu'on fît une recherche exacte des préſens qu'Harpalus avoit diſtribués , par ordre de Philippe , aux
Orateurs de la ville , ils ne ſouffrirent pas qu'on fît la viſite
dans la maiſon de Calliclès , marié alors nouvellement , & cela
par reſpect pour ſon épouſe qui s'y trouvoit logée dans ce
moment [c].

J'oubliois de mettre au nombre des plaiſirs familiers aux Athéniens , la promenade dont l'agrément des converſations faiſoit
toujours les plus grandes délices. Je remarquerai , au ſurplus ,
que ce que nous appellons aujourd'hui le jeu n'a preſque pas
été connu des anciens peuples , & c'eſt une différence bien
notable entre leurs mœurs & les nôtres. Les divers exercices du corps & la promenade leur en tenoient lieu. D'ailleurs,
comme je l'ai déja dit , ils ne vivoient point avec les femmes.

A l'égard des occupations particulieres des Athéniens , ils
ne devoient point en manquer. Le commerce ſeul auquel ils
étoient fort adonnés , ſuffiſoit pour remplir la plus grande partie de leur tems. Ils en employoient auſſi beaucoup à ſolliciter
& à conduire leurs affaires. Car ce peuple aimoit la chicane &
les procès [d]. Il falloit , d'ailleurs , s'intriguer , faire ſa cour &
s'inſtruire des intérêts particuliers & publics de l'Etat, puiſque
chaque citoyen d'Athénes avoit part au gouvernement de la
République ; c'eſt pourquoi l'éloquence a été ſi fort en honneur
chez ce peuple. C'étoit elle qui ouvroit la porte aux plus grandes charges , qui dominoit dans les aſſemblées , qui, en un mot,

<hr>

[a] Diogen. Laert. *in* Solon. lib. 1. n.
57. ⸗ Pollux, l. 8. chap. 9. ſegm. 89.
[b] Plut. *in* Demoſth. p. 898.

[c] Id. Ibid. p. 857.
[d] Voyez les Guêpes d'Ariſtophane, & Ca-
ſaubon *in* Athen. l. 14. c. 10. p 910.

décidoit de tout , & donnoit un pouvoir presque souverain à
ceux qui possédoient le talent de bien manier la parole. A l'étude de la Rhétorique , les Athéniens joignoient ordinairement
celle de la Philosophie , & sous cette dénomination , on doit
comprendre toutes les sciences qui en font partie, ou qui y ont
quelque rapport.

Au surplus , quoique la vie & l'éducation d'Athénes fut si différente de celle de Sparte , les Athéniens n'en étoient essentiellement ni moins braves ni moins belliqueux que les Spartiates.
Les batailles de Marathon, de Salamine & de Platée, sans parler de
quantité d'autres actions très-mémorables, déposent assez authenti-
quement en faveur de la bravoure & de la magnanimité des Athéniens, pour qu'il soit inutile d'y insister. Ils sont peut-être la seule
nation de l'univers qui , selon la remarque d'Athénée , vêtue de
pourpre & parée des plus superbes ajustemens, ait battu & mis
en fuite des armées formidables [a]. La gloire faisoit sur l'esprit des
Athéniens, le même effet que la discipline de Sparte produi-
soit sur l'esprit de ses habitans. Car jamais peuple n'a été plus
sensible à l'honneur, ni plus avide de gloire & de louanges que
les Athéniens.

S'il y avoit la plus grande opposition entre les mœurs des
Athéniens & celles des Lacédémoniens, il y en avoit, si on peut
le dire, encore plus, entre l'essence de leur génie & de leur carac-
tére. La cruauté étoit le penchant dominant chez les Spartiates ,
la douceur faisoit en général le fond du caractere des Athéniens.
La différence qu'il y avoit à cet égard entre eux & les Spartiates , se fait bien sentir dans la maniere dont on traitoit les esclaves chez l'un & l'autre peuple. J'ai fait voir à quels excès les
Lacédémoniens se portoient contre leurs esclaves. Les Athéniens au contraire les traitoient avec beaucoup d'humanité. Leur
condition étoit infiniment plus douce à Athénes que dans aucune autre ville de la Grece [b]. Ils avoient action contre leurs
maîtres pour cause d'excès & de sévices [c]. Si le fait étoit prouvé , on obligeoit le maître de vendre son esclave qui , en atten-
dant la décision du procès , pouvoit se retirer dans un asyle

______

[a] Athen. I. 12. p. 512. === [b] Demosthen. Philipp. 3. p. 383. === [c] Athen. l. 6.
p. 266 & 267.

IIIᵉ. PARTIE.
Dep. l'établ. de la
Royauté chez les
Hébreux, jufqu'à
leur retour de la
captivité.

deftiné à le mettre à l'abri de toute violence [a]. La liberté dont les Athéniens étoient fi jaloux, n'étoit point interdite aux efclaves. Ils pouvoient fe racheter malgré leurs maîtres, quand ils avoient amaffé la fomme que la loi avoit fixée pour cet effet [b]. Affez fouvent même, lorfqu'un patron étoit content des fervices de fon efclave, il lui donnoit pour récompenfe la liberté.

L'humanité des Athéniens s'étendoit jufqu'aux bêtes. Plutarque raconte à ce fujet un fait fingulier & bien propre à faire connoître quelle étoit en général la douceur de ce peuple. Lorfque la conftruction du temple, nommé *Hécatonpedon*, fut achevée, les Athéniens ordonnerent qu'on donnât la liberté à toutes les bêtes de charge qui avoient été employées à ce travail, & qu'on les laiffât paître librement dans les meilleurs pâturages le refte de leur vie. Une mule que, conformément à cette ordonnance, on avoit laiffé en pleine liberté, étant venue enfuite fe préfenter d'elle même au travail & fe mettre à la tête de celles qui traînoient les voitures pour la citadelle, le peuple charmé de cette action, fit un decret qui portoit que cette mule feroit particuliérement foignée & nourrie, jufqu'à fa mort, aux dépens du public [c].

Ces traits, comme je le difois il n'y a qu'un moment, font honneur au caractere des Athéniens, & prouvent qu'il régnoit dans l'efprit de ce peuple un grand fonds de douceur & de bonté. Mais on en pourroit citer d'autres qui montrent également que dans bien des occafions les Athéniens oublioient ces principes d'humanité, & fe livroient aux excès les plus cruels & les plus violens que la colere, la fougue & la fureur puiffent infpirer. Que penfer, par exemple, de la barbarie avec laquelle ils mirent à mort les hérauts que Darius leur envoyoit pour les fommer de fe foumettre à fa domination [d]? Ils violerent également dans cette occafion & le droit des gens & ceux de l'humanité. Quel nom donner auffi à la fureur avec laquelle les Athéniens condamnerent à la mort dix de leurs généraux aufquels on ne pouvoit reprocher d'autre crime que d'avoir négligé, après le gain d'un combat naval, de s'arrêter à ramaffer les corps flottans de leurs foldats, pour pourfuivre l'ennemi avec plus d'ardeur, & achever

[a] Plut. *de* Superftit. p. 166. ⹀ *In* Thef. p. 17. ⹀ Pollux, l. 7. c. 2. fegm. 13.
[b] Plaut. *in* Cafin. act. 1. fcen. 2.

[c] *In* Catone, p. 339. ⹀ Voyez auffi de Solert. animal. p. 970.
[d] Voyez Hérod. l. 7. n. 133.

ſon entiere défaite [a] ? Je pourrois citer encore d'autres traits auſſi deshonorans pour les Athéniens : tels, par exemple, que la maniére également injuſte & cruelle avec laquelle ils condamnerent Socrate à la mort. Ce jugement couvrira dans tous les ſiécles le peuple d'Athénes d'un opprobre que tout l'éclat de ſes belles actions ne pourra jamais effacer. On ne peut attribuer une pareille infamie qu'à cette inconſtance & à cette légéreté qui préſidoit la plupart du tems à toutes les démarches des Athéniens, & rendoit ce peuple ſuſceptible de toutes les impreſſions qu'on vouloit lui donner.

On ne peut ſans doute avoir plus d'eſprit qu'en avoient en général les Athéniens ; mais, s'il eſt permis de le dire, ils en avoient trop, & au point que leur jugement en ſouffroit quelquefois. Ils n'étoient pas aſſez en garde contre leur imagination, qui les emportoit ſouvent au-delà des juſtes bornes. De-là vient ce penchant ſingulier qu'ils avoient pour les fables & les chiméres. Ils ſe plaiſoient extrêmement à les entendre, pourvû qu'elles fûſſent préſentées avec grace, & débitées avec eſprit. On attribue communément, & avec aſſez de raiſon, à ce goût pour les faits extraordinaires & ſinguliers, une grande partie des contes qu'Hérodote a ſemés dans ſon hiſtoire. Il connoiſſoit les Athéniens, & cherchoit à leur plaire. Dans cette vûe il n'a pas été auſſi délicat ni auſſi ſcrupuleux ſur le choix des faits qu'il l'auroit probablement été, ſans l'envie qu'il avoit de ſe faire lire & admirer d'un peuple naturellement avide du merveilleux & de l'extraordinaire. Ne ſçait-on pas auſſi que Démoſthéne fut obligé plus d'une fois d'avoir recours à de pareils artifices pour capter l'attention de ſon auditoire, & dans des momens où il ne s'agiſſoit de rien moins que du ſalut de la patrie.

Pour définir en peu de mots les Athéniens, c'étoit un peuple doux, humain, bienfaiſant, magnanime, généreux, très-brave & très-belliqueux, ayant d'ailleurs beaucoup d'intelligence pour le commerce & pour la marine ; mais en même tems léger, vif, capricieux, emporté, inconſtant, hautain ; du ſurplus, fort poli & fort délicat ſur les bienſéances, eû égard aux

IIIe. PARTIE.
Dep. l'établ. de la
Royauté chez les
Hébreux, juſqu'à
leur retour de
la captivité,

[a] Diod. l. 13. p. 623, &c. = Valer. Maxim. l. 1. c. 1. Extern, n. 8. = Xenoph. *de* Reb. geſt. Græ, l. 1. rapporte ce fait un peu différemment.

tems dont je parle, fenfuel & voluptueux, s'occupant d'un beau tableau, d'une belle ftatue, paffionné pour les fpectacles, amateur des fciences & des beaux arts de tout genre & de toute efpéce. Curieux enfin à l'excès de nouvelles & grand difcoureur , enjoué, railleur , aimant la plaifanterie & les bons mots, fentant enfin, & s'exprimant avec tout le. goût & toute la fineffe poffible; ayant au refte produit beaucoup d'efprits auffi brillans que folides, & plufieurs génies grands & fublimes.

ARTICLE III.

Des Jeux de la Gréce.

JE CROIROIS omettre un article effentiel à la connoiffance des Mœurs des Grecs, fi je ne difois pas un mot des différens Jeux établis très-anciennement chez ces peuples. On fçait que par le terme de jeux , on doit entendre de grands & magnifiques fpectacles où l'on voyoit plufieurs troupes de combattans fe difputer le prix dans les différens exercices du corps qui faifoient le fujet des Jeux dont je parle. Il y en avoit un affez grand nombre établis dans différens endroits de la Gréce; mais les plus folemnels étoient les Jeux Olympiques, les Jeux Pythiens, les Jeux Néméens & les Jeux Ifthmiques. Ces fortes de fêtes duroient plufieurs jours. Je ne m'arrêterai point à parler de tout l'appareil & de toutes les cérémonies qu'on y obfervoit, ni à faire l'énumération de tous les différens combats, tels que la lutte, le pancrace, le pugilat, la courfe, le difque, &c. auxquels on s'exerçoit. Je crois ne devoir infifter que fur le but & les motifs qu'on s'étoit propofés dans l'établiffement de ces Jeux.

J'ai déja remarqué ailleurs que chez prefque tous les peuples policés il avoit été d'ufage d'établir des fêtes & de ménager des divertiffemens publics, pour tempérer la fatigue & la laffitude que cauferoit une application continuelle au travail, ou pour remédier à l'ennui inévitable & néceffaire que cauferoit un défœuvrement total. Mais les légiflateurs , perfuadés avec
raifon

raifon que la multitude étoit trop affervie aux fens, & trop peu éclairée pour trouver de quoi s'amufer & fe délaffer fuffi-famment dans ce qui ne touche que l'efprit, ont cherché à la remuer & à la diftraire par des objets fenfibles & frappans. C'eft dans cette vûe qu'on a de tous tems penfé à divertir le peuple par des fujets proportionnés à fon entendement & à fon goût; je veux dire par des fpectacles dont l'appareil extérieur frappât vivement les fens, & pût produire de fortes impreffions; mais on voit auffi que la plupart des légiflateurs ont eû en même tems l'attention de rendre ces fortes de divertiffemens utiles & profitables.

I IIe. Partie.
Dep. l'établ. de la Royauté chez les Hébreux, jufqu'à leur retour de la captivité.

Les deux motifs dont je viens de parler, font bien faciles à reconnoître dans l'établiffement des Jeux de la Gréce. Ceux qui les inftituerent n'avoient pas envifagé uniquement le plaifir & l'amufement de la multitude. Il étoit entré dans ces établiffemens des vûes d'une politique très-fage & très-raifonnée. La Gréce eft en général un pays affez chaud. On fçait que la température de ces fortes de climats rend ordinairement les corps mols & efféminés. En attachant l'idée de la plus grande gloire à réuffir dans des exercices qui demandent beaucoup de force & d'adreffe, on s'étoit propofé de rendre les corps plus fouples, plus forts & plus vigoureux qu'ils ne le font ordinairement dans les pays chauds. On vouloit ainfi préparer de bonne heure la jeuneffe aux travaux pénibles de la guerre, & la rendre en même tems plus propre à porter les armes. Au moyen des exercices dont je parle, on accoutumoit, dès l'enfance, les jeunes gens à la fatigue, on les rendoit auffi plus fermes, plus aguéris, plus intrépides, & plus adroits fur-tout dans les combats, où la force du corps & l'adreffe décidoient prefque toujours, dans les fiécles paffés, de la victoire, parce que l'ufage des armes à feu étant inconnu, il falloit ordinairement s'approcher de très-près. L'avantage que les Grecs retirerent des différens exercices auxquels ils étoient habitués dès l'enfance, parut fenfiblement dans les guerres qu'ils eurent à foutenir contre les Perfes. Avec une poignée de monde ils défirent des armées innombrables. Hérodote prétend qu'un feul Grec tenoit tête à dix Barbares [a]. Ce grand hiftorien obferve encore que

[a] L. 9. n. 61.

ceux qui fe fignalerent le plus dans les batailles de Marathon, de Salamine & de Platée, avoient prefque tous auparavant remporté des prix dans les différens Jeux dont je viens de parler [a].

Remarquons encore avec quelle adreffe les inftituteurs de ces jeux avoient trouvé l'art d'exciter cette noble émulation & cette généreufe ardeur pour la gloire, qui font & feront toujours le meilleur rempart, & le plus ferme foutien d'un Etat. Dans l'origine les vainqueurs ne recevoient pour toute récompenfe qu'une fimple couronne d'olivier fauvage aux jeux Olympiques, de laurier aux jeux Pythiens, d'Ache verte aux jeux Néméens, & d'Ache feche aux jeux Ifthmiques [b]. Les Auteurs de ces établiffemens avoient voulu faire fentir que l'honneur feul devoit être le but & la récompenfe de la victoire & non un bas & vil intérêt. On peut juger de quoi étoient capables des peuples accoutumés à être conduits par de pareils principes. Tygranes, l'un des principaux Officiers des troupes de Xercès, entendant parler de ce qui faifoit le prix des jeux de la Gréce, fe tourna vers Mardonius qui commandoit en chef toute l'armée de ce Monarque, & s'écria, frappé d'étonnement : » Ciel! avec quels hommes nous » allez-vous mettre aux mains! Infenfibles à l'intérêt ils ne com- » battent que pour la gloire » : exclamation pleine de fens & de jugement dont Xercès ne fentit pas la force & la vérité [c].

Le principal motif, enfin, & celui qu'on doit le plus admirer dans l'établiffement des jeux dont je viens de parler, étoit l'occafion que ces fpectacles fourniffoient à tous les habitants des différentes villes de la Gréce de fe voir & de fe trouver raffemblés pendant quelque tems dans les mêmes lieux. Il étoit, en effet, de la prudence & de la bonne politique de procurer à ces peuples tous les moyens poffibles de fe réunir. La nation Grecque compofée d'une multitude de petits Etats jaloux & envieux les uns des autres, avoit befoin, pour fa confervation, d'un centre commun où tous fes habitans fe trouvaffent fouvent réunis & mêlés indifféremment avec la plus parfaite égalité. C'eft ce qui arrivoit dans ces jeux où il accouroit un nombre incroyable de fpectateurs de tous les endroits de la Gréce. Par ce concours,

a L. 9. n. 104. = b Journ. des Sçav. Février, 1751, p. 117. = c Hérod. I. 8, n. 26.

sans qu'il y parût d'affectation, il se formoit une sorte de liaison, de correspondance, & si l'on peut dire, de confraternité entre les citoyens de toutes les différentes villes Grecques. On ne pouvoit donc leur ménager trop d'occasions d'être ensemble & de se voir familiérement. J'en ai déja fait la remarque en parlant de l'établissement du Conseil des Amphyctions [a].

Mais l'institution des jeux publics étoit beaucoup plus propre encore à opérer l'union & la concorde dont je parle. Les divertissemens qu'on goûtoit à Olympie & dans les autres endroits où se célébroient les jeux, disposoient naturellement les esprits à la douceur & à la gayeté. L'occasion de se voir & de se parler étoit journaliere. Il arrivoit même souvent que cette familiarité & ce commerce habituel engageoient plusieurs citoyens de différentes Républiques à se lier par les nœuds de l'hospitalité. C'est ainsi qu'on pouvoit, sans apparat, traiter avec amitié des intérêts réciproques de chaque ville. Les Grecs paroissoient dans ces momens n'être en quelque maniere que les habitans d'une seule & même cité. Ils offroient en commun les mêmes sacrifices aux mêmes Dieux & participoient aux mêmes plaisirs [b]. Par ce moyen on parvenoit à calmer les aigreurs & à terminer les querelles en assoupissant les animosités. On étoit à portée dans ces grandes assemblées de se défaire de ces préjugés populaires qu'on ne nourrit souvent que faute de bien connoître la nation contre laquelle on est prévenu.

D'ailleurs, afin qu'on pût assister à ces spectacles avec plus de tranquilité & de satisfaction, il y avoit pendant tout le tems qu'ils duroient, une suspension d'armes générale dans toute la Gréce. Toutes les hostilités cessoient alors & tout mouvement de guerre étoit interrompu [c]. Il est aisé de sentir combien un pareil usage devoit contribuer à réunir les cœurs & à faire cesser les troubles & les divisions. La célébration des jeux, en ramenant pour un tems la paix & la tranquilité, disposoit assez volontiers les esprits à s'en assurer irrévocablement les avantages. On peut regarder à tous égards l'institution des jeux de la Gréce comme un chef-d'œuvre de politique & de prudence.

[a] Voyez la seconde Part. L. I. chap. 3. art. 1. p. 26, &c.
[b] Voyez Strab. l. 9. p. 642.
[c] Thucyd. l. 5. n. 49. === Plut. *in Lycurg.* p. 54. C. === Pausan. liv. 5. chap. 10.

Il eft vrai que par la fuite des tems un établiffement fi fagement imaginé dégénéra bien de fon inftitution primitive, & donna même lieu à d'étranges abus. L'idée de fe rendre utile à la patrie & de fe former par les exercices du corps à l'emploi & au maniement des armes, difparut. Les athlétes firent une profeffion à part qui fe contenta de rapporter déformais tous fes talens au défir infenfé d'acquérir une vaine gloire & des honneurs auffi ftériles que frivoles. Ils ne defcendirent plus fur l'arène que pour fe donner en fpectacle, pour faire montre de leur force ou de leur adreffe, & s'attirer les applaudiffemens du public, en le divertiffant. Ils outrerent les exercices, & porterent l'excès au point de s'expofer continuellement à perdre la vie, ou au moins à être eftropiés pour le refte de leurs jours ª. C'eft alors qu'on pouvoit appliquer, avec jufte raifon, aux Jeux de la Gréce ce bon mot fi vanté chez les anciens : » Que fi c'é» toit férieufement & tout de bon qu'on s'y battoit, on n'en » faifoit pas affez ; mais que fi c'étoit pour rire & pour s'amu» fer, on en faifoit trop ». Remarquons encore que de pareils fpectacles n'étoient propres qu'à familiarifer les fpectateurs avec les violences & l'inhumanité. Ces combats devoient laiffer dans l'ame des impreffions de barbarie & de cruauté, dont les fuites font toujours extrêmement à redouter (¹).

Il arriva auffi que le peuple prenant trop de goût pour cette efpece d'amufement, en vint jufqu'à négliger fes propres affaires. On paffoit le tems à voir les combats particuliers des Athlétes, qui répétoient fans ceffe leurs exercices pour paroître avec plus de fuccès dans les Jeux publics & folemnels. L'ambition d'y remporter la palme devint enfin une manie générale & univerfelle. On méprifa l'étude des arts les plus utiles & les plus néceffaires, pour s'occuper entiérement d'inutiles pratiques. Le goût pour la Gymnaftique fut une efpece de maladie épidémique qui fe répandit dans toute la Gréce. La gloutonnerie & l'yvrognerie fe joignirent bientôt à cette dépravation de mœurs. Ces vices devinrent, pour ainfi dire, l'appa-

---

ª Voyez Lucian. *in* Anacharfi.

(¹) Il eft une nation célébre dans l'Europe à laquelle on reproche une certaine dureté, difons même une certaine férocité dans les mœurs & dans la conduite ; ne pourroit-on pas attribuer l'efprit particulier qui regne chez la nation dont je parle, au goût qu'elle a confervé pour les fpectacles des gladiateurs.

nage particulier des Athlétes. Ceux qui originairement s'étoient adonnés à cette profeffion, regardoient la frugalité comme le moyen le plus propre à maintenir leur vigueur & leur adreffe. Ils ne fe nourriffoient que de noix, de figues féches & de fromage [a]. Ce régime trop auftére déplut aux maîtres de paleftre qu'on vit infenfiblement s'ériger dans toute la Gréce, & former enfin une profeffion particuliere. Ils permirent à leurs éleves l'ufage de la viande. La plus folide & la plus fucculente, celle, en un mot, qu'on croyoit la plus capable de fournir une nourriture forte & abondante, fut préférée à tout autre aliment [b]. On ne peut concevoir à quel excès les Athlétes, dans les derniers tems, portoient la voracité. L'hiftoire dit que Milon le Crotoniate n'étoit pas encore raffafié après avoir mangé 20 mines de viande (¹) & autant de pain, & bû trois conges de vin [c]. Un autre Athléte mangeoit jufqu'à 80 gâteaux par jour [d]. Ces fortes de gens faifoient alors confifter une partie de leur fupériorité fur les autres hommes, dans une monftrueufe & exceffive voracité [e].

On vit auffi difparoître ce défintéreffement fi noble, fi pur & fi entier, qui dans l'origine avoit animé les combattans. On n'avoit d'abord propofé aux vainqueurs qu'une fimple couronne de laurier pour récompenfe. On accorda par la fuite aux Athlétes victorieux le privilege d'être nourris aux dépens de la patrie. Ils ne tarderent pas à en abufer, au point même de devenir très à charge aux villes & aux peuples. Cet abus parut fi fort à Solon, qu'il crut devoir y remédier, & réduire la penfion des Athlétes victorieux. Il n'affigna que 500 drachmes à ceux qui avoient remporté le prix dans les Jeux Olympiques, cent à ceux qui avoient été couronnés aux Jeux Ifthmiques, & ainfi des autres à proportion [f]. Ce légiflateur trouvoit qu'il étoit hon-

---

[a] Plin. l. 23. fect. 63. p. 315. ═ Pauf. l. 6. c 7. ═ A. Cornel. Celfus, l. 4. c. 6. ═ Diog. Laert. l. 8. fegm. 12.

[b] Autores *fuprà* laudati.

(¹) Les 20 mines de viande reviennent à plus de 14 liv. poids de Paris; & les trois conges de vin à dix pintes & chopine environ, même mefure.

Je crois pouvoir regarder comme un conte fait à plaifir, ce que les anciens ont dit de ce taureau de quatre ans que Milon mangea tout entier dans une journée, après l'avoir porté fur fes épaules toute la longueur du ftade. Athen. l. 10. c. 2. p. 412.

[c] Athen. *loco cit.*

[d] Theocrit. Idyll. 4.

[e] Voyez Athen. l. 10. c. 2. ═ Et Galen. *de* Dignoft. Pulf. l. 2. c. 2.

[f] Plut. *in* Solon. p. 91. ═ Diog. Laert. l. 1. fegm. 55.

teux de donner à de fimples lutteurs des fommes qu'il étoit bien plus jufte & bien plus utile d'employer à entretenir & récompenfer les enfans de ceux qui mouroient les armes à la main pour le fervice de leur patrie ᵃ. Pour juger du jufte mépris dans lequel étoient tombés les Athlétes, il faut entendre parler Euripide. » Parmi les maux infinis qui » régnent dans la Gréce, difoit ce fameux poëte, il n'en » eft point de plus pernicieux que la profeffion des Athlétes ; » car en premier lieu ils font incapables de conduite. En effet, » comment un homme fujet à fa bouche, & devenu l'efclave » de fon ventre, pourroit-il acquérir un fonds fuffifant pour la » fubfiftance de fa famille. De plus les Athlétes ne fçavent ce » que c'eft que de fouffrir la pauvreté en s'accommodant à la » fortune ; car n'étant point formés aux bonnes mœurs, diffi- » cilement changent-ils de caraétere, même dans la difgrace. » Je ne puis approuver, continue Euripide, la coutume des » Grecs de former de nombreufes affemblées pour honorer des » divertiffemens fi frivoles ; car qu'un Athléte excelle à la lutte, » qu'il foit léger à la courfe, qu'il fçache bien lancer un palet, » ou appliquer un vigoureux coup de poing fur la machoire de » fon antagonifte, que fert à fa patrie ce beau talent & l'hon· » neur qu'il en remporte ? Repouffera-t-il l'ennemi à coup de » difque, ou le mettra-t-il en fuite en s'exerçant à la courfe, » armé d'un bouclier ? On ne s'amufe point à toutes ces fo- » lies, &c » ᵇ. C'eft ainfi que l'inftitution des Jeux publics de la Gréce, c'eft-à-dire, une des plus belles & des plus fages in- ventions fe corrompit infenfiblement, & finit par dégénérer, au point de devenir un abus très-pernicieux.

Je ne dois pas non plus diffimuler que les meilleurs écrivains de l'antiquité ont crû devoir attribuer au fpeétacle des Athlé- tes cette paffion infame à laquelle les Grecs n'ont été que trop adonnés. Ces efpéces d'aéteurs ne paroiffoient en public qu'en- tiérement nuds. Le genre de la plupart des exercices qui fai- foient le fujet des Jeux dont je viens de parler, joint à la cha- leur du climat & à la faifon où on les célébroit (¹), exigeoient néceffairement cette nudité. Les Athlétes étoient accoutumés

ᵃ Diogen. Laert. l. 1. fegm. 55.
ᵇ Acad. des Infcript. t. 1. M. p. 2·7. ═
Voyez auffi Lucian. *in* Anacharf, ═ Athen,   l. 10. p. 413. 414. ═ Plut. Quæft. Rom,
p. 274.

(¹) C'étoit en été au mois de Juillet.

à cette indécence dès leur plus grande jeuneffe; car pour réuffir dans la profeffion qu'ils embraffoient, on ne pouvoit pas s'y prendre de trop bonne heure. L'habitude de paroître continuellement nuds les uns devant les autres, anéantit bientôt tout fentiment de pudeur, & introduifit chez les Grecs l'horrible déréglement qu'on leur a tant de fois reproché [a]; déreglement fomenté, au furplus, par le peu de commerce & de familiarité que, chez cette nation, les hommes avoient avec les femmes. J'en ai déjà parlé [b]. J'ajouterai feulement que les femmes n'affiftoient point aux Jeux publics. Il leur étoit même défendu fous de griéves peines d'approcher du lieu où ils fe célébroient [c].

Il me refte à dire encore un mot du théatre des Grecs, & du goût que les Athéniens particuliérement avoient pour cette forte de divertiffement. On fçait que les repréfentations théatrales ont pris naiffance chez les Grecs, & que c'eft à eux feuls qu'on en doit l'invention; on en peut fixer l'époque vers l'an 590 avant J. C. Ces fpectacles n'avoient lieu qu'en certains tems de l'année, & particuliérement à la célébration des fêtes de Bacchus.

Je ne m'arrêterai point à examiner l'origine & les différens progrès du théatre chez les Grecs. On peut confulter fur ce fujet les auteurs qui en ont fait le principal objet de leurs recherches. Quelques idées fommaires fuffiront, je crois, pour le but que je me fuis propofé.

C'eft aux Athéniens, fans contredit, que le théatre Grec eft redevable du dégré de perfection auquel nous voyons qu'il a été porté. Ils n'épargnerent rien de tout ce qui pouvoit y contribuer. Ce peuple voluptueux, mais délicat dans fes plaifirs, établit un concours d'auteurs, & des commiffaires nommés par

IIIe. PARTIE.
Dep. l'établ. de la
Royauté chez les
Hébreux, jufqu'à
leur retour de
la captivité.

---

[a] *Mihi quidem hæc in Græcorum gymnafiis nata confuetudo videtur, in quibus ifti liberi & conceffi funt amores.* Cicero Tufcul. Quæft. l. 4. n. 33.

Ennius avoit dit avant Cicéron, *Flagitii principium eft nudare inter cives corpora. Apud* Cicer. *loco cit.* Voyez auffi Plut. t. 2. p. 274. 751.

[b] *Suprà*, p. 203.

[c] Ælian. Var. Hift. l. 10. c. 1. ═ Pauf. l. 5. chap. 6.

Il faut pourtant, à cet égard, rendre juftice aux Grecs. La loi qui défendoit aux femmes d'affifter aux Jeux publics, étoit fort fage, & très-conforme à la décence & à l'honnêteté publiques. La bienféance demandoit que le fexe ne fût point admis à la plupart de ces fpectacles, où les acteurs ne fe montroient qu'entiérement dépouillés de vêtemens.

l'Etat pour juger du mérite des piéces. On ne pouvoit en faire jouer aucune qu'on ne l'eût auparavant préfentée à l'examen [a]. Celle qui obtenoit la pluralité des fuffrages étoit déclarée victorieufe, couronnée comme telle & repréfentée, aux frais de la République, avec toute la pompe & toute la magnificence poffibles. Il eft aifé de fentir quelle ardeur & quelle émulation ces difputes & ces récompenfes publiques excitoient parmi les poëtes, & combien un pareil ufage a dû contribuer à la perfection des piéces Dramatiques dans la Gréce.

On ne peut à cet égard, qu'applaudir aux Athéniens fur le goût & la fenfibilité qu'ils témoignoient pour les repréfentations théatrales, divertiffement le plus ingénieux, le plus noble & le plus utile, peut-être, qu'on puiffe procurer à la multitude : mais il faut condamner en même-tems l'excès dans lequel ce peuple tomba par la fuite. Les Athéniens porterent bien-tôt leur vivacité & leur paffion pour le théatre au point d'en faire leur unique occupation & d'y facrifier même les intérêts de l'Etat. Les fonds deftinés pour les armemens de terre & de mer furent employés & confumés à faire jouer des drames : » On eft » plus affidu aux fpectacles, dit Juftin, qu'aux exercices militai- » res. Les théatres font remplis, mais les camps font déferts. » La bravoure, la capacité & la fcience des armes fe comptent » pour rien. On n'applaudit plus aux grands Capitaines. Il n'y a » d'acclamations que pour les bons Poëtes & les excellens Co- » médiens [b]. »

Ces reproches ne font point éxagérés. Il eft certain par le témoignage unanime de l'antiquité que du tems de Periclès les Athéniens quittoient tout & négligeoient tout pour s'occuper entiérement du théâtre. On voit auffi que pour l'embellir & faire jouer les piéces qui leur plaifoient avec tout l'apparat & toute la magnificence dont elles étoient fufceptibles, ils épuifoient le thréfor & les reffources de l'Etat [c]. Si Solon en avoit été crû ce goût pour les piéces dramatiques feroit bien-tôt tombé, ou du moins n'auroit pas caufé tant de défordres. Thefpis, qu'on regarde ordinairement comme l'inventeur du théâtre par les changemens qu'il fit aux premieres ébauches que la Grece avoit vû

---

[a] Voyez Plut. *in* Cimone. p. 483. E.
[b] L. 6. chap. 9.
[c] Demofthen. Philipp. 1. p. 52. C. Olynth. 2. p. 24. = Plut. t. 2. p. 348. 349. 710. 711.

de ce fpectacle, floriffoit du tems de Solon. Ce grand légiflateur voulut juger par lui-même de cette nouveauté. Thefpis jouoit lui-même fes piéces, felon l'ufage des poëtes anciens. Quand la repréfentation fut finie, Solon appella Thefpis, & lui demanda s'il n'avoit pas honte de mentir ainfi devant tant de perfonnes. Thefpis lui répondit, qu'il n'y avoit point de mal dans ces menfonges & dans ces fictions qu'on ne faifoit que par jeu & par divertiffement. » Oui, repartit Solon, en frappant forte» ment la terre de fon bâton, mais fi nous fouffrons & approu» vons ce beau jeu, il paffera bien-tôt dans nos contrats & dans » toutes nos affaires [a] » .

Il faut convenir néanmoins que les tragiques Grecs ont toujours confervé beaucoup de refpect pour la vertu, la juftice, les bonnes mœurs & les bienféances publiques. Leurs poëmes font remplis de quantité de maximes admirables; mais on ne peut trop fe récrier fur la licence qui régnoit dans la comédie Grecque. J'ai parlé ailleurs des obfcénités groffiéres dont toutes les piéces d'Ariftophane font remplies [b]. Je n'ai rien de plus à en dire. Je remarquerai feulement qu'outre l'indécence & la groffiéreté, la fatyre la plus impitoyable, la plus amère & la plus mordante y régne perpétuellement. Les poëtes comiques d'alors fe permettoient tout. Ils n'épargnoient perfonne. Généraux, Magiftrats, Gouvernement, Peuplé, jufqu'aux Dieux mêmes [(')], tout étoit livré à leur bile fatyrique. L'excès étoit porté au point qu'ils ne prenoient pas même la précaution de déguifer les noms des perfonnages qu'ils vouloient diffamer. Chacun étoit introduit fur la fcène fous fon véritable nom [c]. Il y a plus. De crainte que la reffemblance des noms ne pût faire prendre le change & laiffer quelque incertitude dans l'efprit des fpectateurs, on donnoit aux acteurs des mafques qui rendoient, autant qu'il étoit poffible, le vifage & la phifionomie de ceux qu'on vouloit expofer à la rifée du public [d]. Telle fut pendant long-tems la comé

III.e PARTIE.
Dep. l'établ. de la Royauté chez les Hébreux, jufqu'à leur retour de la captivité.

---

[a] Plut. *in* Solon. p. 95.
[b] *Suprà*, p. 226.
(') Faifons cependant, à cet égard, remarquer une exception finguliére. Ariftophane, le plus emporté fans contredit de tous les poëtes comiques de l'ancien théatre, n'a jamais ofé fe rien permettre contre Cérès, ni en général contre tout ce qui pouvoit avoir rapport au culte de cette Déeffe.
[c] Voyez Ariftophan. *in* Nubib. *in* Equitib. &c.
[d] Voyez les Mém. de l'Ac. des Infcript. t. 4. p. 134, &c.

Tome II.   H h

die chez les Grecs , c'eſt-à-dire , un ſpectacle également licencieux & ſatyrique qui ne connoiſſoit ni décence ni retenue , pour qui il n'y avoit rien de ſacré , qui ne reſpectoit perſonne , pas même les mœurs , & où l'on pouvoit diffamer ouvertement tous ceux que l'on jugeoit à propos de rendre l'objet du mépris public. Il fallut à la fin que le Magiſtrat réprimât ces abus pernicieux & contînt, par les défenſes les plus ſévéres, la licence effrénée des auteurs comiques [a]. Ces ſages réglemens donnerent naiſſance à ce que les anciens ont appellé la *nouvelle Comédie*, qui ne fut plus qu'une imitation & une ſatyre fine & délicate de la vie civile. On ne mit plus ſur le théâtre que des aventures feintes & des noms ſuppoſés. Comme ce changement avantageux n'arriva que dans des ſiécles bien poſtérieurs à ceux dont j'ai entrepris de tracer le tableau, je ne m'arrêterai pas davantage ſur ce ſujet.

[a] Voyez Cicer. Philoſophic. Frag. t. 3. p. 393. ══ [b] Horat. Ars Poet. v. 281 , &c.

RÉCAPITULATION.

EN rapprochant tout ce que j'ai dit fur l'état des anciens peuples dans les fiécles qui fe font écoulés depuis le Déluge jufqu'à Cyrus, il eft aifé de fentir combien les connoiffances humaines étoient autrefois imparfaites & peu étendues. La politique, les loix, les arts, les fciences, le commerce, la navigation, l'art militaire, les mœurs même, c'eft-à-dire les principes & les façons de penfer les plus effentielles & les plus néceffaires à la confervation & au bonheur de la fociété, tous ces grands objets n'étoient, fi on peut le dire, encore qu'ébauchés du tems de Cyrus ; & le régne de ce Prince n'a précédé néanmoins l'Ere chrétienne que de 536 ans. Un léger détail va nous convaincre de la vérité de toutes ces propofitions.

On n'a eû, pendant tout l'efpace de tems que nous venons de parcourir que des notions fort imparfaites du grand art de gouverner les peuples. La plûpart des loix politiques & civiles étoient obfcures & défectueufes, fouvent même pernicieufes, ou ridicules, en un mot très-informes. Le droit des gens n'étoit feulement pas connû, & la morale étoit en général peu développée ; fouvent même elle autorifoit des principes qui conduifoient directement aux plus grands vices. A l'égard de ce fyftême politique qui embraffe & envifage aujourd'hui tout l'Univers, on peut affurer que les Anciens n'en avoient aucune idée. Il n'y avoit point alors de Puiffance qui fongeât à entretenir des correfpondances fuivies dans les différentes parties du monde connu. Les liaifons mêmes que des Etats voifins pouvoient avoir entr'eux n'étoient que momentanées. On n'envifageoit pour l'ordinaire que l'inftant préfent. Les fuites & les conféquences d'un événement & d'une démarche étoient rarement prévûes & approfondies. On ne s'étoit point fait de fyftême politique. Chaque Etat vivoit ifolé, & faifoit peu d'attention au mouvement général de la machine. Auffi n'étoit-on point dans l'ufage d'avoir continuellement des Ambaffadeurs dans les Cours étrangeres. Les Anciens n'étoient pas affez éclairés pour fentir l'utilité de

H h ij

ces efpeces d'efpions privilégiés ('). Attentifs aux moindres démarches, ils font à portée de pénétrer les projets que pourroit former une Puiffance trop entreprenante, & de les dévoiler. Auffi ce fameux fyftême d'équilibre, l'objet de la politique moderne, loin d'avoir été autrefois fuivi dans aucune partie de l'Univers, ne paroît feulement pas s'être préfenté à l'efprit d'aucun politique de l'antiquité.

On peut très-bien appliquer aux Arts ce que je viens de dire de la politique & des loix. Les peuples dont j'ai eû lieu de parler, n'avoient faits, à certains égards, que des progrès très-médiocres dans l'univerfalité des Arts. Ils avoient, à la vérité, des manufactures d'étoffes précieufes & recherchées : ils fçavoient travailler les métaux : ils avoient élevé des bâtimens d'une grandeur & d'une richeffe étonnante : ils manioient enfin le cifeau, le poinçon & le burin. Ces mêmes peuples cependant manquoient de la plûpart des commodités de la vie, qu'on regarde aujourd'hui, & avec raifon, comme très-effentielles, ou au moins, des plus agréables. Les anciens peuples ont abfolument ignoré le fecret de fe les procurer. J'en ai donné des preuves fuffifantes toutes les fois que j'ai eû occafion de traiter ce fujet.

Il en faut dire autant des Sciences. On ne peut refufer aux Egyptiens, aux Babyloniens, aux Phéniciens & aux Grecs des connoiffances affez étendues en Aftronomie, en Géométrie & en Méchanique. Cependant ils n'ont jamais pû s'élever au-delà d'un certain terme, faute d'avoir fçû fe procurer plufieurs des fecours abfolument néceffaires aux progrès des Sciences dont je parle. Ils n'avoient, par exemple, ni pendules, ni lunettes, ni, en un mot, plufieurs des inftrumens fans lefquels l'Aftronomie & la Géographie ne peuvent acquérir abfolument aucune efpece de précifion. Les anciens peuples manquoient même des moyens les plus ordinaires & les plus indifpenfables pour conftater leurs découvertes. On peut fe rappeller ce que j'ai dit fur la maniere longue & incommode dont on écrivoit dans les premiers tems, fur les inconvéniens de la forme des livres & fur la difficulté de les tranfporter & en général de s'en procurer la lecture [a].

(') C'eft ainfi qu'un des plus grands politiques du fiécle paffé définiffoit les Ambaffadeurs & les Envoyés.

[a] Voyez la premiere Part. L. II. chap. 6. p. 176. L. III. chap. 2. art. 6. p. 261.

Ce n'étoit qu'à force de voyager qu'on pouvoit autrefois acquérir quelques connoiſſances. A l'égard de la Phyſique & de l'Hiſtoire Naturelle, on ſçait qu'elles ont été preſque entiérement inconnues aux anciens peuples.

Quant au commerce & à la navigation, il eſt certain que les Phéniciens particuliérement y avoient fait des progrès & des découvertes aſſez conſidérables eû égard ſur-tout aux obſtacles qu'ils eurent à ſurmonter. Mais ſi l'on fait réflexion en même tems à la défectuoſité de leurs navires, à l'imperfection de leur manœuvres, au manque abſolu d'inſtrumens propres à diriger leurs navigations & à la groſſiéreté, en un mot, de toutes leurs pratiques, on admirera plûtôt le courage de ces peuples que leurs connoiſſances. Il faut les louer d'avoir oſé tant entreprendre avec ſi peu de ſecours, & reconnoître en même tems leur infériorité, par rapport aux découvertes dont nous jouiſſons à préſent. Il me paroît qu'en général les anciens peuples étoient fort entreprenans, mais très-peu éclairés.

La ſcience de la guerre étoit pour le moins auſſi informe que tous les objets dont je viens de parler. On ne finiroit point ſi l'on vouloit s'arrêter à relever en détail l'imperfection des manœuvres militaires des Anciens, dans les ſiécles qui ont fixé notre attention, & montrer tout ce qui leur manquoit du côté de l'art, de l'intelligence & de la capacité. Il ſuffit, je crois, de renvoyer à ce que j'ai dit ſur ce ſujet, dans les différentes Parties de mon Ouvrage.

J'en uſerai de même à l'égard des Mœurs. On a pû remarquer dans tous les articles où j'ai eu occaſion de traiter cet objet, à quel point les mœurs des premiers peuples étoient informes, barbares, groſſiéres & vicieuſes. Leur peu de délicateſſe & leur ignorance des premiers principes de la Morale, ſe fait ſentir à chaque inſtant où l'on conſulte l'Hiſtoire ancienne.

Je ne crains donc point d'aſſurer que dans tout l'eſpace de tems qu'on vient de parcourir, les connoiſſances humaines étoient encore des plus imparfaites & des plus bornées. Chez la plûpart des peuples, les Loix, les Arts & les Sciences ſortoient à peine de l'enfance. Les Egyptiens, les Babyloniens & les Phéniciens qu'on doit certainement mettre au rang des nations les plus policées qui ayent paru dans l'antiquité, n'avoient

IIIe. Partie.
Dep. l'établ. de la Royauté chez les Hébreux, juſqu'à leur retour de la captivité.

fait que des progrès bien médiocres dans chacun des objets que je viens d'indiquer. A l'égard des Grecs qui par la fuite ont furpaffé en tout genre les Egyptiens, les Babyloniens & même les Phéniciens, les Grecs étoient encore fort ignorans du tems de Cyrus, époque de la troifieme & derniere Partie de notre ouvrage. Il s'eft écoulé près de deux fiécles depuis ceux qui terminent nos recherches, jufqu'au tems où les Grecs ont fait la plûpart des découvertes qui leur ont mérité cette gloire & cette jufte eftime, dont ils jouiffent encore aujourd'hui, & que rien ne pourra jamais leur enlever. Perfonne ne les a encore furpaffé dans la poëfie, dans l'éloquence, ni dans l'art d'écrire l'hiftoire. Il n'en eft pas tout-à-fait de même des Sciences exactes, ni même de plufieurs parties des Arts. Il faut convenir que, fi l'on en excepte l'Architecture (¹), la Sculpture & la Gravure en pierres fines, il n'y a nulle comparaifon à faire entre tout ce que les Grecs ont pû fçavoir dans les objets que je viens d'indiquer & ce que nous en connoiffons à préfent.

(¹) Obfervons néanmoins, par rapport à l'architecture, qu'à la vérité les Grecs ont eû un goût très-pur & très-jufte fur la conftruction des grands édifices, mais je ne penfe pas qu'il en ait été de même à l'égard des bâtimens particuliers. Je crois pouvoir affurer qu'ils n'ont point entendu l'art de les diftribuer auffi gracieufement & auffi commodément que nous le pratiquons aujourd'hui.

Fin de la troifiéme & derniere Partie.

DISSERTATIONS.

PREMIERE

PREMIERE DISSERTATION.

Sur l'évaluation des Monnoies & des Mesures Grecques.

'AI EU souvent occasion, dans le cours de l'ouvrage que je présente au public, de parler des Monnoies & des Mesures antiques. Comme c'est aux Grecs que nous sommes redevables de la plupart des connoissances qui nous restent sur l'antiquité profane, c'est presque toujours aussi aux Monnoies & aux Mesures grecques qu'il faut rapporter celles des anciens peuples. J'ai donc crû devoir donner une évaluation de ces Monnoies & de ces Mesures qui justifiât la proportion que j'ai établie entre elles & les nôtres. D'ailleurs, en consultant cette espéce de table, on sera en état de faire soi-même aisément les réductions que je pourrois avoir omises.

Il n'est peut-être point de matiere qui ait autant exercé les critiques que la détermination des Monnoies & des Mesures anciennes. Il n'en est peut-être point cependant qui soit encore enveloppée d'aussi épaisses ténébres. Je suis bien éloigné de me flatter

d'y répandre quelques lumiéres. Je me propose feulement de dire ce qui m'a paru de plus vraifemblable
fur un objet fi incertain, fans prétendre, en aucune
maniere, donner une exclufion abfolue aux évaluations qui ont déja été imaginées, & auxquelles je n'ai
pas crû devoir m'arrêter.

CHAPITRE PREMIER.

Des Monnoies Grecques.

LA VALEUR des Monnoies dépend, comme on le fçait, de leur titre & de leur poids. Il fe trouve encore aujourd'hui dans les cabinets des Antiquaires beaucoup de Monnoies grecques en général, & en particulier de Monnoies attiques. Ces dernieres font celles dont il eſt fait mention le plus fréquemment dans les anciens auteurs, & auxquelles, pour l'ordinaire, ils ont rapporté toutes les autres. Nous fuivrons leur exemple, & nous prendrons pour piéces de comparaifon les Monnoies attiques. On en a mis plufieurs à l'effai, & on s'eſt affuré, par diverfes expériences réitérées, que l'or & l'argent employés par les Monétaires d'Athénes étoient, à une très-légere différence près, au même titre que l'or & l'argent de nos Monnoies. Ce fait eſt donc bien conſtant, & l'on a fur cet article tous les éclairciffemens que l'on peut défirer.

Mais il s'en faut de beaucoup qu'il foit auffi facile de déterminer quel étoit le poids fixe & précis de ces Monnoies. Prefque toutes celles qui nous reſtent aujourd'hui ont été plus ou moins altérées par l'ufage que depuis tant de fiécles on en a fait, ou par le laps de tems. Il eſt en quelque forte moralement impoffible de trouver deux drachmes attiques, par exemple, qui pefent précifément l'une autant que l'autre. Il a donc fallu avoir recours à quelque autre expédient pour s'af-

furer du poids des Monnoies antiques. De tous ceux
que l'on a imaginés, le plus philofophique fans contredit eft celui dont Gaffendi fit ufage vers le milieu
du dernier fiécle. L'idée lui en avoit été fuggérée par
le célébre M. de Peirefc, à qui rien de tout ce qui peut
contribuer à l'avancement des connoiffances humaines
n'échappoit, & qui n'épargnoit, à cet égard, aucune
dépenfe.

On voit à Rome, au palais Farnéfe, un Conge antique parfaitement bien confervé. Le Conge étoit chez
les Romains une mefure de liquides qui devoit contenir dix livres romaines de vin [a]. Celui dont nous
parlons eft d'autant plus précieux, qu'il paroît, par l'infcription dont il eft chargé, que ce vafe avoit été dépofé au Capitole, fous le regne de Vefpafien, pour
fervir d'étalon de cette efpéce de mefure. M. de Peirefc en fit faire un modele qu'on eut foin de vérifier
exactement fur l'original. C'eft avec ce modele, qui
n'arriva en France qu'après la mort de M. de Peirefc,
que Gaffendi fit l'expérience dont je vais parler.

Il remplit d'eau de puits, qu'il pefa très-fcrupuleu-
fement, ce Conge, & trouva qu'il en contenoit fix
livres quinze onces fix gros, poids de Paris. Gaffendi,
d'après cette expérience, conclut que l'ancienne livre
romaine valoit la dixiéme partie de ce poids, c'eft-
à-dire, onze onces un gros $28\frac{4}{7}$ grains, & que par
conféquent l'once romaine, qui en étoit la douziéme
partie [b], valoit fept gros $32\frac{2}{7}$ grains [c].

[a] *Congius vini decem pondo fiet.*
Feftus *voce:* Publica pondera. p. 402.

[b] *Uncia . . . .*
. . . in librâ pars eft quæ menfis in anno.

Fannius *in* carmine de Ponderibus & menfuris.

[c] Vid. Gaffend. *in* vita Peireskii,
l. 2. p. 73.

On sçait que la drachme, qui étoit une Monnoie d'argent, pesoit la huitiéme partie de l'once romaine [a]. L'on connoît le rapport des autres Monnoies attiques à la drachme, ainsi la détermination de l'ancienne livre romaine emporte celle du poids des Monnoies grecques. Mais cette détermination, telle qu'elle a été faite par Gassendi, ne paroît devoir être admise qu'autant qu'on n'auroit rien de plus précis & de plus exact sur l'objet dont il est ici question. Elle suppose en effet que la pesanteur de l'eau de puits, dont ce philosophe s'est servi pour connoître la capacité du conge Farnése, est égale à celle du vin, supposition démontrée fausse par l'expérience qui nous apprend que le vin est toujours plus léger que l'eau, & sur-tout que l'eau de puits, qui de toutes les eaux douces est la plus pesante. Ajoutons que le modele du Conge Farnése dont Gassendi fit usage, pouvoit bien n'être pas précisément de la même capacité que le vase original.

Ce furent ces considérations qui sans doute engagerent dans la suite M. Auzout, de l'Académie des Sciences, lors d'un voyage qu'il fit à Rome sur la fin du siécle dernier, à répéter l'expérience de Gassendi sur le conge même du palais Farnése. Au lieu d'eau de puits, dont Gassendi s'étoit servi, M. Auzout employa de l'eau de fontaine très-légere. Le Conge original se trouva, dans cette expérience, contenir six livres douze onces sept gros & 48 grains, poids de Paris, d'eau de la fontaine de Trevi [b]. Je crois pouvoir conclure de ce fait que

---

[a] Δραχμὴ ἢ τὸ ὄγδοον τῆς ὀγκίας. Hesych. In voce Δραχμή.

Drachmæ octo latinam unciam faciunt. Hyeronim. in cap. 4. Ezech.

Uncia fit drachmis bis quatuor. Fannius, loco cit.

[b] Voyez le 6e. tom. des anc. Mém. de l'Acad. des Scienc. p.

l'ancienne livre romaine étoit de la dixiéme partie de ce poïds, c'est-à-dire, de dix onces sept gros douze grains, & l'once précisément de sept gros dix-neuf grains. J'avoue néanmoins que l'argument tiré de la différence de gravité spécifique du vin & de l'eau, milite presque autant contre l'expérience de M. Auzout que contre celle de Gassendi. Le raisonnement sembleroit donc devoir nous conduire à évaluer l'once Romaine environ à sept gros $\frac{299}{741}$ grains seulement (1). Voici néanmoins en deux mots les raisons qui me déterminent en faveur du parti que j'ai crû devoir embrasser.

Le même M. Auzout dont je viens de parler, s'assura que la livre romaine moderne étoit de dix onces sept gros douze grains, & l'once de sept gros dix-neuf grains. Il s'ensuit donc que la livre & l'once romaines d'aujourd'hui sont parfaitement égales à la livre & à l'once romaines antiques, en supposant, comme nous l'avons dit, que le Conge romain dût contenir précisément dix livres pesant d'eau de fontaine. Ce parfait rapport entre l'ancienne livre & la moderne (rapport qui ne peut être l'effet du hasard), semble démontrer que la livre romaine n'a reçu aucun changement depuis dix-sept siécles & davantage, sur-tout s'il y a lieu de soupçonner que les anciens Romains ignoroient la différence de pesanteur qu'il y a entre l'eau & le vin, ou qu'au moins ils n'y avoient point

---

(1) Cette détermination est une suite du rapport de la pesanteur spécifique de l'eau de riviere à celle du vin de Bourgogne, qui résulte des calculs de M. Eisenschmid dans son Traité *de Ponder. & Mensur. veter. Argentorati. in-12.* 1708.

d'égard dans l'étalonage de leurs mesures, & c'est ce dont on trouve la preuve la plus claire dans le poëme de Fannius, que nous avons déja cité plusieurs fois [a].

La valeur de l'ancienne once romaine étant une fois bien déterminée, & par conséquent le poids de la drachme attique (qui en étoit la huitiéme partie) l'é-tant aussi, on aura facilement le poids des autres Monnoies grecques, telles que le talent, la mine & l'obole. La drachme en effet contenoit six oboles, la mine cent drachmes, & le talent soixante mines [b]. Tout peut donc se réduire à un calcul assez court qui donne les valeurs suivantes.

	marcs.	onces.	gros.	grains.
Le talent attique pesoit, poids de Paris,	85	0	7	66
La mine	1	3	2	$57\frac{1}{2}$
La dragme	.	. .	. .	$65\frac{3}{8}$
L'obole	.	. .	. .	$10\frac{43}{48}$

D'après ce calcul, en supposant l'argent à cinquante livres tournois le marc,

	livres.	sols.	deniers.	
Le talent attique valoit,	4256	3	8	$\frac{3}{8}$
La mine	70	18	8	$8\frac{71}{96}$
La dragme		14	2	$2\frac{25}{384}$
L'obole			2	$4\frac{863}{2304}$

[a] *... Libræ ut memorant Beſſum Sextarius addit,*
Seu puros pendas latices, ſeu dona Lyæi.
Hæc tamen aſſenſu facili ſunt credita nobis,
Namque nec errantes undis labentibus amnes,
Nec merſi puteis latices, aut fonte pe-renni
Manantes par pondus habent : non denique vina,
Quæ campi, aut colles nuperve, aut ante tulêre.

[b] Τάλαντον ...... μνῶν ἐ'σιν ξ'. ἡ δὲ μνᾶ δραχμῶν ρ'. ἡ δὲ δραχμὴ ὀβόλων ἒξ. Suid. voce Τάλαντον. t. 3. p. 425.

Voyez aussi le commencement de l'Oraison de Démosthéne contre Pantænetus.

C'est à cet abrégé très-sommaire que je crois devoir borner ce que je me suis proposé de dire sur l'évaluation des Monnoies Grecques, & sur le rapport qu'elles peuvent avoir avec les nôtres. Passons aux mesures.

CHAPITRE II.

Des Mesures Grecques.

IL EST au moins aussi difficile de déterminer exactement la valeur des Mesures Grecques que celle des Monnoies. Le Stade, par exemple, étoit chez les Grecs une mesure itinéraire, dont il est parlé à chaque instant dans les auteurs anciens. Mais ils ne s'accordent en aucune façon sur la détermination de cette Mesure. On voit en effet que la longueur du stade a très-fort varié suivant les tems & les lieux. Il n'y avoit pas plus d'uniformité chez les anciens, par rapport à cette mesure, qu'il n'y en a aujourd'hui parmi nous sur la longueur de nos lieues, & en général sur celle de toutes les Mesures itinéraires qui sont actuellement en usage dans l'Europe. Mais comme il y a chez nous une lieue moyenne, à laquelle on est convenu de rapporter toutes les Mesures du même nom, de même il y avoit chez les Grecs un stade commun & mitoyen à la détermination duquel je crois devoir me borner ici.

Le stade ordinaire & le plus universellement adopté, contenoit six cens pieds Grecs [a]. Le Plèthre, autre

<hr>

[a] Τὸ στάδιον ἔχει πόδας χ'. Suid. *in* voce Στάδιον. t. 3. p. 367.

espéce

eſpéce de Meſure, faiſoit la ſixiéme partie du ſtade [a]. L'arure étoit la moitié du plèthre [b]. L'orgie valoit ſix pieds [c], & la coudée enfin étoit d'un pied & demi [d]. On ſçait que le pied grec ſurpaſſoit le pied romain de la 24eme. partie de ce dernier [e]. La détermination des Meſures grecques eſt par conſéquent auſſi intimement liée à celle du pied romain, que la fixation des Monnoies attiques l'eſt à celle de la livre romaine.

Deux auteurs anciens nous apprennent que l'amphore romaine, eſpéce de meſure des liquides, puiſqu'elle contenoit huit conges, avoit préciſément un pied cube romain [f]. L'eau que cette meſure contenoit, devoit peſer, d'après l'expérience de M. Auzout, 54 livres 7 onces 5 gros & 24 grains, poids de Paris. En ſuppoſant, d'après les expériences de M. Eiſenſchmidt, que la peſanteur de l'eau de la fontaine dont M. Auzout ſe ſervit, fût de 371 $\frac{1}{2}$ grains par pouce cube, meſure de pied-de-Roi, la capacité de l'amphore devoit être telle que, ſelon les regles de la Stéréométrie,

---

[a] Ἔχει τὸ πλέθρον πόδας ρ'. Suid. *voce* Πλέτρον.

[b] ἡ ἄρερα πόδας ἔχει ν'. Id. *voce* Ἀρεραῖα μάντις.

[c] Δέκα μυριάδες.... ὀργυιῶν... εἶεν χίλιοι ſάδιοι. Herod. l. 4. n. 41.

[d] Πῆχυς.... ὁ εἷς κỳ ἥμισυ πός. Heſych. *voce* Πῆχυς.

[e] *Stadium centum viginti quinque noſtros efficit paſſus, hoc eſt pedes ſexcentos viginti quinque.* Plin. l. 2. ſect. 21. p. 86.

Or le ſtade qui, ſelon qu'on vient de le voir, étoit préciſément de 600 pieds grecs, ne pouvoit valoir 625 pieds romains, qu'autant que le pied grec avoit au pied romain le rapport de 25 à 24.

[f] *Quadrantal vocabant antiqui amphoram, quod vas pedis quadrati octo & quadraginta cepit ſextarios.* Feſtus *voce* Quadrantal.

Quadrantal vini octoginta pondo ſiet, congius vini décem, pondo ſiet. Idem, *voce,* Publica pondera.

Pes longo ſpatio, atque alto, latoque notetur;
Angulus ut par ſit, quem claudit linea triplex.
Quatuor, & quadris, medium cingatur inane,
Amphora fit cubus.... Fann. *carm. cit.*

son côté fût moindre que onze pouces $\frac{1}{4}$ de ligne, mais plus grand que onze pouces $\frac{1}{3}$ de ligne. Il faudroit par conséquent évaluer le pied romain environ à onze pouces $\frac{17}{24}$ de lignes. Cependant je crois devoir faire avec M. de la Hire le pied romain antique précisément d'onze pouces de Roi. Je renvoie au Mémoire que cet Académicien a donné sur ce sujet, pour y voir les raisons sur lesquelles cette évaluation est fondée [a]. Je me contenterai seulement d'observer que les Romains n'ont jamais été grands mathématiciens. J'ai prouvé ci-dessus qu'ils ne tenoient aucun compte de l'excès de la pesanteur de l'eau sur celle du vin dans l'étalonnage de leurs mesures : ils auront donc bien pû négliger & compter pour rien les trois quarts de ligne ou environ, dont le côté du cube, qui servoit de matrice à leur amphore, surpassoit leur pied linéaire. Cette conjecture paroîtra moins difficile à croire, quand on considérera que, sur la fin du siécle passé, M. Picard reconnut qu'il s'en falloit de plus de 1224 lignes cubes, que l'étalon de la pinte de Paris, dont on se servoit alors, eût la capacité à laquelle les ordonnances avoient fixé cette espéce de mesure [b].

Résumons tout ce que nous venons de dire, & formons ce raisonnement d'après les principes que nous avons posés : puisque le pied romain antique valoit 11 pouces de Roi, le pied grec valoit 11 Pouces 5 lignes & demie : ainsi

[a] Acad. des Scienc. ann. 1714. M. p. 397.

[b] Voyez le Traité de M. Picard, *De Mensur.*

	toises.	pieds.	pouces.	lignes.
Le Stade valoit	95	2	11	
Le Plèthre —	15	5	5	10
L'Arure —	7	5	8	11
L'Orgie —		5	8	9
La Coudée —		1	5	$2\frac{1}{4}$

Il résulte de ce calcul que 24 ſtades ordinaires ne ſurpaſſoient que de 9 toiſes 1 pied 7 pouces, $2\frac{2}{7}$ de ligne notre lieue commune de 2282 toiſes $\frac{1}{7}$. Je ne dirai rien des autres ſtades, eû égard au peu d'utilité dont pourroit être une pareille diſcuſſion pour l'ouvrage que j'ai entrepris.

Ce ſeroit ici le lieu de parler des meſures de grains & de liquides, & des poids dont les anciens Grecs faiſoient uſage dans leur commerce. Mais nous manquons preſque entiérement de points de comparaiſon pour fixer la valeur de ces poids & de ces meſures. Je crois donc ne devoir dire qu'un mot ſur ce ſujet.

Fannius, que j'ai déja cité tant de fois, nous apprend que la livre attique étoit à la livre romaine dans le rapport de 75 à 96, ou de 25 à 32 [a]. On voit encore dans le même poëte que l'amphore ou *Cadus* attique, qui étoit une meſure de liquides, valoit trois urnes romaines, ou une amphore romaine & demie [b]. Enfin on lit dans la vie d'Atticus par Cornelius - Népos, que le médimne attique, qui étoit une meſure

[a] *Uncia fit drachmis bis quatuor....*
Unciaque in libra pars eſt quæ menſis
   in anno.
Hæc magno latio libra eſt, gentique
   togatæ :
Attica nam minor eſt. Ter quinque
   hanc denique drachmis,

Et ter vicenis tradunt explerier unam.
   [b] *Amphora fit cubus. . . . .*
Hujus dimidium fert urna. . . . .
Attica prætereà dicenda eſt amphora
   nobis
Seu cadus. Hanc facies, noſtræ ſi adjeceris urnam.

de grains, valoit six boisseaux romains [a]. On sçait, par le témoignage de Fannius, que le boisseau étoit chez les Romains le tiers de leur amphore, ou pied cube [b].

En réduisant ces poids & ces mesures aux nôtres, par le moyen des évaluations de la livre & du pied des anciens Romains que j'ai données ci-dessus, on trouvera,

1°. Que la livre attique pesoit 8 onces, 4 gros, 7 grains, & $\frac{1}{8}$ poids de Paris.

2°. Que le *cadus* attique contenoit un pied 268 pouces cubes $\frac{1}{2}$, ou 41 pintes, une chopine, 2 pouces $\frac{1}{2}$ cubes, mesure de Paris.

3°. Enfin, que le médimne attique valoit un pied 934 pouces cubes, ou 4 boisseaux, un litron & demi & 9 pouces cubes $\frac{1}{4}$, mesure de Paris (1).

C'est à ces foibles notions que se réduit à-peu-près tout ce qu'il y a de plus constant sur la matiere que nous avions entrepris d'examiner. Le peu de monumens qui nous restent de l'antiquité, & l'inexactitude surtout des auteurs anciens, dans ce qu'ils disent sur les monnoies & les mesures eu usage de leur tems, ne permettent guères d'espérer de plus grands éclaircissemens.

---

[a] *Univerſos frumento donavit, ita ut ſingulis ſex modii tritici darentur; qui modus menſuræ, medimnus Athenis appellatur.* cap. 2.

[b] *Amphora ter ..... capit modium.*

(1) On suppose ici le boisseau de 648 pouces cubes, c'est-à-dire qu'on le considere comme la 144eme. partie du muid de 54 pieds cubes. On suppose de même que le litron & le demi-litron sont précisément la seiziéme & la trente-deuxiéme partie du boisseau de 648 pouces cubes. Je dis au reste, on suppose, attendu que tous ces calculs ne sont point parfaitement conformes aux résultats que donnent les dimensions des étalons cylindriques des mesures dont je parle; dimensions relatives à la capacité que les réglemens ont assigné à ces mesures.

SECONDE DISSERTATION.

Sur les Périodes Astronomiques des Chaldéens.

ON N'IGNORE point de quel ufage & de quelle utilité font les périodes aftronomiques dans la fupputation des tems. On fçait auffi que les anciens peuples en avoient imaginé plufieurs dont la durée étoit compofée d'un certain nombre de leurs années. Ces périodes étoient différentes, relativement à l'ufage auquel elles étoient deftinées, & à la forme d'année établie chez les nations qui les avoient imaginées. On nous a confervé le nom de trois fameufes périodes dont l'invention étoit dûe aux Chaldéens : le *Saros*, le *Néros* & le *Sofos* [a]. Bérofe s'en étoit fervi pour compofer fes calculs chronologiques, & fixer les époques de fon hiftoire de Babylone [b]. C'étoit par ces mefures de tems qu'il avoit réglé & déterminé la durée de cet Empire, & la longueur des regnes des différens Souverains qui l'avoient gouverné.

La valeur du *Saros*, du *Néros* & du *Sofos* étoit certainement bien connue & bien déterminée dans le tems où Bérofe compofa fon hiftoire. Mais les anciens monumens des Babyloniens ne fubfiftent plus aujourd'hui,

---

[a] Syncell. p. 17. ⸺ Abyden *apud* eumd. pag. 38. C. ⸺ [b] Syncell. pag. 17. A.

ni même depuis bien des siécles. Il n'est donc pas étonnant qu'il regne beaucoup de contradictions entre les auteurs modernes, tant sur le nombre d'années qui composoient ces fameuses périodes, que sur l'usage auquel elles pouvoient être propres. Essayons néanmoins, en rassemblant les différens traits qui se trouvent épars dans les auteurs anciens, de répandre quelques lumiéres sur une question si obscure & si difficile.

Il est certain, par le témoignage de toute l'antiquité, que le *Saros*, le *Néros* & le *Sosos* étoient des cycles qui renfermoient un certain nombre d'années [a]. On ne doit pas écouter quelques écrivains assez récens qui, sans aucun fondement, ont voulu insinuer qu'on devoit réduire les périodes, dont je parle, à des périodes de jours seulement. C'est une chimére qui ne mérite nulle attention. Nous la réfuterons dans un moment. Sans vouloir donc nous y arrêter davantage, examinons quelle a pû être la valeur réelle de ces cycles, & leur usage en astronomie. Commençons par le *Saros*; c'est de toutes les périodes des Chaldéens celle qui paroît avoir été la plus célebre dans l'antiquité. Plusieurs auteurs en ont parlé [b]. Mais ils ne s'accordent point sur la quantité d'années dont cette période étoit formée. Voyons s'il est possible de la déterminer aujourd'hui, & de faire connoître par ce moyen quel pouvoit être l'usage de ce cycle.

Le Syncelle nous dit, d'après Bérose, Abydéne, Alexandre Poly-Histor, &c. que le *Saros* étoit une pé-

---

[a] Berof. Abyden, & Syncell. *locis cit.*
[b] Berof. Abyden, Syncell. *locis cit.* — Suidas *in* Σάροι t. 3. p. 289. = Hesychius *in* Σάρος = Phavorin, &c.

riode de 3600 ans [a]. Nous ne connoiſſons aucune opération aſtronomique à laquelle une période de cette eſpéce puiſſe s’appliquer. Suidas, auteur contemporain du
Syncelle, ou du moins qui lui eſt peu antérieur, donne au *Saros* une valeur bien différente. Cet auteur dit
que c’étoit une période compoſée de mois lunaires,
dont la ſomme totale donnoit 18 ans & demi [b]. Suidas ne cite aucun auteur ancien pour garant de ce fait,
& ne nous apprend point d’après quelle autorité il donne au *Saros* une valeur ſi différente de celle qu’on vient
de voir. En accordant même à Suidas que le *Saros* pouvoit être compoſée de 222 mois lunaires, on ne voit
point de quelle utilité pourroit être une pareille période.

On pourroit ſoupçonner, il eſt vrai, qu’il y a erreur dans le texte de Suidas, & qu’au lieu de 222 mois
lunaires, on devroit y lire 223. On peut même invoquer un paſſage de Pline pour appuyer cette conjecture.
Pline en effet a eû connoiſſance d’une période compoſée de 223 mois lunaires [c]. Dans toutes les éditions
antérieures à celles du P. Hardouin, il s’étoit introduit
une leçon vicieuſe qui avoit empêché ſans doute qu’on
ne fît attention à la valeur & au mérite de cette période. On ne liſoit autrefois dans le texte de Pline que
222 mois. M. Halley, qui pour avoir été un des grands
aſtronomes de ſon ſiécle, n’en étoit pas moins recommandable par ſa profonde érudition, eſt le premier
qui ſe ſoit apperçu de la leçon fautive des imprimés
de Pline. Il propoſa la reſtitution de ce paſſage vicié,

[a] P. 17. 28 & 39. — [b] *In* Σάρoι t. 3. p. 289. — [c] L. 2. ſect. 10.
pag. 79.

& de lire 223 mois au lieu de 222 [a]. Ce qui n'étoit qu'une conjecture de la part de ce fçavant homme, s'eſt trouvé, par les recherches & les découvertes qu'on a faites depuis, être la véritable leçon de Pline [b]. Il n'eſt donc plus douteux aujourd'hui que Pline a eû connoiſſance d'une période aſtronomique compoſée de 223 mois lunaires ſynodiques. M. Halley a voulu identifier, d'après Suidas, cette période avec le *Saros* des Chaldéens, & voici la concluſion qu'il en tire.

En démontrant que la valeur du *Saros* devoit être fixée à 223 mois lunaires ſynodiques, c'eſt-à-dire, de 29 jours & demi chacun, il en réſulte, dit M. Halley, que ce cycle renfermoit près de 18 de nos années ; calcul, ajoute-t-il, qui s'accorde aſſez avec la valeur que Suidas donne au *Saros* [c]. Cette découverte, continue M. Halley, met dans tout ſon jour l'habileté des aſtronomes de Chaldée. En effet cette période fournit un moyen très-facile de prédire les éclypſes de Soleil & de Lune entre les limites d'une demi-heure d'erreur ſeulement [d]. Diodore étoit donc peu inſtruit, quand il a avancé que les Chaldéens n'avoient qu'une théorie fort imparfaite des éclypſes de Lune, & qu'ils n'oſoient les déterminer ni les prédire [e].

Tel eſt le raiſonnement de M. Halley ; mais je crois ſes conjectures beaucoup plus ingénieuſes que ſolides. Le témoignage de Suidas n'étant appuyé du ſuffrage d'aucun auteur de l'antiquité, ne peut balancer celui

[a] Tranſ. Philoſ. N°. 194. ann. 1692. p. 535. == Acta Erudit. Lipſ. ann. 1692. p. 529.

[b] Voyez la note du P. Hardouin, *loco cit.*

[c] *Suprà, loco cit.*

[d] Voyez l'éloge de Monſieur Halley, Acad. des Sciences, ann. 1742. H. pag.

[e] L. 2. p. 145.

de Bérofe ni des autres écrivains qui donnent 3600 ans
au *Saros*. D'ailleurs Suidas affigne à la révolution totale du *Saros*, non pas 18 ans, mais 18 & demi ; &
l'on fçait qu'en aftronomie il faut beaucoup moins de
fix mois pour déranger tout le réfultat d'une période.
Enfin Suidas ne donne au *Saros* que 222 mois lunaires, & non pas 223. C'eft envain qu'on veut corriger
le texte de cet auteur par celui de Pline. Rien ne nous
peut faire foupçonner que ce dernier ait eû en vûe le
Saros des Chaldéens. Je fuis perfuadé que cette période étoit à la vérité compofée d'un certain nombre
de mois lunaires ; fon nom feul l'indique (1) : mais
je ne vois pas qu'il foit poffible aujourd'hui de déterminer quel étoit précifément ce nombre (2). Il faut
donc abandonner la recherche du *Saros*, puifqu'on ne doit
jamais efpérer d'en connoître la valeur, & par conféquent l'ufage. Paffons à l'examen des autres périodes
Chaldéennes, c'eft-à-dire, du *Néros* & du *Sofos*.

La révolution du *Néros* étoit de 600 ans [a]. Indépendamment des Auteurs que j'ai déja cités, Jofephe l'hiftorien paroît avoir eû connoiffance de cette période.
Voici comme il s'exprime, en parlant de la longue
durée de la vie des premiers Patriarches. » Entre autres
» vûes que Dieu avoit eû, dit-il, en accordant aux

---

(1) Le nom de *Saros*, donné à
cette période, fuffiroit feul pour prouver qu'elle étoit compofée de mois
lunaires. Le mot *Saros* en effet répond
exactement au mot Chaldéen *Sar*,
qui fignifie *menftruus*, ou *lunaris*.

(2) Quand même on accorderoit
à M. Halley qu'il faut lire dans Suidas 223 mois lunaires, fon raifonnement n'en feroit pas plus jufte. M. le
Gentil en effet a démontré l'imperfection totale & abfolue de cette période fi vantée par M. Halley. Acad.
des Scienc. ann. 1756. M. p.

[a] Syncell. p. 17. = Abyden. *apud*
eumd. p. 38. C.

» premiers Patriarches une vie auſſi longue que celle
» qui nous eſt atteſtée par les Livres ſaints, il vouloit
» leur fournir le moyen de perfectionner la Géométrie
» & l'Aſtronomie qu'ils avoient inventées : car, ajoute-
» t-il, ils n'auroient pû prédire avec ſûreté *les mouve-*
» *mens des Aſtres*, s'ils avoient vécu moins de 600 ans,
» attendu que c'eſt en cet eſpace de tems que s'accom-
» plit la *grande année* [a] ».

Joſephe, comme on le voit, a donc eû connoiſſance de ce que les anciens appelloient une *grande année*,
c'eſt-à-dire, d'une période aſtronomique qu'il dit avoir
été compoſée de 600 ans. Tout nous porte à croire
que c'eſt du *Néros* des Chaldéens dont Joſephe a voulu
parler ; car je ne vois aucun autre peuple dans l'antiquité chez lequel une pareille période ait été en uſage. Avant que de s'appliquer à développer la propriété
de ce cycle de 600 ans, il eſt à propos d'examiner
celle du *Soſos*, attendu que le *Néros* doit ſon origine
au *Soſos*, comme je me flatte de le démontrer.

Les anciens nous diſent que le *Soſos* étoit compoſé de
60 années [b]. Cette période, la premiere ſans contredit

---

[a] Voici les termes dans leſquels Joſephe s'énonce : Ἅπερ οὐκ ἀσφαλῶς αὐ-
τοῖς προειπεῖν μὴ ζήσασιν ἑξακοσίυς ἐνιαυτους·
Διὰ τοσούτων γὰρ ὁ μέγας ἐνιαυτὸς πληρῦται.
Antiq. l. 3. c. 3. p. 17.

» Leſquelles choſes (c'eſt-à-dire, la
» *Géométrie* & l'*Aſtronomie*) ils (les
» *Patriarches*) n'auroient pû prédire
» avec certitude, s'ils avoient vécu
» moins de 600 ans ; car la *grande an-*
» *née* s'accomplit en cet eſpace de tems.

Il eſt aiſé de s'appercevoir que Joſephe ne s'énonce pas exactement
dans ce paſſage ; car quoiqu'on voie
bien que le verbe προειπεῖν, *prédire*,
a rapport à l'aſtronomie dont il eſt parlé
dans la phraſe précédente, comme il
y eſt queſtion auſſi de la géométrie,
cette maniere de s'exprimer préſente
un ſens louche & défectueux ; & c'eſt
pour faire entendre la penſée de Joſephe, que j'ai ajouté *les mouvemens des*
aſtres, dont on doit ſuppoſer qu'il
a voulu parler.

[b] Syncell. p. 17. = Abyden.
apud eumd. pag. 38. C.

dont les Chaldéens ayent fait ufage, étoit fort imparfaite, puifqu'après fa révolution elle ne ramenoit les
mois lunaires qu'à un 10eme de mois près. On aura donc
cherché à la rectifier & à la perfectionner. Il ne fut pas
difficile d'en trouver les moyens. En doublant le *Sofos*,
c'eft-à-dire, en donnant à cette période 120 ans, au
lieu de 60, on avoit le retour des mois lunaires à deux
10emes de mois près. En multipliant ce cycle autant de
fois qu'il fut néceffaire pour obtenir les retours précis
du Soleil & de la Lune aux mêmes points du ciel, on
parvint à former une période de 600 ans, c'eft-à-dire,
le *Néros*. Ce dernier cycle, en effet, n'eft autre chofe
que le produit du *Sofos*, ou de la période de 60 ans
multipliée par 10. Il n'a pas fallu, comme on le voit,
beaucoup de réflexions fur la valeur, & la propriété du
Sofos, pour en déduire le *Néros* (1).

L'illuftre Jean-Dominique Caffini eft, je crois, le
premier qui ait apperçu le mérite du *Néros*. C'eft, au
jugement de ce grand aftronome, une des plus belles
périodes que l'on ait encore inventées. Il en réfulte que
les années folaires des Chaldéens étoient chacune de
365 jours, 5 heures, 51′ & 36″ [a]. Cette période nous
fait connoître encore que les aftronomes de Chaldée
avoient déterminé, à une feconde près, la durée du
mois lunaire, auffi exactement que les aftronomes modernes l'ont pû faire [b]. En effet 600 années de 365 jours,
5 heures, 51′ & 36″, font 7421 mois lunaires, dont

---

(1) Tous ces faits font beaucoup
mieux développés, & exactement dé-
montrés dans un Mémoire de M. le
Gentil. Voy. Académie des Sciences,
ann. 1756. M. p.

[a] Anciens Mém. de l'Acad. des
Scienc. t. 8. p. 5.

[b] Id. Ibid.

chacun eſt de 29 jours, 12 heures , 44′ 3″, moins 7 tierces & 18 quartes. On doit donc regarder les 219146, jours ou, ce qui revient au même, les 7200 mois ſolaires, qui forment la période dont je parle, comme équivalents préciſément à 7421 mois lunaires. Or c'eſt à cet eſpace de tems qu'on peut fixer l'époque du retour du Soleil & de la Lune aux mêmes points du ciel ; en un mot, le *Néros* des Chaldéens étoit, par rapport aux mois ſolaires & aux mois lunaires, exactement ce qu'eſt la période Victorienne par rapport au *nombre d'or* & au *cycle ſolaire* [a].

Il n'eſt pas poſſible de déterminer préciſément le ſiecle auquel les aſtronomes de Chaldée ont inventé & mis en uſage le *Néros*. Je me contenterai ſimplement de faire remarquer que ce cycle devoit être connu & reçu dans la Chaldée quelque tems avant Béroſe. Cet

---

[a] Anc. Mém. de l'Acad. des Sc. t. 8. p. 5.

Je ſuis obligé d'avertir que ce n'eſt pas au *Néros* des Chaldéens, que M. Caſſini applique les calculs & les réflexions qu'on vient de lire ; c'eſt à la *grande année* dont parle Joſephe. Mais comme cette période me paroît être la même que le *Néros* des Chaldéens, & y avoir un rapport évident, j'ai crû pouvoir tranſporter & appliquer les recherches de ce grand aſtronome à cette période dont j'ai déja dit que l'invention ſemble être dûe aux Chaldéens, puiſqu'on n'en trouve point de ſemblable chez aucune autre nation de l'antiquité.

M. Caſſini même, pour le dire en paſſant, a voulu faire remonter juſqu'aux premiers âges l'uſage de cette période de 600 ans. Mais Joſephe ne le dit point, & quand il le diroit, on ſeroit toujours en droit de lui objecter qu'il a voulu ſe prévaloir d'une découverte très-poſtérieure pour l'appliquer contre toute eſpece de vraiſemblance à des tems fort antérieurs. En effet, une pareille invention ſuppoſe une multitude de connoiſſances qui n'ont très-certainement pas pû être le partage des premiers âges. Ce qu'on a vû dans la premiere & dans la ſeconde Partie de cet ouvrage ſur l'imperfection où étoit alors l'Aſtronomie, ne ſouffre pas, je crois, le doute le plus léger ſur l'époque de cette période, qui probablement n'a été inventée que dans les derniers tems de la Monarchie Babylonienne.

hiftorien , comme je le difois il n’y a qu’un moment,
s’en étoit fervi pour arranger fes calculs chronologiques,
& l’on fçait que Bérofe écrivoit dans le troifiéme fiécle
avant Jefus-Chrift. [a] Je penferois donc que cette période aura pû être inventée fur la fin de l’Empire de Babylone. C’eft au furplus la date la plus ancienne qu’on
puiffe lui donner [b]. On a vû ailleurs quelle avoit été ,
jufqu’au regne de Nabonaffar , l’imperfection de l’aftronomie dans la Chaldée [c].

Il me refte maintenant à dire un mot du fentiment
des écrivains qui ont voulu contefter la valeur que j’ai
crû devoir affigner au *Saros* , au *Sofos* & au *Néros*.
Ils ont prétendu que tous ces différens cycles étoient
des périodes formées d’un certain nombre de jours plutôt que d’une certaine quantité d’années. Deux moines
Grecs, nommés l’un Annianus & l’autre Panodorus, font,
je crois, les premiers qui aient voulu accréditer ce fyftême [d]. Ils écrivoient l’un & l’autre vers l’an 411 de
l’Ere chrétienne [e]. Mais une fimple réflexion va faire
fentir que leurs idées à cet égard ne doivent être d’aucun poids.

Quelle comparaifon en effet peut-on faire entre Bérofe , qui dit formellement que le *Saros* , le *Néros* &
le *Sofos* étoient des périodes d’années , & deux moines Grecs inconnus qui, 700 ans environ après le

---

[a] Tatian. *adverf.* Grec. Orat. p.
273. = Syncell. p. 16. D.

[b] Voyez le Syncell. p. 207.
Nabonaffar régnoit vers l’an 747
avant J. C.

[c] Voyez la prem. Part. L. III. c. 2.
art. 2. p. 215 & 216. = Voyez auffi
la troif. Part. L. III. chap. 2. art. 1.
page 95 & 96.

[d] *Apud* Syncell. p. 34 & 35. =
Voyez auffi Scaliger, not. *in* Gr. Eufeb. Chron. p. 446 Col. B.

[e] Voyez les notes du P. Goar ad
Syncell. p. 33. Col. B.

fiécle auquel cet auteur a écrit, veulent faire entendre
le contraire, & infinuer que tous ces différens cycles
n'étoient compofés que d'un certain nombre de jours.
Bérofe, contemporain d'Alexandre, eft né & a vécu
dans la Chaldée. A portée de puifer dans les fources
originales qui fubfiftoient encore de fon tems, il étoit
en état plus que perfonne de connoître la valeur des
périodes qu'il employoit. C'eft en un mot d'après les
anciens monumens de fa nation, qu'il en a compofé
l'hiftoire ; hiftoire que Pline, Jofephe, Clément Alexandrin, Eufébe, le Syncelle & plufieurs autres citent
très-fouvent dans leurs écrits. D'ailleurs Bérofe n'eft pas
le feul écrivain de l'antiquité qui ait dit que les périodes
dont je parle, étoient des périodes d'années. Eufébe qui
étoit fi verfé dans l'hiftoire des anciens peuples, l'a reconnu [a]. Jofephe, comme on l'a déja vû, dépofe auffi du
même fait. On peut joindre à tous ces témoignages
celui de Suidas. Il s'accorde avec tous les auteurs que
je viens de citer, à dire que ces périodes étoient formées d'un certain nombre d'années [b].

Les deux moines Grecs dont il eft ici queftion, ne
s'appuyoient fur aucun monument de l'antiquité pour
métamorphofer les périodes dont je parle en cycles de
jours. C'étoit de leur part une pure conjecture. Voici,
à ce que j'imagine, ce qui pouvoit les avoir portés à
propofer cette idée.

Bérofe, en compofant fon hiftoire, n'avoit pas oublié qu'il étoit Babylonien. On fçait que plufieurs peuples avoient alors la manie de vouloir être regardés
chacun comme la plus ancienne nation qu'on connût

---

[a] Voyez Syncell. p. 17, 34 & 35. ═ [b] *In* Σάροι t. 3. p. 289.

dans l'univers. L'antiquité de date étoit envisagée, dans les siécles dont je parle, comme la distinction la plus glorieuse dont un peuple pût se prévaloir. On ne sçauroit concevoir, pour le dire en passant, combien cette folle ambition a fait de tort à la vérite de l'histoire, & quel dérangement elle a causé dans la chronologie des anciens peuples. Les Babyloniens étoient du nombre de ceux qui vouloient se piquer de la plus haute antiquité. A les entendre, ils subsistoient en corps de nation depuis 470000 ans [a]. Bérose s'attacha dans son histoire à soutenir & à faire valoir cette ridicule prétention. Pour y donner quelque couleur, & rendre probables les calculs énormes qu'il présentoit, il prétendit les appuyer sur les périodes astronomiques dont il est ici question. Il imagina en conséquence une suite de Rois fabuleux dont les regnes remplissoient la durée prodigieuse de siécles qu'il assignoit à l'empire Babylonien (1).

Les Moines Grecs dont je viens de parler, étoient révoltés, & avec raison, des calculs monstrueux que Bérose présentoit dans son histoire. Leur idée fut donc, pour ramener les annales de Babylone à quelque sorte de vraisemblance, de convertir les périodes dont Bérose appuyoit ses calculs, en de simples périodes de jours. Par ce moyen ils croyoient pouvoir tout concilier. Ils blâmoient même Eusébe de n'avoir pas usé d'une semblable méthode [b]. Mais si ces bons Moines avoient

---

[a] Diod. l. 2. p. 145.
Je ferai voir le peu de fondement de cette ridicule prétention dans la Dissertation suivante.

(1) Je traiterai cet objet avec plus d'étendue & de discussion dans la Dissertation suivante.
[b] *Apud* Syncell. p. 34 & 35.

réfléchi un moment fur le motif qui animoit Bérofe en écrivant, & fur le but que cet impofteur s'étoit pro- pofé, ils auroient reconnu aifément que, quoique fes calculs fûffent abfurdes & monftrueux, il n'y avoit ce- pendant rien à changer dans la valeur des mefures de tems qu'il avoit employées. La preuve que ces pério- des Chaldéennes étoient réellement compofées d'années & non pas de jours, c'eft que Bérofe s'en étoit fervi. Car il auroit travaillé, contre fa propre intention, à dé- couvrir la chimére des Babyloniens fur leur antiquité, fi le *Saros*, le *Néros* & le *Sofos* n'euffent été que des cycles de jours.

TROISIEME

TROISIEME DISSERTATION.

Sur les Antiquités des Babyloniens , des Egyptiens & des Chinois.

C'ÉTOIT, comme on l'a vû dans la Differtation précédente , la manie de la plupart des anciens peuples de prétendre faire remonter leur origine à des tems infinis. Les Babyloniens, les Egyptiens & les Scythes étoient ceux qui particuliérement fe piquoient de la plus haute antiquité. A les entendre , ils exiftoient en corps de nation depuis des milliers de fiécles. Les Babyloniens fe vantoient d'avoir obfervé le cours des aftres depuis 473 mille ans [a], & les Egyptiens depuis cent mille [b]. A l'égard des Scythes, ils fe prétendoient plus anciens que les Egyptiens [c]. On pourroit mettre encore dans cette claffe les Phrygiens [d] & les Phéniciens [e]. Chaque peuple , en un mot, s'efforçoit autrefois d'entaffer fiécles fur fiécles , & de faire montre de l'ancienneté de fon origine. Mais lorfqu'on veut approfondir les fondemens de ces prétendues antiquités , on

---

[a] Diod. l. 2. p. 145.
[b] Auguftin. *de* Civit. Dei, l. 18. chap. 40.
[c] Juftin. l. 2. c. 1. p. 56.
[d] Voyez Hérod. l. 3. n. 2.
[e] Syncell. p. 17. D.

Tome II.

M m

eſt fort étonné de voir qu'elles ne portent ſur rien de certain, ni même de vraiſemblable. Il y a plus. On voit que tous ces énormes calculs ſont d'une invention aſſez moderne.

Il ne paroît pas en effet que, juſqu'au tems des conquêtes d'Alexandre, les annales des Babyloniens, ni même celles des Egyptiens remontaſſent bien haut. C'eſt un fait qu'il eſt facile de prouver par le témoignage d'Hérodote, de Ctéſias, de Xénophon, de Platon, d'Ariſtote, & en un mot de tous les auteurs qui ont écrit avant les conquêtes d'Alexandre.

Il eſt bien ſouvent queſtion des Babyloniens dans Hérodote. Il avoit même voyagé chez ces peuples. On ne trouve cependant dans ſes écrits nul veſtige de cette prodigieuſe antiquité dont les Babyloniens, au rapport d'écrivains beaucoup plus récens, ſe vantoient. Au contraire il ne donne que 520 ans de durée à l'Empire Aſſyrien, qu'on ſçait avoir été autrefois confondu avec l'Empire Babylonien ; & il n'y a pas d'apparence qu'Hérodote en parlât autrement dans ſon hiſtoire particuliere de l'Aſſyrie. Car nous ne voyons pas qu'aucun écrivain ſe ſoit jamais appuyé ſur cet ouvrage pour faire remonter plus haut, l'origine de la Monarchie Aſſyrienne.

Ctéſias écrivoit peu de tems après Hérodote. On ſçait qu'il avoit fait un fort long ſéjour dans la Perſe. Cet auteur, celui de toute l'antiquité qui ait aſſigné à l'Empire Aſſyrien la plus longue durée, ne la fait monter cependant qu'à un peu plus de mille quatre cens ans [a].

[a] Diod. l. 2. p. 142.

Xénophon, qui a eû tant de fois occasion de parler des Assyriens & des Babyloniens, ne dit rien qui puisse donner à penser que de son tems on regardât l'origine de ces peuples comme si prodigieusement ancienne. On doit tirer la même induction des écrits de Platon & de ceux d'Aristote. L'un & l'autre de ces philosophes parlent souvent des Assyriens & des Babyloniens ; mais il n'est fait nulle mention dans leurs écrits de ces milliers de siécles dont j'examine ici l'existence & la réalité. On voit même à l'égard d'Aristote qu'en général il étoit assez porté à mettre au rang des fables tout ce qu'on débitoit sur l'histoire d'Assyrie & de Babylone [a]. Enfin, je le répete, on ne trouve nulle trace de ces antiquités chimériques dans les auteurs qui ont précédé les conquêtes d'Alexandre.

Je crois en pouvoir dire à-peu-près autant des antiquités Egyptiennes. Quelques auteurs, comme on vient de le voir, parloient d'une durée de cent mille ans. Platon cependant nous dit que du tems de Solon ceux des prêtres Egyptiens qui se prétendoient le mieux instruits des antiquités de leur nation, n'en faisoient remonter l'origine qu'environ à neuf mille ans [b]. Hérodote voyagea en Egypte cent ans environ après Solon. Cet espace de tems avoit suffi pour donner à la vanité & à l'erreur lieu de faire du progrès. Il rapporte en effet que de son tems les prêtres de Thébes donnoient à la durée de leur Monarchie 11340 ans [c]. Ces deux calculs, tels que Platon & Hérodote les présen-

---

[a] *De* Rep. liv. 5. chap. 10. pag. 404. E. ⚊ [b] *In* Tim. pag. 1044. ⚊ [c] L. 2. n. 142.

tent, font certainement de beaucoup trop forts. Il y a de l'erreur, & nous en expliquerons la caufe dans un moment. Néanmoins quelle comparaifon peut-on faire entre cette durée & celle dont, au rapport de quelques écrivains poftérieurs, les Egyptiens fe vantoient ? Il eft donc prouvé par le témoignage de la plus haute & de la plus faine antiquité, que c'eft dans les tems modernes feulement que les Babyloniens & les Egyptiens ont commencé à faire parade de ces milliers de fiécles dont j'ai parlé ci-deffus. Il s'agit maintenant d'indiquer la fource, & de marquer l'époque de ces ridicules prétentions.

Bérofe d'un côté, & Manéthon de l'autre, font inconteftablement les auteurs, & fi on peut le dire, les fabricateurs de toutes cés merveilleufes antiquités. Ce n'eft en effet que depuis la publication de leurs ouvrages qu'on commence à trouver dans les auteurs anciens des traces de cette durée exceffive attribuée à la Monarchie des Babyloniens & à celle des Egyptiens. Bérofe, prêtre Chaldéen, écrivoit environ vers l'an 280 avant J. C., un peu avant le regne d'Antiochus Soter [a]. Manéthon, prêtre d'Egypte, étoit contemporain de Bérofe, puifqu'il dédia fon hiftoire à Ptolomée Philadelphe [b], qui monta fur le trône d'Egypte l'an 284 avant l'Ere chrétienne. Il eft affez vraifemblable néanmoins que l'ouvrage de Manéthon n'a paru qu'après celui de Bérofe. Je ferois même très-porté à croire avec le Syncelle que Manéthon n'a fongé à étendre la durée de l'Empire Egyptien qu'à l'imitation de Bérofe,

[a] Tatian. *adverf.* Græc. Orat. p. 273.

[b] Syncell. p. 16.

& pour ne pas faire paroître fa nation trop moderne en comparaifon des Babyloniens[a]. Difons encore
que Bérofe & Manéthon avoient écrit en Grec, cir-
conſtance qui n'eſt point à négliger dans la queſtion
que nous agitons, comme on le verra dans un moment. Reſte à développer les motifs qui ont pû déterminer ces deux écrivains à fabriquer la chronologie
monſtrueuſe qui réſultoit de leurs annales, ou pour
mieux dire, du ſimple catalogue des Rois qu'ils di-
ſoient avoir occupé le trône d'Egypte & de Babylone ;
car, ainſi que je le démontrerai plus bas, Bérofe
& Manéthon, pour appuyer leurs chiméres, ne pro-
duiſoient point d'autres titres qu'une ſimple liſte de
Rois.

Je crois, ſans héſiter, pouvoir attribuer à une vanité mal entendue cette antiquité incroyable à laquelle
Manéthon & Bérofe faiſoient remonter l'origine de leur
nation. Dans le tems que ces deux écrivains compo-
ſerent leurs annales, les Egyptiens & les Babyloniens
étoient également ſoumis à la domination des Grecs.
Bérofe & Manéthon chercherent vraiſemblablement à
ſe dédommager par la prééminence d'origine & par le
mérite de l'ancienneté, de l'avantage réel que les Grecs
avoient alors ſur les peuples de l'Aſie & de l'Egypte.
Car ſelon que je l'ai déja fait remarquer plus d'une fois,
on étoit alors fort jaloux de l'ancienneté d'origine. Chacun vouloit s'en attribuer la préférence : c'étoit à qui
dateroit de plus loin. Bérofe & Manéthon, en choi-
ſiſſant la langue Grecque préférablement à leur langue

[a] Voyez Syncell. p. 16.

naturelle pour écrire leurs hiftoires , vouloient donc mettre les Babyloniens & les Egyptiens à portée de re- procher à leurs vainqueurs la nouveauté d'origine, en oppofant au peu d'étendue qu'avoit l'hiftoire de ces ha- bitans de l'Europe , des milliers de fiécles [a].

Mais il faut en convenir, le ftratagême dont ils ufe- rent étoit bien groflier, & ne pouvoit faire illufion qu'à des peuples auffi peu inftruits de l'antiquité que l'étoient les Grecs. Voici le moyen qu'employa Bérofe pour attribuer à fa nation une durée de 473000 ans. Les aftronomes de Chaldée avoient imaginé certains cycles pour déterminer le retour périodique des aftres aux mêmes points du Ciel. Ces cycles, comme on l'a vû dans la Differtation précédente , embraffoient plu- fieurs fiécles. Que fit Bérofe ? Pour établir l'antiquité qu'il vouloit donner à fa nation, au lieu de dire qu'un Roi avoit régné tant d'années , il dit qu'il avoit régné pendant tant de *faros*. C'eft ainfi qu'il fit monter la du- rée des regnes des dix premiers Rois Babyloniens à 436000 ans [b]. De pareils calculs annoncent affez par eux-mêmes ce qu'on en doit penfer. Leur peu de vrai- femblance a frappé même les auteurs payens. Voici com- ment Diodore de Sicile s'en explique. »On n'ajoutera » pas aifément foi , dit-il , à ce que les Chaldéens » avancent fur l'ancienneté de leurs premieres obfer- » vations aftronomiques ; car ils difent qu'elles ont » commencé 473 mille ans avant le paffage d'Alexan- » dre en Afie [c]». Joignons au témoignage de Diodo- re celui d'Epigénes , que Pline affure avoir été un auteur

<hr>

[a] Voyez Syncell. p. 16. ═ [b] Syncell. p. 17, 18 & 39. ═ [c] L. 2. pag. 145.

d'un très-grand poids (1). Cet Epigénes, qui écrivoit vraisemblablement sous Auguste, assuroit que les observations astronomiques des Chaldéens ne remontoient pas au-delà de 720 ans [a]. On voit donc que les bons esprits de l'antiquité même profane ont eû assez de critique pour sentir l'imposture de Bérose.

Cet auteur avoit cependant cherché à étayer ses calculs du mieux qu'il lui avoit été possible. Afin de leur donner plus de crédit, il se vanta d'avoir trouvé à Babylone des mémoires qui remontoient à 150 mille ans d'antiquité [b]. Cependant, malgré cette belle découverte, Bérose n'avoit pû parvenir à remplir par des faits & par des événemens détaillés, l'espace qu'il prétendoit s'être écoulé depuis la fondation de la Monarchie Babylonienne jusqu'à Nabonassar, qui ne monta sur le trône que l'an 747 avant J. C. C'en étoit assez pour rendre plus que suspect tout ce que Bérose vouloit faire remonter au de-là de cette époque. L'imposture a ses ressources, & ne manque pas ordinairement de défaites. Pour se tirer d'un pas si embarrassant, & afin de justifier le vuide immense que présentoit l'histoire de Babylone, Bérose avança que Nabonassar entêté d'un fol orgueil, & dans l'idée de passer chez la postérité pour le premier Souverain de Babylone, avoit supprimé tous les monumens historiques de sa nation [c]. C'est ainsi que Bérose crut pouvoir justifier les lacunes & le manque de faits qu'on étoit bien en droit de lui reprocher.

<hr>

(1) *Epigenes gravis auctor imprimis.* l. 7. sect. 57. p. 413.
[a] *Apud* Plin. *loco cit.*

[b] Syncell. p. 14 & 28.
[c] *Apud* Syncell. p. 207.

Les impofteurs font fujets à fe déceler eux-mêmes. D'un côté Bérofe s'excufe du vuide qu'on trouve dans fon hiftoire, fur ce que Nabonaffar avoit détruit tous les monumens des Rois fes prédéceffeurs, & de l'autre il affure avoir trouvé à Babylone des mémoires qui remontoient à 150 mille ans d'antiquité. L'un de ces deux récits eft certainement faux & controuvé. Difons mieux: La fuppreffion de tous les monumens hiftoriques des Babyloniens, faite par Nabonaffar, eft un conte imaginé par Bérofe pour colorer l'impoffibilité où il s'étoit trouvé de remplir d'une maniere fatisfaifante les tems antérieurs au regne de ce Prince. Mais c'eft trop infifter fur une chimére inconnue, felon que je l'ai déja dit, à la plus haute & à la plus faine partie de l'antiquité. Il paroît au contraire prouvé que les Babyloniens ont été fort peu foigneux d'écrire leur hiftoire. Leurs obfervations aftronomiques ont même été fort inexactes jufqu'au regne de Nabonaffar. C'eft depuis ce Monarque feulement que les Babyloniens ont commencé à mettre quelque ordre dans leur chronologie, & à écrire exactement la date & la fuite de leurs obfervations céleftes [a]. Ces faits paroiffent conftans, non-feulement par le témoignage des anciens hiftoriens, mais encore par celui des plus célébres aftronomes de l'antiquité. Hipparque, Timocharès, Ariftylle, Ptolémée, &c. qui avoient examiné avec beaucoup de foin les monumens des anciens peuples, ne parlent d'aucune obfervation aftronomique antérieure au regne de Nabonaffar [b].

[a] Voyez Syncell. p. 207. = [b] Voyez Marsh. p. 474. = Stanley *de* Chald. Philof. fect. 1, c. 1. p. 1110.

Difcutons

Difcutons à préfent la fource des antiquités Egyptiennes. Elle n'eft ni plus pure ni plus authentique que celle des antiquités Babyloniennes. Elle ne remonte pas même abfolument auffi haut. C'eft, comme je crois l'avoir déja prouvé, Manéthon qui en eft inconteftablement l'auteur [a]. Ce prêtre Egyptien, pour donner couleur à fes impoftures, a employé un autre artifice que celui dont Bérofe avoit fait ufage ; mais il n'eft pas plus difficile d'en découvrir le foible.

Les Egyptiens, ainfi que la plupart des anciens peuples, prétendoient avoir été gouvernés originairement par les Dieux. Manéthon profita de cette opinion populaire pour établir les antiquités de fa nation. Selon lui l'Egypte avoit d'abord été gouvernée par un grand nombre de Dieux [b], dont quelques-uns avoient regné chacun plus de 1200 ans [c]. Manéthon faifoit même une époque particuliere du regne de Vulcain, le premier de ces Dieux qui, felon fa chronique, avoit gouverné l'Egypte pendant neuf mille ans [d]. C'eft d'après ce calcul fans doute, que Diodore a dit que les Egyptiens affignoient au regne des Dieux un efpace de 18 mille ans [e]. Encore le terme eft-il modefte, car felon d'autres chroniques, le Soleil, auquel on faifoit honneur d'avoir gouverné le premier l'Egypte, y avoit régné pendant 30 mille ans [f]. Ce regne des Dieux étoit, comme on le fent, une reffource excellente pour allonger la durée de l'Empire Egyptien autant qu'on le jugeoit à propos. Car je l'ai déja dit, les uns la portoient à cent mille ans [g], d'autres à 48863 [h];

[a] *Suprà*, p. 276.
[b] Syncell. p. 18.
[c] Diod. l. 1. p. 30.
[d] Syncell. p. 18.
[e] L. 1. p. 53.

[f] Syncell. p. 51.
[g] Auguft. *de* Civit. Dei. l. 18. chap. 40.
[h] Diog. Laert. *in* Prœm. fegm. 2.

quelques-uns à 36525 [a], & enfin à 33 mille, à 23 mille, à 10 mille, &c. [b]. Il est vrai que les prêtres Egyptiens, pour autoriser leurs mensonges, avançoient que depuis l'origine de leur Monarchie ils avoient observé 373 éclipses de Soleil, & 832 de Lune [c]. Mais la réflexion que j'ai faite ci-dessus sur le peu de ressources qu'Hipparque, Ptolémée, &c. avoient trouvées dans les mémoires astronomiques des Babyloniens, suffit pour détruire toutes ces fausses allégations. On n'a point connu en effet dans l'antiquité de plus anciennes observations que celles des Babyloniens [d]. Elles ne remontoient néanmoins qu'environ à l'an 747 avant l'Ere chrétienne [e].

Le second moyen que Manéthon mit en œuvre pour allonger la durée de la Monarchie Egyptienne étoit un peu moins grossier que celui dont je viens de parler. On a vû ailleurs qu'originairement l'Egypte, de même que toutes les autres contrées de l'Univers, avoit été partagée en plusieurs petits Etats [f]. Au lieu de nous instruire de ce fait, & de nous donner séparément la liste des Princes qui avoient régné en même tems sur les différentes parties de l'Egypte, Manéthon trouva plus à propos de réunir le tout dans un seul & même catalogue. Il voulut en conséquence faire croire que chacun de ces Princes avoit régné successivement sur toute l'Egypte. C'est ainsi que cet imposteur parvint à fabriquer cette liste étonnante de dynasties successives dont parlent quelques auteurs qui ont écrit depuis Manéthon. Mais il y a long-tems qu'on s'est apperçu de l'artifice, & qu'on en a donné

---

[a] Syncell. p. 51. C.
[b] Diod. l. 1. p. 53. 30. 26. 28.
[c] Diog. Laert. *loco cit.*
[d] Symplicius *in* lib. 1. Aristotel. *de* Cælo. fol. 27. *Recto. in* l. 2. fol. 117. *verso.*
[e] Marsh. p. 474.
[f] Prem. Part. L. I. p. 13.

la preuve d'une maniere qui ne souffre point de réplique [a].
On sçait enfin que Manéthon n'avoit imaginé toute cette
belle chronologie qu'à l'exemple & à l'imitation de Bérose [b].

Parlons maintenant des 11340 ans que, selon Hero-
dote, les prêtres d'Egypte donnoient à la durée de leur
Monarchie. On voit d'abord qu'il y a une grande différence entre ce calcul & celui qui est énoncé dans Platon,
puisque selon ce philosophe, les Egyptiens du tems de
Solon ne comptoient qu'environ neuf mille ans d'antiquité ; & cependant il ne s'en est écoulé que cent de Solon à Hérodote. Mais je l'ai déja dit, ce dernier calcul
même péche encore beaucoup du côté de la fidélité & de
l'exactitude. Quelques réflexions fort simples suffiront,
je crois, pour démontrer le peu de créance qu'on doit y
ajouter.

Ressouvenons-nous de cet entêtement que les Egyptiens ont eu de tous les tems pour l'ancienneté de leur
origine [c], & de l'affectation qu'ils avoient d'en faire parade [d], sur-tout vis-à-vis des Grecs [e]. Ce principe posé,
tout nous porte à croire que les prêtres d'Egypte n'auront
pas manqué l'occasion de présenter à Solon & à Hérodote
des calculs propres à soutenir leur ridicule prétention. Il

---

[a] Voyez Marsh. p. 23, 25 & 29.
= Pezron, Antiq. des tems. c. 13.
p. 165. = Newton, Chronol. des
Egypt. pag. 216, 217 & 277. =
Lenglet, Methode. t. 1. p. 173. =
Acad. des Inscript. t. 19. p. 14. 15.
17. 23. 24. 29.

Observons qu'il n'est fait aucune
mention de ces prétendues Dynasties
dans Hérodote, le plus ancien historien qui nous soit resté de l'antiquité
profane, & qui d'ailleurs paroît si bien
instruit de l'histoire d'Egypte. Il ne
paroît pas même avoir connu le mot
de *Dynasties*. Il n'en est point aussi
question dans Diodore.

[b] Voyez Syncell. p. 16.

[c] Voyez Hérod. L. 2. n. 2.

[d] Voyez Isaïe, c. 19. ⅴ. 11.

[e] Voyez Plat. *in* Tim. p. 1043 &
1044.

N n ij

leur étoit bien facile au furplus d'en impofer fur cet article. Les Grecs en général n'étoient pas difpofés à contre-
dire-les Egyptiens. D'ailleurs les anciens peuples s'appliquoient peu aux difcuffions chronologiques. Chacun
avoit autrefois beau jeu pour débiter fur fon origine les
fables & les contes les plus abfurdes.

La plus légére attention néanmoins auroit fuffi à Hérodote pour lui faire fentir que la narration des prêtres
Egyptiens fe détruifoit d'elle-même. Ils comptoient en
effet depuis leur premier Roi jufqu'à Séthon 341 générations, 341 Rois, & 341 Pontifes [a]. Un pareil concours
n'eft pas dans l'ordre de la nature; il ne falloit donc pas
beaucoup de critique pour s'appercevoir combien un tel
fait étoit contradictoire. Mais, je l'ai déja dit, les Grecs
n'y regardoient point de fi près, fur-tout vis-à-vis des
Egyptiens. Au furplus, il n'y a pas même d'apparence
qu'on ait été originairement en état de tenir un compte
exact de la durée des premiers regnes, eû égard au peu de
foin & même de moyens qu'avoient les premiers peuples
de conferver exactement le fouvenir des événemens [b].

J'ajouterai qu'à l'égard des Egyptiens en particulier,
leurs anciennes annales devoient être fort en défordre.
l'hiftoire ne permet pas d'en douter. On y voit que, lorfque Cambyfe fils de Cyrus fe fut rendu maître de l'E-
gypte, il perfécuta les prêtres, c'eft-à-dire, les fçavans
du pays, & fit mettre le feu aux temples [c]. C'étoit, comme
on ne l'ignore pas, dans ces édifices que les Egyptiens
confervoient leurs annales, dont le dépôt étoit confié

[a] Hérod. l. 2. n. 142.
[b] Voyez ce que j'ai dit fur ce fujet dans le chapitre où je traite de l'origine de l'écriture, prem. Part. L. II. chap. 6.
[c] Hérod. l. 3. n. 29 & 37. = Diod. l. 1. p. 55. = Plin. l. 36. fect. 14. pag. 735. = Strab. l. 17. p. 1170. C.

aux prêtres[a]. Qu'on juge du dégré de certitude que, depuis cet événement , l'histoire d'Egypte a pû mériter. Artaxercès-Ochus y donna par la suite une atteinte pour le moins aussi funeste. Ce Prince fit enlever & transporter en Perse tous les exemplaires des archives sacrées [b]. Bagoas , un de ses eunuques, procura, dit-on , quelque tems après aux prêtres la permission de les racheter. Mais ce dernier fait me paroît fort suspect. Il pourroit bien n'avoir été inventé que pour donner quelque apparence de vérité aux antiquités Egyptiennes, en voulant faire croire qu'elles étoient appuyées sur des monumens authentiques , tels que les archives sacrées qui contenoient toute l'histoire de la nation. Quoi qu'il en soit , en supposant même que ces anciens dépôts aient été rendus aux Egyptiens , on sent qu'ils ne l'auront pû être qu'en assez mauvais état. Ceux qui les enleverent n'avoient vraisemblablement pas pris toutes les précautions nécessaires pour que ces manuscrits ne souffrissent pas de leur transport en Perse , & ils dûrent s'altérer encore lorsqu'on les retransporta de Perse en Egypte. Tous ces voyages devoient immanquablement avoir gâté & endommagé considérablement les anciens régistres.

Enfin, & c'est ici une réflexion à laquelle je ne vois pas qu'on puisse rien opposer de solide , si les Babyloniens & les Egyptiens avoient conservé des mémoires aussi précis & aussi exacts qu'ils vouloient le persuader, pourquoi regne-t-il tant de confusion & d'incertitude dans leur chronologie ? Pourquoi les calculs, que présentent les écrivains de l'antiquité , different-ils les uns des autres au point excessif qu'on a vû ? Pourquoi enfin les annales de

[a] Plato, p. 1043. = Diod. l. 1. p. 84. l. 16. p. 122. = Syncell. p. 40. B.
[b] Diod. l. 16. p. 122.

Babylone & de l'Egypte n'offroient-elles pendant des milliers de siécles que de simples catalogues de Rois, sans rapporter d'ailleurs le moindre événement, le moindre fait? Mais, dira-t-on, la plupart de ces Rois ont été des Princes fainéans, dont les actions ne méritoient pas d'être transmifes à la postérité. Soit ; mais sous ces Rois fainéans il a dû néceffairement arriver des événemens, sur-tout pendant une auffi longue fuite de siécles que celle dont il eft ici queftion. D'où vient le filence profond qu'on remarque à cet égard dans les hiftoires d'Egypte & de Babylone ; hiftoires qui rapportent néanmoins le nom de tous ces Souverains, & même la durée précife de chacun de leurs regnes? La mémoire des principaux événemens arrivés fous ces regnes n'étoit-elle pas incomparablement plus aifée à retenir que les noms de tant de Souverains, & fur-tout que le nombre d'années qu'ils étoient dits avoir occupé le trône? Une comparaifon va faire fentir toute la force de cette objection.

On reproche, par exemple, aux derniers Rois de la Race Mérovingienne d'avoir paffé leur vie dans une honteufe oifiveté, qui les a fait même furnommer les *Rois faineans*. Le détail de leurs actions nous eft aujourd'hui entiérement inconnu. La durée précife de la plupart de leurs regnes fouffre même beaucoup de difficultés. On n'ignore pas néanmoins les principaux événemens qui fe font paffés alors dans la France. On perd, il eft vrai, les Monarques de vûe, mais on voit agir leurs Maires du palais. L'hiftoire de France fournit en un mot fous ces regnes obfcurs le détail de plufieurs événemens, tels, par exemple, que des batailles, des fondations de Monaftéres, des diffentions, des troubles, des actes, &c. Il n'en étoit pas de même des chroniques Egyptiennes &

Babyloniennes. On y trouvoit les noms de quantité de
Rois, & la durée précise de leurs regnes ; mais du surplus, nul détail, nulle mention des événemens arrivés
alors en Egypte ou à Babylone. Cette seule réflexion suffit,
je crois, pour démasquer l'imposture de Bérose & de Manéthon. Il n'est pas mal-aisé de forger au hasard une liste
de Rois, & d'assigner à leurs regnes telle durée qu'on le
juge à propos : mais il n'est pas aussi facile d'arranger une
suite d'événemens non interrompus, relatifs les uns aux
autres, liés enfin, & continués pendant des milliers de
siécles. Aussi voyons-nous que les bons esprits de l'antiquité ont été les premiers à tourner en ridicule ces chroniques fabuleuses qui ne présentoient aucun fait, aucun
événement.

Cicéron s'en explique dans les termes les plus formels[a].
Diodore n'y ajoutoit nulle foi[b]. Aristote, à ce qu'il paroît, n'étoit rien moins que convaincu de cette haute
antiquité dont les Egyptiens aimoient tant à faire parade[c].
Plutarque la combat formellement[d]. Varron, l'un des
plus sçavans hommes qui aient peut-être jamais paru, ne
faisoit remonter l'origine de ce peuple qu'à un peu plus
de 2000 ans avant le tems auquel il écrivoit[e], c'est-à-
dire, à l'an 2120 environ, avant l'Ere chrétienne. Hérodote lui-même ne semble pas avoir ajouté une grande
croyance aux 11340 ans dont lui parloient les prêtres

---

[a] *Contemnamus etiam Babylonios...*
.... Condemnemus inquam hos, aut
stultitiæ, aut vanitatis, aut impruden-
tiæ, qui CCCCLXX. millia an-
norum, ut ipsi dicunt, monumentis
comprehensa continent, & mentiri ju-
dicemus, nec sæculorum reliquorum ju-
dicium, quod de ipsis futurum sit per-
timescere. De Divin. l. 1. n. 109.

[b] L. I. p. 30. L. II. p. 145.

[c] Metereolog. l. 1. chap. 14. p.
547. D.

[d] *In* Numa, p. 72. B.

[e] *Apud* Augustin. *de* Civit. Dei,
l. 18. c. 40. = Voyez aussi A. Gell.
l. 14. c. 1. p. 633.

d'Egypte. J'en juge ainsi par la maniere dont il en use à l'égard des successeurs de Ménès, qu'il dit avoir été le premier Souverain de l'Egypte. Il passe une suite de Rois au nombre de 330, en avertissant qu'il ne s'y arrête pas[a]. Hérodote, sans doute, regardoit cette liste comme apocryphe & controuvée, d'autant mieux que de l'aveu même des prêtres Egyptiens, on ne trouvoit dans toute la durée des regnes de ces prétendus Rois aucun événement dont il fût possible de parler[b]. Diodore en a usé à-peu-près de même. De 470 Rois & 5 Reines, que les annales disoient avoir occupé successivement le trône[c], il ne parle que de quinze ou seize. Enfin, je le répete, on voit bien clairement que, ni Hérodote ni Diodore n'ont pû extraire des annales Egyptiennes une suite de faits capables de remplir seulement l'espace de tems qu'on sçait s'être écoulé depuis le déluge jusqu'à la destruction de l'ancien Empire Egyptien par Cambyse[d]. Cette réflexion tombe encore plus fortement sur les antiquités des Babyloniens. On apperçoit dans leur histoire des lacunes & un vuide encore plus immense. Il ne reste même aucun monument de ces peuples; au lieu que les Obélisques, les Pyramides & les ruines de quantité d'autres grands édifices attestent encore aujourd'hui que les Egyptiens ont subsisté autrefois avec éclat.

J'ai vû au reste quelques personnes prétendre que la construction des monumens dont je viens de parler, supposoit nécessairement que la Monarchie Egyptienne devoit avoir subsisté pendant un très-grand nombre de siécles. Je suis bien éloigné, je l'avoue, d'être d'un pareil sentiment. Il n'a point fallu des milliers de siécles pour

[a] L. 2. n. 100, 101 & 102. ═ [b] *Ibid.* n. 101. ═ [c] L. I. p. 53. ═ [d] Voyez la chronologie de Newton.

parvenir

parvenir à élever ces monumens de beaucoup trop vantés. Une simple réfléxion va, je crois, nous en convaincre.

Les Incas, c'est-à-dire, les premiers Souverains du Pérou, avoient construit quantité d'ouvrages, dont plusieurs égalent, s'ils ne surpassent pas même les plus fameux monumens Egyptiens. Je mettrai dans ce nombre les deux chemins qui conduisoient de Cusco à Quito ; l'un pratiqué à travers les rochers & les précipices des montagnes de la Cordiliére, & l'autre le long de la côte de la mer, sur un sable mouvant, pendant près de 500 lieues de pays : le temple du Soleil, la citadelle & le palais de Cusco, une autre maison Royale dont les ruines se voient encore aujourd'hui auprès de Cannar[a], l'ancien temple de Cayambé[b], une grande quantité de canaux, dont un entre autres avoit 12 pieds de profondeur, & plus de 120 lieues de longueur, &c.[c]. On peut bien comparer, pour la grandeur du travail, pour la difficulté & pour la dépense, ces monumens aux obélisques, aux pyramides, aux temples & aux palais de l'Egypte. La Monarchie fondée par les Incas n'a subsisté cependant qu'environ 350 ans sous 13 Rois[d]. Je pourrois parler aussi des Souverains du Mexique, qui ont pareillement exécuté des ouvrages surprenans[e], & dont l'Empire néanmoins n'a pas subsisté aussi long-tems que celui des Incas.

Les monumens élevés par les premiers habitans de

[a] Voyez Garcilasso de la Véga, Hist. des Incas, l. 9. c. 13. l. 3. c. 20. 21. &c. ═ Voyage de Coréal, t. 1. p. 364 & 365. ═ Acosta, Hist. des Ind. Occidend. l. 6. c. 14. ═ Hist. gén. des Voyages, t. 13. p. 571 & 579. ═ Hist. des Incas, t. 1. p. 264. 265. 292. 293.

[b] Journal des Sçav. Juin, 1757.

p. 351.

[c] Voyage de D. Ant. d'Ulloa, t. 1. p. 422. ═ Hist. des Incas, t. 1. p. 166 & 167.

[d] Acosta, Hist. Nat. des Ind. l. 6. c. 19. fol. 300. *verso*.

[e] Hist. gén. des Voyag. t. 12. p. 430, &c. ═ Gemelli, t. 6. l. 2. c. 8.

l'Egypte ne peuvent donc servir en aucune maniere à prouver l'antiquité de ces peuples. On peut d'autant moins les alléguer que, selon toutes les apparences, ils auront été exécutés en fort peu de tems. L'Egypte étoit autrefois extrêmement peuplée : c'est un de ces faits qu'il n'est pas possible de révoquer en doute. Tous les écrivains de l'antiquité s'accordent à l'attester [a]. C'est même à la faveur de cette multitude immense d'habitans que, selon leur témoignage, les anciens Monarques d'Egypte sont parvenus à élever la quantité de monumens qui ont rendu cet Empire si célebre [b]. D'après cette réflexion, on sent aisément que les Egyptiens ont pû terminer en très-peu d'années leurs plus fameuses entreprises. Ils employoient jusqu'à trois cents mille hommes à la fois pour exécuter un ouvrage [c]. Tel a été en général le goût de tous les anciens peuples : ils vouloient jouir promptement. Bérose dit que le superbe palais de Babylone avoit été bâti en quinze jours [d]. Les Chinois n'ont employé que cinq ans à perfectionner leur grande muraille [e]. On pourroit citer plusieurs autres exemples d'entreprises immenses exécutées en très-peu de tems par les Orientaux [f]. Il en aura été certainement de même chez les Egyptiens. Ainsi leurs obélisques, leurs pyramides, leurs palais, leurs temples, &c. ne peuvent en aucune maniere autoriser les conjectures qu'on voudroit tirer de ces monumens pour établir l'an-

---

[a] Voyez les Mém. de Trev. Janv. 1752. p. 32, &c.

[b] Diod. l. 1. p. 36. & 37.

[c] Voyez Hérod. l. 2. n. 124. == Diod. l. 1. p. 73. == Plin. l. 36. sect. 14 & 17.

[d] *Apud* Jos. antiq. l. 10. c. 11. *sub fin.* Ce fait, sans doute, est exagéré; mais il prouve toujours l'usage constant dans l'Asie d'employer très-peu de tems à la construction des ouvrages les plus immenses.

[e] Martini, Hist. de la Chine, l. 6. t. 2. p. 40 & 41.

[f] Voyez l'Hist. gén. des Huns par M. de Guignes, t. 4. p. 208 & 209.

tiquité de l'Empire Egyptien. Toutes ces allégations tombent d'elles-mêmes. Les faits qu'on vient de lire les détruisent absolument.

Il me paroît même démontré que les Egyptiens n'avoient guères plus de connoiffance de l'architecture, de la fculpture & des beaux arts en général, que les Péruviens & les Mexicains. Par exemple, les uns & les autres ignoroient également le fecret de conftruire des voûtes[a]. Ce qui nous refte en ouvrages de fonte ou de fculpture exécutés chez tous ces peuples, eft également mauffade & incorrect. Je crois cette obfervation abfolument effentielle. En effet, ces fortes de connoiffances ne peuvent s'acquérir que par la longueur du tems. La Monarchie Egyptienne, quoique de beaucoup plus ancienne, & continuée pendant beaucoup plus de fiécles que celle des Péruviens & des Mexicains, n'a pas fubfifté néanmoins affez long-tems pour que ces peuples pûffent acquérir les lumieres & les connoiffances qui leur ont toujours manqué dans quantité de parties des arts. Les Egyptiens même, ainfi que les Péruviens & les Mexicains étoient privés de certains arts, auxquels leur baffeffe apparente & l'habitude fur-tout où nous fommes d'en jouir, empêche de faire attention, mais dont l'invention cependant a fait plus d'honneur à l'efprit humain, que tous les prodigieux monumens dont je viens de parler.

On réuffiroit encore moins à établir l'antiquité prétendue des Egyptiens par les progrès que ces peuples avoient faits dans les fciences exactes. Leurs connoiffances à cet

[a] Voyez la troifiéme Part. L. II. c. 2. p. 56 & 57. == Acofta, *loco cit.* fol. 292. *verfo.* == Hift. gén. des Voyag. t. 13. p. 580. == Garcilaffo de la Véga, l. 7. c. 11. t. 2. p. 192. == Hift. des Incas, t. 1. p. 167. == Mém. de l'Acad. de Berlin, t. 2. ann. 1746. p. 448. 451. 452.

égard étoient des plus imparfaites. On peut fe rappeller les détails dans lefquels je fuis entré à ce fujet dans l'article des Sciences [a]. Un feul exemple fuffit pour fe convaincre du peu d'étendue de leurs découvertes. Du tems d'Hérodote, c'eft-à-dire, environ l'an 450 avant l'Ere chrétienne, les aftronomes d'Egypte ne fçavoient pas encore que la durée de l'année folaire eft de plus de 365 jours [b]. On peut juger par ce fait, qui eft bien certain & bien conftamment prouvé, du progrès que les anciens habitans de l'Egypte avoient faits dans les fciences exactes. Enfin, & c'eft ici une réflexion fur laquelle on ne peut trop infifter ; près de 500 ans avant J. C. Démocrite & plufieurs autres philofophes, qui foutenoient que le monde avoit eû un commencement, s'étoient attachés à en prouver la nouveauté par tous les moyens que l'hiftoire & la critique pouvoient leur fournir. On ne voit pas néanmoins qu'on ait jamais entrepris de les réfuter folidement [c]. Rien cependant n'eût été plus facile, fi les prétendues antiquités des Babyloniens & des Egyptiens euffent porté fur quelque fondement raifonnable.

Finiffons par jetter un coup d'œil fur les antiquités des Scythes. Elles ne nous occuperont qu'un moment. Ces peuples, au rapport de Trogue-Pompée & de Juftin fon abbréviateur, furent reconnus pour être d'origine plus ancienne que les Egyptiens [d]. Les Scythes cependant ne comptoient du tems d'Hérodote que mille ans d'antiquité [e].

On peut au furplus parfaitement bien appliquer aux antiquités Chinoifes les réfléxions que je viens de faire

---

[a] Seconde Part. L. III. c. 2. Troifiéme Part. L. III. c. 2. art. 2.
[b] Voyez *fuprà*, L. III. c. 2. pag. 97 & 98.

[c] Voy. Jaquelot, Differt. fur l'exiftence de Dieu, t. 1. p. 265, &c.
[d] L. 2. c. 1. p. 60.
[e] L. 4. n. 5 & 7.

fur les antiquités des Egyptiens & des Babyloniens. Selon les idées populaires des Chinois l'origine de cette nation remonteroit à des milliers de fiécles. Je dis felon les idées populaires, car les fçavans de la Chine font les premiers à fe mocquer de cette antiquité fabuleufe & à l'abandonner [a]. Cette prétention même n'eft pas fort ancienne à la Chine ; elle eft née dans des tems affez modernes [b], autre conformité avec les antiquités Egyptiennes & Babyloniennes, inconnues, comme je l'ai fait voir, aux plus anciens & aux plus fçavans écrivains de la Gréce & de Rome. D'ailleurs, quel fonds peut-on faire fur la certitude de la chronologie Chinoife pour les premiers tems, lorfqu'on voit ces peuples avouer unanimement qu'un de leurs plus grands.Monarques, ennemi par intérêt des traditions anciennes & de ceux qui pouvoient les fçavoir, fit brûler tous les livres qui ne traitoient, ni d'agriculture, ni de médicine, ni de divination, anéantit tous les monumens, & s'attacha pendant plufieurs années à détruire tout ce qui pouvoit rappeller la connoiffance des tems antérieurs à fon regne (1). Quarante ans environ après

[a] Martini, Hift. de la Chine, t. 1. p. 7. = Lettr. édif. t. 21. p. 119. 120. = Hift. des Huns par M. de Guignes,t. 1. part. premiere,p. 2 & 3.

[b] Voyez l'Hiftoire abrégée de l'Aftronomie Chinoife par le P. Gaubil, dans les Obfervations Mathém. du P. Souciet, t. 2. p. 16 & 17. & l'Hift. des Huns par M. de Guignes, t. 1. part. premiere, p. 2.

(1) Cet événement arriva 213 ans avant l'Ere chrétienne, par l'ordre de Chi-Hoam-ti. Ce Monarque, à fon averfion près pour les lettres, fut un très-grand Prince. Son habileté & fa fermeté étoient égales, & il vint à bout d'exécuter fon projet de la fuppreffion de tous les livres hiftoriques. Cette deftruction fut d'autant plus grande & d'autant plus complette, qu'alors l'ufage du papier n'étoit pas connu. On peignoit les caractéres fur des tablettes, ou fur de petites planches de bambou, ce qui rendoit le moindre écrit d'un volume très-confidérable, & par conféquent très-difficile à cacher. Acad. des Infcrip. t. 10, p. 381. t. 15. p. 529. = Relat. du Royaume de Siam, par la Loubére, t. 2. p. 376 & 377.

fa mort, on voulut rétablir les monumens hiftoriques. Pour cet effet on recueillit, dit-on, les oui-dire des vieillards ; on déterra, ajoute t-on, quelques fragments de livres échappés à l'incendie général. On rejoignit comme l'on put, ces différents lambeaux, & du tout on tâcha d'en compofer une hiftoire fuivie. Ce ne fut néanmoins que plus de 150 après la deftruction de tous les monumens, c'eft-à-dire, l'an 37 avant J. C. qu'on vit paroître un corps complet de l'ancienne hiftoire. L'auteur même, Sfé-ma-tfiène, qui la compofa eut la bonne foi d'avouer qu'il ne lui avoit pas été poffible de remonter avec certitude 800 ans au-delà du tems auquel il écrivoit.

Tel eft l'aveu unanime que font les Chinois [a]. Je laiffe à juger, après un pareil fait, de la certitude de leur ancienne hiftoire (1). Auffi éprouve-t-on, lorfqu'on veut la traiter, des difficultés & des contradictions infurmontables. Les différences qu'on remarque dans les époques

---

[a] Acad. des Infcript. t. 10. pag. 381. 382. 383 & 388. t. 15. p. 506. 528. 529. 532. 543. 552 & 561.

(1) Les feuls monumens fur lefquels on puiffe établir l'ancienne hiftoire des Chinois font,

1°. Quelques fragmens des ouvrages moraux de *Confucius*, & une chronique très-féche & très-abrégée de l'hiftoire de fa Province. Cette chronique ne remonte qu'à l'an 722 avant J. C. Confucius vivoit vers l'an 450 avant l'Ere chrétienne. Acad. des Infcript. t. 10. p. 382. t. 15. p. 540.

2°. Un ouvrage moral du philofophe *Meng-tſé*, qui vivoit vers l'an 320 avant J. C. *Ibid.* t. 18. p. 206 & 207.

3°. Le *Tfchou-chou*, chronique très-abrégée, compofée vers l'an 299 avant J. C. & retrouvée l'an 264 de l'Ere chrétienne. *Ibid.* t. 15. p. 537. t. 18. M. p. 215. 218 & 228.

4°. Le corps d'hiftoire compofé par *Sfé-ma-tfiene*, & publié l'an 37 avant J. C. *Ibid.* t. 15. p. 543. Sfé-matfiene eft regardé comme le pere de l'hiftoire chez les Chinois.

Le recueil des faits compris dans tous ces monumens formeroit à peine un petit volume *in-12* d'impreffion ordinaire.

Tous les autres écrivains Chinois font bien poftérieurs à ceux que je viens de nommer. Il eft cependant très-certain qu'ils n'ont point eu d'autres fecours, & que depuis on n'a découvert aucun autre monument ancien. Acad. des Infcript. t. 18. M. p. 194.

principales [a], prouvent que l'histoire des Chinois n'a aucune supériorité, ni aucun avantage sur les autres histoires profanes. Il y regne une incertitude semblable à celle que les chronologistes éprouvent dans leurs recherches sur l'histoire des Babyloniens, des Egyptiens, & sur celle des premiers Rois de la Gréce. D'ailleurs elle est également dénuée de faits, de circonstances, & de détails.

A l'égard des observations astronomiques dont on a cherché à étayer les prétendues antiquités Chinoises, il y a long-tems que le célébre Cassini [b], & plusieurs autres écrivains de mérite [c], en ont assez dit pour décréditer tout cet appareil visiblement inféré après coup. La supposition même est si sensible, qu'elle a été apperçûe par quelques Lettrés [d], malgré le peu d'idée qu'en général les Chinois ont de la critique. On peut assurer hardiment que jusqu'à l'an 206 avant J. C. leur histoire ne mérite aucune croyance [e]. C'est un tissu perpétuel de fables & de contradictions [f] ; c'est un cahos monstrueux dont on ne sçauroit rien extraire de suivi & de raisonnable.

Ce que l'on sçait sur l'origine de la plus grande partie des arts & des sciences, suffiroit seul pour démontrer la fausseté & le ridicule de toutes les fabuleuses antiquités dont je viens de parler. On voit très-clairement les dé-

[a] Voyez l'Hist. gén. des Huns par M. de Guignes, t. 1. p. 5. 6. 10. 14, &c. = Acad. des Inscript. t. 10. p. 381. 388. 393, &c. = Journ. des Sçav. Décembre 1757. p. 817 & 818.

[b] Anc. Mém. de l'Acad. des Scienc. t. 8. p. 284. 303. 307.

[c] Jaquelot, Dissert. sur l'existence de Dieu, t. 2. p. 97. 102 & 103. = Ancien. Relat. des Ind. & de la Chine, p. 350. 354. 358. = Spectacle de la Nature, t. 8. p. 37. = M. Freret, dans les Mém. de l'Acad. des Inscript.

t. 10. p. 393. 394. 395. 396. t. 18. p. 198. 210. 221. 280. Il est vrai que dans la suite M. Freret semble abandonner cette idée ; mais j'avoue que les raisons auxquelles il paroît s'être rendu, ne me persuadent nullement. Voy. t. 18. p. 242 & 247, &c.

[d] Acad. des Inscrip. t. 10. p. 396. t. 18. M. p. 220. 221. 239.

[e] Acad. des Inscript. t. 10. p. 380. 381. 388.

[f] Jaquelot, *loco cit.* p. 98, &c. = Spectacle de la Nat. t. 8. p. 35 & 36.

couvertes les plus effentielles , les arts les plus néceffaires naître , ou s'introduire fucceffivement dans les différentes parties de l'univers. On peut même en fuivre le progrès jufqu'à un certain point , & on en apperçoit affez pour fe convaincre que toutes nos connoiffances ne font pas bien anciennes. La nouveauté des arts & des fciences prouve fenfiblement celle du monde. Il ne refteroit pas aujourd'hui la moindre trace , le moindre veftige de leur origine , fi elle étoit auffi éloignée de nous, que les prétendues chroniques de certains peuples vouloient le faire entendre. Cependant on a pû remarquer que nous ne fommes nullement dépourvûs de lumieres & de connoiffances fur tous ces objets. Cette réfléxion eft d'autant plus forte, & prouve d'autant mieux la nouveauté du monde, que la tradition des premiers événemens n'a pû fe conferver que de mémoire. C'eft une preuve , au furplus , dont la force a frappé ceux des anciens philofophes qu'on peut le moins foupçonner de crédulité. La nouveauté des arts & des fciences a toujours été le principal argument dont ils fe font fervis pour foutenir celle du monde [a].

On pourroit tirer une preuve également victorieufe de l'imperfection de quantité d'arts dans l'ancien monde,& de toutes les fciences qui dépendent de la longueur du tems & de l'expérience. Je pourrois parler auffi de l'ignorance abfolue où ont été les anciens peuples , même les plus policés, d'un grand nombre de découvertes très-utiles & très-importantes dont nous jouiffons aujourd'hui. Mais je penfe en avoir dit affez fur tous ces objets dans le cours de mon ouvrage, pour me croire difpenfé d'y infifter plus long tems.

[a] Voyez Lucret. l. 5. v. 331 , &c. ⚌ Macrob. *in* Somm. Scipion. l. 2. c. 10. p. 153. ⚌ Voyez auffi Jacquelot, Diff. fur l'exiftence de Dieu , t. 1. c. 12.

QUATRIEME

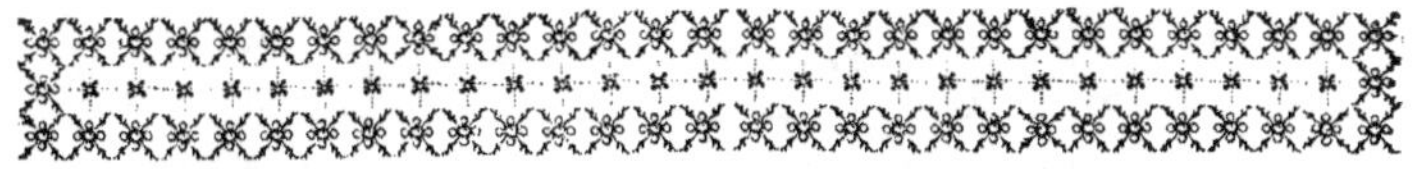

QUATRIEME DISSERTATION.

Examen d'un passage d'Hérodote, tiré du second Livre de cet Historien, n°. 142.

LE FAIT que nous allons examiner dans cette Dissertation, a un rapport intime avec les antiquités des Egyptiens, dont nous nous sommes occupés dans la Dissertation précédente. C'est par cette raison, & pour ne rien laisser à désirer sur cette matiére, que j'ai crû devoir y donner une attention particuliére. On sentira aisément que sans une pareille considération, ce passage en lui-même ne mériteroit pas la moindre réflexion.

Le passage dans lequel Hérodote nous a transmis la tradition du fait, qui fait l'objet de cette Dissertation, a donné bien de la peine aux critiques modernes, sans que personne jusqu'à présent soit parvenu à l'éclaircir d'une maniére satisfaisante. Nous ne nous flattons pas d'être plus heureux. Au contraire, le peu de réflexions que nous allons proposer aura pour but de faire voir, qu'il est moralement impossible de former un sens raisonnable des expressions d'Hérodote dans ce passage.

Le texte dont il s'agit a été jusqu'à présent mal rendu dans toutes les traductions dont on se sert ordinairement. C'est pourquoi nous croyons devoir commencer par en donner une version littérale & fidelle.

Tome II. P p

„ Ils (les Prêtres Egyptiens) difoient que pendant ce
„ tems (il s'agit de 11340 ans, qui felon la tradition fa-
„ buleufe des Egyptiens, s'étoient écoulés depuis l'origine
„ de la Monarchie Egyptienne jufqu'au regne de Séthon)
„ les Prêtres Egyptiens difoient donc que pendant cet
„ intervalle de tems , le Soleil s'étoit levé *quatre fois* ,
„ où il a coutume de fe lever ordinairement. Sçavoir ,
„ que *deux fois* cet aftre s'étoit levé où il fe couche
„ aujourd'hui, & que *deux fois* il s'étoit couché où il
„ fe leve préfentement : mais que cela n'avoit rien occa-
„ fionné d'extraordinaire dans l'Egypte, foit par rapport
„ aux productions de la terre, foit par rapport aux dé-
„ bordemens du Nil, foit par rapport aux maladies, foit
„ par rapport à la mortalité ». Telle eft la traduction littérale du paffage qu'il s'agit de difcuter. Nous avons
abfolument négligé le ftyle & l'élégance, crainte de
manquer à la fidélité.

Il eft, je crois, peu de perfonnes qui du premier
coup d'œil ne trouvent quelque chofe de louche dans
cette narration d'Hérodote. Le fens le plus naturel qu'on
puiffe donner aux paroles de cet Hiftorien, c'eft que
pendant les onze mille trois cens quarante ans en queftion, la direction du mouvement diurne du Soleil avoit
changé à deux reprifes différentes , & étoit enfuite rede-
venue à autant de reprifes différentes, la même qu'elle
étoit avant la premiére des deux variations que je fuppofe, de forte que dans le cours des 11340 ans dont il s'agit,
on avoit vu , pendant quatre différentes parties de cette
période , le Soleil fe mouvoir dans un fens , & pendant
deux autres parties fe mouvoir dans le fens contraire, &
cela alternativement.

Voilà précifément en quoi confifte la grande difficulté du paffage que nous examinons. Si Hérodote eût
dit que pendant le cours des 11340 ans en queftion, le
Soleil s'étoit levé trois fois où il a coutume de le faire, &
que deux fois cet aftre s'étoit levé où il fe couche aujourd'hui, le fait eût été certainement des plus extraordinaire, cependant il ne feroit pas abfolument parlant
inconcevable. Mais que deux changemens d'état, qui
n'amenent précifément que deux retours à la pofition
primitive, puiffent, par leur combinaifon avec l'état
primordial, fournir pendant un tems quelconque *quatre*
alternatives de cet état primordial, c'eft ce qui implique
contradiction. Un exemple des plus fimples va le faire
fentir avec la derniére évidence.

Que l'on obferve un arbre pendant deux années con-
fécutives : fi l'obfervation commence en été, on verra
trois fois cet abre garni de fes feuilles, & deux fois dépouillé de feuilles pendant cet efpace de tems ; & cela
alternativement. Si l'obfervation commence en hyver,
on verra au contraire ce même arbre dépouillé de fes
feuilles à trois reprifes différentes, & il ne fera vû garni
de fes feuilles, que pendant deux des cinq alternatives
qu'il éprouve, dans le cours des deux années dont il
s'agit; être dépouillé de fes feuilles, fera l'état primordial de cet arbre dans ce fecond cas. Ce fera le contraire dans le premier. Mais dans l'un & dans l'autre cas
deux changemens d'état n'opérent que trois alternatives
de l'état primordial. Il eft par conféquent abfurde &
contradictoire, que deux changemens de la direction
du mouvement diurne du Soleil, pendant une période
quelconque, puiffent jamais opérer quatre alternatives

de l'état où étoit cette direction lors du commencement de la période en queſtion.

C'eſt ſans doute cette abſurdité qui a porté le commun des interprêtes d'Hérodote à traduire le paſſage que nous diſcutons, d'une maniére entiérement différente de la nôtre. Ils font dire à Hérodote » que pen-
» dant le cours des onze mille trois cens quarante ans,
» qui avoient, diſoit-on, précédé le regne de Séthon,
» le Soleil s'étoit lévé *quatre fois* d'une maniére extraor-
» dinaire : ſçavoir, que deux fois il s'étoit levé où il ſe
» couche préſentement, & que deux fois il s'étoit couché
» où il a coutume aujourd'hui de ſe lever.

Mais, pour parer un écueil, ces interprêtes n'ont-ils pas été ſe briſer contre un autre, pour le moins auſſi dangereux que celui qu'ils vouloient éviter, en mettant Hérodote en contradiction avec lui-même dans la même phraſe. Selon eux cet Hiſtorien dit d'abord que pendant les 11340 ans dont il parle, le Soleil s'étoit levé *quatre* fois d'une maniére extraordinaire, ce qui emporte néceſſairement que cet aſtre s'étoit couché auſſi *quatre* fois d'une maniére extraordinaire ; & tout de ſuite ils font dire à Hérodote que pendant ce même tems le Soleil s'étoit levé *deux* fois où il ſe couche ordinairement, & couché *deux* fois où il a coutume de ſe lever ; c'eſt-à-dire, que *deux* fois *ſeulement* le Soleil s'étoit levé & couché d'une maniére extraordinaire. Y eût-il jamais contradiction plus palpable ?

Indépendamment des deux explications que nous venons d'examiner, qui l'une & l'autre ſont au fonds également contradictoires & abſurdes, à cela près néanmoins que dans l'une la contradiction eſt moins frappante que dans l'autre quelques Commentateurs en ont proposé une troisiéme interprétation.

Si l'on en croit ces nouveaux critiques, Hérodote a dit , non pas que le Soleil s'étoit levé *quatre* fois d'une maniére extraordinaire , pendant la période en question , mais que le cours de cet astre avoit éprouvé *quatre* changemens ; sçavoir , deux dans son lever & deux dans son coucher. Cette explication , comme on le voit , n'est guéres plus satisfaisante que toutes celles dont je viens de rendre compte. Lorsque le Soleil se leve où il se couche d'ordinaire , il est nécessaire qu'il se couche où il a coutume de se lever , ainsi que nous l'avons déja fait observer plus d'une fois, par conséquent deux changemens dans le lever du Soleil , & deux changemens dans son coucher, ne feront jamais que *deux* , & non pas *quatre* changemens dans son mouvement diurne. D'ailleurs ce sens est absolument contraire au texte d'Hérodote qui se sert d'un terme qui ne peut signifier exactement autre chose que le lever du Soleil , (1) & jamais le mouvement , ou le cours de cet astre.

De toutes ces réflexions on doit conclure nécessairement que le passage en question , à le prendre selon les expressions propres d'Hérodote , n'est susceptible d'aucune explication raisonnable. Cependant j'y crois entrevoir une tradition ancienne sur un événement extraordinaire , & qui mérite bien que nous nous arrêtions à la discuter ; c'est uniquement sur cet objet que vont porter nos réflexions.

Quelque beau genie qu'Hérodote eût reçû de la nature , & quelque étendues qu'ayent été , à bien des égards ,

(1) Ἀνατείλαι.

fes connoiſſances, on peut très-facilement ſe convaincre qu'il étoit très-foible du côté de l'Aſtronomie. Lorſqu'il raconte, par exemple, cette expédition maritime que des Phéniciens entreprirent par ordre de Néchos, Roi d'Egypte, autour de l'Afrique, à partir des ports de la Mer rouge, & à revenir enſuite par la Méditerranée, il ne peut ſe perſuader que ces voyageurs euſſent vû, comme ils le rapportoient, le Soleil à leur droite [a], c'eſt-à-dire, qu'ils l'euſſent vû atteindre, & même paſſer leur zénith, & ſe trouver ſucceſſivement des deux côtés de leur premier vertical (1); ce fait néanmoins n'a rien d'étonnant pour quiconque a les plus foibles teintures de Coſmographie.

Il ne ſeroit pas difficile de trouver d'autres preuves du peu de connoiſſance qu'Hérodote avoit de l'Aſtronomie [b]. Ce que nous venons de dire ſuffit pour faire voir qu'il ne ſeroit pas ſurprenant que cet Hiſtorien eût avancé un paradoxe aſtronomique. On pourroit même ajouter que les Prêtres Egyptiens de qui Hérodote dit tenir le

[a] L. IV. n°. 42.

(1) L'intelligence de ce paſſage dépend d'un point de fait qui conſiſte à ſçavoir que les anciens, pour déterminer la poſition des quatre points cardinaux par rapport à un ſpectateur quelconque, le ſuppoſoient tourné du côté de l'occident. De cette maniére le ſeptentrion ſe trouvoit à ſa droite, & le midy à ſa gauche. On peut voir dans le premier Livre des Météores de Cléomédes, p. 13, ſur quoi étoit fondée à cet égard la ſuppoſition de anciens. D'après cet uſage, il eſt aiſé de voir que ceux qui habitent dans la partie ſeptentrionale de la Zone Torride, ont le Soleil à leur droite, c'eſt-à-dire, au ſeptentrion, pendant tout le tems que cet aſtre employe à parcourir les ſignes ſeptentrionaux. Ceux au contraire qui ſont dans la partie méridionale, n'ont le Soleil à leur gauche, c'eſt-à-dire, au midi, que lorſque ſa déclinaiſon méridionale excéde la latitude de leur habitation.

[b] Voyez L. I. n°. 32, le calcul monſtrueux de mois emboliſmiques que cet Auteur fait faire à Solon. Voyez auſſi *Supra*, l. 3. chap. 2. art. 2. p. 97 & 99.

fait qu'il raconte, le lui avoient sans-doute exposé selon leur usage ordinaire, c'est-à-dire, d'une maniére très-enveloppée & absolument énigmatique : ne comprenant pas le langage des Prêtres Egyptiens, Hérodote aura achevé de l'obscurcir en le rapportant.

Si l'on pouvoit envisager dans ce sens le passage que nous examinons, il seroit aisé de sortir d'embarras, en disant, qu'Hérodote ayant voulu parler d'une matiére qu'il n'entendoit pas, & qu'il étoit difficile même qu'il entendît, inutilement chercheroit-on à l'entendre lui-même aujourd'hui. Mais ce passage, tel qu'il nous est parvenu, ne choque pas moins le bon sens que l'Astronomie, ainsi que nous l'avons fait voir ci-dessus. Hérodote, quoique peu versé dans cette science, n'en étoit pas moins une génie du premier ordre, un des esprits les plus judicieux de toute l'antiquité ; ce seroit donc, à notre avis, faire outrage à sa mémoire, que de regarder ce même passage, comme étant encore aujourd'hui tel qu'il est sorti des mains de son auteur. Il y a toute apparence, au contraire, que le texte est considérablement altéré dans cet endroit, comme dans une infinité d'autres, où les fautes des copistes étoient pourtant bien moins à craindre. Personne, je crois, n'ignore qu'il est peu d'Auteur ancien dont le texte ait autant souffert des injures du tems & de l'ignorance des copistes, que celui d'Hérodote. Il seroit par conséquent nécessaire de restituer le passage en question, sur l'autorité de quelque manuscrit, tel qu'il ne s'en trouve peut-être plus, avant que d'entreprendre de l'expliquer d'une maniére satisfaisante.

Manque d'un pareil secours, les critiques modernes

se sont livrés à quantité de conjectures, qui pour la plûpart n'ont besoin que d'être proposées pour que l'on en sente le foible, & souvent même le ridicule ; c'est pourquoi nous croyons devoir les passer sous silence.

Il en est une néanmoins qui étant exactement ingénieuse, mérite, par cette raison, une attention particulière, quoiqu'à dire le vrai, elle ne soit pas plus solide que toutes les autres conjectures par lesquelles on a déja tenté d'expliquer le passage en question. Un auteur moderne, à qui l'union de divers talens, qu'il est bien rare de rencontrer dans une seule & même personne, a mérité la plus brillante réputation, a mis en dernier lieu cette conjecture dans tout son jour ; nous aimons mieux renvoyer ceux qui voudront avoir connoissance de ce système, à ce qu'il en dit, que d'en donner un détail qui n'auroit jamais l'élégance & l'aménité que cet ingénieux écrivain a sçû répandre sur tous les sujets qu'il a entrepris de manier. On trouvera dans son ouvrage tout ce qui peut être dit en faveur de cette opinion, & même quelques-unes des raisons qui peuvent la rendre problématique [a].

Au reste, si la tradition d'un changement dans le mouvement du Soleil, n'étoit rapportée que par Hérodote, je crois que les critiques auroient fait moins d'attention au passage de cet auteur. Mais on retrouve cette même tradition dans plusieurs autres écrivains, toujours, à la vérité, d'une maniere assez confuse.

Platon raconte, dans un de ses Dialogues, que du tems d'Atrée le mouvement du firmament avoit changé, de

[a] Elémens de la Philosophie de Newton, mis à la portée de tout le monde par M. de Voltaire.

maniere

maniere que le Soleil & tous les aftres avoient commencé à fe lever où ils fe couchoient auparavant, & à fe coucher où ils avoient coutume de fe lever ; en un mot que la machine du monde s'étoit mue tout-d'un-coup, dans un fens contraire à celui dans lequel elle l'avoit fait jufqu'alors. Il accompagne ce recit d'un détail fi bifarre des effets de ce boulverfement, & d'explications phyfiques fi finguliéres, qu'il eft aifé de voir qu'il ne parloit que d'après une tradition extrêmement confufe & embrouillée [a]. On peut conclure auffi d'un paffage de fon Timée, où il rappelle en deux mots ce même événement, que Solon, qui le premier en avoit donné connoiffance aux Athéniens, l'avoit puifée en Egypte, c'eft-à-dire, à la même fource qu'Hérodote [b]. Pomponius Méla parle auffi de la même tradition [c], ainfi que Plutarque [d], Diogene Laërce & plufieurs autres écrivains de l'antiquité [e]. Ils paroiffent tous avoir eu quelque connoiffance d'un phénomene approchant de celui dont il s'agit dans cette Differtation ; mais aucun des auteurs que je viens de citer n'en a parlé d'une maniére intelligible : ils s'expriment pour la plupart auffi peu exactement qu'Hérodote.

Enfin, en raffemblant les différens témoignages de l'antiquité qui peuvent avoir quelque rapport au paffage que nous examinons, ils s'accordent tous à nous dire, que les Egyptiens, & peut-être même quelques autres peuples de l'antiquité avoient confervé une tradition

[a] In Politico, p. 535.
[b] In Tim. p. 1043, &c.
[c] Liv. I. chap. 9. p. 60.
[d] De Placit. Philofophof. L. 2.
c. 24. p. 890 & 891.
[e] Achill. Tatius de Arati Phœnom. c. 24. p. 147. = Solinus, chap. 32. p. 44. G. &c.

confufe d'un ou de plufieurs changemens qu'avoit
éprouvé le mouvement diurne du Soleil , quoique la
plupart de ces témoignages différent d'ailleurs du tout
au tout par rapport à la nature , au nombre , au tems,
& à la durée de ces changemens. Cet accord fur le
point fondamental de la narration d'Hérodote , eft fans
doute ce qui a piqué la curiofité des Sçavans ; cela leur
a fait croire qu'on pourroit peut-être découvrir ce qui
avoit pû donner cours à la créance d'un fait auffi extraordinaire. Comme le peu de conformité des auteurs anciens
par rapport à la maniére dont ce phénomène s'étoit opéré ,
joint aux circonftances qui l'avoient accompagné , laiffoit le champ libre à l'imagination de nos écrivains
modernes , ils fe font abandonnés à des conjectures plus
hardies les unes que les autres : je crois que leur exemple me met en droit d'en hazarder auffi une qui , outre
la nouveauté (1) , aura du moins l'avantage d'avoir
pour fondement des faits authentiques & non des fup-
pofitions douteufes ou des connoiffances aftronomiques
trop relevées pour les tems dont il s'agit dans cette
Differtation.

L'Ecriture Sainte nous a confervé l'hiftoire de deux
événemens miraculeux concernant le mouvement jour-
nalier du Soleil ; le premier arriva fous Jofué , lorfque le
cours de cet aftre fut fufpendu pendant un jour , ou
environ [a] ; le fecond fe paffa fous le regne d'Ezéchias ,

(1) L'explication que je vais propofer m'étoit venue en penfée avant
que de lire ce que dit en peu de mots
fur ce paffage d'Hérodote le P. Calmet dans une Differtation prélimi-
naire à la tête du quatriéme Livre des
Rois. Il n'en a pofé au furplus que
les fondemens & les principes : je crois
avoir développé davantage cette idée.

[a] Jofué , c. 10. ⅴ. 12 & 13. =
Ecclefiaftic. c. 46. ⅴ. 5.

Peu importe pour la réalité du mi-

lorsqu'on vit le Soleil rétrograder considérablement & vraisemblablement d'environ 150 degrés [a].

L'un & l'autre de ces événemens est antérieur au regne de Sethon ; le premier même de ces prodiges a précédé d'environ 200 ans le regne d'Atrée. Celui-ci a dû allonger le jour pour une moitié de la terre, & la nuit pour l'autre moitié de l'hémisphére d'une maniére trop sensible, pour n'avoir pas été remarquée principalement par les peuples qui avoient déja quelques teintures d'Astronomie.

Les circonstances du second miracle ont dû être encore beaucoup plus frappantes. Supposé que la rétrogradation du Soleil ait été alors de 150 degrés, il est nécessaire que cet astre se soit levé sur plus de trois mille lieues de pays successivement, & cela au même point de l'horison, où il venoit de se coucher quelques heures auparavant : qu'ensuite il ait repris son premier cours. Par la même raison on l'aura vû dans l'étendue de plus de trois mille autres lieues de notre Globe, se coucher où il venoit de se lever, & se lever de nouveau où il s'étoit couché en dernier lieu. A l'égard du reste

racle en lui-même qu'on admette le nouveau systême qui fait tourner la terre autour du Soleil, ou qu'on suive l'ancienne opinion qui prétendoit que c'étoit cet astre au contraire qui tournoit à l'entour de la terre. Quelque systême qu'on embrasse, l'événement dont je parle, n'en sera ni moins réel, ni moins miraculeux à l'extérieur.

[a] 4. Reg. c. 20. ℣. 9. &c. ═ 2. Paral. c. 32. ℣. 24. ═ Isaïe, c. 38. ℣. 7 & 8. ═ Ecclesiastic. c. 48. ℣. 25 & 26.

Le Texte sacré dit, que l'ombre rétrograda de dix degrés sur le cadran d'Achaz. Il y a bien de l'apparence que chacun de ces degrés indiquoit une heure, & que par conséquent le Soleil rétrogada de 150 degrés du parallelle qu'il décrivoit ce jour-là. Mais comme cette évaluation n'est pas absolument constante, je n'ai pas voulu déterminer précisément quel intervalle de tems répondoit à chacun de ces degrés.

Q q ij

de la terre, le jour aura été confidérablement allongé dans une partie, & la nuit en aura d'autant plus duré dans la partie oppofée. Il y avoit (en fuppofant toujours la rétrogradation du Soleil de 150 degrés) dix heures pour le moins que le Soleil étoit levé fur l'horifon de Jérufalem, quand le miracle dont je parle arriva. Par ce moyen fes effets les plus fenfibles tombérent fur l'Océan. C'eft pour cela fans doute que les Auteurs profanes n'en ont eû qu'une notion extrêmement confufe. De toutes les régions de notre continent, celles où ce prodige dût fe manifefter d'une maniére plus frappante font les Indes orientales, & la partie la plus occidentale de l'Afrique, pays dont il ne nous refte aucun monument hiftorique.

Il fe peut faire auffi que le Soleil ayant rétrogradé par rapport à la Judée précifément jufqu'au point de fon lever, fe foit réellement couché pendant quelques minutes pour l'Egypte, & pour les pays plus occidentaux, au même point où il s'étoit levé, & relevé peu après en reprenant fon cours ordinaire, précifément où il venoit de fe coucher. Dans l'Egypte où l'air eft toujours ferain, on aura vû que ce prodige étoit opéré par une rétrogradation réelle du Soleil : en Gréce, où dans cette fuppofition le phénomène eût dû être plus fenfible, il fuffit que les nuages ayent dérobé la vûe de fon difque, pour faire attribuer à une éclipfe [a], les ténèbres fubites qui dûrent pendant quelque temps couvrir tout le pays. En un mot, on peut trouver mille raifons du filence de la plûpart des Auteurs profanes, de même que des altérations différentes que ceux qui parlent

[a] Voy. Plut. de Placit. Philofophof. l. 2. c. 24. p. 890 & 891.

d'un changement du mouvement diurne du Soleil, ont
pû faire à la tradition de ce mémorable événement.
D'ailleurs je ne trouve point de motif qui puisse empêcher d'y reconnoître le fondement & le principe de
cette même tradition (1).

Ce qu'on peut alléguer de plus fort contre l'explication que je propose, c'est sans doute le sentiment de
plusieurs interprétes, & commentateurs de l'Ecriture
sainte, qui veulent restraindre le miracle opéré sous
Ezéchias à une simple rétrogradation de l'ombre du Soleil, indépendamment du cours de cet astre, & cela
uniquement encore sur le cadran d'Achaz. Mais je ne
vois pas pourquoi on veut que cette rétrogradation de
l'ombre n'ait pas été l'effet naturel & physique de la
rétrogradation actuelle du Soleil ; pourquoi la même
puissance qui avoit réellement suspendu le cours de cet
astre, pour donner à Josué le tems d'achever la défaite
des ennemis de son peuple, ne l'auroit-il pas réellement changé en considération d'un Prince juste & religieux ? L'Ecriture nous apprend que Bérodach-Baladan, Roi de Babylone, envoya complimenter Ezéchias
sur le retablissement de sa santé. ᵃ Personne n'ignore
quelle étoit dans ces tems la puissance des Rois de Babylone, & combien ils se croyoient au-dessus des autres Souverains. On sçait aussi à quel état de foiblesse

(1) On doit remarquer qu'une
rétrogradation actuelle du Soleil,
telle que celle qui s'opéra selon nous,
sous le regne d'Ezéchias, est le seul
moyen de produire les phénomènes
rapportés par Hérodote, sans causer
d'altération à la température des lieux
qui les éprouvent. Au contraire, le
mouvement des pôles, explication
pour laquelle quelques critiques modernes semblent pencher, feroit éprouver successivement aux mêmes lieux
les températures les plus opposées.

ᵃ 4. Reg. c. 20. ℣. 12.

étoit alors réduit le royaume de Juda. D'où pouvoit donc venir cette démarche d'un Monarque, tel que Bérodach-Baladan envers Ezéchias ? N'est-il pas vraisemblable que le miracle opéré en faveur de ce Prince en étoit la principale cause, miracle auquel les Babyloniens, chez qui l'Astronomie étoit alors très-cultivée, n'avoient pû s'empêcher de faire une attention particuliére. Ce n'est pas même ici une simple conjecture de notre part, c'est un fait dont l'Ecriture Sainte ne permet pas de douter : elle nous apprend que les Ambassadeurs du Monarque Babylonien, étoient chargés spécialement de s'informer du prodige qui étoit arrivé sur la terre [a].

Je suis donc persuadé que le miracle opéré du tems de Josué, joint à celui qui le fut quelques siécles après en faveur d'Ezéchias, ont été l'origine & la source de toutes ces traditions confuses, rapportées dans les écrivains de l'antiquité sur le changement qu'avoit éprouvé autrefois le cours du Soleil. (1)

[a] 2. Paral. chap. 32. ✠. 31. *Attamen in legatione principum Babylonis qui missi fuerant ad eum, ut interrogarent de portento quod acciderat super terram, &c.*

(1) Pour se former une juste idée des effets que dût produire la rétrogradation du Soleil telle que nous l'entendons, nous supposerons que cet astre étoit dans l'Equateur le jour que ce miracle arriva, que sa rétrogradation fut de 150 degrés, & qu'il étoit quatre heures du soir à Jérusalem, au moment où l'ombre commença à rétrograder ; ou ce qui revient au même, que le Soleil y étoit en ce moment éloigné de 150 degrés du point de son lever, & que par conséquent sa rétrogradation le ramena jusqu'à ce même point. Alors en posant Jérusalem avec le commun des Géographes au 57e degré de longitude, les 87e & 267e degrés séparoient la partie de notre globe qui avoit le jour, de celle qui avoit la nuit, au moment où la rétrogradation du Soleil commença, c'est-à-dire, que l'Amérique, l'Afrique, l'Europe & l'Asie, jusqu'à l'embouchure de l'Indus, ou environ, jouissoient alors de la lumiére du Soleil, pendant que le reste du monde étoit plongé dans les ténébres de la nuit. Au contraire dans le moment où la rétrogradation du Soleil le ramena au même point d'où il étoit parti dix heures auparavant, le méridien qui paffe par le 57ᵉ degré de longitude, fit la féparation de l'hémifphére éclairé d'avec l'hémifphére obfcur. Par-là, toute l'Afie, à l'Anatolie près, & prefque toute la mer Pacifique, eurent alors le jour ; mais l'Amérique de même que l'Europe & l'Afrique eurent la nuit dans prefque toute leur étendue. Les habitans du Mogol, des Indes, de la Chine, du Japon, &c. en un mot, tous les peuples qui habitent entre le 87ᵉ & le 237ᵉ degrés de longitude dûrent voir le Soleil fe lever de nouveau fur leur horifon au même point où il s'étoit couché quelque tems auparavant, & fe coucher après qu'il eût repris fa direction primordiale au même endroit où fon mouvement rétrogradé l'avoit fait lever en dernier lieu.

Au contraire des deux côtés du premier méridien jufqu'au 57ᵉ degré de longitude d'une part, & jufqu'au 264ᵉ de l'autre, en comptant fuivant un ordre rétrograde ; c'eft-à-dire, en Egypte, en Gréce, en Italie, &c. on dût voir le Soleil revenant fur fes pas fe coucher précifément où il s'étoit levé, & peu après reprendre fa route ordinaire & fe lever de nouveau où il venoit de fe coucher. Entre le 57ᵉ &

le 87ᵉ degré, comme en Arabie & en Perfe, le jour aura duré dix heures de plus qu'à l'ordinaire. L'effet le plus fenfible du miracle aura été une efpéce de balancement du difque folaire.

Nous fommes extrêmement éloignés, au furplus, de donner cette explication comme préférable en elle-même à aucune des autres hypothéfes, qui, peuvent en affez grand nombre, fatisfaire également au texte de l'Ecriture Sainte. On peut affigner au Soleil telle déclinaifon feptentrionale ou méridionale qu'on voudra. On peut dire, qu'il étoit plus de quatre heures du foir à Jérufalem, lorfque la rétrogradation du difque folaire commença. On peut même à la rigueur faire cette rétrogradation moindre de 150 degrés, &c. Mais de tous les cas propofables nous avons choifi celui-ci comme le plus fimple, comme celui qui fournit la plus grande uniformité qu'on puiffe concevoir dans les effets du miracle que nous examinons par rapport aux habitans de toutes les zones, & qui donne le calcul le plus facile de fes Phénomènes. Il fera fort aifé d'en appliquer le détail, & d'en étendre l'explication aux autres hypothéfes que l'on voudra choifir, en faifant feulement quelques légers changemens qui ne pourront jamais être fujets à beaucoup de difficulté.

EXTRAITS

DES

HISTORIENS CHINOIS.

Par M. LE ROUX DES HAUTES-RAYES,
Professeur Royal.

AVERTISSEMENT.

M. DES HAUTES-RAYES *que j'ai consulté sur les tems auxquels, à peu près, certains Arts pouvoient avoir été connus à la Chine, m'a fait la réponse suivante,* & *je profite d'autant plus volontiers de la permission qu'il m'a donné de la rendre publique que j'ai fait assez fréquemment usage de ses savantes recherches.*

EXTRAITS

DES HISTORIENS CHINOIS.

Monsieur,

Vous me faites l'honneur de me demander quel eſt
le Livre Y-tse, vous voudriez ſçavoir l'époque à laquelle les Chinois ont connu l'art de travailler le fer,
& ſous lequel de leurs Empereurs il eſt dit que le ſoc des
charrues n'étoit encore que de bois. Il n'eſt pas difficile
de vous ſatisfaire ; mais lorſque l'on cite quelque choſe
de l'Hiſtoire Chinoiſe, il eſt abſolument néceſſaire de
faire attention, 1°. aux tems fabuleux & purement
mythologiques, 2°. aux tems douteux & incertains, 3°.
enfin aux tems où l'Hiſtoire Chinoiſe conſtatée par
des monumens inconteſtables, commence à marcher
ſûrement.

On ne peut faire remonter les tems Hiſtoriques de la
Chine tout-au-plus qu'à l'Epoque d'*Yao*, les tems
douteux & incertains, commencent à *Fou-hi* & finiſſent

à *Yao* exclusivement. Les Empereurs qui les précédent n'ont jamais existé ; il ne reste aucun monument ancien qui puisse nous attester la vérité des faits dont leur histoire est composée. On n'a aucune certitude de la durée de leurs regnes ; & par le tissu de fables & de choses incroyables qu'on en débite, il est, je crois, très-permis de rayer ces Empéreurs du nombre de ceux qui ont réellement existé. Tout homme qui pense & qui lit avec réflexion, ne pourra s'empêcher d'en convenir. Enfin toutce qui précede *Fou-hi* est entiérement fabuleux & ne mérite aucune créance.

Comme vous avez crû devoir faire attention dans votre Ouvrage aux tems fabuleux des anciennes nations ; je parcourrai avec plaisir ces tems chez les Chinois ; ravi, si je puis vous être de quelque utilité, & contribuer, par rapport à la Chine, à l'exécution du plan que vous avez suivi. Je commence donc par l'examen des tems fabuleux ou mythologiques.

1°. *Des tems fabuleux.*

Tiene-hoang.

Quelques-uns *attribuent* à Tiene-hoang, un *Livre en huit Chapitres, qui contient l'origine des Lettres :* on *ajoûte que les caractéres dont se servoient les Sane-hoang étoient naturels, sans aucune forme déterminée, qu'ils n'étoient qu'or & pierres précieuses.*

Lieou-jou, l'Auteur du Ouai-ki, dit, que *Tiene-hoang, donna les noms aux dix KANE & aux douze TCHI pour déterminer le lieu de l'année :* il s'agit des caractéres cycliques.

Tiene-hoang signifie l'Empereur du ciel. On le nomme encore *Tiene-ling*, le ciel *intelligent : Tsëe-jun*, le fils qui nourrit & embellit toutes chofes , & enfin *Tchong-tiene-hoang-kiune* , le fouverain Roi du ciel du milieu , &c. ce Tiene-hoang fuccéda à Pouane-cou.

Le *Ouai-ki* , dit que *Ti-hoang* (l'Empereur de la terre) fucceffeur de Tiene-hoang , *partagea le jour & la nuit , & régla que 30 jours feroient une Lune.* Le Livre Tong-li , cité dans Lopi , ajoûte encore que cet Empereur *déter-mina le folftice d'hyver à la 11ᵉ Lune.*   TI-HOANG.

Une preuve que l'année Chinoife a été originairement très-informe,& que le cours n'en étoit réglé que par celui des faifons , c'eft que pendant bien long-tems , *pour dire un an , on difoit , un changement de feuilles.*

Ce Ti-hoang étoit, dit-on , pere de Tiene-hoang & de Gine-hoang qui va fuivre.

On donne à Gine-hoang (le fouverain des hommes) neuf freres , & on prétend qu'ils partagerent entr'eux le gouvernement; *ils étoient neuf freres* (dit Yuene-leao-fane) *qui partagerent entr'eux la terre , & bâtirent des Villes qu'ils entourerent de murailles.* Ce ne fut que fous ce Prince qu'il *commença,* (dit Lopi) *à y avoir de la dif-tinction entre le Souverain & le Sujet : on but & on mangea , & les deux fexes s'unirent.*   GINE-HOANG.

Après ces trois Empereurs que nous venons de nom-mer, on place la période nommée OU-LONG (les cinq *Long* ou dragons) compofée de cinq familles différentes, mais on ne nous dit point leurs noms, ni la durée de leurs regnes. *Dans ce tems-là* (dit un Auteur) *les hommes habitoient le fond des antres , ou fe perchoient fur les ar-bres comme dans des nids ;* fait qui contredit l'invention de bâtir des Villes & de les entourer de murailles, qu'on place fous le regne de Gine-hoang ; mais vous trouverez   Le fecond Ki, ou la 2ᵉ période nommée Ou-LONG.

dans la fuite bien d'autres contradictions femblables.

Le 4e Ki , ou période , appellée des Ho-lo.

On ne dit rien du 3e Ki. Sur le 4e nommé *Ho-lo*, & compofé de trois familles, on dit, *que les Ho-lo apprirent aux hommes à fe retirer dans le creux des rochers.* On n'en dit pas davantage ; on ne dit rien non plus du 5e Ki, nommé Liene-tong, & compofé de fix familles, du 6e Ki, nommé Su-ming , & compofé de quatre familles.

C'eft une folie de s'attacher aux époques de ces fix Ki, rien n'eft plus abfurde : Lopi cite un écrivain qui leur donne liberalement 1100750 ans, Lopi lui-même dit, que les cinq premiers Ki, après Gine-hoang font en tout 90000 ans.

Le 7e Ki, appellé Sune-fei.

Le 7e Ki, fe nomme Sune-feï, & comprend vingt-deux familles. Mais on ne dit rien fous tous ces regnes qui ait rapport aux Sciences & aux Arts. Seulement fous le 22e & dernier, nommé, *Tsëé-che-chi*, on dit, *que ce ne fut qu'alors qu'on ceffa d'habiter les cavernes.* N'eft ce pas une abfurdité manifefte qu'au bout de tant de fiécles & fous des Rois dont on raconte tant de merveilles, on n'eût pas encore trouvé l'art de conftruire quelques caba-nes pour fe garantir des vents & de la pluie.

Le 8e Ki, appellé Yne-ti

Le 8e Ki, nommé Yne-ti , renferme treize familles, ou Dynafties. Tchine-fang-chi, le premier de cette période, régna après Tsëe-che-chi, & fonda la premiére famille. *On dit, qu'au commencement, les hommes fe couvroient avec des feuilles & des herbes; les ferpens & les bêtes étoient en grand nombre, les eaux débordées n'étoient point encore rentrées dans leur lit, & la mifére étoit extréme. Tchine-fang apprit aux hommes à préparer des peaux, à en ôter le poil avec des rouleaux de bois, & à s'en fervir contre les vents & les frimats qui les incommodoient fort. Il leur*

apprit encore à faire comme un tiſſu de leurs cheveux ,
pour leur tenir lieu de parapluie. On lui obéiſſoit avec
joie ; il appella ſes ſujets, Peuples habillez de peau ;
il regna 350 ans. A Tchine-fang-chi ſuccéda Chou-
chane-chi , enſuite Hai-kouei-chi , dont on ne dit rien
qui ait rapport à notre objet.

Le 4ᵉ Prince & celui qui ſuccéda à Hai-kouei-chi ,
ſe nomme Hoene-tune , il fonda la 4ᵉ Dynaſtie , (car
chacun de ceux que nous venons de nommer ſont autant de chefs de famille ou Dynaſties.) A l'occaſion de
ce Roi, Lopi cite Lao-chene-tſëé , qui parle ainſi :

Les anciens Rois alloient les cheveux épars & ſans ornement de tête. Ils n'avoient ni ſceptre ni couronne, & ils
gouvernoient l'Empire en paix. D'un naturel bien-fai-
ſant , ils nourriſſoient toutes choſes , & ne faiſoient mourir perſonne. Donnant toujours & ne recevant rien , les
peuples , ſans les reconnoître pour maîtres , portoient au
fond du cœur leur vertu. Alors le ciel & la terre gar-
doient un ordre charmant , & toutes choſes croiſſoient à
l'envi. Les oiſeaux faiſoient leurs nids ſi bas qu'on pouvoit les prendre avec la main ; tous les animaux ſe laiſſoient conduire à la volonté de l'homme. On tenoit le juſte
milieu , & la concorde régnoit par-tout. On ne comptoit
point l'année par les jours. Il n'y avoit ni dedans ni dehors,
ni mien ni tien. C'eſt ainſi que gouvernoit HOENE-TUNE.
Mais quand on eut dégénéré de cet heureux état ; les
oiſeaux & les bêtes, les vers & les ſerpens , tous enſemble
& comme de concert firent la guerre à l'homme.

A la Dynaſtie de Hoene-tune , ſuccéda celle de Tong-
hou-chi, qui compte dix-ſept Rois qu'on ne nomme
point ; à cette 5ᵉ Dynaſtie ſuccéda la 6ᵉ qui a pour chef
Hoang-tane-chi.

La 7ᵉ. La Dynaftie de Ki-tong-chi. *
La 8ᵉ. La Dynaftie de Ki-y-chi. *
La 9ᵉ. La Dynaftie de Ki-kiu-chi. *
La 10ᵉ. La Dynaftie de Hi-ouei-chi. *
La 11ᵉ. La Dynaftie de Yeou-tfao-chi.
La 12ᵉ. La Dynaftie de Soui-gine.
La 13ᵉ & derniére. La Dynaftie de Yong-tching-chi.

De ces fept Rois ou fondateurs de Dynafties, dont il nous refte à parler pour completer le nombre des Dynafties renfermées dans cette 8ᵉ période, on ne dit rien de ceux que j'ai notés d'une * qui aye rapport à notre objet.

Quand à Yeou-tfao-chi, fondateur de la 11ᵉ Dynaftie, dont le regne a, dit-on, duré plus de 300 ans, & dont la famille, ajoûte-t-on, a eu plus de cent générations pendant l'efpace de 12 ou de 18000 ans : voici ce que l'on trouve.

Hane-tfée dit, *que dans ces premiers âges du monde, les animaux fe multiplioient beaucoup, & que les hommes étant affez rares, ils ne pouvoient vaincre les bêtes & les ferpens.*

Yene-tsëe, dit auffi, *que les anciens, ou perchés fur les arbres, ou enfoncés dans des antres creux, poffédoient l'univers* (Tiene-hia, c'eft-à-dire, la Chine.) *Ces bons Rois,* (continue-t-il), *ne refpiroient que charité fans aucune ombre de haine. Ils donnoient beaucoup & ne prenoient rien. Le peuple n'alloit point leur faire la cour chez eux, mais tout le monde fe rendoit à leurs vertus.*

Lopi & le Ouai-ki, difent prefqu'en mêmes termes, *que dans l'antiquité la plus reculée, les hommes fe cachoient au fond des rochers, qu'ils peuploient les déferts & vivoient en fociété avec toutes les créatures. Ils ne fongeoient point à faire aucun mal aux bêtes, & les bêtes*

ne fongeoient

ne songeoient point à les offenser. Mais dans les âges suivans, on devint trop éclairé, ce qui fit révolter tous les animaux : armés d'ongles, de dents, de cornes, & de venin, ils attaquoient l'homme, & l'homme ne pouvoit leur résister. Alors Yeou-tsao régna, & ayant fait le premier des maisons de bois en forme de nids d'oiseaux, il porta le peuple à s'y retirer, pour éviter les bêtes sauvages. On ne sçavoit point encore labourer la terre, on vivoit d'herbes & de fruits. On buvoit le sang des animaux, on dévoroit la chair toute crue, on avaloit le poil & les plumes. Voilà ce qu'on dit sur Yeou-tsao-chi : après lui vient Soui-gine, fondateur de la 12e Dynastie.

Soui-gine-chi, passe pour l'inventeur du feu.

Sur le sommet du mont Pou-tcheou, dit un Auteur, se voyent les murs de la Justice. Le Soleil & la Lune ne peuvent en approcher ; il n'y a là ni différence de saisons ni vicissitudes de jours & de nuits. C'est le royaume de la lumiére, qui confine avec Si-ouang-mou [a]. *Un Saint, (un grandhomme) alla se promener au-delà des bornes de la Lune & du Soleil : il vit un arbre, & sur cet arbre un oiseau, qui, en le becquetant faisoit sortir du feu. Il en fut frappé, il prit une branche de cet arbre & en tira le feu ; c'est de-là, qu'on appella ce grand personnage Soui-gine.*

D'autres Auteurs disent aussi, que *Soui-gine fit du feu avec un certain bois, & enseigna à cuire les viandes. Par ce moyen il n'y eut plus de maladies, l'estomac & le ventre ne furent plus dérangés : il suivit en cela les ordres du ciel, & de-là, il fut nommé Soui-gine.*

[a] Si-ouang-mou, signifie mot à mot, la mere du Roi d'Occident. C'est le nom d'un Roiaume que les Chinois placent à l'occident du Ta-thsine, du lac nommé, l'eau foible & du défert ; nommé les sables coulans. Si l'eau foible est la mer morte, le Si-ouang-mou pourroit être l'Egypte.

SOUI-GINE-CHI.

Invention du Feu.

Tome II.   S s

Invention de la Pêche.

On dit encore, que du tems de Soui-gine, il y avoit beaucoup d'eau fur la terre, & que ce Prince apprit au peuple à pêcher. Il faut conféquemment qu'il ait inventé les filets ou la ligne, ce qui fe dira par la fuite de Fou-hi.

Invention de l'écriture.

Un Long-ma, *ou Dragon-cheval, apporta une efpéce de table, & la tortue les lettres.* Soui-gine eft le premier à qui on prête cet événement, mais la même chofe fe dira encore dans la fuite de bien d'autres.

Impofition des noms.

Soui-gine impofa le premier des noms aux plantes & aux animaux, & ces noms étoient fi expreffifs, (dit-on) *qu'en nommant une chofe on la connoiffoit; il inventa*

Les poids, les mefures.

les poids & les mefures, pour mettre de l'ordre dans le commerce, ce qui ne s'étoit point vû avant lui.

Régle le tems des mariages.

Anciennement (dit un Auteur) *les hommes fe marioient à 50 ans & les femmes à 30: Soui-gine avança ce tems, & régla que les garçons fe marioient à 30 ans & les filles à 20.*

Enfeigne l'urbanité & la politeffe.

Enfin le Liki dit, que c'eft Soui-gine, qui a le premier enfeigné aux hommes l'urbanité & la politeffe.

Yong-tching-chi.

Il nous refte à parler maintenant de Yong-tching-chi, fondateur de la 13e & derniére Dynaftie de cette période.

Ecriture faite par le moyen des cordelettesnouées

De fon tems, on fe fervoit de petites cordes qu'on marquoit de divers nœuds, & cela tenoit lieu d'écriture (1). Mais comment, après l'invention des caractéres, pût-on revenir à ces cordelettes, dont l'ufage eft fort groffier & infiniment borné. Tout cela, comme vous le fentez, implique contradiction.

9e Ki ou Période nommée Chene-tong.

Je viens maintenant au 9e Ki ou à la 8e période nommée Chene-tong, cette 9e période nous conduira jufqu'au tems de Fou-hi. Elle comprend vingt-un Rois, dont voici les noms.

(1) Les habitans du Pérou avoient l'ufage de cette forte d'écriture, avant que les Efpagnols euffent fait la conquête de leur pays.

1. Sse-hoang *ou* Tfang-hie.	8. Tching-hoei-chi.	15. Tfune-liu-chi.
2. Pe-hoang-chi.	9. Li-lou *ou* Hoei-chi.	16. Tcho-jong.
3. Tchong-hoang-chi.	10. Sohoang-chi.	17. Hao-yng.
4. Taï-ting-chi.	11. Nuei-toüane-chi.	18. Yeou-tfao-chi.
5. Kouene-liene.	12. Hiene-yuene.	19. Tchu-fiang-chi.
6. Yene-chi.	13. He-fou.	20. Ync-khang-chi.
7. Taï-chi.	14. Kai-tiene.	21. Vou-hoai-chi.

Liu-pou-ouei, dit clairement que Sse-hoang a fait les lettres. Ce Sse-hoang fe nomme encore *Tfang-hie.* Des Hiftoriens le placent fous Hoang-ti, dont ils le font Miniftre, pendant que d'autres le font Prince fouverain, & bien antérieur à Hoang-ti comme vous voyez : mais c'eft un point que je laiffe à débrouiller aux Chinois.

SSE-HOANG;
les caractéres.

Le premier inventeur des lettres c'eft Tfang-hie, enfuite le Roi Vou-hoai les fit graver fur la monnoie, & Fou-hi les mit en ufage dans les actes publics pour le gouvernement de l'Empire. Mais remarquez que ces trois Empereurs ont été même avant Chine-nong ; comment donc vouloir que les lettres n'ayent été inventées que fous Hoang-ti! Tel eft le raifonnement de Lopi, à qui tous ces tems fabuleux avoient brouillé la cervelle.

On peut répondre à ce Critique : vous nous avez dit que les lettres avoient été inventées fous le regne de Soüi-gine, 12e Roi de la 8e. période, comment donc prétendez-vous en faire honneur à Tfang-hie, qui, felon votre témoignage, n'a parû que dans la 9e période ? Quoi qu'il en foit, Sfée-hoang fçavoit (difent quelques exagérateurs) former des lettres au premier moment qu'il naquit. Il étoit doué d'une grande fageffe, &c. *Après qu'il eut reçû le Ho-tou* (1), *il vifita le midi, alla fur le mont Yang-yu, & s'arrêta au bord du fleuve Lo.*

Reçoit le Ho-tou.

---

(1) Le Ho-tou eft une efpéce de table, fur laquelle font repréfentés différents traits ou fils, dans lefquels fe trouvent de diftance en diftance de petits cercles blancs & noirs.

Les caractéres écrits sur le dos de la tortue.

Une divine Tortue, portant sur ses écailles des lettres bleues, les lui donna: alors Ssée-hoang pénétra tous les changemens du ciel & de la terre; en haut il observa les diverses configurations des étoiles; en bas, il examina toutes les traces qu'il avoit vûes sur la tortue: il considéra le plumage des oiseaux, il prit garde aux montagnes & aux fleuves qui en sortent, & de tout cela il composa les lettres. De très-habiles Chinois croyent que c'est l'ancienne écriture nommée *Ko-teou-chu*, qui dura, disent-ils, jusqu'au regne de l'Empereur Suene-ouang, c'est à dire, jusqu'à l'an 827 avant J. C.

Mais Cong-yng-ta remarque très-bien qu'*encore que la figure extérieure des lettres ait plusieurs fois changé en quelque chose, les six régles sur lesquelles Tsang-hié les forma, n'ont jamais souffert de changement.* (1)

Alors (continue Lopi) *il y eut de la différence entre le Roi & le Sujet, du rapport entre le fils & le pere, de l'ordre entre le précieux & le vil: les loix parurent, les rites & la musique régnerent. Les châtimens furent en vigueur, ainsi Ssée-hoang jetta les fondements du bon gouvernement, il établit des Officiers pour chaque affaire,*

---

(1) En général, je pense (contre le sentiment de M. Fréret) que les caractéres Chinois étoient représentatifs des objets signifiés; les six regles même dont il est parlé dans ce passage en fournissent la preuve: & d'ailleurs c'est l'idée la plus simple & la plus naturelle que les hommes ayent pû imaginer; en un mot, les caractéres Chinois & les Hiéroglyphes des Egyptiens, sont les mêmes quant à leur formation. On sçait que l'Ecriture sacrée dont les Hiérogrammes ou Ecrivains sacrés des Egyptiens se servoient, se sous-divisoit en Κυριολογικὴ & en Συμβολικὴ, c'est-à-dire, en caractéres représentatifs des objets signifiés & en caractéres allégoriques, à quoi peuvent se rapporter les six regles Chinoises dont il est parlé ici. De même encore que les Chinois disent des inventeurs de l'écriture, qu'ils considérerent le ciel, pour avoir des modéles de cette écriture, de même aussi Sanchoniathon dit de Thaaut ou Mercure, qu'il imita le ciel pour faire les caractéres sacrés. *Apud* Euseb. Præp. Evang. l. 1. c. 10.

les plus petites ne lui échappérent pas, & ainsi le ciel & la terre acquirent leur entiére perfection.

On ne dit rien du successeur de Ssëe-hoang qui ait rapport à notre objet; mais on dit, que *sous le regne de Tchong-hoang-chi*, 3ᵉ Roi de cette période, *on se servoit encore de petites cordes pour l'écriture.*

De ce Prince nous sautons tout-d'un-coup à Hiene-yuene, le 12ᵉ en ordre de cette période, parce qu'on ne dit rien de ses prédécesseurs.

On trouve beaucoup de choses sous le regne de ce Prince, parce qu'il est le même qu'Hoang-ti, ou du moins qu'on a confondu ces deux Princes ensemble.

On attribue à Hiene-yuene *l'invention des Chars : il joignit ensemble deux piéces de bois, l'une posée droit & l'autre en travers, afin d'honorer le Très-Haut* (1) *; & c'est de-là qu'il s'appelle Hiene-yuene.* Le bois traversier se nomme *hiene*, & celui qui est posé tout droit, s'appelle *yuene* : Hiene-yuene *fit battre de la monnoie de cuivre, & mit en usage la balance pour juger du poids des choses. Par ce moyen il gouverna l'univers en paix. Ho*, signifie marchandises en général. Autrefois on écrivoit simplement *hoa*, qui veut dire *échange.* Ces marchandises consistoient, dit-on, en métal, *kine*, en pierres précieuses, *yu*, en yvoire *tchi*, en peaux, *pi*, en monnoie battue *tsuene*, & en étoffes *pou*, &c.

On distinguoit alors la monnoie (comme cela se fait encore) par le nom de la famille régnante. Celle de Hiene-yuene avoit un pouce sept lignes, & pesoit douze *tchu* [le tchu est la 20ᵉ partie d'un yo, & un yo pesoit 1200 petits grains de millet] : on gravoit des lettres

____

(1) C'est ainsi qu'originairement étoient construits les monuments Religieux des Grecs. *Voyez* Plut. t. 2. p. 478. A.

fur la monnoie comme on fait encore, aujourd'hui c'eft pourquoi ven-tfée, *lettres*, veut dire auffi, piéce de monnoie qu'on nomme encore kine & tfuene & tao.

Tcho-jong (16e Empereur de la 9e période) *écoutant à Cane - tcheou le concert des oifeaux, fit une mufique d'union, dont l'harmonie pénétroit par-tout, touchoit l'efprit intelligent, & calmoit le cœur de l'homme, de maniére que les fens extérieurs étoient fains, les humeurs dans l'équilibre, & la vie très-longue,* il appella cette mufique, *Tfié-ouene*, c'eft-à-dire, la tempérance, la grace & la beauté. (1)

Mais le but & en quelque forte l'unique objet de l'ancienne mufique des Chinois, à les entendre, étoit l'harmonie des vertus, l'urbanité extérieure, la modération des paffions, en un mot, tout ce qui peut contribuer à la perfection d'un bon & fage gouvernement, &c. Car ils fe perfuadoient que la mufique étoit capable d'opérer tous ces miracles ; nous avons peine aujourd'hui à les en croire, fur-tout, lorfque **nous** confidérons la mufique, qui eft à préfent en ufage chez eux : mais j'en appelle aux Grecs, qui racontoient des effets auffi furprenans de cette agréable invention ; pendant que les Grecs d'aujourd'hui, comme la plûpart des Orientaux, n'ont pour toute mufique qu'une miférable monotonie qui nous fait pitié. Au furplus, nous aurons occafion ailleurs de traiter un peu plus amplement de la mufique.

Le 17e Roi de la 9e période fe nomme Hao-yng.

(1) C'eft ainfi que Lucrece dit que la mufique fut modélée fur le chant des oifeaux.

> *At liquidas avium voces imitarier ore*
> *Ante fuit multò, quam lenia carmina cantu*
> *Concelebrare homines poffent, aurefque juvare.*

De son tems, on coupoit des branches d'arbres pour tuer les bêtes. Il y avoit peu d'hommes. On ne voyoit par-tout que vastes forêts, & ces bois affreux étoient remplis de bêtes féroces. Que cela est contradictoire, & convient peu au tems où l'on veut que ce Prince ait régné !

Le 18e Roi de la 9e Période se nomme *Yeou-tsao-chi*, nous avons vû dans la période précédente un Prince qui portoit le même nom ; le Ouai-ki place ce Roi au commencement du dernier Ki, & lui donne pour successeur Soui-gine : ensorte qu'il se seroit écoulé neuf Périodes ou Ki entiers, avant que les hommes eussent pû avoir des cabanes pour se retirer, & eussent connu l'usage du feu. Lopi suit une autre méthode, il a rangé Yeou-tsaochi & Soui-gine dans le Ki précédent ; & bien que le Roi dont il s'agit maintenant porte le même nom, il en parle tout autrement.

Le 19e Roi de la 9e période se nomme *Tchu-siang-chi*.

On dit, qu'*il ordonna à Ssëe-kouei, de faire une espéce de guitare à cinq cordes, nommee sé, pour remédier au dérangement de l'univers, & pour conserver tout ce qui a vie.*

Le 20e Roi de la 9e période se nomme Yne-khang-chi.

De son tems, les eaux ne s'écouloient point, les fleuves ne suivoient plus leur cours ordinaire ; ce qui fit naître quantité de maladies.

Yne-khang institua les danses nommées Ta-vou (grandes danses.) Il les institua par principe de santé ; car, comme dit Lopi, *lorsque le corps n'est point en mouvement, les humeurs n'ont plus un libre cours, la matiére s'amasse en quelque partie, & de-là, les maladies qui ne viennent toutes que de quelque obstruction.*

Les Chinois croyent auffi qu’on connoît la vertu d’un homme par la maniére dont il touche du luth & dont il tire de l’arc, &c.

Ainfi les Chinois rapportent les danfes au bon gouvernement comme nous avons vû qu’ils y rapportent la mufique, & le *Liki* dit, *qu’on peut juger d’un regne par les danfes qui y font en ufage.*

Le 21ᵉ & dernier Roi de la 9ᵉ Période, fe nomme Vou-hoai-chi; mais on ne rapporte rien de ce prince qui mérite d’être remarqué.

Voilà tout ce que contiennent les tems fabuleux. Si ces tems ne peuvent fervir à fixer au jufte l’époque des diverfes inventions, (les Chinois, étant fi fort en contradictions fur le tems de ces différentes découvertes,) on voit au moins par-là, que l’origine en a été à peu-près la même chez eux que chez les autres peuples. Nous voici enfin arrivés à Fou-hi, que les Hiftoriens Chinois regardent comme le fondateur de leur Monarchie; ce que l’on rapportera de ce Prince & de fes fucceffeurs, a un peu plus de folidité que ce que l’on a vu jufqu’à préfent.

F O U - H I.

Voici comme le Ouai-ki, cité dans les annales Chinoifes, décrit les mœurs des hommes d’alors : »Dans le commencement, la vie que les hommes menoient, ne différoit point de celle des animaux; & comme ils étoient » errans çà & là dans les forêts, & que les femmes étoient » communes, il arrivoit de-là que les enfans ne connoif-» foient que leurs meres & jamais leurs peres : ils fe li-» vroient à l’amour fans pudeur, & fans connoître les » loix de la bienféance. Ils ne fongeoient qu’à dormir & » à ronfler,

» à ronfler, puis ils fe levoient & foupiroient : la faim
» les preffoit-elle ? ils cherchoient de quoi manger, &
» lorfqu’ils étoient bien raffafiés, ils jettoient les reftes ;
» ils mangeoient jufqu’aux plumes & au poil des ani-
» maux dont ils buvoient le fang. Ils fe couvroient de
» peaux toutes velues. L’Empereur Fou-hi commença
» d’abord par leur apprendre à faire des filets pour pêcher   La Pêche.
» les poiffons, & des lacets pour prendre les oifeaux ;   La Chaffe.
» c’eft pourquoi ce Prince fut furnommé *Fou-hi-chi :* il
» leur apprit encore à nourrir des animaux domeftiques &   L’Art d’apprivoi-
» à les engraiffer pour les tuer enfuite ; c’eft la raifon pour   fer les animaux
» laquelle on lui donna auffi le furnom de *Pao-hi-chi.*   domeftiques.

Il paroît conftant que les premiers Chinois n’eurent
d’abord pour toute habitation que les antres, le creux des
rochers & les fouterreins naturels : ils étoient alors incommodés d’une forte d’infecte ou reptile nommé *iáng ;* &
lorfqu’ils fe rencontroient, ils fe demandoient les uns aux
autres, s’ils n’étoient pas incommodés des *iángs.* On fe fert
encore aujourd’hui de ce terme, pour s’informer de la fanté
d’une perfonne: *Coüëi-iáng ?* Quelle maladie avez-vous ?
Comment vous portez-vous? *Vôu-iáng,* je fuis fans *iáng,*
c’eft-à-dire, je fuis gai & en parfaite fanté, fans maladie.

Il feroit fuperflu de rapporter ici ce que les Chinois
difent dans les annales, de l’invention des caractéres &   Les *Coüa* & l’indes *Coüa,* après ce que le P. Couplet & tant d’autres en   vention des cara-
ont dit. J’ajoûterai fimplement que le Traité *Hi-tfée* (1)   ctéres.
porte qu’*au commencement on gouvernoit les peuples par*

---

(1) C’eft le Traité en queftion.   Auteur, Ta-tchoüene, *la grande tra-*
Il eft de Confucius, c’eft un Com-   *dition.* On doit écrire Hi-tfëé & non
mentaire fur l’Y-king ; on nomme ce   pas Y-tfée.
Commentaire par honneur pour fon

Tome II.   T t

*le moyen de certains nœuds qu'on faifoit à des cordelettes.
Qu'enfuite le Saint mit à la place l'écriture , pour fervir
aux Mandarins à remplir tous leurs devoirs , & aux peuples à examiner leur conduite ; & que c'eft fur le Symbole ☰ Kouai qu'il fe regla pour exécuter fon ouvrage.*

Lopi , cet Ecrivain que nous avons déja cité tant de
fois, dit *que Fou-hi* tira du Symbole des fix lignes tout ce
qui concerne le bon gouvernement. Par exemple : ☲ Li
*lui donna l'idée de faire les filets pour la chaffe & pour
la pêche , & ces filets furent une nouvelle occafion d'inventer la toile pour faire des habits.* Lopi ajoûte : *C'eft
fe tromper que de croire que, du tems de Fou-hi, on fe fervit
encore de cordes liées & nouées , & que l'ufage des livres
ne vint que fous Hoang-ti.*

Fou-hi apprit au peuple à élever les fix animaux domeftiques [a] , non-feulement pour avoir de quoi fe nourrir ,
mais auffi pour fervir de victimes dans les facrifices qu'il
offroit au *Chine* & au *Ki* (1). On prétend que c'eft Fou-hi
qui régla les Rits *Kiao-chene.*

Fou-hi régla auffi les mariages; auparavant, les deux fexes
fe mêloient indiftinctement ; il ordonna les cérémonies
avec lefquelles les mariages devoient fe contracter, afin
de rendre refpectable ce premier fondement de la fociété.
Il ordonna que les femmes porteroient des habits différens de ceux des hommes , & ne permit pas qu'un homme
fe mariât avec une femme de même nom , parente ou
non , Loi qui eft encore actuellement en vigueur.

---

[a] Les fix animaux domeftiques , font fuivant les Chinois, le cheval, le
bœuf, la poule, le cochon, le chien, le mouton.

(1) *Chine*, l'efprit du ciel & *Ki* , l'efprit de la terre.

Fou-hi créa divers Miniftres & Officiers pour l'aider à gouverner l'Empire.

L'un de ces Officiers fit les Lettres, l'autre dreffa le Calendrier, un 3ᵉ bâtit les Maifons, un 4ᵉ exerça la Médecine, un 5ᵉ cultiva les campagnes, un 6ᵉ fut maître des Eaux & Forêts.

On prétend que Fou-hi travailla beaucoup fur l'Aftronomie. Le *Tcheou-pi-fouane* dit qu'il divifa le ciel en dégrés. Lopi avertit que le ciel n'a point proprement de dégrés, mais que cela fe dit par rapport au chemin que le Soleil fait en une année.

La période de 60 ans paffe pour être dûe à Fou-hi. Le Tfiene-piene dit clairement que ce Prince fit un calendrier pour fixer l'année, & qu'il eft l'auteur du *Kia-tfe*. Le Sane-fene dit la même chofe, & le Hane-li-tchi dit que Fou-hi a fait le premier calendrier par le Kia-tfe ; mais le Chi-pene l'attribue à Hoang-ti ; c'eft une de ces contradictions fi ordinaires dans les hiftoriens Chinois.

Le même Fou-hi fit, dit-on, des armes & établit des fupplices. Ces armes étoient de bois, celles de Chin-nong furent de pierre, & Tchi-yeou en fit de métal. Loix pénales.

Fou-hi fit écouler les eaux & entoura les villes de murailles ; cependant comme Chin-nong paffe pour avoir été le premier qui en fait de pierres, il faudroit dire que les murs qu'éleva Fou-hi n'étoient que de terre battue ou de briques.

Fou-hi donna les regles de la mufique. Ceux qui attribuent ce bel art à Hoang-ti fe trompent donc (*aut vice-versâ*). Après que Fou-hi eut inftitué la pêche, il fit une chanfon pour les Pêcheurs. C'eft à fon exemple que Chin-nong en fit une pour les Laboureurs.

T t ij

Fou-hi prit du bois de Tong, le creufa, & en fit un *kine* (une lyre, ou comme il vous plaira de traduire) long de 7 pieds 2 pouces : les cordes étoient de foie & au nom-bre de 27 ; il voulut qu'on nommât cet inftrument *Li*. D'autres difent qu'il n'avoit que 25 cordes, d'autres 10, & enfin d'autres 5, (lefquels croire)? D'autres encore ne donnent à cet inftrument que 3 pieds 6 pouces 6 lignes.

Fou-hi fit cet inftrument, difent quelques-uns, pour détourner les maléfices, & pour bannir l'impureté du cœur. Il prit du bois de *fang* & fit auffi une guitarre à 36, ou bien 50 cordes. Cet inftrument fervoit à orner de vertus la perfonne, & à régler le cœur, &c. Enfin il fit un troifiéme inftrument de terre cuite nommé *huene*, après quoi, dit-on, les rites & la mufique furent dans une grande élevation.

La monnoie dont Fou-hi voulut qu'on fe fervît étoit de cuivre, ronde en dedans, pour imiter le ciel, & quarrée en dehors, pour imiter la terre. [a]

Il fit fur lui-même l'épreuve de plufieurs plantes mé-dicinales. (Cela fe dit plus fouvent de Chin-nong. Mais on prétend que Chin-nong acheva ce que Fou-hi avoit commmencé).

---

[a] Les Chinois, repréfentent la terre quarrée ; cette ignorance, fur la confor-mation de notre globe, n'a rien d'é-tonnant, eû égard au peu de progtès que l'Aftronomie a fait chez les Chi-nois. J'envifage au furplus cette erreur perpetuée dans le vulgaire Chinois, comme venant de ce que l'Empire de la Chine porte des dénominations qui ne conviennent qu'au globe entier de la terre. Telle eft, par exemple, l'expreffion de *Thiene-hia*, mot à mot *Ciel inférieur* ou *ce qui eft fous le Ciel*, nom par lequel on diftingue commu-nement cet Empire dans les livres. Or fous les Empereurs Yao, Chune & Yu, on fit plufieurs divifions de cet Empire, & une entr'autres, par laquelle on le repréfentoit parfaitement quarré, afin de fixer par ce moien la quantité & la nature des redevances. Les Chinois n'en fçavoient pas davantage.

Voilà tout ce qui se lit de *Fou-hi*. Vous remarquerez quantité de contradictions dans la plûpart de ces traditions, & sur-tout lorsque vous verrez, par la suite, presque toutes ces inventions attribuées aux successeurs de Fou-hi. Je laisse à votre pénétration & à votre saine critique, à juger le cas qu'on doit faire des commencemens de l'histoire Chinoise.

Il me reste encore quelques regnes à parcourir pour terminer les tems fabuleux & incertains.

On dit de *Koung-koung*, qu'il employa le fer pour fabriquer des coutelas & des haches.   *Koung-koung.*

On attribue à *Niu-oua* (qui est l'Eve des Chinois) plusieurs instrumens de musique. Les instrumens *seng* & *hoang* lui servoient, dit-on, pour communiquer avec les huit vents. Par le moyen des *kouene* ou flutes doubles, elle réunit tous les sons à un seul, & accorda le Soleil, la Lune & les Etoiles, ce qui s'appelle une harmonie parfaite. *Niu-oua* avoit une guitarre (*se*) à cinq cordes, elle en fit une autre à 50 cordes, dont le son étoit si touchant qu'on ne pouvoit le soutenir, c'est pourquoi, elle réduisit ces cinquante cordes à 25, pour en diminuer la force.   *Niu-oua.*

L'Empereur *Chin-nong* est très-fameux chez les Chinois, par les grandes découvertes qu'il fit, dit-on, dans la Medécine & l'Agriculture, & même dans l'Art militaire, puisqu'on croyoit, du tems des *Han*, avoir un livre de ce Prince sur l'Art militaire.   *Chin-nong.*

L'amour du merveilleux a fait dire à quelques-uns, qu'à l'âge de trois ans, il sçavoit tout ce qui regarde l'agriculture. Le nom même de *Chin-nong*, signifie en Chinois, *esprit laboureur ;* Chin-nong prit du bois fort

dur dont il fit le coutre de la charrue, & du bois plus
tendre dont il fit le manche. Il enseigna aux hommes
à cultiver la terre. On lui attribue l'invention du vin.
Il sema les cinq sortes de bled au midi du mont Ki, &
les peuples apprirent de lui à en faire leur nourriture.

Chin-nong ordonna qu'on fût diligent à recueillir les fruits
que la terre produit. Il enseigna tout ce qui regarde le
chanvre, les mûriers & l'art de faire les toiles & les étoffes
de soie. On doit aussi à Chin-nong la poterie & la fonte ;
d'autres cependant attribuent la poterie à Hoang-ti, &
l'art de fondre les métaux à Tchi-yeou.

Origine du com-
merce.

Chin-nong *inventa les foires au milieu du jour*, de-là
l'origine du commerce, & les échanges mutuels. Il se
servit de monnoie pour faciliter le commerce. Il institua des fêtes.

Chin-nong distingua les plantes, détermina leurs diverses propriétés, & s'en servit habilement pour guérir
les maladies. On dit que dans un seul jour il fit l'épreuve
de 70 sortes de poisons, parla sur 400 maladies, & enseigna 365 remédes ; c'est ce qui fait la matiére d'un
livre intitulé *Pouene-tsao*, qu'on lui attribue, & qui contient quatre Chapitres. D'autres prétendent & avec raison
que ce livre n'est point ancien. On dit, avec aussi peu de
vérité, que Chin-nong fit des livres gravés sur des planches quarrées.

Chin-nong ordonna à Tsiou-ho-ki, de mettre par écrit
ce qui concerne la couleur des malades, & ce qui regarde
le pouls, d'apprendre à bien examiner si son mouvement est réglé & bien d'accord, & pour cet effet de le
râter de suite & d'avertir le malade.

Chin-nong composa des vaudevilles ou chansons sur

la fertilité de la campagne. Il fit une très-belle lyre &
une guitarre ornée de pierres précieufes, pour former
la grande harmonie, mettre un frein à la concupifcence,
élever la vertu jufqu'à l'efprit intelligent, & ramener
l'homme à la vérité célefte.

Chin-nong monté fur un char traîné par fix dragons,
mefura le premier la figure de la terre, & détermina
les quatre mers. Il trouva 900000 Lys eft-oueft, &
850000 Lys nord & fud. Il divifa tout ce vafte efpace
en Royaumes (1).

Parmi les fucceffeurs de Chin-nong, on place *Hoang-ti*, &
& le rebelle *Tchi-yeou*, qu'on fait l'inventeur des armes de
fer, & de plufieurs fupplices. Tchi-yeou avoit le pouvoir d'exciter des ténébres & des brouillards extrêmement
épais. *Hoang-ti* ne favoit comment l'attaquer & le vaincre. Il en vint cependant à bout, en fabriquant un char,
fur lequel étoit une figure dont le bras fe tournoit toujours de lui-même vers le midi, afin d'indiquer les quatre regions (2). Hoang-ti fe fervoit de la lance & du
bouclier.

Tchi-yeou fit faire des fabres, des lances, des arba-
lêtres. On attribue à Hoang-ti le *kia-tfe* ou cycle de 60
ans, ou du moins Ta-nao le fit fous fes ordres.

Le mandarin Tfang-kiai, fut chargé de compofer l'hiftoire. Yong-tcheng fit une fphére qui repréfentoit les

HOANG-TI.

---

(1) Sous ces mefures exagérées
on parle de la Chine, ce qui eft très-
certain par les quatre points cardinaux
qu'on donne à cet Empire tels que
Kiao au midi, Yeou au nord, Yang-
cou à l'orient, & San-ouei à l'occident, puifque c'étoient là, au tems
de Yao & de Chune, les limites ou
extrêmités de la Chine.

(2) Quelques Auteurs modernes
croient voir ici l'invention de la Bouffole.

orbes céleftes , & découvrit l'étoile polaire.

Li-cheou régla les nombres, & inventa un inftrument pour fupputer, tel , ou le même que celui qui eft
encore aujourd'hui en ufage à la Chine & aux Indes, &
dont Martini, dans fes Décades, & la Loubére, dans fon
Voyage de Siam, nous ont donné le deffein & la defcription.

Ling-lûne , natif de Yuène-yu à l'occident du Ta-hia
(c'eft le Khoraffan) prit des rofeaux dans la vallée Hiài-ki,
il en coupa deux également, & fouffla dedans, ce qui donna lieu d'inventer les cloches. Il en ajufta douze pour imiter le chant du fong-hoang oifeau royal (c'eft un des oifeaux fabuleux des Chinois). Il diftingua ces rofeaux en
douze *lu ;* fix fervoient à imiter le chant du mâle , & fix
celui de la femelle. Enfin cet homme perfectionna la
mufique , & expliqua l'ordre & l'arrangement des divers
tons. *Par le moyen de ces lu-lu , il gouverna le Khi de
l'Yne & du Yâng , détermina le changement des quatre
faifons , & donna des calculs pour l'Aftronomie , la
Géométrie & l'Arithmétique , &c.*

Yong-yuene, par ordre d'*Hoang-ti* , fondit douze
cloches de cuivre qui correfpondoient aux Lunes fervoient
à accorder les cinq tons , à fixer les faifons, &c, fables :

Hoang-ti inventa un efpéce de Diadême , ou bonnet
royal, appellé *Miène.* Il fe fit faire une robe bleue & jaune
pour imiter la couleur du ciel & de la terre. Ayant vû
l'oifeau *Hóei* , & confidéré la variété de fes couleurs ,
ainfi que celle des fleurs , il fit teindre des habits de différentes couleurs , pour mettre de la diftinction entre
les grands & les petits , les pauvres & les riches.

Nin-fong & Tche-tfiang , inventerent le mortier,
pour

pour broyer le ris, des marmites ou chaudieres;on inventa la fabrique des ponts , l'art de faire des chauffures ; on fit des cercueils pour les morts ; & les peuples retirerent un grand avantage de toutes ces inventions. *Hoei* inventa l'arc : *Y-méou* les fléches : *Khy-pe* donna le tambour, qui faifoit un bruit femblable à celui du tonnerre , des trompettes & des cors qui imitoient la voix du Dragon.

Kóng-kóu & Hòa-hû , par ordre de l'Empereur *Hoang ti*, creuferent un arbre dont ils firent un navire , des branches de ce même arbre ils firent des rames , & par ce moyen on put pénétrer dans les lieux qui paroif-foient inabordables & où l'on n'avoit point encore été.

Pour le tranfport des marchandifes par terre , on inventa encore fous ce regne les charriots, & on dreffa les bœufs & les chevaux à les tirer.

Hoang-ti tourna auffi fes vûes du côté des bâtimens & en donna des modéles. Il fit élever un Temple appellé *Ho-kong* dans lequel il facrifioit au *Chang-ti*, ou à l'Etre fouverain.

Dans la vûe de faciliter le commerce , Hoang-ti fit battre la monnoie appellée kine-tao , *couteau de métal*, parce qu'elle avoit la forme d'une lame de couteau.

Hoang-ti ayant vû que les hommes mouroient avant le tems fixé par la nature , à caufe des maladies qui les emportoient, donna fes ordres à Yu-fou , Ki-pe & Lei-kong , trois célébres Docteurs d'alors , pour l'aider à détérminer les remédes propres à chaque maladie.

Si-ling-chi , principale époufe de cet Empereur, contribua de fon côté au bien de l'Etat, & enfeigna au peuple la maniere d'élever les vers à foie , & de filer les coucons, pour en faire des étoffes.

Tome II.   V v

Le Ouai-ki , de qui je tire prefque tout ceci, marque que Hoang-ti fit mefurer la Chine , qu'il partagea en Provinces ou Tcheou. Chaque *Tcheou* étoit compofé de dix *Che* , chaque *Che* étoit compofé de dix *Tou* , & chaque *Tou* contenoit dix *Ye* ou dix Villes ; ces *Ye* ou Villes avoient chacune cinq *ly* ou rues , &c.

Cet Empire d'Hoang-ti, qui paroit avoir été confidérable fuivant cet Hiftorien, s'étendoit du côté de l'orient jufqu'à la mer, & du côté de l'occident jufqu'à *Khong-tong*. Il étoit borné au midi par le Kiang, & au nord par le pays de *Hoene-jo*.

On ne dit rien qui ait rapport aux arts fous le régne des trois Princes qui fuivent Hoang-ti. C'eft-à-dire, fous les régnes de *Chao-hao*, qui régna 84 ans, de Tchouene-hio qui regna 78 ans, & enfin de Cao-fine qui en regna 70. On marque feulement que Chao-hao fit battre les veilles avec un tambour, ce qui fuppofe qu'on avoit dès-lors l'ufage de quelque inftrument pour marquer les heures. Le Se-ki, ajoûte que cet Empereur applanit les chemins pour pénétrer fur les montagnes, & qu'il rendit libre le cours des rivieres. Il fit auffi une nouvelle mufique appellée *Ta-yuene*, pour unir les hommes & les génies, & accorder le haut avec le bas.

Le P. Gaubil & d'autres Sçavans, ont affez parlé des connoiffances Aftronomiques de l'Empereur *Tchouene-hio*, & des changemens qu'il fit dans la maniére d'obferver les mouvemens céleftes, en inventant une machine qui fervoit aux équations, aux afcenfions, &c. ainfi je me contenterai de vous renvoyer à leurs Ouvrages, dans lefquels vous verrez ce que les Chinois penfent, tant de cette ancienne Aftronomie, que de la prétendue conjonction des cinq planettes dans la constellation *Che* arrivée, dit-on, sous ce Prince.

Après avoir dévoré l'ennui de toutes ces traditions fabuleuses, me voici enfin arrivé aux tems historiques ; mais avant que de les entamer, il ne sera pas hors de propos de faire ici quelques réflexions absolument nécessaires, pour montrer le peu de cas qu'on doit faire de ces sortes de traditions. Je crois ces réflexions d'autant plus essentielles, qu'elles contribueront à détromper quantité de gens de l'erreur où ils sont au sujet des antiquités Chinoises.

La Monarchie Chinoise a commencé par trois Princes désignés, sous le titre de *SANE-HOANG*, c'est-à-dire, les *trois Augustes*. Ces *trois Augustes*, suivant l'opinion la plus généralement reçue, sont *Fou-hi*, *Chine-nong* & *Hoang-ti*. Les cinq Empereurs successeurs des Sane-hoang, sont désignés par le titre de *OU-TI*, c'est-à-dire, les *cinq Empereurs*. Ces cinq Empereurs sont *Chao-hao*, *Tchouene-hio*, *Tico*, *Yao* & *Chune*. Cette division a été suivie par *Cong-ngane-coué*, arriere petit fils de Confucius, à la huitiéme génération, & l'un des plus célébres écrivains de la Dynastie des Hane. Elle a été adoptée aussi par *Hoang-fou-mi*, & par la plûpart des meilleurs Ecrivains. Les preuves de cette opinion se tirent, d'une part, du livre *Tcheou-li*, ancien Rituel ou Etat de l'Empire, que quantité de personnes attribuent au célébre Tcheou-cong, Ministre & frere de Vou-vang, qui jetta les fondemens de la Dynastie Impériale des Tcheou, onze cent & quelques années avant l'Ere chrétienne, & de l'autre des Commentaires de Tso-kieou-mine, sur le Tchune-tsieou de Confucius son maître. Dans ces deux ouvrages, il eſt parlé des livres *Sane-fene* & *Ou-tiene*, qu'on dit être l'hiſtoire des trois *HOANG*, & des cinq *TI* : Or les deux premiers Chapitres du Chou-king, qui contiennent un extrait des Hiſtoires de Yao & de Chune, portoient le titre de *Tiene-yao*, & de *Tiene-chune*, d'où l'on conclut que Yao & Chune étoient deux des cinq *Ti*, conſequemment que Fou-hi, Chin-nong & Hoang-ti étoient ce qu'on appelloit les trois Hoang ; & Chao-hao, Tchouene-hio, Tico, Yao & Chune, les cinq Ti.

Pour la certitude d'un fait hiſtorique tel que celui-ci, vous trouverez ſans doute les preuves aſſez foibles, mais ceux qui ſont d'un ſentiment contraire n'apportent rien qui autoriſe à les en croire préférablement à Cong-ngane-coué & à Hoang-fou-mi.

Hou-choüang-hou, dans une préface miſe à la tête du Tſiene-piene de Kine-gine-chane, avoue qu'on trouve dans le Tcheou-li, l'exiſtence du livre des trois Hoang, & de celui des cinq Ti ; mais il ajoûte qu'on n'y trouve point les noms de ces huit Monarques ; que ſous les Tſin, on parla de Tiene-hoang, de Ti-hoang & de Gine-hoang, que Cong-ngane-coué, dans ſa préface du Chou-king, donne Fou-hi, Chine-nong, Hoang-ti, pour les trois Hoang, & qu'il prend Chao-hao, Tchouene-hio, Ti-co, Yao & Chune pour les cinq Ti ; mais qu'on ne ſçait ſur quoi il ſe fonde, puiſque Confucius dans le *Kia-yu*, déſigne par le titre de *Ti*, tous les Rois depuis Fou-hi. La même choſe ſe prouve par quelques paſſages du Tſo-chi & du Liu-pou-ouei, d'où l'on conclut que Fou-hi, Chine-nong & Hoang-ti, ne ſont point les trois Hoang, & qu'il n'y a point d'autres Hoang, que le Ciel, la Terre & l'Homme.

Tchine-huene retranchant Hoang-ti du nombre des Sane-hoang, mit à sa place Niu-oüa, qu'il rangea entre Fou-hi & Chine-nong. D'autres retranchent Niu-oüa & mettent Tcho-yong au lieu d'Hoang-ti. Niu-oüa étoit sœur de Fou-hi, & Fou-hi régna, dit-on, 115 ans : à quel âge voudroit-on que cette Princesse eût monté sur le Trône, car on la fait succéder à son frere ?

2de Opinion sur les San-hoang & les Outi.

Le fameux *Sse-ma-tsiene*, auquel les Chinois ont accordé par estime le surnom de *Taï-sse-cong* ou de *Pere de l'Histoire*, vouloit qu'Hoang-ti, Tchoüene-hio, Cao-sine, Yao & Chune fussent les cinq Ti ; & il donnoit à ces Princes pour prédécesseurs Soüi-gine-chi, Fou-hi & Chine-nong qui, selon lui, étoient les trois Hoang ; opinion qui depuis lui, a été embrassée par plusieurs autres Ecrivains qui se sont reposés plus sur son autorité que sur des preuves qu'ils ne pouvoient produire.

3e Opinion sur les San-hoang & les Outi.

Confucius dit dans son *Kia-yu*, que les Princes qui ont gouverné l'Empire, ont commencé à Fou-hi à prendre le nom de *Ti* ou d'Empereur ; le même Philosophe dit de plus dans le Traité *Hi-tsée*, ou Commentaire sur l'Y-king, qu'anciennement Fou-hi gouverna la Chine, que Chine-nong lui succéda, qu'après eux Hoang-ti, Yao, & Chune furent mis sur le Thrône. Sur un témoignage aussi décisif, Hou-ou-fong & plusieurs autres avec lui, n'ont pas douté que ces Princes nommés par Confucius ne fussent les *Ou-ti* ou les cinq Empereurs. Quant aux *Sane-hoang*, ils admettoient les Tiene-hoang-chi, Ti-hoang-chi & Gine-hoang-chi, comme trois chefs du peuple qui avoient gouverné l'Empire avant Fou-hi.

4e Opinion sur les San-hoang & les Ou-ti.

Comme c'est des Tao-sse que les différens Auteurs qu'on vient de citer ont emprunté l'idée de cette division

5e Opinion sur les San-hoang & les Ou-ti.

chimérique des huit premiers Empereurs Chinois , en trois *Hoang* & en cinq *Ti* , il eſt néceſſaire de rapporter ce que ces Religieux en penſoient eux-mêmes. Ils ont , ſur ces premiers tems de la Monarchie, des opinions qui leur ſont particuliéres. Ils croient qu'il y eût au commencement trois Auguſtes , *Sane-hoang :* enſuite cinq Empereurs , *Ou-ti :* puis trois Rois , *Sane-vang :* & enfin cinq Pa , *Ou-pa :* c'eſt-à-dire , cinq Chefs de *Regulos.*

Cet ordre ſi réguliérement obſervé de trois & puis de cinq qui revient par deux fois, montre aſſez que tout cela n'a aucune réalité , & que c'eſt un ſyſtême bâti à plaiſir : c'eſt pourquoi Tong-tchong-chu , qui vivoit ſous les Hane, expliquoit cela d'une maniére allégorique;les trois Hoang étoient , ſelon lui , les trois puiſſances ; (c'eſt-à-dire , le ciel , la terre & l'homme) ; les cinq Ti étoient les cinq devoirs (c'eſt-à-dire , les devoirs du Roi & du Sujet , du pere & du fils , du mari & de la femme , des freres aînés & des cadets , des amis) ; les trois Vang étoient les trois clartés , c'eſt-à-dire , le Soleil , la Lune & les Etoiles ; enfin les cinq Pa étoient les cinq montagnes , dont quatre ſont ſituées aux quatre points cardinaux de l'Empire , & la cinquiéme au centre. C'eſt ainſi que Tong-tchong-chu , allégoriſoit cette prétendue ſucceſſion des Rois ; mais Lo-pi qui rapporte cette explication , ajoûte qu'elle n'eſt point de lui ; ce point de critique nous importe fort peu , qu'on l'attribue, ſi l'on veut , à un autre que *Tong-tchong-chu ,* il ſera toujours vrai de dire , qu'elle vient de quelque écrivain , qui vivoit dans un ſiécle peu éloigné de celui de Tong-tchong-chu, ce qui nous doit ſuffire pour le préſent , puiſque nous voyons par-là le peu de cas qu'on faiſoit alors de cette division qu’on regardoit comme chimérique.

On entréprendroit vainement de concilier tant d’opinions contradictoires ; tous ces regnes imaginaires font de la façon des *Tao-ffe*, qui ont obfcurci l’origine de la Monarchie Chinoife par leurs fables & leurs myftagogies ; les dix *ki* ou périodes font de leur invention ; ils leur donnent des deux & trois millions d’années de durée. Mais avant ces dix périodes ils placent trois Dynafties, fçavoir, la Dynaftie des Thiene-hoang-chi, celle des Ti-hoang-chi, & enfin celle des Gine-hoang-chi ; fi l’on a égard à la fignification de ces noms, il faut les interprêter par le *Souverain* du *ciel*, *le Souverain* de la *terre* & le *Souverain* des *hommes* ; on voit par-là que l’explication allégorique de Tong-tchong-chu, qui faifoit envifager les trois Hoang, comme les trois puiffances, c’eft-à-dire, le ciel, la terre & l’homme, n’eft pas denuée de vraifemblance.

Ces trois Hoang fuccéderent à Pouane-cou, autrement Hoene-tune, le cahos, l’origine du monde, que plufieurs de ces Taoffe prennent pour le premier homme ou le premier Roi qui ait gouverné la Chine.

La Dynaftie des Thiene-hoang-chi, eut XIII. Rois, qui régnerent, dit-on, 18000 ans, enfuite vint la Dynaftie des Ti-hoang-chi, dont les Rois au nombre de XI. donnent une pareille durée de 18000 ans. Enfin aux Ti-hoang-chi fuccéderent les Gine-hoang-chi, dont la Dynaftie compofée de IX. Rois, fournit une durée de 45600 ans. Ces trois fommes réunies nous donnent précifément 81600 ans ; mais fi l’on ajoute à ces trois Dynafties, celles qui font comprifes dans chacun des dix Ki, & qui fe montent, felon le calcul de quelques-uns, à plus de 230, on trouvera que les prétentions des Chinois l'emportent de beaucoup sur celles des Chaldéens & des l'Egyptiens. Car si l'on en croit le calcul de divers Auteurs, depuis *Pouane-cou* jusqu'à la mort de Confucius, arrivée l'an 479 avant J. C. il s'est écoulé 276000 ans, ou 2276000, ou 2759860, ou même 3276000, ou enfin ce qui fait bien d'avantage 96961740 années ; car on trouve tous ces différens calculs.

Il est assez visible que ces nombres extravagans ne peuvent être autre chose que des périodes astronomiques, imaginées pour donner la conjonction des planetes dans certaines constellations, ou enfin des calculs qui peuvent avoir rapport aux idées des Tao-sse, concernant la fixation des destructions & des renaissances perpetuelles des mondes. Quelques-uns en effet, ont tâché de faire accorder ces nombres avec la période de Tchao-cang-tsie, fameux Philosophe du tems des Song, qui avoit entrepris de déterminer la période de la durée du monde ; car le systême de la destruction & de la reproduction des mondes a beaucoup de cours, non-seulement dans la secte des Jû ou des Lettrés, mais encore chez les Bonzes Ho-chang ou Religieux de Fo, & chez les Tao-sse ou Sectateurs de Lao-kiune, c'est-à-dire, dans les trois grandes sectes qui sont les plus autorisées dans l'Empire. Tchao-cang-tsie établit donc une grande période de 129000 ans appellée *Yuene*, composée de 12 parties appellées *hoei* ou conjonctions qui étoient chacune de 10800 années. Dans la premiére conjonction, le ciel, disoit-il, se forma peu-à-peu par le mouvement que le *Tai-ki* ou l'Etre supréme imprima à la matiére auparavant dans un repos parfait. Pendant la seconde conjonction, la terre se produisit

de la

de la même maniere. Au milieu de la troisiéme conjonction l'homme commença à naître , & tout le reste des
êtres , de la maniere que les plantes & les arbres font
produits dans les îles , qui confervent enfuite leurs efpéces par leurs femences. Au milieu de l'onziéme conjonction , toutes chofes fe détruiront , & le monde retom-
bera dans fon premier chaos, d'où il ne reffortira qu'après
la douziéme conjonction expirée.

Il n'eft pas difficile à préfent de concevoir que les
Tao-ffe n'ont inventé ce nombre prodigieux de regnes
antérieurs à Fou-hi , que pour remplir l'intervalle qui ,
felon eux , s'eft écoulé depuis la production de l'homme
jufqu'aux premiers commencemens de la Monarchie
Chinoife,c'eft-à-dire, jufqu'au regne de Fou-hi : le même
Calculateur déterminoit la moitié du *yuene* ou de fa
grande période de 129000 années , au régne de Yao.

Ces Tao-ffe , comme je l'ai déja dit , pofoient pour
fondement inconteftable dix âges ou dix Ki , chaque Ki
comprenoit plufieurs Dynafties , dont ils fixoient la durée à leur volonté , & fuivant les calculs dont ils s'étoient
prévenus ; mais s'ils avoient la liberté d'augmenter ou de
diminuer la durée des dix Ki , il n'en étoit pas ainfi de
ce nombre de dix Ki , qui étoit en quelque forte un des
points fondamentaux de leur Secte , dont il ne leur étoit
pas permis de s'écarter.

Quelques Miffionnaires , auxquels cette Doctrine des
Tao-ffe n'étoit point inconnue , crurent entrevoir dans
ces dix Ki , les dix générations antérieures à Noé ; &
comme des Ecrivains cités par Lo-pi & par Cong-ing-ta,
difent que de ces dix Ki , fix font antérieurs à Fou-hi , &
que les quatre autres lui font poftérieurs, ces mêmes Mif-

fionnaires fe font imaginés que Fou-hi étoit Hénoch.
Il faut dire cependant que *Tchine-huene* & plufieurs autres
n'obfervent pas le même ordre, qu'ils mettent Chine-
nong dans le 9ᵉ Ki, Hoang-ti dans le 10ᵉ, &c. A ce
compte Hoang-ti feroit Noé, & Fou-hi Mathufalé, ce
qui contredit leur hypothéfe.

L'opinion qui fait envifager les dix Ki des Chinois,
comme les dix générations qui ont précédé Noé, eft très-
ingénieufe, & ne manque point de probabilité. Vers la
fin du régne des Tchéou, environ 300 ans avant l'Ere
chrétienne, il paffa des Juifs à la Chine, qui ont pû y
faire connoître les écrits de Moïfe, & par conféquent les
dix générations qui ont précédé le déluge : d'ailleurs
cette connoiffance étoit commune aux Chaldéens, qui
ont pû pénétrer dans la Chine antérieurement aux Juifs.

FIN des Extraits des Hiftoriens Chinois.

TABLE GÉNÉRALE

DES LIVRES,

CHAPITRES, ARTICLES ET PARAGRAPHES,

Contenus dans les trois Parties de cet Ouvrage.

PREMIERE PARTIE.

INTRODUCTION.

LIVRE SECOND.

LIVRE TROISIEME.

LIVRE QUATRIEME.

LIVRE CINQUIEME.

LIVRE SIXIEME,

DISSERTATIONS.

SECONDE PARTIE.

LIVRE TROISIEME.

LIVRE QUATRIEME.

LIVRE CNQUIEME.

LIVRE SIXIEME.

DISSERTATIONS.

TROISIEME

TROISIEME PARTIE.

Tome II.   **Y y**

LIVRE QUATRIEME.

LIVRE CINQUIEME.

LIVRE SIXIEME.

DISSERTATIONS.

Fin de la Table générale des Livres, Chapitres, &c.

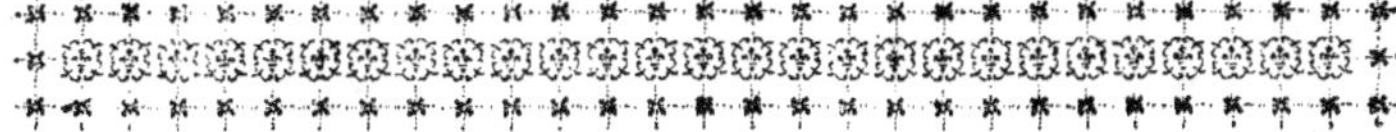

TABLE
DES NOMS DES AUTEURS.
Cités dans cet Ouvrage.

A.

ABYDENUS *apud* Syncellum, *in-fol. Parif.* 1652.

ACHILLES TATIUS, ad Arati Phænom. *apud* Petav. in Uranologio, *in-fol. Parif.* 1630.

ACOSTA, Hiftoire naturelle des Indes Occidentales, *in-8°. Paris*, 1598.

ACTA Eruditorum Lipfiæ, *in-4°.* 1682. *& An. feqq.*

ÆLIANI, varia Hiftoria, *in-4°. Lugduni Batavorum,* 1731.

ÆLIANUS, de natura Animalium, *in-4°. Londini,* 1744.

ÆSCHYLES, *in-fol. Lond.* 1663.

ÆSCHYNES. *Voyez* Demofthenis opera.

AGATARCHIDES *apud* Photium.

AGRICOLÆ opera, *in-fol. Bafileæ,* 1546.

AGRIPPÆ opera, *in-8°. Lugduni, apud Beringos fratres.*

ALBERTUS MAGNUS, *in-12.* *Amftelodami,* 1660.

ALEXANDER POLY-HISTOR, *apud* Syncellum.

ALONSO BARBA, de l'Art de tirer les métaux, *in-12. Paris,* 1751.

AMMIANUS MARCELLINUS, *in-fol. Paris,* 1681.

Anciennes RELATIONS des Indes & de la Chine, *in-8°. Paris,* 1718.

ANSON (Voyage d') *in-4°. Amfterdam,* 1749.

ANTHOLOGIA, *in-4°. Parifiis,* 1566.

APOLLODORUS, *in-12. Parif.* 1599.

APOLLODORUS, *inter* Hift. Poet. Script. *J'ai fait ufage de ces deux éditions.*

APPOLLONIUS RHODIUS Argonauticorum, &c. *in-8°. Lugd. Batavorum,* 1641.

Yy ij

Bouguer (la figure de la terre; avec une relation abrégée d'un voyage au Pérou, par M.) *in-4°. Paris*, 1749.

Braunius, de veſtitu Sacerdotum Hebræorum, *in-4°. Amſtelodami*, 1701.

Brissonius, de Regio Perſ. princip. *in-8°. Argent.* 1710.

Brun (Corneille le) Voyage au Levant &c. *in-fol. Paris*, 1714.

Buffon, Hiſtoire naturelle, (par M. de) *in-4°. Paris, Imprimerie R.* 1749. &c. &c.

C.

Casauboni, Animadverſiones, in Athenæum, *in-fol. Lugduni*, 1621.

Cassiodori, opera omnia *in-fol. Rhotomagi*, 1679.

Cæsaris (Jul.) Comment. *in-12, Londini*, 1736.

Cedrenus, *in-fol. Pariſ. è Typographia Regia*, 1647.

Gelsus (A. Cornelius) de Medicina, *in-8°. Roterod.* 1750.

Celsus *apud* Origenem. *Voy.* Origenes *contra* Celſ. &c.

Censorinus de Die natali, *in-8°. Lugd. Batav.* 1743.

Chambray (Paralléle de l'architecture antique avec la moderne, par le Sieur de) *in-fol. Paris*, 1650.

Chardin, Voyages en Perſe & autres lieux, *in-12, Amſterdam*, 1711.

Chronicon Paſchale, *in-fol. Pariſiis, è Typographia Regia*, 1688.

Ciceronis opera omnia, *in-4°. Pariſ.* 1740.

Clementis Alexandrini, opera omnia, *in-fol. Oxonii*, 1715.

Clerc (D. le) Hiſtoire de la Médecine, *in-4°. Amſterd.* 1702.

Colonne, Hiſtoire naturelle de l'Univers, *in-12, Paris*, 1734.

Columella *inter* Scriptores Rei ruſticæ.

Comte (le P. le) nouveaux Mémoires ſur l'état préſent de la Chine, *in-12, Paris*, 1697.

Condamine, (Relation de la riviere des Amazones, par M. de la) *in-8°. Paris*, 1745.

Conon, *apud* Photium.

Conqueste du Mexique, *in-12, Paris*, 1730.

Conqueste du Pérou, *in-12, Paris*, 1742.

Conringius, de Hermetica Medicina, *in-4°. Helmeſtadii*, 1669.

Cornelius-Nepos, *in-12, Pariſ.* 1745.

Cragius *in* Gronovii Theſauro antiquitatum Græcarum, *in-fol. Lugduni Batavorum*, 1697.

S. Cyrilli Hieroſolymitani

F.

FABRICII Bibliotheca Græca, *in-4°. Hamburgi*, 1708.

FABRICII Bibliotheca Latina, *in-4°. Venetiis*, 1728.

FANNIUS, de ponderibus, & menfuris, *in-8°. Parif.* 1565.

FEITHII antiquitates Homericæ, *in-8°. Argentorati*, 1743.

FÉLIBIEN, Principes d'architecture, *in-4°. Paris*, 1676.

FESTUS (Pomponius) de verborum fignificatione, *in-4°. Parif.* 1681.

FLEURY (l'Abbé DE) mœurs des Ifraëlites, *in-12. Paris*, 1754.

FOURMONT, Réflexions critiques fur les hiftoires des anciens Peuples, *in-4°. Paris*, 1735.

G.

GALENI opera, *in-fol. Parifiis*, 1679.

GASSENDI, Vita de Peirefc, *in-4°. Hagæ-Comitum*, 1654.

GELLIUS (Aulus) NoctesAtticæ, *in-4°. Lugduni Batav.* 1706.

GEMELLI CARERI, Giro del Mondo, *in-8°. in Napoli*, 1699.

GEMINI, Elementa aftronomiæ, *apud* Patavium, in Uranologio, *in-fol. Parif.* 1630.

GEOGRAPHIA Nubienfis, *in-4°. Parif.* 1619.

GESNERI, Novus Linguæ & Eruditionis Romanæ Thefaurus, *in-fol. Lipfiæ*, 1749.

GESNERI, Hiftoria animalium, Avium & Pifcium, *in-fol. Francofurti*, 1620.

GREAVES (Defcription des Pyramides par J.) dans le Recueil des voyages publiés par Melchifedec Thevenot, *in-fol. Paris*, 1696.

GUIGNES (Hiftoire générale des Huns par M. de) *in-4°. Paris*, 1756.

H.

HARDOUIN (le P.) Commentaire fur l'Hiftoire naturelle de Pline, *in-fol. Paris*, 1723.

Ejufdem CHRONOLOGIA Veter. Teftam. *in-fol.* inter opera felecta, *Amftelodami*, 1710.

HELIODORI Æthiopica, *in-8°. Lutzæ*, 1619.

HELLOT, (M.) de la fonte de mines, *in-4°. Paris*, 1750.

HERBELOT (d') Bibliotheque Orientale, *in-folio, Paris*, 1697.

HERMANNUS HUGO, de prima fcribendi origine, *in-8°. Tajecti ad Rhenum* 1738.

HERODOTUS, *in-fol. Francofurti*, 1608.

HESIODUS Variorum, *in-8°. Amftelodami*, 1701.

antiqui , *in-8°. Parif.* 1675.
HISTORIÆ Augustæ Scriptores,
in-fol. Parif. 1620.
HOMERE (traduction d')avec des
Remarques, par M. de DACIER,
in-12 , Paris , 1741.
HOMERI Ilias & Odyssæ &c in
easdem Scholia , *in-4°. Can-*

tabrigiæ , 1711.
HORA-POLLINIS Hierogliphica,
&c. *in-4°. Trajecti ad Rhe-*
num , 1727.
HORNIUS de originibus Ameri-
canis, *in-8°. Hagæ,* 1652.
HYGINUS, in Mytograph. Latin.
in-8°. Amstelodami , 1681.

I.

JAMBLICHUS, de Mysteriis ,
Ægypt. cum notis, Thom.
Gale, *in-fol. Oxonii ,* 1678.
JAMBLICHUS de Vita Pythago-
rica , *in-4°. Amstelodami ,*
1708.
JAQUELOT , Dissertations . sur
l'Existence de Dieu, *in-12.*
Paris, 1744.
JAQUELOT, Traité de la vérité
& de l'inspiration des Livres
du vieux & du nouveau
Testament , *in-12. Amster-*
dam , 1752.
JOURNAL (le) des Savans, *in-*
4°. *Paris , nouvelle Edition ,*
1723 , &c. &c.
JOURNAL économique, *in-12,*
Paris, Janvier, &c.&c.&c.
JOURNAL des Observations Phy-
siques &c, par le P.Feuillée,
in-4°. Paris , 1714-1725.

JOURNAL du voyage dans la
Guyane, par les PP.GRILLET
& BECHAMEL , Jésuites ,
in-12 , Paris , 1682.
JOSEPHI opera omnia, *in-fol.*
Amstelodami , 1726.
S. ISIDORI opera omnia, *in-fol.*
Coloniæ Agrippinæ , 1617.
ISOCRATES , *in - fol. Basileæ ,*
1750.
JUGEMENS sur quelques Ou-
vrages nouveaux, *in-12. Avi-*
gnon , 1745.
JULIUS AFRICANUS , *apud Syn-*
cellum.
JULIUS FIRMICUS , *in-fol. Romæ,*
1499.
JUNIUS, de Pictura veterum ,
in-fol. Roterodami , 1694.
JUSTINI Historiæ (variorum)
in-8°. Lugduni Batavorum ,
1719.

K.

KIRCHER (Athanaf.) la Chine
illustrée, *in-fol. Amsterd.*1670.
Ejusdem OBELISCUS Pamphi-

lius, *in-fol. Romæ ,* 1658.
KUHNÏUS in notis, *ad Æliani ,*
var. Hist. *in-4°.*

L.

M.

Jefus dans le Levant, *in*-12, *Paris*, 1715, &c.&c.&c.

MÉMOIRE touchant l'établiffe-ment d'une Miffion Chré-tienne dans le troifiéme mon-de, autrement appellé la Ter-'re Auftrale, *in*-8°. *Paris*, 1663.

MERCURES de France, *in*-12, *Paris*, 1717, &c.&c.&c.

MERCURE Indien, *in*-4°. *Paris*, 1672.

MERVEILLES des Indes Orien-tales, *in*-4°. *Paris*, 1669.

MEURSII, Mifcellanea Laconi-ca, *apud* Gronovii, Thefau-rum Græcarum antiquitatum.

MINUTIUS Felix, *in*-8°. *Canta-brigiæ*, 1707.

MŒURS des Sauvages Améri-cains, *in*-4°. *Paris*, 1724.

MONNIER, (le) Obfervations d'hiftoire naturelle ; fuite des Mémoires de l'Académie des Sciences, pour l'année 1740, *in*-4°, *Paris*, 1741.

MONTFAUCON (l'Antiquité ex-pliquée par D. Bernard de) *in-fol*, *Paris*, 1719.

MUNKERUS de intercalatione, *in*-8°. *Lugduni Batavorum*, 1680.

N.

NEWTON, la Chronologie des anciens Royaumes cor-rigée, *in*-4°. *Paris*, 1728.

NICOLAUS DAMASCENUS in *Ex-cerptis Valefii*, *in*-4°. *Parif.* 1634.

NORDEN, Voyage d'Egypte & de Nubie, *in-fol*. *Copen-hague*, 1755.

NONNI Dionyfiaca, *in*-8°. *Ha-noviæ*, 1610.

NOUVELLES litteraires de la mer Baltique.

Nouvelle RELATION de la Fran-ce Equinoxiale, *in*-12, *Paris*, 1743.

O.

OBSERVATIONS Mathéma-tiques, Aftronomiques, &c. des Peres de la Compagnie de Jefus, rédigées & pu-bliées par le P. Souciet, *in*-4°. *Paris*, 1729.

OBSERVATIONS de BÉLON, *in*-4°. *Paris*, 1588.

OLAÜS MAGNUS, five Rud-becks, Atlantica, &c. *in-fol*. *Upfaliæ*, 1675-1679.

OLAÜS WORMIUS, de Danica lit-teratura, *in-fol*. *Hafniæ*, 1651.

Ejufdem HISTORIA, de Gen-tibus Septentrionalibus, *in-fol*. *Romæ*, 1555.

OLYMPIODORUS, *apud* Photium.

OPUSCULA Mythologica, &c. *in*-8°. *Amftelodami*, 1688.

ORIGENES *contra* Celfum. Ejuf-

S.

T.

TACITI (C.) opera, *in-4°. Trajecti Batavorum* 1721.

TACQUET Elementa Geometriæ, *in-12. Amstelod.* 1683.

TATIANI, adversus Græcos, oratio; *in* operibus S. Justini, *in-fol. Paris*, 1742.

TAVERNIER (Voyages de) *in-4°, Paris*, 1681.

TAVERNIER (Voyages de) *in-12, Utrecht*, 1712. *Je me suis servi de l'une & de l'autre de ces deux Editions.*

TERRASSON (Histoire de la Jurisprudence Romaine par M.) *in-fol. Paris*, 1750.

TERTULLIANI opera omnia, *in-fol. Paris*, 1664.

THEON, ALEXANDRINUS, *apud* Ptolœm. magn. Constructi.

THEOCRITI opera, *in-8°. Oxoniæ*, 1699.

THEODORETI opera omnia, *in-fol. Paris*, 1642-1684.

THEOLOGIE Physique, *in-8°. Paris*, 1729.

THEOPHRASTI opera omnia,

in-fol. Lugd. Batavor. 1613.

THESAURUS Linguæ Græcæ *ab* H. Stephano, *in-fol. Paris*, 1572.

THEVENOT (Relations de divers Voyages, publiés par Melchisedec) *in-fol. Paris*, 1696.

THUCYDIDES, *in-fol. Francofurti*, 1594.

THUCYDIDES, *in-fol. Amst.* 1731. *Je me suis servi de l'une & de l'autre de ces deux Editions.*

THYSIUS, *apud* Gronovii Thesaurum Græc. antiquitatum.

TOLLII, fortuita, *in-8°. Amstelodami* 1687.

TOURNEFORT, (Voyage au Levant) *in-4°. Paris*, *de l'Imprimerie Royale*, 1717.

TRAITÉ de la culture des terres, par M. DU HAMEL, *in-12, Paris*, 1753.

TRAITÉ de la Police, par la Mare, *in-fol. Paris*, 1713.

TZETZES *ad* Hesiod. *voyez* Hesiodi opera.

V.

VALESII, Excerpta Polybii, Diodori, Nicolai Damasceni, &c. *in-4°. Paris*, 1634.

VANSLEB, 'nouvelle Relation d'Egypte, par le P.) *in-12, Paris*, 1677.

B. VAREKII Geographia genera-

lis, *in-8°. Cantabrigiæ*, 1681.

VARRON, *apud* S. August. de Civitate Dei, & inter Scriptores Rei Rusticæ, veter. Latin.

UBO EMMIUS, *apud* Gronovii Thesaurum Græc. antiquitatum.

W.

X.

Fin de la Table des Noms des Auteurs.

TABLE CHRONOLOGIQUE

Pour la troisiéme PARTIE , qui comprend depuis l'établissement de la Royauté chez les Hébreux jusqu'à leur retour de la Captivité.

EMPIRES.

Histoire Sainte

Années du Monde	Ann. avant J.C.	HISTOIRE SAINTE — ROIS DE JUDA.	ROIS D'ISRAEL.
2909.	1095.	SAÜL............ 15. ans.	
2949.	1070.	DAVID............ 40.	
2990.	1013.	SALOMON............ 40.	
3029.	975.	Révolte & Schisme des dix Tribus contre ROBOAM.	
3029.	975.	ROBOAM....... 17. ans.	JEROBOAM.... 30. ans.
3046.	958.	ABIA.......... 3.	NADAB....... 2.
3049.	955.	ASA.......... 41.	BAASA....... 24.
			ELA......... 2.
			ZAMBRI...... 7. jours.
			AMRI........ 12. ans.
			Une partie du peuple s'attache à THEBNI, & AMRI ne règne seul que pendant 4. ans.
			ACHAB....... 22. ans.
3092.	914.	JOSAPHAT. 25.	
3115.	891.	JORAM.... 8. ans.	OCHOSIAS... 2. ans.
3119.	887.	OCHOSIAS... 1.	JORAM....... 12.
3120.	884.	ATHALIE.... 6.	JEHU........ 28.
3126.	878.	JOAS....... 40.	JOACHAZ..... 17.
3167.	839.	AMASIAS... 29.	JOAS........ 16.
3194.	810.	OSIAS...... 52.	JEROBOAM II. 17.
3246.	758.	JOATHAN.... 16. ans.	Anarchie. ZACHARIE.... 7. mois.
3262.	742.	ACHAZ...... 16.	SELLUM...... 1. MANAHEM.... 10. ans. PHACEIAS.... 2. PHACÉE...... 20. OSÉE tue PHACÉE, Anarchie.
3277.	737.	EZECHIAS... 29.	OSÉE. La neuvième année de son règne SALMANASAR, Roi d'Assyrie prend Samarie, & emmène OSÉE & les dix Tribus : ainsi finit le Royaume d'Israël, 254. ans depuis son établissement.
3325.	698.	MANASSÉS... 55. ans.	
3381.	643.	AMON....... 2.	
3383.	641.	JOSIAS..... 31.	
3394.	610.	JOACHAS.... 3. mois.	
3394.	610.	JOAKIM..... 11. ans.	
3411.	599.	JECHONIAS... 3. mois.	
3405.	599.	SÉDÉCIAS... 11. ans.	
3416.	588.	Prise de Jérusalem par NABUCHODONOSOR. Cette Ville & le Temple sont brûlés. Les habitans de Jérusalem, & de presque toute la Judée sont emmenés captifs au delà de l'Euphrate : ainsi finit le Royaume de Juda.	
3468.	536.	CYRUS délivre les Hébreux de captivité. Ils reviennent en Judée sous la conduite de ZOROBABEL, & forment, du consentement, & par la protection des Rois de Perse, une espèce de République dont le Grand-Prêtre étoit le chef, & le principal administrateur.	

Egyptiens

Ann. avant J.C.	EGYPTIENS.
	Rois incertains.
	SÉSAC pille le Temple de Jérusalem sous ROBOAM.
	Rois incertains.
	Rois incertains.
	Rois incertains.
764.	BOCCHORIS.... 10. ans.
	ASYCHIS.
	SABACOS.
	SÉTHON.
	Rois incertains.
687.	Anarchie.
685.	XII. Rois règnent ensemble pendant...... 15. ans.
670.	PSAMMÉTIQUE règne seul pendant...... 54. ans.
616.	NÉCHOS.... 16.
600.	PSAMMIS.... 6.
594.	APRIÈS..... 25. ans.
569.	AMASIS..... 44.

Babyloniens

(En tête : Ces trois Empires réunis sous la domination Assyrienne.)

Ann. avant J.C.	BABYLONIENS.
	Les Babyloniens secouent le joug des Assyriens, & forment d'abord une Monarchie particulière. Le premier d'entre eux qui se croyent souverains a été un Prince nommé NABONASSAR : il monta sur le trône l'an 747. av. J.C. & règne 14. ans.
714.	CINENERUS.... 5.
714.	JUGÆUS....... 5.
711.	MARDOKEMPAD, autrement dit MÉRODACH BALADAN..... 12.
709.	ARCIANUS..... 5. Anarchie..... 2.
702.	BÉLIBE....... 3.
700.	APRONADIUS.... 6. ans.
693.	RIGÉBÉLUS.... 1.
693.	MÉSESIMORDAC.... 4.
688.	Anarchie qui dure...... 8.
	ASARHADDON Roi d'Assyrie, profite de cette Anarchie pour se rendre maître du trône de Babylone, & le réunit à celui d'Assyrie.
668.	SAOSDUCHIN...... 20. ans.
668.	CINILADANUS autrement dit SARAC..... 22. Sous ce Prince, Ninive capitale de l'Empire Assyrien est prise par CYAXARE, Roi des Mèdes, & par NABOPOLASSAR Souverain de Babylone. Cet événement anéantit pour toujours la Monarchie Assyrienne. Les Provinces qui en dépendoient furent partagées entre les Babyloniens & les Mèdes.
626.	NABOPOLASSAR..... 20. ans.
606.	NABOPOLASSAR...... 43. C'est NABUCHODONOSOR le Grand. Tyr assiégée & détruite par ce Prince.
561.	ÉVILMÉRODAC............ 2. ans.
554.	LABOROSORCOD........... 6.
538.	NABONIDE............... 6. C'est le BALTHAZAR de l'Écriture.
538.	Prise de Babylone par CYRUS.

EMPIRE DES PERSES. — CYRUS maître d'une grande partie de l'Asie. (536.)

Assyriens

Ann. avant J.C.	ASSYRIENS.
	Rois incertains.
795.	SARDANAPALE.... 15. ans. Sous ce Prince l'Empire Assyrien éprouve un démembrement considérable par la révolte des Babyloniens & des Mèdes.
790.	PHUL, ou NINUS le jeune........ 12. ans.
758.	THEGLATHPALASAR.... 16.
741.	TILGON....... 19. ans.
719.	SALMANASAR.... 14.
715.	SENNACHERIB... 4.
710.	ASARHADDON.... 41.

Médes

Ann. avant J.C.	MÉDES.
	Les Mèdes se soustraient à la domination des Assyriens : ils restent quelques tems dans un état d'Anarchie, c'est-à-dire, sans aucune forme de Gouvernement. A la fin ils élisent un Roi nommé DÉIOCÈS. Voyez L. I. Chap. III
	ROIS.
710.	DÉIOCÈS.... 53. ans.
657.	PHRAORTE..... 22. ans.
635.	CYAXARE I.... 40. Sous ce Prince, les Mèdes font une irruption dans l'Asie.
595.	ASTYAGE..... 35. av. J.C. C'est l'ASSUÉRUS de DANIEL.
560.	CYAXARE II.... 10. C'est le DARIUS Mède de DANIEL. CYRUS succède à ce Prince : il étoit déjà Roi de Perse ; ayant hérité de cette Couronne par la mort de son père.

Rois de Lacédémone

Ann. avant J.C.	ROIS DE LACÉDÉMONE.
1071.	EURYSTHÈNE.... 42. ans.
1030.	AGIS.......... 1.
1019.	ÉCHESTRATE.... 35.
994.	LABOTAS....... 37. ans.
957.	DORISTE....... 29.
928.	AGÉSILAS I.... 44.
884.	ARCHÉLAÜS.... 60. ans.
844.	TÉLÉCLÈS...... 44.
800.	ALCAMÈNE..... 38.
761.	POLYDORE..... 34. ans.
723.	EURYCRATE I.... 28.
	ANAXANDRE.
	EURYCRATE II.
	LÉON.
	ANAXANDRIDE.
	CLÉOMÈNE.

Héraclides

Ann. avant J.C.	HÉRACLIDES.
1705.	PROCLÈS, SOÜS, EURYPON. } On ignore la durée précise de leurs règnes.
	PRYTANIS.
	EUNOME.
	POLYDECTE.
	CHARILAÜS.... 64. ans. LYCURGUE donne ses Loix vers l'an 870. NICANDRE.... 38. ans.
	THÉOPOMPE.
	ZEUXIDAME.
	ANAXIDAME.
	ARCHIDAME.
	AGÉSICLÉS.
	ARISTON.
	DÉMARATE.

République d'Athènes

Ann. avant J.C.	RÉPUBLIQUE D'ATHÈNES.
	Archontes perpétuels.
1091.	MÉDON........ 20. ans.
1076.	ACASTE....... 36.
1039.	ARCHIPPE..... 19.
1020.	THERSIPPE.... 41.
979.	PHORBAS...... 31. ans.
948.	MÉGACLÈS.... 30.
918.	DIOGNÈTE.... 28.
890.	PHÉRÉCIDE.... 19. ans.
841.	THESPIS...... 37.
804.	AGAMESTOR... 16.
778.	ESCHYLE..... 23. ans.
756.	ALCMÉON..... 1.
	Archontes Décennaux.
754.	CHAROPS..... 10.
744.	ÉSIMIDES.... 10.
734.	CLIDIQUE.... 10.
724.	HIPPOMENE... 10.
714.	LÉOCRATE.... 10.
704.	APSANDRE.... 10.
694.	ÉRIXIAS..... 10. ans.
	Archontes annuels. La plûpart sont Inconnus, ou indifférens. Il suffira de rapporter le nom de ceux qui intéressent l'Histoire.
624.	DRACON, étant Archonte, publie ses Loix.
594.	SOLON, étant Archonte, donne de nouvelles loix aux Athéniens. On ne voit point que depuis ce Législateur, il y ait eu rien d'innové dans les Loix d'Athènes : celles de SOLON se sont maintenues tant que la République des Athéniens a subsisté.

Commencement des Olympiades.

	Av. J.C.
Ire. Olympiade	776. ans.
IIe.	772.
IIIe.	768.
IVe.	764.
Ve.	760.
VIIe.	752.
Xe.	740.
XIIIe.	728.
XVe.	720.
XVIe.	716.
XVIIe.	712.
XXIe.	696.
XXIIIe.	688.
XXIVe.	684.
XXVe.	680.
XXVIe.	676.
XXVIIe.	672.
XXVIIIe.	668.
XXIXe.	664.
XXXIXe.	624.
XLIIIe.	608.
XLVIe.	566.
LVe.	560.
LVIe.	556.
LIXe.	544.
LXe.	540.
LXIe.	536.

ERRATA.

TOME PREMIER.

PAGE.

11. *lig.* 8. rendioent ; *lif.* rendoient.
21. *lig.* 23. ôtez le point.
29. *lig.* 29. Gin-hoand, *lif.* Gin-hoang.
37. *lig.* 1. les *lif.* le.
64. *lig.* 2. ôter la virgule après Pomponius.
82. *lig.* 15. ôter les deux points, & mettre une virgule.
352. *lig.* 13. rappeller, *lif.* se rappeller.
385. note (1) au lieu de p. 253. *lif.* p. 270.

TOME SECOND.

138. *lig.* 2. ville de Troye, *lif.* guerre de Troye.
180. *lig.* 8. de, *lif.* des.
185. *lig.* 33. l. 23. *lif.* l. 24.
Ibid. *lig.* 28. λιςρω͗οντα, *lif.* λιςρευόνται.
407. *lig.* 22. n'on avoit, *lif.* on n'avoit.

TOME TROISIEME.

294. *lig.* 35. le Tschou-chou , *lif.* Tsou-chou.
301. *lig.* 1. ôter le mot *en*.
304. *lig.* 5. exactement, *lif.* extrêmement.
382. *lig.* 32. Symplicius *lif.* Simplicius.

Tome III.

APPROBATION.

J'AI lû par ordre de Monseigneur le Chancelier un manuscrit qui a pour titre : *De l'origine des Loix, des Arts & des Sciences, & de leurs progrès chez les anciens Peuples*, &c. Il m'a paru que le Public devoit l'accueil le plus favorable à un Ouvrage fondé sur les monumens les plus authentiques, & sur les recherches les plus exactes ; orné de détails très-intéressans sur les Loix, les Arts & les Sciences ; rempli de réflexions aussi sages qu'instructives ; accompagné de Dissertations très-savantes & très-curieuses. Nous croyons donc que l'impression de ce grand Ouvrage ne peut être que très-utile & très-avantageuse. Fait à Paris, ce premier Avril 1757.

DEGUIGNES.

PRIVILEGE DU ROI.

LOUIS, par la grace de Dieu, Roi de France & de Navarre : A nos amés & féaux Conseillers, les Gens tenans nos Cours de Parlemens, Maîtres des Requêtes ordinaires de notre Hôtel, Grand Conseil, Prévôt de Paris, Baillifs & Sénéchaux, leurs Lieutenans Civils, & autres nos Justiciers qu'il appartiendra, Salut. Notre Amé le Sieur * * *. Nous a fait exposer qu'il désireroit faire imprimer & donner au Public un Ouvrage qui a pour titre : *De l'Origine des Loix, des Arts & des Sciences, & de leurs progrès chez les anciens Peuples*, &c. s'il Nous plaisoit lui accorder nos Lettres de Privilége pour ce nécessaires. A CES CAUSES voulant favorablement traiter l'Exposant, Nous lui avons permis & permettons par ces Présentes de faire imprimer ledit Ouvrage autant de fois que bon lui semblera, & de le faire vendre & débiter par tout notre Royaume pendant le tems de *six* années consécutives, à compter du jour de la date des Présentes. Faisons défenses à tous Imprimeurs, Libraires & autres personnes, de quelque qualité & condition qu'elles soient, d'en introduire d'impression étrangere dans aucun lieu de notre obéïssance : comme aussi d'imprimer ou faire imprimer, vendre, faire vendre, débiter ni contrefaire ledit Ouvrage, ni d'en faire aucun Extrait sous quelque prétexte que ce puisse être, sans la permission expresse & par écrit dudit Exposant ou de ceux qui auront droit de lui, à peine de confiscation des Exemplaires contrefaits, de trois mille livres d'amende contre chacun des contrevenans, dont un tiers à Nous, un tiers à l'Hôtel-Dieu de Paris, l'autre tiers audit Exposant ou à celui qui aura droit de lui, & de tous dépens, dommages & intérêts ; à la charge que ces Présentes seront enregistrées tout au long sur le registre de la Communauté des Imprimeurs & Libraires de Paris, dans trois mois de la datte d'icelles ; & que l'impression dudit Ouvrage sera faite dans notre Royaume & non ailleurs, en bon papier & beaux caractères conformément à la feuille imprimée attachée pour modele sous le contre-scel des Présentes ; que l'Impétrant se conformera en tout aux Réglemens de la Librairie, & notamment à celui du 10. Avril 1725. & qu'avant de l'exposer en vente le Manuscrit qui aura servi de copie à l'impression dudit Ouvrage sera remis dans le même état où l'Approbation y aura été donnée ès mains de notre très-cher & féal Chevalier Chancelier de France le sieur DE LAMOIGNON, & qu'il en sera ensuite remis deux Exemplaires dans notre Bibliothéque publique, un dans celle de notre Château du Louvre, & un dans celle de notredit très-cher & féal Chevalier Chancelier de France le Sr DE LAMOI-